發展研究
之風雲再起

中國一帶一路
對西方及其知識體系的挑戰

謝宏仁 著

五南圖書出版公司 印行

謹以此書

獻給亦師亦友的洪鎌德教授

二版序

　　去（2017）年5月得知《發展研究的終結：21世紀大國崛起後的世界圖像》一書即將售罄，五南圖書邀請筆者著手撰寫第二版。該書是筆者第一本專著，可以有這樣的成績，喜悅自是意料之外，因為曾聽前輩說過，這類的書，市場經常乏人問津。

　　學術訓練讓我們習得評論他人觀點的技巧，一開始，筆者打算如此對待自己所著《發展研究的終結》一書，還真列舉出不少該書的缺失或可加精進之處。不過，可能因為條列過多項目，幾經評估，在短時間之內，似乎難以執行，索性改弦更張，把這個批評的工作留給學術界的同僑。後來，筆者決定撰寫一本看起來不類似坊間發展研究（Development Studies）的專書，遂自以為是地將「時間性」（temporality）納入這個領域之內。如此的話，或許可以將看似獨立的章節串連起來，但這是在今（2018）年1月份之後的事。在此之前，還無法知道能否藉由「時間性」的觀點，讓這本第二版的專書有個分析主軸。那麼，為何要談時間性？詳加考究一國（經濟體）如何達致經濟（與其他方面）的發展不就結了？當然，這樣也無不可，但筆者總覺得該嘗試點新的事物、觀點，否則，後浪推前浪，船過水無痕，沒有創新，就被淘汰而遭遺忘，這只是早晚的事。

　　時間性有「短暫」、「片刻」之意，或指在人類的歷史上不算太長的時間段落。簡單說，基於「過去」，我們才能看到「未來」，這是說，「過去」、「現在」，與「未來」其實是整體的，這個整體就是「時間性」。更重要是，時間性也包涵對若干歷史事件取捨的可能性，處於「現在」的我們，只能透過解釋歷史事件，才有辦法理解「過去」，而歷史的轉捩點，諸如，1400-1500年，1780-1850年，與1950-2010年，或者在其他期間裡，一定有重要的歷史事件尚待（重新）解釋。本書以600年、160年，與60年時間性的視角，試圖找回未曾被挖掘出的真相，以不同觀點來解釋重要事件。具體言之，600年與160年視角讓我們看得更清楚，東、西方兩大區域的興衰；60年的視角則證明「發展」必須在強權羽翼下完成，60年前如此，現在的「一帶一路」亦復如此，出人意料地，這兩者都與共產主義的擴張（與遏制）有

關。不過，「過去」我們似乎一直被灌輸，一國（經濟體）必須愛拚才會贏，當然，這些成功的、美好的故事所組成的「過去」，是比較適合存留人們的記憶裡。

　　加入時間性可以讓人有什麼新的看法？這得舉例說明，如果我們不知道「過去」歷史上西方（及其知識體系）如何美化「自由」貿易的意識型態，讓人們相信西方國家如何為世界各民族的「未來」福祉而努力（但事實上是在極大化國家利益）；那麼，我們就難以理解最近美國川普政權為何要掀起美、中的貿易戰爭；也就更看不清楚「未來」各國（特別是工業國家）如何累積自身財富，利用區域（經貿、政治或其他方面）整合，將餅做大，並且自己拿走最大一片？所以，身處「現在」的我們，藉著理解「過去」，才看得到「未來」，這是時間性帶給研究者的好處，同時也影響歷史觀與世界觀。若果如此，那麼對發展研究感到興趣的讀者們，就可以開始踏上重新構築「過去」的旅程了。

　　與第一版相近，要感謝的人幾乎一樣，但情誼歷久而彌新。在此，試著以簡言表示最深謝忱。首先，廖育信博士超群的編輯能力，對為拙劣文筆所苦的謝某而言，彷彿是天賜之禮，三不五時，閱讀著他編修過的文章，奇蹟似也，一日疲憊消失無蹤。五南圖書劉靜芬副總編輯，以及其團隊成員編輯高丞嫻、封面設計王麗娟等人，為此書的出版勞心勞力，讓筆者內心的思路能躍然紙上，以最吸引人的形式展現出來，謝某銘記在心。

　　這些年的寫作人生，沒有家人的支持一切都是徒勞。謝謝內子淑芳與兒子耘非的陪伴，這是難得的幸福。但你們從未喜歡擾人清夢的打字聲吧！

　　最後，將此書獻給最尊敬的洪鎌德教授，十年的提攜與教誨，今生難忘。

謝宏仁

於輔仁大學社會學系
羅耀拉大樓SL302室

目錄
CONTENTS

導論：

600年，160年與60年時間性的發展研究

　　幾年前，在發展研究（或稱國家發展理論，Development Studies）這個領域中，有本名爲《發展研究的終結：21世紀大國崛起後的世界圖像》[1]的書問世，當時，少數對該領域有興趣的學者們，心裡產生一陣嘀咕，爲何該書作者宣稱發展研究已經終結？書中雖陳述一些理由，卻未引起多大迴響。本書《發展研究之風雲再起：中國一帶一路對西方及其知識體系的挑戰》，與先前出版的《發展研究的終結》一書在討論的議題上未必有直接的關聯，但的確是先有「終結」，才可能會有「風雲再起」的時候。換句話說，本書並非全然建立在《發展研究的終結》所留下的缺點上再進行增刪與修正，乃是採用不同的觀點來檢視過去所看不到，或者沒注意到的事物。

　　本書在此將嘗試發掘在歷史發展上看起來不重要的偶然性或偶然因素，還原其本來該有的地位。就本書的標題來說，我們還得先知道時間性的意思。「時間性」（瞬時、瞬間、短暫性）一詞與temporality這個英文字義意相近，都有「片刻」、「短暫」的意思。人們於「現在」這個點上，對於「未來」的想像、看法，與觀點，其實是站在「過去」的基礎之上，簡單地說，基於「過去」才能看得到「未來」，而「過去」（或稱歷史）是由重要的事件組成。也就是說，「過去」、「現在」，與「未來」其實是整體的，此整體即所謂的「時間性」。但「過去」？究竟該回推多遠才好？這倒是個問題。

　　瞬間（瞬時、短暫性，或時間性）除了指歲月流逝之刹那，同時也包

1　謝宏仁，《發展研究的終結：21世紀大國崛起後的世界圖像》，（台北：五南圖書，2013）。

含著一種可能，那就是對於若干歷史事件取捨的可能[2]。這是因爲處於流動中的「現在」的我們，似乎無可避免地只能透過對某些歷史（重要的）事件的解釋才得以理解「過去」。換句話說，就短暫性而言——亦即某個時刻，或某一段（歷史上不算太長的）時間，人們總想找到歷史的轉捩點，例如，1400-1500年，1780-1850年，與1950-2010年等這些時間點或段落。在這些時間與空間的結構裡，所發生的種種，其中某些事件將被視爲人類歷史上的大事，因此，一旦誰握有權力，誰就對這些事件有解釋權（一如筆者能盡情在本書中闡述、推銷某些理念），也就足以影響人們的歷史觀與世界觀。那麼，什麼是世界觀呢？

　　東南亞知名馬克思學之詮釋者洪鎌德教授這麼說：「世界觀（worldview）是人群……對世界、對我們周遭的境遇和實在所持的看法……。藉著世界觀，人群不但設法理解其所處世界之情況，也利用它來評價、估量這個世界，這個實在的好壞……要之，我們的世界觀是對世界的看法，也是對世界之存在，之演變而所持的看法」[3]。對於過去所發生的事，其詮釋，會左右我們對該事件的看法與評價，與日後在某方面的應用，進而影響到世界觀。而過去許多（重要）事件的組合，業已成爲歷史，與其解釋則共同影響我們的世界觀。簡單說，歷史觀形塑、改變、重組著世界觀，而後世界觀回過頭來塑造新的歷史觀，如此循環不已。因此，對於歷史事件的取捨與詮釋，可能讓人對「過去」產生不同的想法與態度，也可能對「未來」產生不同的期待了。那麼，如果對「過去」，乃至對歷史事件有新解釋，人們的世界觀也隨之改變，這也正是本書基於過去50、60年發展研究的基礎上，再加上兩個時間性——500至600年與150至160年，並其間重要的歷史事件，期望能拋磚引玉，進而修正過去被誤導的歷史觀與世界觀。

　　人們應該會同意以下幾件人類歷史上的重要事件，大約500至600年前，開始所謂的地理大發現（age of discovery）、大航海時代、探索時

2　陳華麗，《瞬時百年：改變中國歷史的二十個瞬間》，（香港：中華書局，2003）。
3　洪鎌德，《全球化下的國際關係新論》，（新北：揚智文化，2011），頁4。

代，或謂海權時代；150至160年前，西方世界挾著船堅炮利「打開」了清朝深鎖的大門，於是停滯的、封閉的，與「傳統的」中國終於開始學習如何與外國接觸，進入文明，此時西方將「現代性」帶入這個古老的國度；至於50至60年前，二戰之後，中共建政，各地反殖民浪潮興起，殖民地紛紛獨立，戰後的歐洲國家在美國主導的馬歇爾計畫的援助下，從殘磚破瓦中迅速重建，此時以美國與蘇聯為首，所謂的「民主」與「共產」陣營對立，開始長達數十年的冷戰時期。在這個前期，遏制共產主義的擴張，可以說是美國的核心戰略。在韓戰之後，為了阻止蘇聯共產主義的東向，美國決定參戰，日本及後來的南韓與台灣的國民政府都得到美國大筆的援助，而日本、南韓，與台灣地區，不正是這50、60年以來，發展研究經常探討的成功案例嗎？

　　可以這麼說，發展研究這個學術領域，是一個國家（朝代、經濟體）追求「現代性」的過程，或許從1950年代所謂「現代化」（Modernization）理論這個名稱即可略見端倪。而時間點從15世紀（或其「長16世紀」）起頭的現代世界體系（或稱世界經濟體系，The Modern World-System），不也是用以「現代」二字，來與前一個體系進行區分嗎？世界經濟體系創始者華勒斯坦（Immanuel Wallerstein）[4]認為，現代世界體系的前一個體系是世界帝國（world empire），而非「傳統」世界體系。然而，倘若我們沒有「傳統」這個概念，「現代」根本無法單獨存在。換句話說，「現代」的對立面「傳統」二者必須並存才具意義。換言之，就世界體系理論來說，西歐在15世紀時，已開始從「傳統」走向「現代」，這過程並非一蹴可幾，但在華勒斯坦的想法中，西歐（國家）仍然領先世界上的其他國家（地區）。因此，從500至600年時間性的發展研究來看，亦可目為一種追求「現代性」的過程。

　　如此的話，龐建國在〈國家發展研究主導概念之變化及其政策意

4　Immanuel Wallerstein, *The Modern World-System I: Capitalist Agriculture and The Origins of the European World-Economy in the Sixteenth Century*, (New York: Academic Press, INC., 1974).

涵〉一文之中，嘗試為數十年以來的發展研究不同時期加以析評，包括針對1950年代和1960年代的現代化理論、1970年代的依賴理論、1980年代，到1990年代中期的世界體系理論，以及1990年代中期的發展型國家與全球化等四個時期的主導概念，也就是對於「現代性」的追求提出論述[5]。該文重點在於證明，自「第二次世界大戰之後國家發展研究不同時期的主導概念，它們各自代表著不同的研究範式或理論觀點，並意味著不同的政策主張，但基本上都可以從現代性（強調為筆者所加）的傳播和回應來理解」[6]。

龐建國認為，人類社會所追求的無非是西方社會自17世紀啟蒙時代以來所追求的「現代性」，並且在社會科學理論的建構與演進，也產生「典範轉移」，或者至少是主流觀點的更迭。簡言之，過去數十年的發展研究是在理解西方社會經濟成長的經驗，追求著與西方人同樣「進步的」生活方式，也就是追求所謂的「現代性」。但到底什麼是現代性？龐建國現代性的基本論述是，（西方）資本主義工業體系與自由主義民主政體之間的關係。筆者認為，龐建國不幸地落入本書所欲討論的西方哲學之二分法，亦即落入所謂西方的「有（資本主義）」與東方（或非西方）的「無（資本主義）」之二分法上頭。雖是如此，龐建國的「現代性」論點仍有啟迪之益。

在此討論幾點，包括西方知識體系的三大柱石、三個時間性的發展研究、一帶一路的歷史情懷。最後為本書章節安排。

5　龐建國，〈國家發展研究主導概念之變化及其政策意涵〉，《社會科學論叢》，第4卷，第2期，10月，2010，頁104-154。另外，龐建國的分期與一般所認為的略有不同，但大致上這是可以接受的，因為在分析中，每位學者對期間的認定可能略有差異，但相信這不致對分析產生重大影響。舉例而言，華勒斯坦在1970年代中期提出現代世界體系理論，但其影響力可能在1980年代初才剛始，不一定得在著作出版之時，就將之界定為分期的開始。

6　前揭書，頁104。

西方知識三大柱石

　　我們在學校中所看到西方浮世繪所勾勒出的「世界」，乃是由三把畫筆（刷子）作成的。在這幅「世界」圖像中，東方世界看似昏沉黑暗，西方則是光亮明淨。此外，這圖像呈現東方社會的風采，或許毫無特色，只是西方社會的強烈對照。本文認為，這樣的「世界」實際上被扭曲，而應予以擦亮刷淨。為求達到這個目的。這三把畫筆、刷子早該丟棄。這三把畫筆是什麼呢？為何要棄置不用？簡單說，因為這些不真實的「魔術」畫筆被一再使用，也因此才必須一提。

　　第一把刷子是西方哲學的二分法，諸如：西方／東方；存在／缺席；現代／傳統；向海／向陸；（對國際商貿）心胸廣大／氣度狹窄等等。第二把刷子是費正清（John K. Fairbank）1842年的歷史分期法，中國非得要等到西方將「現代性」帶來，才開始邁向現代。在此之前的中國則根本不值一提，因為封建保守的中國要等西方的戰艦槍炮來「敲醒」。第三把刷子是華勒斯坦的歐洲中心主義，它令非西方國家銷聲匿跡。但不幸得很，台海兩岸的歷史教育居然對「世界」（發展之）圖像中這些異景怪象可說毫不加以批判，或許因為這是一幅傑作。

西方知識體系的二分法

　　一般說來，西方知識體系乃建立在二分法之上。人們習於以二分法來思考，以了解周遭所處的世界。因此，二分法為社會（科）學界廣泛接受，特別用來比較東方與西方世界。例如：存在／缺場、有／無、現代／傳統、理性／非理性、西方／東方等類成對的詞眼。但何以這類二分法對我們思想產生既深且廣的影響呢？其理由在於，這類成對出現的詞眼並非**獨立存在**。換言之，要界定是否「存在」（存有、出現），非得通過知悉與「存在」相對應的「缺場」不可。清楚得很，「完全相同」無法容納「差異」的存在。要理解「現代」的意涵，只有藉著明白其對立的「傳

統」[7]；另個例證，則是「善」及其對立之「惡」[8]。

　　另外，含蘊在這些反義的詞彙之中的「認同」與「差別」，這些二元主義存在著徹頭徹尾、垂直的不平等。當人們想到「存在」、「出現」時，會給予正面、越加美好的觀感；當提及「缺場」（沒存在）時，就會給予負面、越來越糟的評價[9]。故此，有許多相對的詞眼，便被用來描述西方與東方社會，並加以比較。這種例子很多，像是現代與傳統（或封建），資本主義相對僅以餬口（維持生計），心胸寬闊相對氣度狹隘，積極進取相對停滯不前，民主相對君主專制等等。

　　這些成對的詞眼常用來描述西方與東方社會的差別。在學者心目中，西方是「存在」、「現代」、「外望」、「積極進取」、「民主」、「向海」，甚至是「良好的」等類；至於談到東方這個與西方社會相對者，所映入眼簾的就是「缺場」、「傳統」、「內望」、「停滯」、「君主專制」、「向陸」，乃至「壞的、差的」等等。循此脈絡，如果我們要明白西方資本主義大規模農耕與生產的「獨特性」，那麼不二法門就是，只消回頭檢視東方社會，特別是中國「僅以餬口的農耕」即可[10]。因此，在西方知識體系的論點下，中國就算到明清時期依然沒有發展出類似西方理性與有效率的生產方式。被目爲「封建」、「停滯」的帝制中國，根本不能創建出西方引以爲傲的機構、組織。總之，這種比較法，對於複雜的社會現象可說過度簡化。我們使用「封建的」中國、或「封建主義的」中國爲例[11]。

7　洪鎌德，《全球化下的國際關係新論》，頁350-351。

8　岡田英弘（Hidehiro Okada），《世界史的誕生：蒙古帝國與東西洋史觀的終結》，（新北：八旗文化，2016）。

9　Jacques Derrida（德希達），*Of Grammotolgy*, trans. Gayatri Chakravorty Spivak, (Baltimore, Johns Hopkins University Press, 2016).

10　謝宏仁，《顛覆你的歷史觀：連歷史老師也不知道的史實》，（台北：五南圖書，2015）。

11　William T. Rowe, *China's Last Empire: the Great Qing*, (Cambridge, Mass.: The Belknap Press of Harvard University Press, 2009).

　　實際上，中國與歐洲歷史中的封建主義根本是兩回事。在中國，新興城市是由屯兵與徙民所修造；在歐洲封建主義則是在連年的爭戰中，騎士付些費用與堡主立約，來換取保護[12]。然而，「封地」（feud）及「封建的」（feudal）被套用於研究晚近的帝制中國的關聯性。若不加以摧陷廓清，則「封地」、「封建的」所指的，無論在政治、經濟與社會上，樣樣都意味著「停滯」不前。學者似乎不在意晚近帝制中國到底是不是停滯不前。對他們而言，明清時期歷史的這兩頁不過是「現代」西方的對比之物。因此，帝制中國僅止是「封建的」，換言之，「封建」中國是不證自明的。東方社會（特別是海峽兩岸）並不加思索，而全盤接受明清（乃至更早朝代）乃是封建社會的說詞。

　　二分法並非如此不堪使用，然而當涉及階層統屬關係時，這對於東方社會就顯得不公平。

費正清1842年的歷史分期

　　描繪「世界」圖像的第二把刷子是費正清對中國歷史的1842年歷史分期法。費正清身為美國最有影響力的東方學之學者[13]，筆耕不輟、著書等身，作育眾多英才。他將這年（1842年）之前界定為「傳統的」（traditional）中國，在此之後，西方強權才將「現代性」帶來中國，令其開始邁入當代的路途。羅威廉（William T. Rowe）指出：「費氏（和其他人）並未明說在1842年是晚近帝國實際開始脫離『停滯不前』的分水嶺，從此中國才真正開始實際改變，回應西方社會。但這歷史分期卻以間接的方式宣明出來」[14]。這是一般用來說明西力如何東漸，而創造出「現代的」中國。在費氏的心目中，所有的進步思維，都是從西方帶到中

12　關於「封建」之誤譯，請參見岡田英弘，《世界史的誕生：蒙古帝國與東西洋史觀的終結》，頁268。

13　John K. Fairbank（費正清），*Fairbank's Chinese History*《費正清中國史》，張沛、張源、顧思兼譯，（長春：吉林出版社，2015）。

14　Rowe, China's Last Empire, pp. 2-3.

國的。不幸得很，費氏所影響者甚眾，遍及學界內外，數以千萬計，可說無遠弗屆。雖然將「傳統」與「現代」的歷史分野以1842年一刀切開，華人與西方學者，包含費氏本人也陷於「傳統」中國不值一顧的窠臼之中。

費正清認為中國基於統治者的理念與官方政策，幾乎未曾「有幸」航向遠方的大海。這些反義的詞眼，諸如「向海」、「向陸」有許多可著墨之處，也貼近本文所要討論的意旨。費氏認為，明初鄭和率軍「下西洋」探險之舉著實驚人。他接著說，這七次下西洋於1433年告終之際，明朝與其後的清朝並未有這樣經略海洋的好運氣。鄭和的探險（經綸）在中國歷史上可說僅此曇花一現[15]。

理應熟知中國歷史之一的費正清亦不免落入以西方經驗來理解東方的陷阱裡頭。他認為，在明成祖之後「中國並無像航海家Prince Henry（the Navigator）這樣的皇帝」、「明朝和葡萄牙的差別在於對航海的興趣」、「明朝並未掌握發展海權的契機」、「鄭和下西洋可說是後無來者」[16]。費正清和其學堂的學子們想必並不知道鄭和下西洋在地緣政治上所帶來的意義。這點本文將於後加以解釋。然而，清楚得很，費正清嘗試告訴我們，中國與歐洲諸國飄洋過海不同，乃是經過漫長且乏味的陸路。就心態言之，中國似乎心胸狹窄，因此往內陸發展（如果有的話），而外國人向著海洋發展。正因如此，歐洲人在15世紀帶著寬闊的心志飄洋過海而來。從而，費正清接受歐洲經驗當作分析非西方國家的模型，這當然也包括他最熟悉的中國在內。

就事實言，鄭和下西洋並非如費正清所猜測的冒險犯難，而是由於地緣政治的估量，用以打通馬六甲海峽的朝覲與通商障礙（本文稍後略加討論）。如此看來，費正清似乎對當時明帝國所處的「國際」境遇並不甚了解。此外，在經濟方面，費正清「昭告」美國與其他國家廣大學子，中國壓根兒是個「自給自足」的社會[17]。如此一來，他便能將中國的經濟描

15　John K. Fairbank（費正清），《費正清中國史》。

16　前揭書，頁200。

17　前揭書，頁201。

繪為市井經濟的封建社會、家庭農耕，與歐洲大規模經濟，或者是與美國殖民地的農耕怎能相提並論？當然，「地理大發現」可說是一樁大事，因經由藍色公路，將諸大陸加以連結。然而這種歐洲觀點對我們的分析無甚助益。

簡言之，在社會（科）學中長期以來，似乎過分強調15世紀在大海中所發生的事，換句話說，我們強調「航向大海」（向海）甚於「走向內陸」（向陸），本文認為這是偏頗的，獨厚西方社會。

鑲嵌於「現代世界體系」中的歐洲中心主義

第三把世界圖像的西方畫筆便是華勒斯坦的歐洲中心主義。這把畫筆上的特殊染料，令其他的非西方社會失光落色，褪掉原來的風采。

特別是從15世紀開始，西方國家開始在海外開疆拓土，數百年來，西歐所聯想（或說誤解）與西方世界平行的東方世界，尤其是中國，在世界經濟地位的地位已經互易。我們所見的世界圖像乃是由三把歐洲製造的畫筆所描繪的，即非全然如此，但也部分接受歐洲大陸社會科學的「薰陶」。因此，我們的世界觀，亦即觀察事物如何演展的眼光，已被西方知識體系所扭曲。換言之，我們的思考方式已被從15世紀在海外開疆拓土的西方國家所形塑與再塑[18]，這影響著我們的歷史觀與世界觀。

在洋槍大炮之後，「優勢」的西方文化伴隨著政治經濟的宰制，成為西方學者闡釋世上發生的各種事物，當然包括形成認知、理解（抑或誤解）與構築我們的世界觀。顯然，我們需要能洞見燭照過去的昨日、一甲子、甚或世紀之前，但這燭照原應給我們明見，而非隱晦模糊的影像。本文引例證指出，一般人所接受的觀點，例如歐洲（或歐洲中心主義），並不能幫助我們了解早在600年前明帝國初期一帶一路的宏圖大業之實貌，若不就現在的思維加以摧陷廓清，則難以打亮眼睛來看得分明。

18　Ho-Fung Hung（孔誥烽），"Orientalist knowledge and Social Theories: China and the European Conceptions of East-West Differences from 1600 to 1900," *Sociological Theory*, Vol. 21, No. 3, September, 2003, pp. 254-280.

　　回顧以往的世界歷史，我們似乎習於看到歷史的斷裂，例如「地理大發現」，用來解釋西方國家的崛起與海權的擴張，特別是「向海」。由於經營有成，西方強權的海外擴張便被賦予「積極進取」、「心胸開闊」的態度（例如對於海外商貿）、「規模宏大」，或者是政治體系上的「民主」（而這不是先前龐建國要我們相信的嗎？）等等。剛好相反，由於諸多不利的因素，東方社會（特別是中國）的沒落正因爲缺乏西方社會擁有的。「向海」提供了我們相當好的例證。

　　現代世界體系理論的創立者華勒斯坦認爲「現代」世界體系產生自歐洲列強海上擴張、征服列國鄰邦，最終雄霸一方[19]。這種歐洲中心主義的觀點使世界其他角落的「他者」等候著被「迎入、納入」他所建構的世界體系之中。爲了解世界史，我們有必要摧陷廓清，而非加以模糊。但不幸的是，華氏的歐洲中心主義反而讓我們難以看明15世紀早期在印度洋周遭海域，「傳統」明朝這樣的區域霸權，這個遠早於「現代」世界體系出現的區域霸主。

　　綜上所述，西方知識體系下的三大柱石——包括二分法、1842年分期，與歐洲中心主義——相互交織、強化彼此，構築成堅固之思想體系，影響著世界上難以計數的知識分子。此三大柱石必須予以摧毀，於是，以下的分析將提出600年、160年，與60年時間性來挑戰長久以來誤導人類思維的西方知識體系。並且，筆者將以發展研究這個領域來進行這項「破壞」工程。

600年、160年，與60年時間性

　　一般認爲，發展研究始於二戰之後，這是在60年時間性視角下所衍生。在本書中，筆者提出較長的時間觀點——也就是600年與160年時間性，將東方與西方發展所遭遇的問題一併回答。如先前所述，我們短暫地

19　Immanuel Wallerstein, *Geopolitics and Geoculture: Essays on the Changing World-System (Studies on Modern Capitalism)*, (New York: Cambridge University Press, 1991).

處於「現在」，立基於「過去」，產生對於「未來」的某種（些）看法，而「過去」、「現在」，與「未來」這個整體即是時間性。那麼，在發展研究中，時間性的意義為何？雖然不一定每個學科（例如：歷史社會學）都贊成預測未來，並且樂此不疲，不過，學者心裡面應該都有自己對未來的期待，如果時間性是過去、現在，與未來的整體，並且無法分割，那麼，對於未來的看法是自然地存在於學者（或每個人）的心中。在發展研究中，如果我們只能看到二戰之後（也就是60年時間性）的幾個理論與其常見的案例分析，那麼，或許我們所回到的「過去」還不夠久遠，無法讓我們對「過去」的真實（或者趨近於真實）充分理解其樣貌。相信這是相當可能發生的，並且筆者企圖加以改變。

在此，我們必須先介紹幾位傑出的學者與其著作，接著，筆者說明修正其「時間性」的理由。Giovanni Arrighi（喬凡尼·阿律奇），濱下武志（Takeshi Hamashita）[20]與Mark Selden（馬克·塞爾登）於2003年編輯名為《東亞的復興：以500年，150年和50年為視角》[21]的書。他們認為，東亞的擴張自1960年代以來，全球權力已逐漸轉向這個區域，倘若持續這樣下去，是否東亞能夠再度成為世界的中心，就像數百年前的朝貢貿易那樣？為了充分了解不同時期東亞國家（王朝、帝國）與其他國家之間的互動過程，在該書的〈導論：東亞的興起在區域與世界歷史視角下〉[22]提出了三個不同的時間性的視角——分別是500年、150年，與50年，並且以東亞這個區域為出發點，來挑戰過去以國家的、全球的（例如：世界經濟體系理論）研究所得到的結論。藉由檢驗東亞歷史遺產，該書作者歸結出

---

[20] 濱下武志（Takeshi Hamashita）為全球知名漢學家。在本書中，若引用或者討論其英文著作時，將使用其英文姓名，其餘則使用其漢字姓名。

[21] 喬凡尼·阿里（阿律奇）、濱下武志、馬克·塞爾登（薛爾頓），《東亞的復興：以500年，150年和50年為視角》，（北京：社會科學文獻出版社，2006）。該書之英文版書目為，Giovanni Arrighi, Takeshi Hamashita, and Mark Selden eds. *The Resurgence of East Asia: 500, 150 and 50 Year Perspectives*, (London and New York: Routledge, 2003).

[22] Giovanni Arrighi, Takeshi Hamashita, and Mark Selden, "Introduction: The Rise of East Asia in Regional and World Historical Perspective," in Giovanni Arrighi, Takeshi Hamashita, and Mark Selden eds. *The Resurgence of East Asia*, pp. 1-16.

東亞復興的假說。該書所提三個時間性的確提供不同的角度，來理解東亞的歷史，值得花點篇幅介紹一番。我們從最短的時間段落開始討論。

　　該書的英文版於2003年出版，是故，所謂的50年「時間性」，指的是第二次世界大戰之後的1950年代，不旋踵即開始了數十年的對立，即所謂的「冷戰」（Cold War）。此時，過去的殖民地紛紛獨立，美國與蘇聯極力爭取各自的盟友，學術上1950年代也出現以美國為學習對象的現代化理論，美、蘇各自派出不少顧問團為其盟邦指導應該如何發展。就美國來看，除了日本之外，東亞四小龍當中的台灣與南韓，因為地緣政治的需要，而得到美國在經濟上、軍事上所提供的援助，奠定日後工業化成功的基礎。換言之，台灣與南韓皆因為地緣政治——兩者皆位於美國圍堵共產陣營向東擴張的第一島鏈，接受美國的軍事與經濟的援助[23]。

　　該書的第二個視角（也就是150年「時間性」），Arrighi、Hamashita與Selden探討19世紀中葉以後，東亞在軍事上與經濟上開始處於相對弱勢，中國與日本在面對西方列強之軍事優勢時，導致了日本的明治維新與其工業化，在中國方面，則從1860年代開始，一直到了1911年與1949年幾次的革命。此外，日本在20世紀前半葉，一直努力地想要取代中國成為東亞的區域霸權[24]。可以這麼說，中國長期以來居於東亞朝貢體系的中心，到了19世紀末期，逐漸受到（象徵性的）臣屬國日本的挑戰，而且一直延續到1940年代中葉[25]。19世紀中葉一直被視為中國國勢之轉捩點，而鴉片戰爭則被視為以槍炮聲轟醒中國這個沉睡巨人的第一場戰役，清廷在道光在位（1821-1850年）之後，開始走向衰敗，然而，道光之後的滿清王朝真是該被苛責的對象嗎？筆者認為，該對鴉片戰爭重新詮釋，來為Arrighi、Hamashita，與Selden對該戰爭說明的不足之處做些補充。

　　第三個觀察的角度，也就是500年「時間性」，Arrighi、Hamashita

23　謝宏仁，《發展研究的終結：21世紀大國崛起後的世界圖像》，（台北：五南圖書，2013）。

24　Arrighi, Hamashita, and Selden, "Introduction," p. 3.

25　前揭書。

與Selden認為當西方「向海」外擴張之後，取得許多殖民地，並且以軍事取得大部分勝利之後，大量的文獻卻急於將某些概念——像是「併入」（或整合進入，incorporation）、「殖民主義」、「現代化」，與「對西方的回應」（response to the West）等等套在非西方國家如何參與世界經濟這件事之上。然而，這些概念或多或少地將東亞早期的歷史給抹煞掉，Arrighi、Hamashita與Selden反對這些概念的說詞，特別是所謂的東亞只是在回應西方的要求。他們認為，東亞的歷史遺產在與西方互動時，仍然保持相當的活力，形塑西方人在東方行事的方法[26]。舉例而言，Hamashita等人認為，西方人必須藉由中國早已存在的朝貢貿易所形成的商業網絡使其交易得以完成，換句話說，不少學者（華勒斯坦為其中最知名者）選用「併入」一詞，來描繪中國如何與歐洲經濟體系連結，而忽略了中國早期（特別是在明清時期，也就是晚期帝制中國）的手工業可說是走在世界潮流尖端，並且在對外貿易關係上，主張中國只是被動的，然而這與中國長久以來位居東亞朝貢中心的歷史事實不符[27]。

　　以上的討論植基於2003年時，Arrighi、Hamashita 與Selden所合編之 *The Resurgence of East Asia*，從該書出版刊行至今已逾15年，是故，本書將三位傑出作者的數字「5」改為「6」，將原本的500年，150年和50年視角，改為600年，160年與60年觀察之角度，藉此從三個時間性視角下找出重要歷史事件，重新解釋東亞經濟體，特別是中國的經濟發展。第一個觀察的角度是距今600年時期，本文欲指出，以歐洲為中心的觀點難以看出在15世紀初期，明帝國稱霸印度洋的歷史事實；第二個觀察的角度是距今160年左右的觀點，這個時期大約座落在19世紀中葉，也就是影響中國甚鉅的鴉片戰爭爆發的時候，普遍認為這個時期西方崛起了，而東方（中國）則開始走下坡，然而，倘若我們從產業競爭和智慧財產權保護的觀點來重新檢視鴉片戰爭，我們將會看到完全不同的景象。

26　Arrighi, Hamashita, and Selden, "Introduction," p. 3.

27　Takeshi Hamashita, Mark Selden and Linda Grove, *China, East Asia and the Global Economy*, (New York: Routledge, 2008).

　　第三個觀察的角度，是距今約60年的觀點，從此視角觀之，繼日本之後，東亞四小龍，與接下來的中國、印度，東南亞國協等國家逐漸興起，學者稱之為「東亞的復興」[28]，而東亞的復興，可以說是在美國霸權的羽翼下所得到的發展機會。在60年視角下，本書要討論的是，如今中國崛起，並主導所謂的「一帶一路」，凡是中國「看得上」的國家（或地域），都將在中國的支持與幫助下重新得到發展的機會。筆者認為這同樣與「共產主義」[29]的擴張有關，一如1950年代美國主導的馬歇爾計畫（與之後的亞洲復興計畫）乃為防堵共產主義擴張有關。

　　以下，我們先回味「過去」的種種。

一帶一路的歷史情懷

　　在人們的記憶之中，綠州城市是絲路上的珍珠，是風塵僕僕的駝商安歇落腳之處。漢武帝（BCE 157-87）時，在河西（今甘肅省）設置的四郡，即酒泉郡、武威郡、敦煌郡，以及張掖郡（古稱甘州）。除了駐軍之外，同時也大量移徙漢人到此屯墾。漢朝在這段時期國力日增月盛，削弱匈奴的影響力。後來，這塊河西新興的農業帶逐漸串連起中原農業帶與天山農業帶，為將來開闢絲綢之路打開便利之門。在河西四郡之中，或許是得力於詩人的美詞佳句，張掖郡成了世人目光之焦點，使我們定睛在這個人稱「世外桃源」的城市。

　　中原通往河西的最佳路徑是絲綢南路經大鬥拔谷（今民樂扁都口）到達張掖。大鬥拔谷橫穿祁連山，兩山峽峙，一水中流，群峰爭勢，風景如畫。入山則鳥語花香，樹木蔥蘢；出山則一抹平疇，沃野千里，於峽口放眼張掖，但見「阡陌交通」、「土地平曠，屋舍儼然」，與《桃花源記》所述內容極為相似[30]。位於絲路樞紐的張掖，事實上是詩人陶淵明所描

28　Arrighi, Hamashita, and Selden eds. *The Resurgence of East Asia.*

29　長久以來「共產主義」社會所該呈現的模樣一直存在著爭議，但至少，中國政府一如以往，宣稱將會努力朝向共產主義社會邁進，本文在此無意深究此種社會的實質內涵。

30　黃岳年，《書蠹生活——悅讀中人在天堂》，（台北：秀威資訊，2010）。

繪世外桃源的原型。因此，時至今日，當外地旅客來到張掖，仍會被這個美麗的綠州城市和其特有的風俗民情所吸引。這條絲路、這個城市承載著被挑選出來的歷史故事，無時無刻中建構「民族認同」與「非我族類」兩種既並存且互斥的情感。

　　張騫出使西域13年，帶著漢武帝所欲傳達臨邦的信息；而霍去病──漢武帝時期的傑出軍事家──則打開了東、西方交通的大動脈。曾有人如此宣稱：至今，全球僅有四大文明延續相當長的時間，且其範圍極其廣袤，它們分別是中國、印度、希臘，與伊斯蘭文明[31]。或許可以這麼說，自1980年代起，中國經歷改革開放，經濟蓬勃繁盛，並希冀在21世紀，藉由一帶一路再次貫穿古代絲路，將中國與西方世界連結起來。

　　但暫且拋下歷史情懷吧！中國一帶一路不僅為了區域經濟整合而已，同時也是促進歐亞兩大洲經濟整合的雄圖大略。現今，全球44億人居住在這塊相連的大陸上，它同時是目前全球人口密度最高的地區[32]。依據《推動共建絲綢之路經濟帶和21世紀海上絲綢之路的願景與行動》所圈定的一帶一路重點範圍，涵蓋中國18省分與城市，包括東北3省（黑龍江、吉林、遼寧）、西北6省（新疆、陝西、甘肅、寧夏、青海、內蒙）、東南5省（浙江、福建、廣東、海南、上海）、西南3省（廣西、雲南、西藏），以及內陸地區的重慶。重點圈定的省分，在經濟戰略上有各自的分工，例如：新疆作為西北地區面向中亞、西亞與南亞的對外窗口；東北3省與內蒙古則是面向俄羅斯；西南3省則接壤東協國家與南亞。透過多項鐵路建設、邊境貿易與旅遊文化，將這三個區域緊密連結，彼此間分工合作。福建則作為一帶一路的戰略核心區，加速推動上海、福建兩地的自由經貿區，以及15個沿海城市港口與機場建設，創造珠江三角洲與長江三角洲等沿海地區的榮景，引進更多外資與增加貿易輸出。內陸則以重慶

31　季羨林，《佛教與中印文化交流》，（南昌：江西人民出版社，1990）。

32　〈一帶一路效益，覆蓋44億人口〉，中時電子報，2015年4月11日，http://www.chinatimes.com/news papers/20150411000894-260301，檢索日期：2017年4月25日。

爲中心，加強建設中歐的交通管道[33]。總體而言，至少可說，中國「一帶一路」將爲發展研究這個領域帶來更多實證資料與思考空間。

章節安排

在導論之後，本書分爲兩個部分，第一部分爲「600年、160年時間性視角」，共五章，第一章說明當今中國一帶一路，可視爲明朝初期地緣政治的現代版本，是遺舊的再興，雖然古今或有不同。第二章，所謂「傳統」中國的發展模式，絕非僅止於亞丹・斯密所言的專業分工與擴大國內市場而已，內中亦可發現費爾南・布勞岱爾所言資本主義之壟斷特性。第三章，討論古典社會學三大家之馬克思，他移居倫敦時擔任《紐約每日論壇報》駐歐洲記者時所撰寫的社論，關於19世紀中葉對於清中國、英格蘭鴉片戰爭的觀察、看法。第四章旨在反駁向來的看法，認爲鴉片戰爭起因於清廷不知自由貿易能帶來好處，同時拆穿西方列強經常披著「自由貿易」的假面具。第五章，討論另一位古典社會學大師級人物韋伯如何誤解東方（中國）傳統法律體系，並指出其偏愛的西方法律之理性化，實缺乏說服力。

第二部分分析60年時間性，但首先，吾人於第六章時回顧中國一帶一路對發展研究幾個理論的挑戰，看看是否得以應用於當今的中國一帶一路倡議所引發的嶄新問題。第七章將說明爲何單是勤勉革命無法解釋中國長時間的發展，因爲創新活動一直在中國土地上發生，即使當今尖端技術尚無法完全自主發展。另外，在知識經濟時代，中國人才外流問題不算輕微，而且，美國名校經常是中國人才之首選，然而，諷刺的是，部分名校

---

33 中國國家發展改革委、商務部、外交部，《推動共建絲綢之路經濟帶和21世紀海上絲綢之路的願景與行動》，2015年3月，「一帶一路」國際合作高峰論壇，http://www.beltandroadforum.org/BIG5/n100/2017/0407/c27-22.html，檢索日期：2017年7月5日。本節內容主要引自謝宏仁、莊家怡，王東美，〈中國一帶一路倡議對國家發展理論的挑戰〉，第九屆發展研究年會暨未來前瞻國際學術研討會：亞洲2050，時間，2017年11月18-19日，地點：淡江大學，主辦單位：台灣發展研究學會、淡江大學未來學研究所。

的建立，與美國商人販賣鴉片——中國知識分子內心深處的痛——所獲之利潤脫不了關係。第八章則闡釋中國一帶一路讓我們看到的是，某些特定國家在這個成長中的霸權挑戰者中國的「眷顧」之下——如同60年前美國的馬歇爾計畫般——使得一帶一路沿線國家得到經濟發展之機會，看起來，發展研究這個領域正再一次地返回強權羽翼下的發展模式。

　　最後，綜述發現作為全書之總結。另外，在附錄中，筆者謝某則提出些許台灣如何走出其薪資停滯的窘境之淺見，雖然與本書主旨並非直接相關。緊接著，我們準備回到600年前，看看那個時候重要的歷史事件以及隱藏在其中的某種可能性。

第一部分

600年、160年時間性視角

第一章

向海亦向陸：中國「一帶一路」遺舊的再興

在600年前——這是個在中國史、亦是世界史上一個短暫的片刻——發生一件重要的事，至今仍影響成千上萬人的歷史觀與世界觀。有關這事件的解釋，讓我們得以理解一國（王朝）、一區域，乃至全球之發展，這個重要的事件即明朝（1368-1644年）初期所推動的「一帶一路」。本章副標題爲〈中國「一帶一路」遺舊的再興〉，是因「遺舊」指涉拋棄，也就是疏遠故舊之意。本章所言中國「一帶一路」之遺舊，其用意乃是指出，在西方的知識體系中，明朝在印度洋所維持的國際秩序，早已被西方學者所鄙棄、埋葬在世界史的某陰暗處。

1405年，明帝國海軍從福建沿海出發，途經南海，穿過馬六甲海峽，繞經蘇門答臘，最終抵達阿拉伯人主宰貿易的印度洋。他們航向西方，朝向西洋[1]而去，路途上，海盜伺機劫掠，一如倭寇所爲。到了清朝，經由陸路朝向遙遠的西北大漠，前往準噶爾汗國（Zunghar Khanate），成百上千的軍武鐵騎，旗幟鮮豔，間以馬聲嘶鳴，蹄聲錚錚，迴盪於荒野之中，風塵僕僕地大步邁前。

這些陳年往事勾起歷史兩朝的輝煌事蹟，晚近中國的隆盛光景，會否在未來重現於世，而不再遙不可及呢？在這幅圖畫中，我們似乎能拿更細的畫筆來點兒慢工細活。但，從前面兩幅圖畫中，我們窺見了什麼？爲何若要描繪精工慢筆的圖畫，非得要些細緻的畫筆不可。在第一幅圖畫中，明朝航向西洋，或多或少告訴我們，明朝早期在南海與印度洋的布局與當今中國之做法其實如出一轍。但在這幅圖畫之外，特別在東邊，於明朝晚期有條橫跨太平洋的海上絲路，由於沒在這張畫布上，而顯得無足輕

---

1 西洋在歷史上的位置並非一成不變。鄭和下西洋的「西洋」所指爲蘇門答臘以西的海域，蘇門答臘是扼馬六甲海峽西端咽喉者。

重[2]。就地緣政治而言，明朝初期由鄭和開疆拓土的海上絲路，由東南沿海、途經南海、東南亞、馬六甲海峽，轉向西經過印度洋、阿拉伯海，直到東非海岸，此一事件在人類歷史上，在區域（乃至全球）地緣政治上的意義，多年來從未被重視過。

在第二幅圖畫中，明朝航向西洋，給我們一個映象，就是中土之國不過是西歐諸邦海外擴張的對立之物，此讓人想到那個海外天地或島嶼，遙遠的東方之星。通常大家接受的是，當西方國家在「大發現」時期開始向外拓殖版圖之際，晚近的明清時期並未積極向外擴張版圖。「向陸」和「向海」這兩者議題對辯尚未塵埃落定，在歷史與認知上彼此糾結，兩者缺一不可。「向陸」指稱中國抱持狹窄心胸，而無意航向大海；而「向海」說明西方強權心胸開廣，他們選擇徜徉洋海之上。

簡單說來，清朝「無意」通商西洋也提醒了我們，向來在華人學界間存在的海洋情結之心理創傷。其他相關的議題則爲，明清兩朝甚至不知道經由「國際」貿易，能完全享受貿易的成果。由此觀之，對西方強權（或許對西方知識體系）而言，「國際」貿易似乎只有西方列強向海外擴張時與其他民族進行「交換」時才算數。本文將證明，貿易（特別是「國際」貿易）不應只用經濟面向來進行觀察，600年前是如此，600年後亦同，在一國的發展上，全球（或區域）地緣政治因素一直扮演著舉足輕重的角色。

本章結構如下：首先，我們討論「向海」和「向陸」之對辯，子題

2　事實上，16世紀末至19世紀初，太平洋海上絲綢之路上的白銀─絲綢貿易，延續了250年，這是世界經濟相當重要的一環，且是明、清江南絲綢等工藝領先全球的明證，可惜的是，台灣的高中歷史僅僅大略地提及了此事，不過，倒是談到一條鞭法因美洲白銀的輸入而得以實施，與美洲番薯的輸入解決了福建缺糧的問題等；中國大陸的高中歷史對此海上絲綢之路則隻字未提。明清中國在世界史的位置，向來似乎遭到錯置了，這的確讓人感到遺憾。

在本書中所討論的「一路」，也就是海上絲綢之路，是指航行經南海、東南亞、馬六甲海峽、印度洋，遠至非洲東岸之航路，無關於太平洋海上絲綢之路。關於太平洋上之「一路」請參照謝宏仁，〈美洲白銀的奇幻漂流〉，《顛覆你的歷史觀：連歷史老師也不知道的史實》，（台北：五南圖書，2015），頁39-95。

則包括了「邊境」這個詞彙使用在中國（不）發展之上的特殊意涵、向海／向陸之二分及其隱藏起來的價值判斷，與明朝自15世紀初起，就一國（王朝、帝國）的發展而言，即已開始其「向海」亦「向陸」的地緣政治觀之操作；其次，筆者將說明爲何海峽、海運與海權爲一國（或王朝、帝國）的生命線，尤其海運必經的通道海峽——或者具體而言，是對海峽的控制——其重要之戰略意義，而本書所欲挑戰西方知識體系，是故，筆者說明鄭和下西洋（即「一路」）之原因，旨在解釋地緣政治因素的考量早已存在，這是西方知識體系長期忽略的部分；第三，我們將搭乘時光機器，回到明朝討論中國爲何遭遇到「馬六甲困境」，明廷爲何必須護衛馬六甲海峽，藉以控制此海上咽喉，當時的「國際」關係促使了大明帝國採用何種方式解決之；第四，如果控制海峽、海洋航道是一國或一經濟體，中國是如此巨大的經濟體，那麼，我們就不難理解，近年來美國得以使用新加坡部分樟宜海軍基地——位於馬六甲海峽東邊出口——對中國是何等的威脅，因爲中國大部分的石油須通過該海峽，此外，我們亦將討論中國與其他大國，例如日本、印度等，之間的角力；第五，藉由檢視克拉地峽的昔與今，來突顯中國長久以來受制於「馬六甲困境」，開鑿克拉地峽——現在就像過去——的迫切性就不難顯現了。接著，吾人描繪「一帶」地緣政治的概梗，遊走於不同的時空之間，重點放在中國與美國在中亞、西亞（即「一帶」）的角力。當然，全球霸權之爭，決非在「一帶一路」沿線而已。其他具有全球地緣政治意義的競奪，像是人民幣挑戰美元、高鐵與歐亞大陸整合、中國「一帶一路」與60年前美國的馬歇爾計畫之相似性，以及共產主義（之遏制）與發展研究「成功」案例的巧妙連結等議題，則將留在稍後的章節——主要置於我們將使用的60年時間性視角的第八章——再行討論。最後，總結本章的發現，關於歷史視野下的「一帶一路」。

接著，本章進入社會（科）學裡一直隱藏著的「向海」與「向海」的對辯。

「向海」與「向陸」的對辯

本文認為，「向海」與「向陸」對辯的意義為，在社會（科）學之中，後者長期以來不受到應有的重視，這可能與西方在向海外擴張之後，取得殖民地及其產出而獲致的財富有關，具體而言，人們習慣於將今日西方（已開發）國家的發展與「向海」的地理大發現加以連結。無可避免地，「向陸」則處於較劣勢的位置，而不被看重。以下，有幾點值得我們討論。

首先，筆者認為有必要先解釋「邊境」（frontier）這個概念對於中國的意義，特別是費正清所定義的1842年之前的「傳統」中國，這個詞絕非價值中立，當時的「邊境」，乃是西方學者所認定，被用來「封閉」中國的詞彙，使中國無法與世界產生聯繫；其次，指出在社會（科）學中，向海／向陸之二分，其實隱含著價值判斷。其結果是，學者（特別是中國學者）似乎不甚了解自身過往的種種切切，中國似乎不曾在意曾與中亞或者其他地區國家（王朝）的來往，然而，這不符合歷史事實；第三，「傳統」中國早已「向海」亦「向陸」，本文將提出證據加以證明。當然，此舉仍為挑戰西方哲學的二分法，因為如果二分法能夠放諸四海皆準，那麼，我們要怎樣跳脫呢？本文就地緣政治的意義而言，仍選擇提出歷史事實來說明，中國早已「向海」又「向陸」了。現在，讓我們先看看「邊境」對中國有何特別的意義。

「邊境」對中國（不）發展的意義

如果我們要向人們解釋一國（或王朝、帝國）是保守的、封閉的、內向性的，或者不與外界聯繫，而導致其最終的衰退（或不發展），那麼，我們就需要「邊境」這個概念，因為邊境在兩國之間劃下界線。理論上，國家的治理能力不及於邊境之外。邊境大略可分為陸上邊境與海上邊境，中國（無論是「傳統」中國或是「現代」中國）同時擁有很長的海上邊境與陸上邊境，而大清帝國（清朝）（1644-1911年）至今仍被不少學者認定是這樣的一個封閉國度。就如Peter C. Perdue（濮德培）所說，我們對

於清朝中國的歷史詮釋，仍跳脫不了以下概念，那就是「清朝……相對而言，至19世紀晚期仍不被外部世界所影響，獨特的、綿延不絕的中華文明[3]（之載體）」。換言之，直到最近，東方的學者也好，西方的學者也罷，清朝是一個相對獨立且封閉，不與外界接觸的帝國。筆者相信，這種描述並不真確，簡言之，這暗示滿清王朝根本不可能有任何管道來知悉邊境圍籬之外的世界到底發生了什麼事，假若大清帝國曾發生過什麼事，那麼，也一定發生在邊境之內。當然，這是西方學者，甚至是整個西方知識體系意圖要說服我們的。再加上1840年代的鴉片戰爭之後，中國的知識分子對於所謂的「傳統」中國的信心可說是全面崩盤，只得被迫「選擇」相信西方學者的種種論述。

根據以上的簡述，我們約略可知，「邊境」這個語詞用在中國的時候，似乎帶著負面意涵，或者還不只是「似乎」而已，對清朝中國而言，「邊境」乃是將國土包圍起來，使其成為「封閉的」、「保守的」，或者無法處理任何外部訊息的一個行動顢頇（如果還能動的話）的古舊大帝國。是故，無論我們所談的中國邊境是「向海」的方向，也就是東南部海岸，或是稱太平洋西岸，或者所談的是「向陸」的方向，也就是西南、西北，或者西邊鄰近的中亞，或者更遠的西亞地區，向來這兩個方向的邊境都被視為「開放」的對立面，也就是「封閉」的國境之最遠處。在社會（科）學裡，長久以來，與鄰國（或大海）的交界處，並非各地商人與不同文化的人民生活在一起的地方，而是天朝將自己與世界隔絕的圍籬。

簡言之，對中國而言，「邊境」一詞變成一個經過西方知識體系賦予價值判斷後，帶有負面概念的產物，筆者認為，「向海」與「向陸」的對辯亦復如此，仍是二分法下的產物。

3　Peter C. Perdue, "A Frontier View of Chineseness," in Giovani Arrighi, Takeshi Hamashita, and Mark Selden eds. The Resurgence of East Asia: 500, 150 and 50 Year Perspectives, (London and New York: Routledge, 2003), pp. 51-77, 52-53.

「向海」和「向陸」的對辯

　　世界史或者人類的歷史——也許我們就只談所謂的「全球化」這件事——好像是從歐洲人在15世紀中葉開始向外擴張才開始的，我們習慣稱此為「大航海時代」、「探索時代」、「地理大發現」，或者「海權[4]時代」。

　　人們可能還有一樣習慣，那就是：當某（些）人在物質生活上過得比自己好的時候，我們通常直接聯想到他們應該較為聰明，或者勞碌流汗之後，才能獲得今天的成就，換句話說，人們有一種傾向於聽進美好故事的習慣，卻又不願意承認。所以，今日富裕的歐洲人（或國家）比起非洲人、南美人，或者南亞人，何以能過著相對優渥的生活？他們就經常將此與大航海時代加以連結。當然，後來英國的工業革命也被如此對待，只因為出於人們習慣聽進美好的故事？！當然，相信歐洲人也會希望大家都能相信這些美好的故事。因此，西方的知識體系不但暗中支持那些美好故事的主角，也將「大航海」、「地理大發現」，或是「探索時代」包裝起來，說服人們相信，西方人將一（大）群尚未開化的人都帶進入所謂的「文明」世界中，而（歐洲人的）「向海」經常就跟著正向的形容詞——例如「積極的」、「進取的」、「開放的」，以及「外向的」自動地加以連結。反之，（非歐洲人的、非西方人的，或是中國人的）「向陸」則只是為了讓人們理解「向海」而存在的詞彙，乃是相對於「向海」的概念。於是，「向陸」就跟著負向的形容詞——「消極的」、「退縮的」、「封閉的」，以及「內向的」——連結在一起，而變成同義詞了。這是二分法——西方（英格蘭）／東方（清中國），向海／向陸所帶給我們的世界圖像，簡單易懂，讓人們不因為所面對的歷史過於複雜而手足無措，得以

4　本文認為，「向海」與「向陸」的二分法，其實也可以用區別「海權」與「陸權」來代替。不過，因為「傳統」中國是個義務觀的社會，統治階層與老百姓並無權利的概念，所以在本書中盡可能使用向海／向陸之二分。關於「傳統」中國義務觀社會如何行使其「權利」，請參照謝宏仁，《社會學囧很大：看大師韋伯如何誤導人類思維》，（台北：五南圖書，2015）。

安心地度過每一天。

　　或許我們應該自我提醒，在社會（科）學的領域裡，二分法，例如向海／向陸，並非價值中立，而是隱含著價值判斷，即使並非「總是」，也已是「經常」爲了突顯西方未必存在的優越性，而弱化（或貶低）東方。不過，歷史事實仍舊是重要的。

「向海」亦「向陸」

　　在本小節中，我們先僅以明朝中國在15世紀之初——先於歐洲所謂的「大航海時代」（也就是「海權」時代），就已經開始「向海」擴張，同時也「向陸」（陸權）擴張討論。首先要說明，中國並非將自己關在邊界之內，不與外部交觸，事實上，明朝的統治階層深知地緣政治[5]因素如何影響一國（經濟、社會，與各種制度）的發展，同時透過「向海」與「向陸」兩者，齊頭並進地增強國力。至於其他的歷史事實，留待後面討論，在此我們只略述明朝中國同時「向海」和「向陸」的事實，並概略了解明初洪武皇帝年間（1328-1398年，在位1368-1398年）明朝與南海的國際關係。因爲這能幫助我們了解爲何鄭和要下西洋，也就是「向海」經略之眞正目的。

　　在元世祖忽必烈（Kublai Khan, 1215-1294）之後，爪哇有新政權崛起。基於地緣政治的緣故，明朝建立後，需要兵丁戍邊西北，以防禦蒙古人，明太祖遂禁止商賈與外國人通商。因此明朝與元朝（1279-1368年）在海外通商貿易的政策相反，南海諸國[6]商人無法在未經許可

5　學者們習慣如此思考，認爲社會（科）學既起源於西方，那麼，在某項學說之中，爲尋其根源，那麼，就從某位西方學者的著作來找尋。然而，眞是這樣嗎？筆者覺得未必如此。例如地緣政治學，學者傾向於直接跳過非西方世界，例如，王俊評在其〈地緣政治學：地理角度的國際關係研究〉，以及包宗和、張登及主編《國際關係理論入門》，（台北：五南圖書公司，2018），頁81-105中，就直接從西方學術圈開始談起，意思似乎是認爲無法在非西方世界找到一丁點關於地緣政治的元素。本文認爲現在或許是改變這種思維的時刻了。

6　南海是東南亞的大陸緣海，周圍有中國大陸、台灣地區、菲律賓諸島、馬來半島與中南

的情況下航至明帝國。明太祖基於外交目的，欲以「冊封」南海諸國意圖加以籠絡，但如此一來卻觸怒在爪哇當地正崛起的區域霸權滿者伯夷（Majapahit）[7]。以下兩件事，可以解釋明朝與滿者伯夷在爪哇的衝突。

　　首先，汶萊曾在1371年8月遣使到南京（明朝首都），但憚於滿者伯夷的威勢，因此不再遣使來朝，據信滿者伯夷便曾施壓汶萊王；其次，1377年明太祖曾授「（三佛齊）王國之印」此舉無疑想宣告明朝的宗主權。在滿者伯夷的威勢下，前往冊封三佛齊（唐朝稱室利佛逝）王國的明朝文武百官共三百餘人悉數被殺。三佛齊原想增進與明帝國的關係，卻被滿者伯夷所脅迫控制。在滿者伯夷與明朝的權力競逐下，三佛齊錯打算盤，輸個澈底[8]。簡單說，滿者伯夷的崛起，使其在南海占有優勢，遂滅了三佛齊，由於馬六甲海峽為滿者伯夷控制，西洋諸國便無法差派使者來朝。在明太祖後期，僅有四個藩屬：琉球、占婆（今越南中部）、高棉與暹羅遣使前來南京。明太祖心目中的「國際」秩序可說全盤失敗。這乃是當時鄭和下西洋時所面對的大環境[9]。是故，為恢復朝貢貿易榮景，馬六甲海峽的障礙必須加以掃清。

　　我們來看一下明朝洪武16年到30年（1383-1397年）這15年之間，從海路而來的朝貢國家到達南京的次數即可得知，包括了：「琉球15次、暹羅11次、占城9次，真臘4次及爪哇2次。此外，除須文達那國一次外，其他南海諸國及西洋國家都沒有朝貢記錄」[10]。這些數字告訴我們，明太祖面臨了朝貢與貿易雙雙停擺，其生活之必需，像是蘇木、朝椒、香藥都

半島，南海屬西太平洋，在漢朝、南北朝稱為漲海、沸海，清朝滅亡後逐漸改稱南海，並延續至今。

7　鄭永常，《海禁的轉折：明初東亞沿海國際形勢與鄭和下西洋》，（新北市：稻香出版社，2011），頁31-32。

8　夏原吉監修，《明太祖實錄》，卷115，頁1888，引自鄭永常，《海禁的轉折：明初東亞沿海國際形勢與鄭和下西洋》，頁32、35。

9　前揭書，頁49-51。

10　鄭永常，〈明洪武年間（1368-1398）東亞國家朝貢次數統計表〉，《來自海洋的挑戰——明代海貿政策演變研究》，（台南：成功大學出版社，2004），頁56、136。

處於匱乏的狀態，除非對南海用兵，否則問題將難以解決。在明成祖（永樂皇帝）登基（應該說「篡位」）之後，爲了突破當時的「馬六甲困境」（The Malacca Dilemma），也就是使得西洋國家無法穿越馬六甲海峽前往中國朝貢之困局，永樂皇帝下令打造船艦，興兵準備穿越該海峽，經過蘇門答臘前往西洋諸國訪問。於是「當時鄭和統領二萬七千多人、戰船62艘第一次下西洋，於永樂3年（1405年）7、8月間途經南邊時，震憾效應已經出現。就在永樂3年的9月，入中國朝貢的南海及西洋國家計有：爪哇東王、舊港、暹、滿刺加、西洋古里、蘇門答臘、回回以及爪哇西王隨同旁近小邦碟里、日羅夏治、金貓里等入貢」[11]。換言之，因爲爪哇滅了三佛齊，於是，明太祖禁止爪哇前往南京朝貢，使得爪哇統治階級得不到明朝的高檔商品，爲了報復明朝，爪哇便派駐舊港的華人領袖陳祖義，由他負責阻止西洋船隻穿越海峽北上前往明廷朝貢與貿易，事實上「明成祖遣鄭和下西洋，在意義上是把明太祖的警告化爲具體行動而已」[12]。

　　本次明朝所用之手段，主要爲軍事武力。鄭和帶領當時全球最龐大的海軍巡航於南海、東南亞、印度洋，這是明初「向海」（一路）戰略之運用，那麼，「向陸」呢？尚有政治、外交與經濟力量的交互使用等等。從當時「向陸」（一帶）戰略，我們能知道明成祖如何處理中亞國家（王國）之間的關係。但無論是派遣鄭和下西洋（永樂期間共有6次），航行於「一路」之上，或者是派遣使節前往中亞國家（王國、帝國），行軍於「一帶」之上，都只是明成祖欲將洪武時期留下積弱的「小朝王朝」轉化成「大明帝國」的手段之一、二而已[13]，明成祖深知此轉化的成功，是唯一合理化其謀權篡位的正當性。

11　夏原吉監修，《明太祖實錄》，卷46，頁709-716；轉引自鄭永常，《海禁的轉折：明初東亞沿海國際形勢與鄭和下西洋》，頁52。

12　鄭永常，《海禁的轉折：明初東亞沿海國際形勢與鄭和下西洋》，頁109。

13　永樂皇帝建構大明帝國，據鄭永常的分析指出，一共計八大作爲，除上述二者之外，尚包括疏濬大運河並營建北京、設奴兒干衛於東北、親征韃靼與瓦剌、設立法王於青藏地區等等，請參照鄭永常，《海禁的轉折：明初東亞沿海國際形勢與鄭和下西洋》，頁3-5。

　　出使中亞諸國，穩定明朝與中亞國家的關係，提升明朝在西域的影響力。在永樂11年（1413年）時，明成祖「第一次派遣太監李達、吏部員外郎陳誠、指揮哈藍伯等出使中亞17國，並訪問撒馬兒罕、哈烈等地，與帖木兒新的繼承者沙哈魯建立外交聯繫」[14]。西域國家，像是「哈烈、撒馬兒罕、火州、土魯番、失剌思、俺都淮等處，各遣使貢文豹、西馬、方物」[15]。由此可見，巧妙地運用外交手段，讓明朝中國與中亞國家在「一帶」的沿線維持良好關係，提升明朝的威望，吸引西域國家派遣使節回訪，其功效不容輕忽。可以這麼說，鄭和與陳誠代表了永樂皇帝雙拳出擊，一剛一柔，一東一西，目標各在西洋與中亞，使得「向海」亦「向陸」戰略相輔相成，記錄了600年前「一帶一路」的歷史。簡言之，明朝初年不只早就有推動「一帶一路」的動機，更早已付諸實行。

霸權的生命線：海峽、海運和海權

　　600年前，明朝的「一帶一路」，是由與中亞國家外交連結的「一帶」與鄭和下西洋之「一路」所構成；600年後，「一帶」變成以高速鐵路（high-speed railways，簡稱「高鐵」）為基礎的交通建設，將中亞、西亞，最遠至歐洲國家與中國連結起來。至於高鐵與歐亞大陸經濟整合，以及其隱含的地緣政治意涵，留待本章最後再行敘述，其他重要議題，則留待稍後的章節「60年時間性視角來觀察」討論。以下將討論的重心置於「一路」，600年後的海上絲綢之路，其間經過馬六甲海峽，這個樞紐航道對中國這個可能挑戰美國霸權的國家，此海上要道的暢通與否，到底對當代中國產生什麼影響？本節將著眼於此。

　　在此我們分析國家的「物質基礎」，亦即硬實力，因霸權國家展現

14　牟復禮等著，《劍橋中國明代史》，（北京：中國社會科學出版社，1992），頁287，引自鄭永常，《海禁的轉折：明初東亞沿海國際形勢與鄭和下西洋》，頁4。

15　張輔監修，《明太宗實錄》，卷169，頁1884；並參陳誠撰，周連寬校注《西域行程記、西域番國志》，頁1-27，引自鄭永常，《海禁的轉折：明初東亞沿海國際形勢與鄭和下西洋》，頁4。

其政治─經濟、軍事、外交力量，都所費不貲。在過去30年裡，中國由區域霸權逐步轉型爲全球霸權。就此觀之，中國不僅需要確保海路安全，以運輸石油、天然氣、礦物與所有物資。這個新興強權建設新軍港，並根據實際需要派兵駐軍海外。因此，海峽、運河、海軍基地，成爲列強競相插足，兵家必爭之地。

　　先前我們已略述明朝初期的地緣政治，來說明明太祖時期的「國際」處境，因爲由於明太祖的外交政策，明朝的朝貢體系功能不彰，近乎停滯。之所以如此乃是馬六甲海峽遭受阻礙，使西洋諸國無法前往南京與之後的大都（北京）朝貢買賣。因此，明太祖的「繼位」者明成祖（1360-1424年，其中1402-1424年在位）嘗試以「下西洋」（向海）、「通西域」（向陸）將國威推至頂峰。這也就是我們所稱明朝版的「一帶一路」。在清朝亦有經由陸路的「通西域」，也值得我們留意，但本節在這裡將穿梭於15世紀初與21世紀初，來看今日的馬六甲海峽對中國的意義爲何？本節討論以下子題，包括：海峽航路是國家的生命線、「一路」之徜徉海上並航向西方。首先來看海峽航路的重要性。

海峽航路為國家的生命線

　　海洋是聯繫世界最爲方便之載體，海上航線是沿海國家的生命線，是一國與外界溝通的紐帶。於是，有了航線，咽喉要道於焉產生。海上咽喉要道成爲利用、開發，與控制海洋的關鍵。當然，「海洋通道上的關鍵點被稱爲海上咽喉（chokepoints），海峽、運河、內河大川的出海口和其他的各種狹窄水道都是海上咽喉，它們常常是國際航行的主要通路，這些海上咽喉由於地理位置的特殊重要性，對區域經濟、政治、外交具有重大影響」[16]。

　　那麼，海上航行自由與海權到底有何關係？看起來，只有掌握海上咽喉要道使用權，並且能加以控制，才能稱得上航行自由，否則，無論在

16　石家鑄，《海權與中國》，（上海：三聯書店，2008）頁132，引自史春林、姜秀敏，《國際海上咽喉要道及其安全保障研究》，（北京：時事出版社，2015），頁1。

平時的貿易也好，戰略物資的補給也好，都將受制於人，而任人擺布。唯有在這種情況下，才是真正具備了「海權」[17]。如前所述，馬漢（Alfred Thayer Mahan, 1840-1914）將「海權」（thalassocracy）界定為策略的最高層次，攸關著一國的興衰。當然，這是西方的經驗，但的確反映經綸航海在列強之間角力的重要性。兩次世界大戰中，就可以明顯看出掌握世界主要航路的實效[18]。故此，海峽——例如曼達布（Bab-el-Mandeb）、荷莫茲（Hormuz）與馬六甲海峽與運河——著名者有巴拿馬、蘇伊士，與克拉地峽便成為地緣政治位置上的優勢。我們先來看荷莫茲海峽與馬六甲海峽。

　　荷莫茲與馬六甲海峽可視為中國的生命線，這是因為中國八成的原油要經由這兩個海峽運輸。波斯灣周圍有世界主要的產油國，像是伊朗、伊拉克、科威特、沙烏地阿拉伯、阿拉伯聯合大公國等。要從這裡經波斯灣運油到中國，非得經過荷莫茲海峽、阿曼灣，然後途經印度洋、馬六甲海峽，轉向北去到達南海。這裡有兩點值得我們留意。首先，八成的石油要經過馬六甲海峽，身為美國老盟友的新加坡掌控其東南角，就成為令中國愁煩的「馬六甲困境」；其次，美國另兩個貿易夥伴日本與南韓有大量的貨物要打經南海運輸[19]。本文認為，以地緣政治觀之，倘使中國能在這片水域上取得優勢，勢必能夠提升中國在西太平洋區域的影響力。

　　600年以來，從非洲到亞洲的航路遍布許多海盜，這些航路，當中有「五個恐怖水域」，包含西非沿岸，索馬利亞半島、蘇伊士運河（Suez Canal）連通紅海、亞丁灣（Aden Gulf）、孟加拉灣與馬六甲海峽與東南亞海域。在這些水域中，馬六甲海峽與東南亞海域是最危險的。自1980年

17　章世平，《中國海權》，（北京：人民日報出版社，1998），頁194，引自史春林、姜秀敏，《國際海上咽喉要道及其安全保障研究》，（北京：時事出版社，2015），頁1。

18　Alfred Thayer Mahan（阿爾弗雷德·塞耶·馬漢），冬初陽譯，《海權論：海權對歷史的影響》，（長春：時代文藝出版社，2014）。

19　Peter Lee, "China Not Leaving the 'South China Sea'," *JapanFocus*, Vol. 14, No. 4, Mar, 2016, pp. 1-8.

代起，在跨國海盜的劫掠中，在這些水域所擄掠的就占三分之一。在21世紀初期，這狀況無甚改變，海盜依舊猖獗。海盜帶來的危害到底多嚴重，光是一個例證即可說明[20]；在2002年，海盜將9萬桶的原油傾倒在葉門周圍海域，使保費激漲三倍，使亞丁（Aden）港因保費提高而關閉[21]。由此看出，確保航運安全在國際貿易將貨物運回母國是何等重要。況且，中國已於2017年成為全球最大的石油進口國，確保經濟命脈的暢通，將更顯重要。

「一路」：徜徉海上、航向「西方」

　　在某種意義上，我們把當今中國的「一帶一路」視為明朝「一帶一路」的復活（復刻），本書認為，這或許可視為對西方知識體系的挑戰。是故，在此我們先將重心置於「一路」，也就是經由海路下西洋，在本章稍後以及本書第八章裡，再行討論中國「一帶」戰略。

　　身為美國海軍軍官兼歷史學家的馬漢可謂19世紀中影響美國政策最顯著者。馬漢提出海權說，他主張「海權的歷史，廣義來說，包含一切能經由海洋取得使國家更強大的養料。海權的歷史，也可說是一部軍事史」[22]。馬漢建構海權這一概念，乃立基於西方強權，特別是荷蘭1660至1673年發動的一連串海戰[23]。馬漢接著說，國家需要保護本國所有出航的武裝與非武裝的船艦，此時國家便需在國外建立海軍基地，來進行貿易與運補，直至將該地納入其殖民地[24]。馬漢所持論點，無疑提供重商

20　王勵榮，〈國際海盜問題與中國海上通道安全〉，《當代亞洲》，卷1，第6期，2009，
　　頁119-131，頁124、125。

21　Barrett Bingley, "Security Interests of Influencing States: The Complexity of Malacca Straits,"
　　The Indonesian Quarterly, Vol. 32, NO. 4, 2004, p. 357, 引自王勵榮，〈國際海盜問題與中
　　國海上通道安全〉，頁125。

22　Alfred T. Mahan（馬漢），安常容等譯，《海權對歷史的影響（1660-1783）》，頁1，
　　（北京：解放軍出版社，1998），轉引自鄭永常，《海進的轉折》，頁191。

23　鄭永常，〈鄭成功海洋性格研究〉，《成大歷史學報》，第34期，頁61-91。

24　A. T.馬漢著，安常容等譯，《海權對歷史的影響（1660-1783）》，頁27-28。

主義窮盡一切手段，甚至遠渡重洋、侵門踏戶、積累貴金屬，增加國家財富。這類說法，無疑是歐洲中心主義的託詞。

　　鄭永常認為，這種擴展與征服他國成為殖民地的思想乃是西方思想，而非為儒家思想所能接受。「既無理，則不為之」，自利並非明朝的本意，這是東西方文明的差異[25]。關於這個「差別」，本文有不同的看法。一般來說，鄭永常所持的乃是廣為接受的錯誤觀點，他或許會對明朝不繼續以軍事力量控制境外之地略感遺憾，認為這樣偉大的成就似乎只能由西方國家來完成，並且以特定形式來「合理化」其豐功偉業。本文認為，鄭永常相信西方擁有東方社會所沒有的，在他心目中，由於受儒家思想所影響，致使中國皇帝難以產生如馬漢所言的海權概念。也因此，於是便沒有「向海」的經略，東方社會便無法如西方國家這樣的去探索與發現新大陸。

　　先前提過，明初時，明成祖遣使歐亞大陸中部，也同時遣鄭和下西洋。就這點而言，明朝的西進主旨為外交布局，這點讓我們眼目為之一亮。因為歐洲經驗，特別是大航海時代的「豐功偉業」，限制我們的眼光，難以明見實相。鄭永常的觀點提供我們另個例證，其所言東西方文明的「差異」阻礙我們明視在地緣政治的考量上，明朝與外國並非如此不同的事實。雖然筆者並不欣賞占奪他人領土的行為，但我們懷疑區別海外領土與內陸領土的分析方式。歐洲經驗告訴吾人，要擴展版圖，首要向著廣大的海洋發展，才可能成功。這些讓我們忘記清朝初期西征，征服新疆，可算是向內陸擴展版圖。以下，Peter C. Perdue提供我們一些暗示。

　　在中國的「西進」上，Perdue認為，中國歷史向來告訴我們邦國安全與對外策略的重要。明朝的「海禁」政策即攸關國家安全，特別為抽調人力防禦北方與西北邊境。Perdue認為，為要充分體認歐亞大陸中部，有必要釐清鄰邦——俄國與清朝的密切關係，與崛起且持續騷擾邊疆的準噶爾汗國就是例證。清朝之所以能夠成功地通西域，其中的關鍵就是與俄國簽訂國際條約，其一為1689年的《尼布楚條約》，另一為1727年的《恰克圖

25　鄭永常，《海禁的轉折：明初東亞沿海國際形勢與鄭和下西洋》，頁192。

界約》。清朝以損失領土換得俄國的默認，使通西域能夠順遂。若無俄國默許，清朝的通西域將會提前跛腳，因為俄國可能同意與準噶爾結盟共同對抗清中國。另一個有利的因素則為，清朝經由與游牧民族來往而累積的後勤補給能力[26]。但這裡，還是讓我們將目光轉回到「一路」之上。

提及硬實力的運籌帷幄，本文羅列明朝在蘇門答臘與馬六甲這兩個海軍基地，與當今位於吉布地的第三個營地，提供軍需、糧食，調達物資與軍品。在中國歷史上，大規模的海路活動始於元朝（1271-1368年），但其三次武力經綸皆以失敗告終，首先敗於日本，其次敗於占城，再敗於爪哇[27]。然而，屢次失敗看似並未澆熄明朝「向海」獲得成就的決心。基於地緣政治的動機，明成祖汲汲營營於「下西洋」。簡言之，鄭和下西洋的目的在於確保海路的安全。由陳誠等人受遣前往中亞近東經營之「一帶」有成，在經略「國際」關係上，可說是明成祖的左右手。

只可惜，如先前所提，在華勒斯坦的歐洲中心主義下，明朝遣鄭和下「西洋」，並成為區域霸權，被埋藏在所謂的「現代」世界體系濫觴的「（地理）大發現」的沙堆之下。因此，中共國家主席習近平倡議的「一路」——海上絲路，肯定絕非中國歷史上的頭一遭。如以地緣政治進行思考，這樣的行動只有在西方世界知識體系所認知下的西方列強身上，而這些行為絕不是非西方世界（如明朝）能夠達致，但本書認為這點偏頗應該不能再蒙蔽我們了。

我們提過明成祖曾遣使至中亞諸國，透過外交布局維持與西域中國的良好關係。這是明朝透過外交活動，來維持在東亞朝貢體系當中優越地位的手法。在軍事行動方面，鄭和「航向西域」吸引我們目光。如鄭永常所言，為理解明成祖為何遣鄭和下西洋，有必要先行了解明朝的「國際」處境[28]。簡單一句，明朝天朝很了解地緣政治上馬六甲海峽的重要性，因

26　Peter C. Perdue, *China Marches West: The Qing Conquest of Central Eurasia*, (Cambridge, Mass.: Harvard University Press, 2005).

27　鄭永常，《海禁的轉折：明初東亞沿海國際形勢與鄭和下西洋》，頁18。

28　鄭永常，《海禁的轉折：明初東亞沿海國際形勢與鄭和下西洋》。

其係爲明朝朝貢體系運作良好與否的生命線。若海峽局勢危殆，暹羅（今泰國）是航路不通時的唯一受利者，現今克拉地峽的開鑿，不也因爲中國的馬六甲困境而讓泰國受益嗎？但顯然，在西方知識體系影響下，特別是歐洲中心主義，對明朝地緣政治的理解就像瞎子摸象。

　　稍早我們指出明太祖所賜之「（三佛齊）王國之印」，意圖插足於三佛齊，引致當地新興強權之滿者伯夷的不滿，最終導致明朝遣往三佛齊的文武官員三百餘人遭到滿者伯夷屠殺。在此事件之後，三佛齊王國改稱巨港（Palembang，舊港）。與此同時，在爪哇當地，由滿者伯夷封爲當地首領的華人陳祖義盤據著馬六甲海峽[29]。換句話說，滿者伯夷報復明朝的授印，便禁止三佛齊的船舶前往南京通商。根據書籍記載，「凡有經過客人船隻，輒便劫奪財物」[30]。明帝國與滿者伯夷的衝突日益增加，明朝的朝貢系統無法順利運作。一方面，滿者伯夷要求陳祖義保持通商以求獲利；另一方面，滿者伯夷要陳祖義禁止西洋諸國船舶經由馬六甲海峽前往明帝國。由於海上封鎖，明朝無法保持位居朝貢系統的核心地位，並且西洋諸國無法獲取明朝優質的產品，這是何以鄭和要下西洋維持朝貢系統的運作。馬六甲海峽的障礙勢要掃除，但當海峽航路受阻，暹羅因克拉地峽這條路上通道而受益。

　　一如往昔，克拉地峽在地緣政治上重新取得重要地位。現在經過馬六甲海峽運輸的原油，維繫著中國的命脈。若這生命線被截斷，中國將寸步難行。這種可能性使中國感到憂心。假若歷史能告訴我們什麼，基於地緣政治的考量，挖通克拉地峽將是勢在必行。或者明太祖過去未竟之功，要由當今中共領導人習近平來完成。再說，暹羅（今泰國）是當中受益最豐者。在這「巧合」中，我們觀察到地緣政治在明朝估量「國際」情勢的重要性。但明朝稱霸海上達百餘年的景象，在當代大行其道的西方知識體系

29　詳參鄭永常，《來自海洋的挑戰——明代海貿政策演變研究》，頁31-39；本書引自《海禁的轉折：明初東亞沿海國際形勢與鄭和下西洋》，第五篇。

30　馬歡，馮承鈞（編），《瀛涯勝覽校注》，（台北：中華書局，1955），頁17。轉引自鄭永常，《海禁的轉折：明初東亞沿海國際形勢與鄭和下西洋》，頁139。

之下卻是難以窺見。

　　受制於陳祖義雄霸一方，「西洋」諸國的船隻無法前來南京觀見洪武皇帝。然而明朝時期中國的商品卻為「西洋」諸國所熱愛，特別深受權貴所青睞。當海峽受阻，西洋諸國商賈只能透過早先的路途──克拉地峽──將中國的商品帶到蘇門答臘北方港口，再轉口到印度與阿拉伯地區。因此，克拉地峽成為明朝商品運抵西洋的轉運站。在馬六甲海峽航運變得危險之際，暹羅因通商的利基，迅速與明朝發展良好的合作關係[31]。

　　從1405至1433年，當鄭和返回北京，隨船舶的商賈帶來珍寶奇玩與當地產品。與此同時，使節隨著鄭和軍隊來朝，明朝軍旅大纛在西洋高舉飄揚。鄭和的軍旅將明朝在歷史中的聲威推至頂峰[32]。鄭和下西洋可說是明朝亮劍的舉措，旨在軍事布局上震懾他國。這象徵永樂皇帝兩個主要訴求：以外交（軟實力）的呈現，與軍事（硬實力），希冀兼顧歐亞大陸中部（「向陸」）與西洋（「向海」）。在16世紀葡萄牙人前來東方之前，明朝霸權締造難以超越的「障礙」。此外，為確保國家安全，清朝初期的「西拓」不僅是穩固新疆（新領土）而已，還有開疆拓土的意味，這與西方列強海外拓殖的目的乃為其大規模的耕作不同。雖然在此本文無意更進一步討論這議題，但有件事是確知的：明清兩朝的「西拓」（「向陸」）並不像學者所認知的那樣陰險狡詐。

　　接著，我們再回到「一路」經略上──明朝也好、當今中國也好──相當重要的議題，那就是：馬六甲「海權」的確保。

確保馬六甲海峽的海權

　　所謂「馬六甲困境」發生於600年前的明朝，也同樣發生在當今的中國。以下的分析中，首先來看600年前，明朝中國的馬六甲困境，接著檢

---

31 鄭永常，《海禁的轉折：明初東亞沿海國際形勢與鄭和下西洋》，頁143。

32 鄭永常，《海禁的轉折：明初東亞沿海國際形勢與鄭和下西洋》，頁186。

視當今中國所遭遇的諸種問題，看中國與其他大國之間如何在全球地緣政治取得優勢。此外，也略談所謂的「外府」（也就是海外的軍事基地）。當鄭和下西洋時，不免需要軍事設備的修護與日常生活必需品的補給，是故，外府的建立就成為海外巡航的必要條件。最後，討論馬六甲困境的解決方案，也就是克拉地峽的開鑿，為何成為中國急於推行的優先項目。

在元朝（1271-1368年）忽必烈（天可汗）統治時期，戰火歇息，這提供穩定貿易的契機。中國遠洋船艦便開始大量往來於南海與阿拉伯海之間，港埠生意興隆，朝貢不斷，元朝政府分項治理[33]。在當時爪哇有滿者伯夷盤據鄰近水域，中國船隻往來通商，一片和睦。因此，中原的貨物能夠滿足西洋與鄰近的東南亞。明太祖洪武皇帝不得已之下所頒行的海禁政策，卻帶來預期不到的結果。

有別於元朝的政策，洪武皇帝將朝貢與貿易活動整合（稱「貢市合一」），商賈外使需要取得勘合（類似通行牌），由於並未取得許可，爪哇的滿者伯夷不被允許與明朝通商往來。此乃為懲治該國殺害超過三百餘位明朝所遣的使節、官員，與士兵，意挑戰明朝在東亞朝貢體系中的核心地位。因此，要真正的下西洋，非得經過馬六甲海峽不可。不幸的是，或許明太祖所得的資訊不充分，或許低估滿者伯夷在該區域的影響力。究其事實，船艦帶著使節、商賈與貨品為滿者伯夷阻攔。這使明朝的聲威掃地[34]。簡言之，洪武皇帝與爪哇滿者伯夷之間的衝突，最終導致西洋諸國不再遣使來到南京朝貢（更重要的是隨之而行的商賈）。這是明太祖非嫡傳之明成祖時期，鄭和首次下西洋為疏通馬六甲海峽的背景。

確保航路安全，古今皆然。中國在曼達布海峽咽喉的吉布地建立海軍基地，引人側目。人們會以為這是中國史中首次在海外建立基地，其實這絕非事實。西方知識體系將鄭和下西洋對印度洋宣揚明朝國威的重要性加以抹除。事實上，當鄭和下西洋時，那時已經設立外府，否則長程航行難

---

33 喻常森，《元代貿易史研究》，（西安：西北大學，1994），頁9-12，引自鄭永常，
　　《海禁的轉折：明初東亞沿海國際形勢與鄭和下西洋》，頁21-22。
34 鄭永常，《海禁的轉折：明初東亞沿海國際形勢與鄭和下西洋》，頁32。

以順遂。鄭永常所說的或許有點誇張，但應爲事實，他認爲，鄭和七次率軍下西洋，穩固東亞諸國的「國際」秩序。明成祖遣鄭和出使的用意，即爲安排明朝、鄰邦與西洋諸國的關係架構。以下實例就足以說清楚明朝的國力、地緣政治的思路及布局。

首先，如前所述，他擊殺盤據馬六甲海峽的華人陳祖義；其次，他在1410-1411年擊敗錫蘭山國（Raigama，羅依伽摩）；第三，生擒蘇門答臘的篡位者。這些行動的確穩定了朝貢貿易這個框架。對於實力較強的鄰邦，諸如日本、爪哇與暹羅等國，明帝國則採取安撫政策，來排難解紛，間接削弱他們在區域的影響力[35]。爲達此目的，硬實力（武力）是不可或缺的。因此，明成祖（永樂皇帝）在不同的時間與地點設置兩個外埠，其一爲蘇門答刺（Sumatra，蘇門答臘），另一者爲滿刺加（Malacca，馬六甲）。前者的政治條件並不十分穩固，後者取代前者，而成爲區域貿易的中樞。馬六甲王國位於海峽中央最狹之處，易於控制海峽[36]。外府（海軍基地）在軍事與後勤補給，維持霸權聲威是同樣重要。在蘇門答臘與馬六甲兩地都建造了倉庫、穀倉、金庫、工坊、驛站[37]。但這豈不讓我們懷疑中國眞的「一如往昔地」不干預他國內政的這樣說法？我們再接著討論下去。

一般能接受的說法是，中國向來甚少介入他國內政。學者不知爲何對東西方社會在這點的差別篤信不疑。清朝在鴉片戰爭失敗，使中國知識分子面對過去感到沒有自信。爲求與西方征服他國作出區別，似乎無可避免地會將中國描寫爲愛好和平的國家。然而，實情並非如此。在鄭和下西洋期間，創建馬六甲王國不僅表現明朝欲介入南海的事務，也顯示有意重建亞洲區域的國際秩序。此舉「無意間促使馬六甲王國成爲國際貿易的樞紐」。在鄭和的經綸下，這種「國際關係的和諧」，還維持了上百

35　鄭永常，《海禁的轉折：明初東亞沿海國際形勢與鄭和下西洋》，頁190。

36　前揭書，頁161-162。

37　前揭書。

年[38]。

　　鄭和初次「下西洋」地緣政治的意涵或許在於「宣揚國威，並執行明成祖消弭爪哇與暹羅的影響力，斬除盤據馬六甲的陳祖義勢力，並尋求能確保海峽安全的盟邦」[39]。永樂皇帝遣使鄭和，同時有軍事力量與外交兩面的呈現，在西方列強在「長16世紀」的1450年前後抵達之前，在南海、東南亞，與印度洋之前，宣揚明朝的國威。這與西方知識體系竭力鼓吹我們的「現代」──也就是西方已經從「傳統」走進「現代」──世界史直到西方強權將「化外之民」[40]（蠻邦異族）「拉入」現代的行列，有極大的差異。華勒斯坦所言之歐洲中心主義在在呈現了這樣的論述。事實上，在歐洲霸權來到之前，鄭和早便在1405至1433年之間，巡航於南海與印度洋，一開始為的是綏靖馬六甲海峽，藉以確保官方外交與商貿活動安全無虞，種種作為，將明朝在歐洲人從西洋來到之前的國威推至頂點。

　　以下的事件對華人而言，本文認為至少終於可算是部分洗刷1840年代初鴉片戰爭失敗的恥辱吧？！這個歷史陰影雖然不明顯，但仍存在普勞大眾，乃至學者的心中。這裡，讓我們再次往返於不同的時空之間吧！

　　「在2008年12月，中國政府首次在亞丁灣部署兩艘戰艦，與另艘船隻。中國與其他國家的船隻與船員提供護航與保護……」[41]。由於曼達布海峽扼紅海南端，緊鄰亞丁灣，就地理和政治地緣上而言，可說吉布地共和國掌控這兩個海峽的出入往來。由於曼達布海峽可看作印度洋上來往亞丁灣、紅海與蘇伊士運河的策略性航路，經此轉軌，北大西洋至此的航路，相較於繞經非洲南端的好望角（Cape of Good Hope），足足可省下2,970至4,320海里的航程。每年，大約有1萬8,000艘的商船打從此處過。

38　前揭書，頁192。

39　前揭書，頁170、186。

40　Eric R. Wolf, *Europe and the People without History*, (Berkeley: University of California, 1982).

41　Jianwei Wang and Jing Zou, "China Goes to Africa: A Strategic Mover?" Journal of Contemporary China, 2014, May, Vol. 23, No. 90, pp. 1113-1132, 1123.

無論是經濟、軍事，抑或策略而言，吉布地的重要性都不算過分高估。此處深處國際貿易與能源運輸的要衝，經由蘇伊士運河向北前往歐洲，非得經過吉布地補給不可，不然，就只能由好望角的航道遠遠繞路。此外，吉布地還扼住往來紅海與印度洋來往的曼德布海峽[42]。

歐亞非的水路要衝之曼達布海峽，常被稱為「險峻海峽」，由於其為戰場之故。該處不僅連結紅海、亞丁灣與印度洋，同時也是經地中海航向歐洲的孔道。倘若能在吉布地取得一席之地，中國便能在經濟發展與策略計畫中取得優勢。在2015年12月，中國與吉布地簽署一份在該地建設軍事設施的協定。根據中國官方指出，政府將投資這項計畫，興建軍港，供作遠洋運補之用，該計畫已於2017年底竣工。該軍港可駐軍一萬名，並保護其經濟商貿的利益，兼能確保運輸、產業與能源。在2016年2月25日，中國國防部發言人吳謙證實，中國首個海外常駐的海軍基地，位於奧博克北方，用於索馬利亞的亞丁灣護衛船團、維持和平與人道救援的任務。該基地距離世界海上強權美國在非洲最大的駐點，僅僅8英里（12公里）遠而已[43]。

中國與吉布地的合作無疑激怒美國政府。兩國海外基地並存的奇特景象，與其後來的互動仍將持續。但有件事情可以確定，當今的中國同時採取「向海」與「向陸」兩種戰略，正如中國的海軍上將孫建國說，持續投入建設海外基地是當今關鍵性的一個議題[44]。設置這樣一個海外軍事基地必有其地理的意涵。就吉布地而言，中國和美國都想控制曼達布海峽，因其維繫數十個仰賴中東能源與貿易往來維生的國家。一如往常，中國堅決否認干預其他國家內政的意圖。過去，歐洲經驗被解釋為，唯有

42　謝奕旭（Yixu Xie），〈中國解放軍於吉布地建立首座海外基地概述〉，大陸與兩岸情勢簡報，2017年1月，頁22-26，http://www.mac.gov.tw/public/Attachment/72613512741.pdf，檢索日期：2017年3月27日。

43　謝奕旭，〈中國解放軍於吉布地建立首座海外基地概述〉；郭玫君，〈大陸首座海外軍事基地開工，與美軍基地只隔12公里〉，聯合報，http://udn.com/news/story/4/1910900，2017年3月27日，檢索日期：2017年3月27日。

44　郭玫君，〈大陸首座海外軍事基地開工，與美軍基地只隔12公里〉。

「向海」（"sailing seawards"）才能呈現出其「開闊的胸襟」、「擁抱貿易」，甚或是「現代性」（"modernity"）——在「發展研究」領域裡，這是各國想方設法所欲獲致者——等等的說詞。綜合所述，這種思維看似想當然耳，並且在西方知識體系底下常可看見。

　　從以上的分析可知，明朝在馬六甲海峽所設置的海外軍事基地，也看到目前中國海軍在境外的布局，頗有過去海上霸權在全球布局的架式。接著，我們來探討當前中國所面對的「馬六甲困境」，與避免馬六甲海峽再度被阻塞之舉措，以及中國與其他大國之間在全球之中如何運籌帷幄。

中國的「馬六甲困境」及大國間之角力

　　從貿易數據上來看，2015年時，中國通過馬六甲海峽的貨物占進出口總額大約50%，這數字告訴我們，馬六甲海峽對中國經濟的重要性。不過，如果從石油這項單一的貨品來看，那麼，中國的「馬六甲困境」馬上就可以讓人得知中國為何總是坐困愁城，是年，中國進口的石油，有超過八成是通過馬六甲海峽，若再加上最近美國取得該海峽的橋頭堡——新加坡樟宜海軍基地——得以全天候地控制該海峽的進出，讓中國頗有芒刺在背之感[45]。可以這麼說，馬六甲困境似乎是中國在「向海」掌握海權的大阻礙。不難想像，為何中國在「一帶一路」眾多的子項目中，必須優先執行協同泰國開挖克拉地峽的計畫。稍後，我們將詳細討論克拉地峽之今與昔，但現在讓我們繼續討論馬六甲困境的議題。

　　可以這麼說，若我們僅從經濟的角度來看待國與國之間的合作關係，那麼，地緣政治的真相將難以被察覺。相較於此，國家的軍事活動所蘊涵的地緣政治意義較容易觀察出來，經濟合作項目是否隱藏著國與國之間的角力則較難看出。本節於後將討論人民幣試圖挑戰美元之金融霸權地位，則令人更難看出這個競爭關係對全球地緣政治的影響。但首先我們看看軍事活動的例證，接著討論經濟合作項目，最後在討論60年時間性的

45　史春林、姜秀敏，《國際海上咽喉要道及其安全保障研究》，頁118、120。

視角時，我們再行檢視人民幣與美元之間的貨幣戰爭（若我們可以這樣稱呼）。

　　中國「一帶一路」的巨型計畫必須優先解決能源通道的問題，因此，加強在印度洋的控制與影響力乃是勢在必行。對應於此，印度自2015年6月開始強化其「東部海域前沿」，即安達曼－尼科巴群島之軍事部署與基礎設施，例如，派遣飛彈護衛艦巡邏、安裝更多監控雷達等等，這些舉措被目爲針對中國船隻頻繁在印度洋地區出沒[46]。當然，中國雖然力求分散石油來源，但目前主要進口的石油仍需經由馬六甲海峽運輸，海峽的東端是新加坡－美國最重要的東南亞盟邦之一，美軍自2001年3月開始能運用樟宜軍事基地[47]。就地緣政治的考量，此舉令中國感到憂心；而馬六甲海峽的西側，即印度所控制的群島，近來印度加強島上軍事設施，中國必然感到腹背受敵。印度加強馬六甲海峽西側出口所屬群島的軍事設施，此突顯出中國的「馬六甲困境」[48]並非空穴來風，當然我們也可以將之視爲印度爲了抗衡中國「一帶一路」包藏的軍事目的，所採之舉措。然而，這並非說，印度在中國「一帶一路」的架構下，必然得不到經濟利益。或許可說，印度（與其盟邦）總想要抗衡中國的情況下，不任其予取予求，而保持自己處於有利的地位。那麼，難道其他國家，像是日本，不想從「一帶一路」當中得到某些利益嗎？未必不想。但在地緣政治中，抗衡中國坐大，似乎也是日本極爲合理的選擇。以下，我們接著來談日本對中國一帶一路倡議的反應（或反制）。

46　〈印度加強安達曼－尼科巴群島軍事部署監視中國軍艦在印度洋的活動〉，壹讀網，2016年2月29日，https://read01.com/AJ82JN.html，檢索日期：2017年9月9日。

47　〈樟宜港：美軍重返東南亞的「戰略基石」〉，人民網，2003年9月9日，http://www.people. com.cn/BIG5/junshi/1078/2115517.html，檢索日期：2017年9月9日。

48　克拉地峽（Kra Isthmus）是馬來半島北部的峽長地帶，最窄處只有56公里，地峽所在地都在泰國境內。克拉地峽自明朝開始，當馬六甲海峽爲競爭者所阻時，就成爲明朝朝貢貿易的替代路線了，當然，當時，克拉地峽必須經由陸路通行。不過，21世紀初，中國與泰國已決定開鑿地峽，使之成爲運河，這是中國的地緣政治考量，也是「一帶一路」重要且優先項目，因爲馬六甲困境必須解決。

　　2017年9月3日，印度總理莫迪在廈門舉行的金磚五國（BRICS，即巴西、俄羅斯、印度、中國，與南非）峰會與中國國家主席習近平握手，10天之後，也就是9月13日，莫迪招待來訪的日本首相安倍晉三，印度與日本共同提出「亞非發展走廊」，讓人聯想到印、日兩國有意與中國「一帶一路」互別苗頭，彼此較勁之意味。對印度而言，子彈列車的興建，被視為印、日關係進入新紀元之旗艦計畫，印度總理莫迪希望安倍首相來訪時，在這項交通建設的談判上能有重大進展。但日本為何要與印度合作呢？主因在於中國推出了野心勃勃的「一帶一路」計畫，這令亞洲第二與第三大經濟體的日本、印度倍感威脅，而有意進行抵制。事實上，日本為印度興建子彈列車的計畫，早自2015年安倍首相訪問印度時即已提出，當時，安倍表示要金援印度打造第一條子彈列車路線，總金額高達150億美元，日本將以1%以下的優惠利息融資。先前，日本已為印度完成評估，將協助印度建造一條長達505公里的高鐵走廊，連結商業首都孟買（Mumbai）與亞美達巴德（Ahmedabad），而後者正是總理莫迪的家鄉。但這只是總理莫迪鑽石四邊形，高鐵網路計畫的一環，整個計畫打算在德里與欽奈之間，建造長達1萬公里的高鐵路網，而這將是全球第二長的高鐵路線，在此之前中國也積極爭取合建。在過去兩年，日本與印度關係更形緊密，印度還建議日本進一步地整合南亞、東南亞、東亞、大洋洲、非洲諸地區的經濟。總而言之，由印度所主導的「亞非發展走廊」，在某種程度上，跟中國的「中巴經濟走廊」是競爭關係[49]。印度這個位於印度洋的核子大國，是中國與日本兩方都欲極力討好的對象。看起來，這三方——印度、日本與中國——同時都處於既競爭又合作的狀態。

　　日本與中國之間的角力，不只在東北亞，在東南亞亦可發現日本想牽制中國的企圖心。2017年9月初，日本政府與印尼海洋與漁業部長Susi Pudjiastuti達成協議，日本將協助印尼開發六個離島，包括與中國所主張的九段線重疊的納土納群島（kepulauan Natuna），《朝日新聞》認為日

49　陳秋玫，〈抗衡一帶一路，印度、日本提「亞非發展走廊」〉，公視新聞網國際，2017年9月6日，http://news.pts.org.tw/article/370130，檢索日期：2017年9月11日。

本若協助印尼開發該群島，旨在牽制中國。印尼方面表示，在這六個島嶼的建設中，除了漁港建設、加工基地之外，還會增設海岸雷達預警系統。而更具地緣政治意涵的舉動是，印尼在去（2017）年7月中旬公布新的地圖，將部分海域重新命名為「北納土納海」，此舉被詮釋為與中國競逐南海主權的動作。中國外交部隨即加以回應，並表示「所謂更名毫無意義，而且不利於國際地名標準化的努力，希望有關國家與中方相向而行，共同維護好當前南海形勢來之不易的良好局面」；中國亦回應日本，聲明日本的「小動作」將不會得到具體的成果[50]。從以上例子不難理解，看似經濟合作的協議或項目，其地緣政治之意涵絕不容忽視。

　　以上例子告訴我們，中國與日本在西太平洋和印度洋地緣政治的角力，或許，我們更應該看中國與美國之間如何透過與特定國家的「合作」，來爭取國際航道的有利位置，增加地緣政治上的優勢。雖然在地點上，以下例子遠遠超越了一帶一路沿線國家的範圍，不過，中國政府倒是曾經說過，全球任一國家都可以是一帶一路合作的對象。我們先檢視巴拿馬運河的例子。20世紀初，美國挾其優勢武力，在1903年以簽訂條約的方式，取得使用巴拿馬運河的權利。自此之後，該運河區成為所謂的「殖民飛地」、「國中之國」，因為美國派兵掌控運河區的行政、司法、財政、鐵路等大權。與蘇伊士運河連結了兩大洋——大西洋與印度洋——的戰略意義相同；於1914年開始營運、且素有「世界橋梁」之稱的巴拿馬運河則連通大西洋與太平洋。在該運河開通之後的數十年，一直由美國經營管理。經超過半個世紀的努力，巴拿馬終於在1977年與美國簽訂合約，美國方於1999年底將運河與運河區的管轄權歸還給巴拿馬。向來美國、日本與中國是該運河的三大使用國，巴拿馬運河對中國亦十分重要，無論在商業利益上或戰略地位上。可想而知，如果中國能在這個重要通道上爭取到更多有利條件，將有助於提升在全球地緣政治之地位。巴拿馬在2017年6月中旬與巴拿馬運河第二大客戶中國簽署建交公報，這可說是中國外交

---

50 潘維庭，〈牽制中國，日助印尼開發納土納〉，旺報，2017年9月9日，http://www.chinatimes.com/news papers/20170909000700-260309，檢索日期：2017年10月11日。

的重大勝利，但對中國有利的，不僅反映在外交上，同樣也在地緣政治之上。去（2017）年6月初，陸資企業嵐橋集團承包了巴拿馬瑪格麗特島港的擴建工程，這是全球第一個比照新巴拿馬運河船閘規格的貨櫃碼頭，總投資額預計達到10億美元，竣工後將是巴拿馬與拉丁美洲第一大港，是世界航運的關鍵航線。事實上，在此之前，中國國營的「中國港灣工程責任有限公司」（CHEC）於2015年已投資巴拿馬運河的第四套船閘工程，出資約160億美元[51]。

在控制連接太平洋與大西洋的重要通道之上，中國不止於參與擴建巴拿馬運河。倘若說20世紀美國所控制的巴拿馬運河扼住世界大部分商業和戰略的利益，甚至在二戰日本還曾規劃過巴拿馬運河爆碎作戰，欲加以摧毀破壞。在當今的21世紀巴拿馬運河則出現強勁的競爭對手——尼加拉瓜運河——由中國所控制。這兩者時間雖然相差了一個世紀，但似乎中國、美國之所作所為相差無幾，並且後者也是中國「一帶一路」的項目之一，為建設中美洲海上新通道。先前，本書不是才討論過海峽通道、海上咽喉的重要性嗎？這裡，我們再一次看到實際的例證，尼加拉瓜運河——三倍長、兩倍深於巴拿馬運河——如果開鑿成功，也將是大工程一件。在那裡要開鑿一條渠道通過中美洲最大的湖泊（尼加拉瓜湖），雖然民意大多支持興建運河，但是如此巨大的建設案造成嚴重生態影響，這也使抗議行動接二連三地發生。香港HKND（香港尼加拉瓜運河投資開發有限公司）集團獨家營運的「尼加拉瓜跨洋運河」項目，一直備受關注。雖然爭議不斷，但該集團副總裁彭國偉於2017年7月中旬表示，所有的傳言都沒有事實根據，相關項目都在持續推進當中。彭國偉並表示，運河建成以後，該運河可讓承載2萬5,000個標準貨櫃的貨櫃船、32萬噸巨型遊輪，與30萬噸超級巨型散裝貨船通過。總而言之，尼加拉瓜運河將與巴拿馬運河產生

---

51 蔡萱，〈建交有跡可循，陸資金穩固巴拿馬運河〉，中時電子報，2017年6月13日，http://www.chinatimes.com/reltimenews/20170613005085-260408，檢索日期：2017年10月15日。

互補關係，降低成本，爲在中美洲構建「一帶一路」有正面作用[52]。不過，這當然不能純粹從經濟面來考量，先前本書亦曾提及，控制海峽是維持全球霸權的必要條件，以下要談的克拉地峽正是如此。

克拉地峽的昔與今

在此，本文論述泰國（古名暹羅）克拉地峽的過去與現在，以呈現其爲地緣政治重要性的動脈。無論用何種方式，明、清時期的中國若能夠與暹羅（泰國）保持良好關係，可以說對雙方都有利，此話怎說？600年前，若是馬六甲海峽受阻，來自西洋的船隊必須經由克拉地峽（位於暹羅）轉運，才能夠繼續朝貢之路；當今中國，石油進口的主要輸送路線仍爲馬六甲海峽，而且，這海上咽喉的東端爲美國所控，西端出口則有印度，若克拉地峽開鑿完成，中國即可大致解決在馬六甲海峽所遇的困境。我們先看看15世紀初，明朝與暹羅的關係。

永樂2年（1404年）正月21日，明成祖詔告「遣使下西洋」，這能促使永樂皇帝在地緣政治上加以布局。實質上，暹羅在明太祖時期對明帝國最爲友善。當明成祖登基（1403年），他繼續經綸南海，遣太監李興出使暹羅，授「駝紐鍍金」，來增進雙邊關係[53]。同年9月，李興再次受遣前往暹羅。據他上報，明成祖能充分了解馬六甲海峽與克拉地峽的關聯性。當海峽受阻，印度和阿拉伯商人就需要在須文達那（蘇門答臘國）西部的港口，或在暹羅所控制的克拉地峽領地通商。爲確保海峽暢通，對明朝來說，有必要試試控制克拉地峽的暹羅與馬六甲海峽之滿者伯夷這兩個區域強權的斤兩[54]。永樂皇帝的運籌帷幄看來的確能有效維繫與活化明朝與南海、印度洋，乃至其他海域諸國、列邦的關係。

52　〈HKND負責人：尼加拉瓜運河項目正穩步推進〉，新華網，2017年7月19日，http://news.xinhuanet.com /gangao/2017-07/19/c_129658871.htm，檢索日期：2017年10月15日。

53　張輔監修，《明太宗實錄》，（台北：中央研究院歷史語言研究所，1962），卷23，頁426。引自鄭永常，《海禁的轉折：明初東亞沿海國際形勢與鄭和下西洋》，頁143。

54　鄭永常，《海禁的轉折：明初東亞沿海國際形勢與鄭和下西洋》，頁144。

　　在明朝在「一路」的經略上，本文還得略述當時中國對外國所謂的「宣撫」政策。對明成祖而言，馬六甲這塊伊斯蘭君主的領地扼前往西洋的咽喉。因此，為求諸藩能順利上抵大都（北京），鄭和首次下西洋的主要標竿即在「聯絡盟國，削弱爪哇和暹羅在該地的影響力，消弭舊港陳祖義與三佛齊的勢力，並確保航路暢通」[55]。在1405至1433年，每二至三年，鄭和往來印度洋與馬六甲海峽，嘗試使航運更為暢通無阻。明成祖所採取的行動與策略，使鄭和的船艦軍旅能維持明帝國在東亞所安排的政治秩序。例如，盤據於馬六甲的陳祖義被捕殺；另外，蘇門答臘的篡位者也被活捉，在在展現明朝的硬實力[56]。以上是15世紀初期，明朝中國、暹羅，以及其附近海域的「國際」關係。

　　克拉地峽在中國歷史上的記錄由來已久。一般來說，「能進出印度洋與東南亞的通道有兩個，其一為克拉地峽，其二為馬六甲海峽。在中國史上，克拉地峽首見於《漢書》。暹羅灣（今泰國灣）周邊諸國向來仰賴該地峽進行商貿」；另方面來說，當馬六甲海峽航路受阻，克拉地峽就成為連通中南半島與印度洋沿岸的命脈。若馬六甲航道不通，那麼商賈就退而求其次，克拉地峽便是選項之一。在唐朝（618-907年）時，「在南蘇門答臘的巴林馮有海上強權室利佛逝。該港維持十足強大的海軍，以穩定馬六甲海峽。」到了宋朝（960-1279年），室利佛逝易名為三佛齊王國（Kingdom of Samboja），仍為該區的強權與貿易中心。然而，在元朝（1271-1368年），三佛齊的領頭地位被新興的強權滿者伯夷所取代。雖然三佛齊仍為該區的經貿中心，但已成為滿者伯夷的附庸國（vassal state）[57]。克拉地峽位居樞紐，不容忽視。然而，明太祖時期，馬六甲海峽為華商陳祖義所控，當時，在洪武皇帝的腦海中想必曾浮現出開鑿克拉地峽的畫面，可惜未能付諸實現，但600年之後，情況（或者技術上）已有不同。

55　鄭永常，《海禁的轉折：明初東亞沿海國際形勢與鄭和下西洋》，頁52。

56　前揭書。

57　前揭書，頁137-139。

　　克拉地峽運河（或稱「東方的巴拿馬運河」）指的是，在克拉地峽以人工的方式開鑿一條運河（水路），來連接暹羅灣與安達曼海。若這個計畫完成，便能經由克拉地峽直通印度洋與太平洋。如此一來，這段航程比起經過馬六甲海峽的傳統路線，至少可以縮短2至5天時間，截短1,200公里以上。策略性的顯著性可很輕易看出，應不算誇張[58]。

　　或許正因處於策略性地理位置顯著，不可否認地，至遲於2015年5月，中國與泰國雙邊政府強烈否認要於克拉地峽建築運河。雙邊的說詞是：倘若該計畫存在，也無疑地將由私人企業負責。泰國前首相僅承認與少數中國企業家會面，而否認任何的合作關係。他說：該議題極其敏感，可能會損及泰國同中國政府的關係。對此，中國外交部發言人洪磊表示中國政府並未參與該項計畫。他解釋說：我沒有聽說過中國政府有參與該項目的計劃[59]。他表示，我們都是從傳媒知道這些事情。

　　撇開這些否認的消息，建造克拉地峽運河在2015年是個火熱的議題，因為如此一來，可大幅減少中國與東協自由貿易區（China-ASEAN Free Trade Area, CAFTA）之間交通來往的運輸成本，減少馬六甲為美國與新加坡閉鎖的威脅，確保戰略的安全性，對「一路」（海路）提供較好的基礎建設。「一帶一路」的結果良窳參半，但能加以實行。另外，建造克拉地峽運河或可稱為400年（？）計畫老調重彈的「雞肋」（tasteless）[60]。然而本文認為這是相當有趣的議題。在此稍加說明，明太祖洪武皇帝曾打算估量開鑿一條直通印度洋的運河，畢竟當時下西洋的航路受阻於馬六甲，前往南海也就不通，外國便無法前來國都南京。倘若

58　楊青之，〈泰國否認中泰開挖克拉地峽：屬私企行為，政府從未接觸〉，香港01，2016年9月17日，http://www.hk01.　.com/%E5%85%A9%E5%B2%B8/43611，檢索日期：2017年1月17日。

59　烏元春，〈泰國前總理：克拉運河「簽約」為惡意造假〉，環球網，2015年5月23日，http://news.sohu.com/20150523/n413634175.shtml，檢索日期：2017年1月17日。

60　景秀衣，〈一帶一路讓泰國克拉地峽運河要啟動開鑿〉，強國網，2015年3月30日，http:// www.cnqiang.com/junshi/zhanlue/201503/01020610.thml，檢索日期：2017年10月21日。

這樣，從阿拉伯海與印度洋前往南京的路、東洋與西洋的通路，與貨物運輸的通道，便只能借道克拉地峽。當使節與商賈打道克拉地峽，身爲該地兩強之一的暹羅，相較於爪哇的滿者伯夷便從商貿中獲利。

　　對暹羅來說，當克拉地峽成爲明朝與西洋連通之要道，其政治與經濟的地位都得以提升。但身爲明朝開國者的洪武皇帝意識到，如果馬六甲海峽被阻斷，則朝貢貿易體系成效將會不彰。600年前，正因爲沒有開鑿克拉地峽，所以，維持馬六甲海峽的暢通就變成了明永樂皇帝不得不做的事。馬六甲海峽，對於進出西洋諸邦成爲較便捷之路，也能使明朝皇帝得到象徵性的尊敬，商人能往來通商。因此，確保馬六甲海峽的安全對於明朝位居朝貢貿易體系核心地位而言，是無可迴避的任務。簡言之，歷史經驗讓我們看到，中國對於克拉地峽的開鑿感受到急迫性。當今的中國不正也因爲馬六甲的困境而急於開鑿克拉地峽嗎？與過去並無不同，當今的泰國，同樣從與中國維持良好的合作關係得利。

「一帶」之地緣政治實貌：過去與現在

　　在前面的分析中，我們已經看到明朝對於「一路」（向海）之經綸，接著，在這小節中，我們稍微討論過去與現今的中國爲何要推動「一帶」（向陸）戰略，並且本書第八章，會用更多的篇幅來討論。

　　中國的「一帶」與沿線國家如何連結起來？鐵路建設——無論是高速與否，日後高速鐵路也能發展成高承載運輸工具——是中國「通西域」一帶一路偉業的基石。一條從中國東部橫越歐亞大陸直達倫敦的鐵路已在2017年元旦通車，由浙江省義烏市的列車開往英國倫敦，全程長達1萬2,000公里。這兩個端點城市經由這捷徑僅需18天的時間便可抵達，比起海運可說省時甚多，而費用只有空運的五分之一[61]。三個月後的4月10日，第一部列車載運英國的嬰兒用品與維他命來往這兩座城市。事實上，

61　〈浙江義烏直達英國倫敦，2017元旦首發車〉，TVBS NEWS，2017年1月3日，https://news. tvbs.com.tw/world/697707，檢索日期：2017年4月12日。

這第一筆交易是在英國啓動脫歐（脫離歐盟）程序兩週而已[62]。這1萬2,000公里的鐵路里程描繪出「一帶一路」中「一帶」的鴻圖。這意味中國與歐洲沿著過去的絲路重加連結。這不僅讓「向海」的論述碰軟釘子，還提醒我們還有「向海」和「向陸」的論辯。在此，高速鐵路的建構吸引我們的目光。

　　在義烏至倫敦這條路線的豐厚的經濟利益背後，策略的意涵較令人感到興趣。高柏強調說，經歐亞陸橋的高鐵聯絡歐亞洲，能提升中國在歐洲大陸的戰略地位。在2008年金融危機之後，美國有意重返亞太地區，中國在領導東亞經濟合作上遭逢困難。因此，中國必須亟思解決之道，藉由建構高速鐵路，以「向陸」的方式連結歐亞成為替代方案。特別是高速鐵路的發展不僅推動歐亞經濟發展的輪子，也能增進中國在歐亞地緣政治上的地位[63]。當然，火車快慢的問題並非太大，但我們相信這種當代的「通西域」（向陸）是中國欲「東航」（從太平洋向東航行）遭遇極端困難下的良策，特別是許多產油國集中在歐亞大陸。

　　對於這種以建造（高速）鐵路的方式來「通西域」，高柏認為，只要中國建築高速鐵路，無疑地就為中國繼續推動「向海」（發展太平洋航路）提供保障，這說法似乎有些誇張，也導致接連不斷的批評聲浪。關於此點，本書接下來的章節將會探討。吳征宇分析中俄關係，指出中國忽視俄國在中亞影響力的風險。他認為從1840年鴉片戰爭起，中國面臨雙面的挑戰，從海有列強的槍炮，從陸地有沙俄的武力。事實上，俄國從1689年的《尼布楚條約》和1727年的《恰克圖界約》已經顯現出擴張版圖的企圖心。因此，與俄國維持良好的關係，是經由歐亞大陸來「通西域」能否順遂的關鍵，這也是高柏所指出的[64]。然而，必須記住的是：若是1989年

62 陳家倫，〈倫敦至義烏貨運班列首發，滿載嬰兒用品〉，CAN，2017年4月11日，http://www.cna.com.tw/news/acn/201704110023-1.aspx，檢索日期：2017年4月12日。

63 高柏，《高鐵與中國21世紀大戰略》，（北京：社會科學文獻出版社，2012）。

64 吳征宇，〈向「陸」還是向「洋」──對「高鐵與中國21世紀大戰略」的再思考〉，《二十一世紀》，卷1，第1期，2013年，頁105-113，頁109。

前蘇聯沒有解體的話，談論歐亞大陸整合就沒有多大意義。

　　雖然「向陸」的論爭仍在，但本文相信鐵路、高速鐵路、高速公路與公路所組成的網絡，的確適合歐亞大陸。這不僅改變中國過度依賴海洋運輸貨物的情狀，同時也勾勒經濟地理的新圖像[65]。或許無法否認的是，當我們思及「向海」，總想到一個榮耀的圖像，就是歐洲經略遼闊洋海的經驗，或特別指著「大發現時代」的某些事情；恰恰相反，先前所提的「邊界」將中國圍繞起來，並與世界加以隔離，使得大家對「向陸」不會產生好感，給人的印象是「荒漠」（給人悲觀的論點）、「內望」、甚至所謂的「孤立」、「走進死胡同」，但這些並非由實狀推導，而是歷史時空的「真空」。

　　視野暫且拉回過去，對中國來說，通西域（今天的歐亞大陸中部）早便存在。漢武帝遣張騫通西域兩次，經甘肅與新疆，聯絡今阿富汗與伊朗。萬難之中，得途經絲路的各綠洲。在蒙古草原，匈奴征服數個游牧民族，包括大月氏。此時，漢武帝有意籠絡大月氏，因此遣張騫通大月氏。然而，張騫不幸被匈奴單于擄獲囚禁十年之久，後來他逃出匈奴，並得見漢武帝亟欲結盟之大月氏王，然而沃土豐產的大月氏無意與漢朝結盟[66]，張騫的出使可說遭到挫敗[67]。對屯墾社會來說，游牧民族是可怕的敵人，劫掠比起生產是更容易致富的手段，特別當土地貧瘠，更是如此。倘使土產不豐，將迫使游牧民族傾向選擇興兵劫掠。

　　對明成祖而言，「向陸」（通西域）不僅是軍事行動，也表現出政

65　王湘穗，〈倚陸向海：中國戰略重心的再平衡〉，《現代國際關係》，特刊，2010年，頁54-64，頁63。

66　傳奇翰墨編委會，《絲綢之路》，（南京：江蘇科學技術，2013）。

67　本文所使用的這些題旨或許並未實際存在於過去的歷史中。例如，或許還沒十分把握說「（一如文革造神者所宣稱的），婦女甚至視她們從19世紀末葉中國婦女的纏足中解放，乃是對儒家反動社會的反叛，即使運作起來簡直像是神話，但仍有某種程度的可信度。他們是可信的，即使不是真的。」對往昔的認知方式，請參考Paul A. Cohen, "Three Ways of Knowing the Past," in Paul A. Cohn ed. *China Unbound: Evolving Perspectives on the Chinese Past*, (London: Routledge, 2003), pp. 212-213. 對張騫外交任務的失敗，與經由絲路聯絡絲路諸邦的「成功」，本文中有似曾相識的感覺。

治與外交的意欲。在1410年，他曾親率30萬鐵騎遠征韃靼，深抵斡難河（Onon River，鄂嫩河）；之後，永樂皇帝更親自率領50萬大軍侵攻瓦剌，直抵土剌河（Tula River）。這兩次的遠征令蒙古諸旗感到震驚，如此提升明朝在亞洲內陸（中亞）的聲威名望[68]。相較明太祖，明成祖更展現其雄心大志。合理的解釋是，明太祖才驅逐韃虜，眾土需要休養生息；其二，基於地緣政治的考慮，帝國在區域中需要維持霸主的地位。然而這些論述看似只會埋藏在西方知識體系的沃土之下。換言之，吾人在社會科學中所習得的，或多或少受到歐洲中心主義的污染——亦即過分強調西方「向海」、「大發現」的經驗。這無疑使明帝國的霸權（與其他地緣政治舉措、外交活動）被掩沒而難以發現。

在歐洲中心主義的影響下，明朝地緣政治的布局似乎不易被瞧見。在現代世界體系理論的導引下，西方與東方信持這框架的學者深持此種偏頗的觀點，來審視我們的世界[69]。

在地緣政治上，外交布局有時與軍威展現同樣重要。1413年，明成祖首次遣使（李達、陳誠等人），由哈藍伯（Lanbo Ha）率領，拜訪17個邦國，包含撒馬兒罕、哈烈等地[70]。此外，為建立外交關係，明成祖差遣大使覲見蒙古的帖木兒（1336-1405年）與繼位者沙哈魯（1377-1447年）[71]。對於青海與西藏（圖博）地區，明太祖採取威嚇的路數，到明成祖有所轉變。明朝以「眾建諸侯」的方式「分而治之」，來吸引地區領導人，像是：噶瑪區域的哈立麻為「噶瑪巴」，在其他地域則為「法王」，來穩定青海與西藏[72]。由上可知，明成祖「邁向西方」的舉措，

68　鄭永常，《海禁的轉折：明初東亞沿海國際形勢與鄭和下西洋》，頁4。

69　Immanuel Wallerstein, *The Modern World-System I: Capitalist Agriculture and The Origins of the European World-Economy in the Sixteenth Century*, (New York: Academic Press, INC., 1974).

70　*ibid*., pp. 4-5.

71　牟復禮等，《劍橋中國史》，（北京：中國社會科學文獻，1992），頁287。

72　張輔監修，《明太宗實錄》，卷35，頁608。引自鄭永常，《海禁的轉折：明初東亞沿海國際形勢與鄭和下西洋》，頁5。

乃是基於地緣政治的動機，而數次嘗試「下西洋」。但在西方知識體系之下，中國（特別是明朝）無意與西方諸國往來。這或許至少提供一個理由，即西方強權在1648年《西發里亞和約》能以平等國家的地位來看待歐洲各國，然而對於非西方國家則是另一回事[73]。本文認為如果更多研究「通西域」，則會看出這種兩面手法自古至今乃是至為關鍵。

　　或許，對農業社會與游牧民族兩者的排難解紛的良方從未存在。明朝投入大量人力及財物與北方蒙古周旋，清朝初期自不例外。換言之，清朝「通西域」未獲重視。基於此點，看來我們向來過度強調歐洲經驗下「向海」的重要性。但對中國來說，相較於歐洲國家，「向海」自有其價值，而「通西域」（西進）就更有話可說。若比較明清兩朝的領土，我們會發現明朝的版圖要小得多。在清朝，版圖更形擴張，特別在蒙古獨立之前，向西、北，與西北開拓。新疆（與西藏[74]）從17世紀初期即受嚴密控制。清朝領土面積約為明朝的兩倍，也因此，清朝的「通西域」值得我們留意。當然，「向海」與「向陸」的論爭，是理解與比較東西方社會科學的核心。但可惜的是，歐洲經驗的「向海」看似較為「現代」、「合適」。但在人類歷史的書寫中，（歐洲經驗下的）「向海」被當作較為「進步」、「妥適」、「活躍」、「進取」與「正向」的；「向陸」則予人相反的印象，這混淆我們的視線。

　　與其他王國（或帝國）並無二致的是，清朝相當關心其國家安全與策略來鞏固其朝代的發展。為了解清朝在征服準噶爾的勝利，就有必要認知17世紀末、18世紀初，能與清朝平起平坐的國家——俄國。為求擊敗準噶爾，清朝對俄國在領土上讓步，以此取得俄國默許，能在歐亞大陸中部重構地緣政治秩序。清俄兩者的和好對準噶爾乃是致命一擊，蓋後者無法取

73　Perdue, "A Frontier View of Chineseness," p. 58.

74　事實上，明朝初期的「治理」政策是採「眾建諸侯」，來補其鞭長莫及之憾。有個例子能充分說明，明朝的領土是否包括冊封國，未曾殖民過的西藏，此即1905年由哈佛大學印行之*History and Commercial Atlas of China*一書，當中便未將西藏高原納入明成祖的版圖裡。

得俄國的奧援。簡言之，俄國對清朝「西進」的態度早已定規準噶爾的命運。此外，為維持與周遭蒙古汗國的關係，清朝也得學習這個草原帝國的政軍手腕。唯有完備的後勤補給，清朝才確有可能在與準噶爾漫長的戰爭中得勝[75]。合縱連橫等不同的國家結盟策略，可目為清朝基於地緣政治考量而為的舉措。

綜上所述，前揭的歷史事實恐怕被淹沒於「向海」與「向陸」論爭的喧囂聲之中。也因此，本文認為這或許是個例證，來說明西方知識體系——主要根源於歐洲經驗（或許可說是偏差）——仍有待琢磨。這麼說，一直以來，「向海」的發展方向被過度渲染了；可惜的是，「向陸」至今則仍被輕忽。

結語

西方知識體系一共打造了三把畫筆（刷子），也就是西方哲學的二分法、費正清1842年的歷史分期，與華勒斯坦的歐洲中心主義。這三者共同「描繪」東方陰翳慘澹的圖像。與之相對的是，西方世界——在其發展的道路上——則被描繪得光輝明亮，遠勝其真實的面貌。

有別於比較現時「一帶一路」的鴻圖偉業，明太祖乃是以「不征諸夷十五國」，為基調，然而，馬六甲海峽當時已有區域強權盤據，例如爪哇的滿者伯夷，這使得當時戮力經營的朝貢體系無法順利運作，也使商賈無法經由馬六甲海峽出入印度洋。因此只有藉暹羅（泰國）克拉地峽海陸運互換的模式，南京（與後來的北京）的商賈才能繼續前往印度洋通商。這種海陸運交替的模式使暹羅得以獨占貿易的好處。對大明帝國朝貢體系來說，其目的乃是確保馬六甲海峽的暢通與安全，但明太祖所建構的朝貢體系卻被掌控馬六甲的政治強權所封鎖，這個障礙得要到明成祖在位期間才興兵加以掃清。

---

[75] Peter C. Perdue, *China Marches West: The Qing Conquest of Central Eurasia*, (Cambridge, Mass.: The Belknap Press of Harvard University Press, 2005).

　　在歷史上，明成祖告訴我們，無須等到西班牙人的鐵甲船在16世紀晚期來到，早已在15世紀早期，明帝國就建立世界第一個（區域性）海上霸權。鄭和帶著數百戰船下西洋，以其政軍實力震懾東南亞與印度洋的遠方國家；並在軟實力上，讓多國前來南京與北京朝貢。在此，我們並非稱揚明朝軍武的強盛，而是企圖重新發掘出被掩蓋在西方知識體系厚重灰塵之下的歷史眞相。因爲這些歷史眞相將會讓社會（科）學、歷史社會學失去其建立已久，卻是建造在不堅固、軟弱無力的基礎上。

　　明朝中國的「一帶一路」讓我們對於當今的「一帶一路」倡議，有了似曾相識之感，雖然，其間或有差異存在。但很可惜，今日的學者，對於600年前——15世紀初永樂皇帝所操作運用——之「一帶一路」戰略似乎並不了解，主因在於西方知識體系在西方霸權之下健康地成長茁壯，而幾乎不受任何挑戰，這也包括東方（中國）的知識分子。是故，長久以來，許多歷史事實被埋沒在知識分子內心的自卑感之中，無聲無息地，等待著被挖掘，至今依然持續地等待著。

　　我們確實看到600年前的歷史圖像（之一部），包括明朝與中亞國家之間的合縱連橫、大明海軍巡航於印度洋、鄭和下西洋打通馬六甲海峽、陳誠與使節們爲維繫邦交而多次出訪中亞。在這歷史圖像裡，其實依然看不到太多西方人的身影，可是西方知識體系要我們相信——而且，不要問太多——因爲大航海時代，西方人發現了美洲新大陸，一切的一切都自動變得更美好，這也包括人類的歷史，特別是西方世界人的歷史。這彷彿是說，西方人擁有一些東方人所沒有的特質，因爲西方人努力工作、敬畏上帝、除去迷信、信守契約等等優越品質，而終於成爲今日的先進國家（advanced countries）。而事實上，我們（東方人）也非常配合西方學者的那套說詞，縱然少數人內心可能嘀咕著，但不敢發問，應該也沒有足夠的信心發問吧！

　　相信「資本主義」這個詞彙應該是最令西方人引以爲傲，讓非西方人既羨慕又嫉妒，一般來說，資本主義正是讓西方興起、非西方停滯甚至倒退的神祕事物（或制度，或其他？）。這麼說，東方（特別是中國的）學者們堅信西方國家是藉由所謂的「資本主義」而獲致成功——其獨特性

包括理性化（除魅化）、專業化、有效率的大規模生產方式等等。筆者認為，這樣的「解釋」是在西方知識體系底下必然的結果，讓人難以看清西方（英格蘭）的「發展」與東方（清朝中國）「不發展」的真正原因。倘若我們無法清楚解釋其真正的發生原因，我們又將如何去解釋西方富強、崛起，與東方的羸弱、衰退？我們又將如何去解釋一國（一經濟體）的經濟和社會到底能否發展呢？

　　身處「現在」的我們，正在逐步走向我們期待看得清楚的「未來」，此時，為了能夠更真實地看待日後一國（經濟體、區域，乃至全球）的發展，我們還得先看看西方人眼中「過去」中國的實際模樣。

第二章
不只亞丹・斯密在北京，
費爾南・布勞岱爾也在這座城市裡

　　在600年前，古老的中國大約是明朝開國不久，離所謂的「大航海時代」的起點好像不是太遠，這個時代對西方（的崛起）相當重要，可是「興起」的西方，通常必須經由觀察非西方（特別是中國）的「停滯」、「落後」、乃至「衰退」才能加以理解。是故，在600年時間性裡，其歷史事件（的取捨）以及其所蘊涵的可能性，在經過重新詮釋之後，就有可能對原來所持的歷史觀產生影響。換句話說，我們得看看先前的研究是怎麼告訴我們這段15世紀初期的這個瞬時。

　　可以這麼說，除了創立者華勒斯坦（Immanuel Wallerstein）之外，堪稱發展研究領域三大理論之一的現代世界經濟理論（The Modern World-System Theory）大師級人物者，Giovanni Arrighi[1]可說是第一人選。本章以Arrighi於2007年出版的專書《亞丹・斯密在北京：21世紀的譜系》當中的主要論點，嘗試與Arrighi進行對話，並試圖證明不僅亞丹・斯密在北京，連費爾南・布勞岱爾[2]（Fernand Braudel）也在這裡，堅持他自己的論點。簡單說，本章選用這標題之目的，來說明或許Arrighi是對的——不像英格蘭出現工業革命（Industrial Revolution）——也呼應本書600年時間性的視角，中國只出現所謂的勤勉革命（Industrious Revolution）。對他而言，過去數百年以來，中國這個巨大經濟體的確因為分工與專業化，加上市場規模持續擴大，百業興盛繁榮，但Arrighi認為這只是斯密（成

1　Giovanni Arrighi之中文姓氏譯為「阿律奇」、「阿銳基」、「阿里吉」等，在本書的內文中直接使用其原名，不另翻譯為中文。但在書目中的姓氏，則使用出版社的翻譯。

2　費爾南・布勞岱爾（Fernand Braudel）為年鑑學派主要人物之一，因其中文姓氏布勞岱爾廣為兩岸知識界所熟知，故本書使用其中文姓氏。

長）動力，與資本主義毫無關聯。另外，他認為所謂的斯密動力指的就是勤勉革命，他看不到明清中國有其他的力量在推動其經濟發展。

然而，勤勉革命並不僅有上述意涵，只與專業化、分工，和市場有關。Arrighi在討論勤勉革命時，還引用了杉原薫（Kaoru Sugihara），與黃宗智的說法來支持其論點。簡單說，對Arrighi而言，勤勉革命所指乃是黃宗智「內捲化」（involution）的概念。在討論資本主義是否存在於非西方社會（例如，中國），Arrighi忘記布勞岱爾指出資本主義的特性是「壟斷」（monopoly），該重點也是《亞丹·斯密在北京》一書中未能解釋清楚的部分。具體而言，筆者將證明「壟斷」這個資本主義的特性在中國也同樣出現，故此筆者以「布勞岱爾也在北京這個城市」加以暗喻。此外，尚有疑問要釐清，例如，「創新」在不同的社會脈絡、發展路徑等情況下，所代表的涵意是什麼？只用斯密成長模式來概括明清中國——特別是江南地區——的發展，真能解釋中國社會某（些）面向數百年的發展？就像是華裔在美知名學者黃宗智（Philip C.C. Huang）試圖解釋長江三角洲農民，從14世紀中葉到1980年代止，為何生活水平總是落在「維持生計」[3]（僅以餬口）的邊線附近而已？關於「創新」，難道中國沒一丁點熊彼得成長動力（Schumpeterian dynamic）嗎？為何如此呢？另外，黃宗智認為，這是因為邊際生產力600年來從未提升，如果為真，那麼，「內捲化」與19世紀中葉西方開始將中國「整合」（incorporate）進入其歐洲資本主義體系是否存在某種關係呢？

本章分為兩大部分，在第一部分中，筆者試圖重述《亞丹·斯密在北京》[4]的主要論點。首先，解釋什麼是「斯密動力」；其次，在社會（科）學領域裡，不少學者認為，歐洲經驗的「獨特性」是無論如何都必

---

3   Philip C.C. Huang, *The Peasant Family and Rural Development in the Yangzi Delta, 1350-1988,* (Stanford, CA.: Stanford University Press, 1990).

4   Arrighi, *Adam Smith in Beijing: Lineages of the Twenty-First Century,* (London and New York: Verso, 2007). 關於本書之中譯本，中國大陸由路愛國、黃平、許安結三人翻譯此書，譯名為《亞丹·斯密在北京：21世紀的譜系》，（北京：社會科學文獻出版社，2009）。在本書中，吾人以英文版的著作為引用之對象。

須加以堅持，不容挑戰。在該書中，Arrighi同樣屈從於這種「獨特性」，這可以從他對「資本主義」為西方所獨有這個觀點看出。再次，布勞岱爾的資本主義三層結構值得我們再訪，其中的「壟斷」（monopoly）特性只能在資本主義裡才能被看到，但在《亞丹‧斯密在北京》一書裡，Arrighi不幸地已經忘記這個特性。最後，檢討國家（政府）與資本（家）的關係，二者間的緊密關係，是Arrighi認為西方所獨有者，乃為中國所無者。

第二部分，探討中國數百年來經濟發展的模式，首先解釋學者為何總是在「沒有資本主義」之下書寫中國歷史，以至於在社會（科）學中，經常看到前後矛盾的論點，而黃宗智「內捲化」的概念正巧可以成為這樣的「範例」。其次，聚焦於（英國的）工業革命（industrial）vs.（中國的）勤勉革命（industrious）。其中，勤勉革命與黃宗智所提之「內捲化」（involution）概念類似，因此首先討論黃宗智的主要論點。其次，黃宗智認為從明清時代直到改革開放之前，中國的核心區域江南農業發展產生停滯的現象，筆者對此論點加以質疑，並說明原因。再次，指出明清時期的小農經濟（特別是紡織業的「放料制（putting-out system）」生產」與紅頂商人（或稱資本家）並存且共生。再者，介紹中國十大商幫中的「徽商」如何盡一切努力維持其壟斷地位，特別是在典當業、茶業、木業，與最重要的鹽業。最後，總結本章之發現。在結論之前，則稍加探討中國「創新」的特色，因為在北京還似乎能看得到熊彼得的身影呢！

亞丹‧斯密在北京

在本小節，我們討論Giovanni Arrighi於2007年所撰之專書《亞丹‧斯密在北京》的主要論點。首先，指出什麼是斯密的成長動力，如此，我們能得知Arrighi當年完成本書的主要論點；第二，該書持論之一，是西方的發展路徑才可能產生資本主義，Arrighi堅持，中國即使有資本家，但充其量也只能是市場經濟，該論點與布勞岱爾的資本主義三層結構之說有關，也是筆者批評Arrighi之所在。第三，資本主義的特性應該不少，但對

布勞岱爾而言，「壟斷」的力量；是其三層結構的最上層——亦即資本主義——才看得到的，我們將檢視在中國的土地上能否找到「壟斷」的蹤跡；第四，Arrighi認為，西方資本主義的獨特性主因之一是資本（家）與國家（政府）的緊密關係，特別是借貸關係，本文提出質疑。

斯密的成長動力

　　對Arrighi而言，什麼是所謂的斯密（成長）模式（Smith's model）或斯密（成長）動力（Smithian dynamic）呢？Arrighi解釋道：「斯密模式指的是，一國之財富取決於生產性工作專業化，這件隨著生產單位之間的分工，且其專業化的程度由市場規模所決定。在這樣的模式中……經濟發展的過程是由市場的擴張所驅動[5]」。他接著說，「雖然在追求利潤的市場交換處於擴張的狀態，中國（經濟）發展的本質不必然是資本主義式的[6]」。「這種（斯密）成長動力的本質是藉由分工的擴大與深化所造成的生產力之提升所獲致的經濟發展，且只有市場的規模才足以對（此種經濟發展）產生限制。當經濟的改善導致收入及有效需求增加，市場範圍的擴大引發下個循環的分工與經濟情況的改善。但隨著時光遞嬗，這種良性循環終將囿於空間尺度與制度安排，而使得市場規模到達極限，此時，經濟發展就進入了高水平均衡陷阱[7]」。

　　所謂的「高水平均衡的陷阱」是英國學者Mark Elvin（伊懋可）於1970年代提出的。Elvin指出，至少在工業革命發生前的一千年裡，中國領先全球，但之後就被歐洲超越，這是因為中國受到人口眾多與資源匱乏所限制。前近代中國農業雖然高度發展，無論是在耕種工具之改良上、密植、灌溉，與復種等方面，都遙遙領先歐洲，雖然農業在中國高度發展，

5　Arrighi, *Adam Smith in Beijing*, p. 21.

6　Arrighi, *Adam Smith in Beijing*, p. 24.

7　Arrighi, *Adam Smith in Beijing*, p. 25.

然而收益卻被爲數眾多的人口[8]所吞噬，「高水平均衡的陷阱」於焉發生[9]。那麼，一個經濟體應該如何避免落入這樣一個陷阱呢？此時，就必須引進新技術和投入更多的資金，才能打破這個停滯的恐怖均衡。所謂的引進新技術，不少學者（例如Arrighi與黃宗智）認爲中國沒有發生工業革命，所以不可能出現技術上的大幅提升，那麼，明清中國是否使用更多的資金，以投入各種生產要素（例如：土地、勞動力，其他資源像是育種、肥料的使用等等）呢？稍後，我們會看到江南地區確實投入資金，提高農業生產力，藉以設法脫離停滯的狀態。換句話說，明清中國的核心地區江南，即使眞的陷入所謂「高水平均衡的陷阱」，但此種窘境也不會持續太久。然而，Arrighi卻相信「傳統」中國數百年來一直處於停滯之中，筆者對此600年時間性所留下的爭議感到懷疑，而覺得有必要加以重提。

對Arrighi而言，所謂的斯密成長動力，後來會進入一個不再向前走的困境，此時，黃宗智的論述恰巧成爲Arrighi最好的證詞。Arrighi同意黃宗智以下的說詞：「在歐美的經驗裡，前現代與現代農業的變遷總是伴隨著總產出的絕對值與每單位勞動力產出二者的擴張。因此，似乎有必要區別伴隨著產出的『成長』（growth）與勞動生產力提高的『發展』（development）。對於中國而言，這種區分是重要的……（因爲）在革命之前的600年，農業產出增加了，能跟上人口劇烈增加的步調，

8　人口總數眾多，是否造成「人口壓力」則是個頗具爭議的問題。舉例來說，清初經過康雍乾盛世長期的休養生息，人口迅速增加，在1680年前後，人口增加到1億，乾隆時期正式突破2億，鴉片戰爭前的道光13年（1833年）時，則猛增到4億。然而，這是否必然產生人口壓力呢？未必如此。或許，我們亦可將迅速的人口增加視爲經濟發展良好的證明，因爲只有在經濟情況相對較佳時，政府才可能有足夠的稅收來改善人民的生活環境、提升醫療水準等等。此外，爲了養活更多人口，墾殖荒地、建設與更新灌溉系統、育種、肥料的使用、農業工具的設計與製造，凡此種種，都可能是減輕「人口壓力」的措施。另外，唯有創造眾多就業機會，才能養活如此眾多的人口，否則，若失業問題嚴重的話，社會動亂是可想而知的事。人地比或許變少，每個人分配到的可耕地看似不足，但農業技術的與時俱進，縮小的人地比，可能與總產量的提升同時發生。

9　Mark Elvin, *The Pattern of the Chinese Past: A Social and Economic Interpretation*, (Stanford, Calif.: Stanford University Press, 1973).

但主要是因為集約化（intensification）或萎縮（shrank），一如在內捲化（involution）之中[10]」。

從以上分析中，我們可以看出斯密（成長）動力，雖然讓中國能夠養活大量人口，卻也使中國陷入一種悲慘的停滯狀態，這情況，黃宗智將之界定為「內捲化」。

歐洲經驗的獨特性：Giovanni Arrighi對「資本主義」的執著

如同世界經濟體系大師級人物華勒斯坦，與社會學古典三大家之一的韋伯所認為的那般，資本主義是西方社會所獨有，即使他們對於資本主義的定義抱持不同的見解，但他們都認定，非西方社會絕對不可能產生「進步」的制度，那就是資本主義。對於資本主義，Arrighi說：

> 以市場為基礎發展的資本主義，其特性並非由資本主義的制度與安排決定的，（足以）決定者為國家（政府）權力與資本之間的關係。〔Arrighi似乎有些耐不住性子地繼續說〕無論你喜歡加上多少位資本家在（像中國這樣的）市場經濟裡頭，除非政府服從於資本家的階級利益，否則市場經濟還（只）是非資本主義的（市場經濟而已）。布勞岱爾自己就拿帝制中國為例說：「中國最碰巧是個支持他對區分市場經濟與資本主義的堅持了。中國不只有個堅若磐石的市場經濟……伴隨著連鎖起來的當地市場、蜂群擁簇那般眾多的小工匠與流動的商人、忙碌的商業街道與來自山西省的銀行家們、源自福建與其他省分的海外華人，凡此種種像極了16世紀歐洲超群資本主義的組織，然而，（中國的）政府對任何異常富有的人顯露出敵意，使得（中國）這裡不可能產生資本主義，除了仍然可

---

[10] Huang, *The Peasant Family and Rural Development*, p. 12, cited in *Adam Smith in Beijing*, p. 25, note 26.

以看到特定受到政府支持著、監督著，與或多或少憐憫著的群體之外[11]。

筆者認爲，Arrighi上述這段話的主要意圖相當明顯，他想呈現給讀者的是歐洲經驗的獨特性。換句話說，發生在歐洲的事物是一種獨特的經驗，其他地方找不到，或者充其量也僅止於類似而已。當然，這裡所談的是資本主義這個「制度」。Arrighi才剛剛在這段話說過，他的資本主義之特點不在「制度」，而在國家與資本間的關係。但這裡，筆者認爲仍有以下至少三點值得深入探究，相信這些問題連Arrighi本人也將難以回答。

　　首先，毫無疑問，我們發現Arrighi以歐洲經驗來檢視中國這個國家，他所強調的是歐洲的獨特性。一般而言，我們或許會直覺地感覺到資本主義應該與某些制度的安排有關，但對他來說，資本主義最重要的特性，不是制度怎樣設計，而是國家與資本之間的緊密關係。爲何他選用這個標準？是否只因爲這個標準在中國找不到，所以，即使制度安排——例如簿記、可預測的法律體系、理性化的官僚制度等，都與資本主義極爲類似，但因爲找不到政府與資本家複雜難分的關係之前，Arrighi認爲，中國仍然不能算是資本主義的。但問題是，如果中國的國家機器與資本之間確實存在某些關係（因爲在現實生活之中，二者不可能毫無接觸），只是這些關係不太像發生在歐洲的關係那樣，那麼，爲何歐洲國家與資本的關係就可以被視爲資本主義的，但中國的卻不行呢？Arrighi並未說明原因。簡單說，我們只能這樣猜測，或許他只想證明歐洲的獨特性，但無法提出證據。

　　第二，就像布勞岱爾，Arrighi也注意到在很久以前的中國，其實可以

11　Giovanni Arrighi, Chapter 11 "States, Markets, and Capitalism, East and West,"*Adam Smith in Beijing: Lineages of the Twenty-First Century,* (London and New York: Verso, 2007), pp. 309-350. 本文後來經改寫後，亦出版於他處，篇名改爲「Historical Perspectives on States, Markets and Capitalism, East and West,」 6(1), *The Asia-Pacific Journal (Japan Focus)*, January, 2008, pp. 1-25. 本文主要參考自2008年較新版本，也就是「Historical Perspectives on States, Markets and Capitalism, East and West」一文，頁12。

發現類似於16世紀歐洲超群的資本主義所呈現出的景象，比方說，接連比次的當地市場、爲數眾多的小工匠們、街道上熙來攘往的商人與消費者、山西的銀行家，與源自中國東南沿岸的福建海外華人等等，部分的商人組織也像極了在歐洲所看到的情形。但對於Arrighi與布勞岱爾而言，就因爲帝制中國政府對商人存有「敵意」，所以商業活動注定難以發展起來。在此，本文僅舉例來反駁這個毫無說服力的說法。雖然我們不能否認長達數千年的中國歷史上，可能有些（或許至少兩、三位）皇帝及臣子不太喜歡商人，可是，假設人們眞能拿「敵意」來解釋經濟發展的好壞（這正是Arrighi所堅持的論點），那麼，我們又該如何詮釋清朝初期康雍乾三朝（1662-1796年）長達134年的盛世[12]呢？難道在這超過百年的歲月裡，清朝當屬世界上最強大的帝國，其政府都對商人抱持著敵意嗎？若是如此，那麼，清初的商人必定能在極艱困的環境中牟取最大的利益。事實絕非如此，但我們似乎沒有必要在這種過度簡化的問題（或是「答案」）上頭花費太多時間才是。

第三，在上面這段話中，Arrighi似乎一開始就已經製造出連他自己都難以解決的問題了。他認爲，無論中國到底有多少資本家（capitalists），這個國家無論如何也不可能是資本主義的（capitalist），只能是非資本主義的（non-capitalist），具體而言，是市場經濟（market economy）。難道這就是中國知名經濟學家所言，「資本主義萌芽（又枯萎）論[13]」嗎？但看起來卻又不像，反倒像是一個前後自相矛盾的論述。無疑地，Arrighi承認中國的確有些資本家，但同時他認爲中國不可能產生資本主義，依此推論，中國應該無法產生本土的資本家才對。於是，問題變成：中國（無論是明、清朝中國或是更早的南北宋）的資本家到底打從哪裡來的？唯一的可能只有從海外輸入了，但難道他所言的是海外華

---

12 陳婷，《康雍乾盛世》，中國盛世第3卷，（北京：中國華僑出版社，2016）。

13 不少學者持這樣的之見解，在此僅舉兩位相對知名學者之著作，例如傅衣凌，《明清時代商人及商業資本：明代江南市民經濟試探》，（台北：谷風，1986）；經君健，《經君健選集》，（北京：中國社會科學出版社，2011）。

人？那麼，大多數居住在東南亞的海外華人，在歐人到達之前，早就在當地變成資本家了？倘若如此，中國怎能在東亞朝貢貿易體系中繼續扮演核心的角色呢？另一個問題是，如果Arrighi與布勞岱爾堅信的市場經濟，就足以培養出資本家，那麼，數十年來，學者們所爭執的資本主義是否只能出現於西方世界，而非其他地方，這些爭論似乎就變得毫無意義，因為不同的土壤也可能產出同樣的一種人——資本家。Arrighi留下一些難解的謎題，但我們還得繼續討論下去。那麼，資本主義的特性到底是什麼呢？

資本主義的「壟斷」特性

比喻的方式來說，不只亞丹・斯密在北京，事實上，布勞岱爾也在這裡。言下之意，說明資本主義的「特性」也同樣可在中國找到，雖然，Arrighi可能還會說，即使如此，中國也不是資本主義的。

在Arrighi《亞當・斯密在北京》這本書中，結論中告訴我們所謂的「傳統」（traditional）中國，無論如何也不可能產生資本主義時，他似乎是過於急躁，竟使他忘記他在1990年代得獎的大作——《漫長的20世紀——金錢、權力與我們社會的根源》[14]所提到之資本主義的特性。蓋因他相信布勞岱爾所說，中國充其量只能是市場經濟，而不可能出現資本主義的。但是，在1990年代時，Arrighi卻也十分相信布勞岱爾所定義的資本主義，所以，我們暫且相信Arrighi所界定的資本主義並非其他人的，而是布勞岱爾式的。Arrighi曾經這樣說：

> 布勞岱爾所構思的資本主義是三層結構的頂層——在此結構的所有層級之中，上一個層級無法在缺乏下一層級的情形下存在，亦即上一層級依賴下一層級。（在這個三層的結構體裡）最低的層級是那個極原始的、多為自給自足的經濟，用較妥適的方式表達，則

14　阿銳基，《漫長的20世紀——金錢、權力與我們社會的根源》，（香港：牛津大學出版社，1999）。該書之英文版書目為，Arrighi, *The Long Twentieth Century: Money, Power, and the Origins of Our Times*, (London and New York: Verso, 1994).

爲物質生活（material life）……在（這底層）之上，來到另一個叫市
場經濟（market economy）的地帶，在此，在不同的市場之間伴隨著
水平式的溝通交流：在某種程度上，供給、需求與價格得以自動協
調。接著，更上一層，來到反市場（anti-market）的領域，這兒由巧
取豪奪的巨賈依循由叢林法則經商營富。一如往昔，無論在工業革
命業已誕生與否，這裡就是眞正資本主義的家[15]。

這個由布勞岱爾構思出來的三層結構，也就是「物質生活─市場經濟─資
本主義」，頗令筆者信服，Arrighi也是，但僅限於1994年當時。之後，特
別在2007年《亞丹・斯密在北京》這本書出版之後，Arrighi似乎不再相信
這個三層結構的資本主義概念，也不再相信最高層級的「反市場」領域
了，在此只有少數幾個強大的競爭者得以存活，壟斷（monopoly）的力
量在操控著市場，所以是反市場。換句話說，如果我們可以找到少數的廠
商（商人、業主）有辦法控制、操縱某種或某些商品的來源、通路，甚至
價格，也就是展現其壟斷力，就足以證明資本主義的存在，因爲這正是
Arrighi在這段話所提，在叢林法則下，只剩下大的掠食者（資本家）遍地
遊行，等待獵物（利潤）上門。用比喻說，不只亞丹・斯密在北京，事實
上，稍後，我們將會看到，布勞岱爾也在同一個城市裡。

　　資本主義的定義成百上千，相信在短期間內學者不可能有共識，然
而，會起身反對「壟斷」這個特性者，相信應該不會太多才是。黃仁宇在
比較中國與西歐資本主義時，認爲英國馬克思主義者Maurice H. Dobb所
撰寫的《資本主義發展的研究》（*Studies in the Development of Capitalism*,
1963）一書中的分類頗具啓發性，雖然黃仁宇未必同意Dobb所堅持者。
Dobb在該書裡，將研究資本主義的著作分爲三類，第一類爲資本主義
一行，工人在市場上出賣其勞動力之後對其產品無權過問，此爲馬克思學
派的說法；第二類注重資本主義精神，韋伯大力讚揚這個精神在西方社會

15　Fernand Braudel, *The Wheels of Commerce*, (New York: Harper & Row, 1982), pp. 21-22, 229-
230, 引自 Arrighi, *The Long Twentieth Century*, p. 10.

的獨特性；第三類則注重資本主義的技術性格，強調資本主義與遠距離、大規模之商業密不可分，同時也強調資本主義的「壟斷」特質，商人透過各種管道、利用手段——包括與政府攀關係，來合縱連橫、巧取豪奪，企圖「干預」、乃至獨占市場。在批評第三類時，黃仁宇指出，布勞岱爾為其代表人物，雖然黃仁宇曾批評布勞岱爾誤將湖南省當成沿海省分，以及中國在清初的1640至1680年間為蒙古所征服的錯誤[16]，卻對布氏的其他論點幾無意見，實屬可惜。不過，我們還是暫且回到三層結構的頂層，來看資本主義的壟斷性。

　　以下，我們舉個土地兼併的例子，來檢視「壟斷」這個特性。在農業立國的社會中，相較於受爭議、評價兩極化的商業活動，兼併土地是最穩定，同時也是最簡單的獲利方式。藉由源源不斷的租金收入，地主無需付出勞力便可再投資、再獲利。古籍有云：

　　　　前明富家甚多。如吾鄉華氏，世居東亭，田跨三州，每歲收租四十八萬。……蘇州齊門外有錢槃者，亦田跨三州，每歲收租九十七萬[17]。

　　這段話為清朝錢泳對家鄉在明朝時期的描述，是關於富豪之家、與其所聽聞的蘇州富豪之家所擁有之地產的記載，「田跨三州」是在說明華氏與蘇州富豪兩家豐富的家產，「每歲收租四十八萬」、「每歲收租九十七萬」道出在農業國家（朝代）只須將資金投資在併購土地，就可獲得龐大利益，這是一種理性的經濟行為。土地兼併這類的行為，豈不正是財富逐漸被壟斷的現象，不是在資本主義制度下才會發生的事嗎？Arrighi（與

---

[16] Maurice H. Dobb. *Studies in the Development of Capitalism.* (London: Routledge & Kegan Paul, 1963)，引自黃仁宇，《近代中國的出路》，（台北：聯經出版社，1995），頁140。

[17] 錢泳，《登樓雜記》，引自謝國楨選編，《明代社會經濟史料選編》，（福州：福建人民出版社，2004）。

布勞岱爾）不是才剛說過，壟斷是資本主義的特性嗎？上述兼併土地，
不就是富商（或許他們正是Arrighi所說的「資本家」）藉由購買土地，收
取租金，來獲取龐大利潤的例子嗎？簡單說，Arrighi引用年鑑學派大師布
勞岱爾對資本主義的詮釋，布氏將經濟活動分為三個層次，最底層為物質
生活，中間為市場經濟，最高層則是資本主義。較低層次為較高層次的基
礎，在最高層中，叢林法則主導著遊戲規則，大商賈、大玩家開始其爾虞
我詐的掠食行動，壟斷專屬於最高層次，並且經常與國家機器保持盤根錯
節的關係[18]。

　　從以上Arrighi的說詞可知，富裕的商人在資本主義裡（也唯獨在此）
才能運用其巨大的影響力，抓住各種機會，來試圖壟斷市場，盡可能霸占
所有的利潤。那麼，前述蘇州田跨三州的富豪是否也只能在資本主義的社
會才看得到呢？筆者認為是如此。雖然Arrighi依然相信資本主義是個只能
存在於西方社會的制度，但除了上述論點之外，資本與政府的關係也同樣
為Arrighi所關切。

資本（家）與國家（政府）的關係

　　在前面的分析中，我們已經說明為了證明西歐資本主義的獨特性，
東方（中國）不可能出現資本主義，Arrighi認為中國充其量只能稱為市場
經濟，也就是布勞岱爾三層結構的第二層，而無法發展到最高層的資本主
義。聽起來，資本主義好像是經濟發展較高的階段，遠比市場經濟更適合
相對進步的西方社會，特別是，如果（不斷地）「戰爭」，反能促使西歐
社會「持續進步」，筆者覺得Arrighi似乎在傳達這樣的訊息。

　　當然，在學術的探討上，盡可能地發掘新鮮的想法，這也是研究人
員夢寐以求的事。是故，Arrighi試著告訴我們，西方資本主義的獨特性，
其中一個特性是資本家與政府間的緊密關係，例如，政府因為軍費開銷而
經常需要向資本家（銀行家）借貸，這種情勢，反而讓資本主義有成長的

---

[18] Arrighi, *The Long Twentieth Century*.

機會。筆者的想法更簡單一些，那就是，當某些商人大發利市之後，其中幾位可能變成慈善家，但這些人當中，不也可能有一些會想與政府官員打交道嗎？通常，官員們工作忙碌，不太可能與市民小井打成一片。不過，當紅頂巨賈來訪時，通常官員想要拒絕他（們）的難度可能高些，因為當官府的經費不足以成事時，他們應該會想起這些有錢的商人才對，當然，商人們也多少會探聽一下省城、縣城有什麼好買賣可做，來多賺點錢。簡單地說，即使我們不知道官員與商人的關係到底有多緊密，但二者的關係應該不至於形同陌路才對，然而這也能拿來當作資本主義的要素嗎？有時候，學者的想法實在讓人摸不著頭緒。

　　Arrighi在說明西方發展經驗的獨特性時，嘗試著以中國發展經驗來加以對照，這本無可厚非。然而，為了證明西方才可能出現資本主義，東方（中國）無論有多少資本家，不管擁有多少資本、人力與土地，充其量也只能是市場經濟而已，當然，中國的資本家可能活得並不快樂，因為他們不是身處資本主義社會，而只是在「市場經濟」社會。所以，中國的資本家們可能難以一展商業長才、賺取極大利潤。雖然Arrighi並未確切告訴我們這些資本家到底過得如何？但看起來，Arrighi無論如何都要堅持這樣的看法——中國沒有資本主義，只有市場經濟——在其《亞丹・斯密在北京》，於是乎，他忘記先前自己也曾經贊成布勞岱爾的資本主義位於三層結構之上層，並且，壟斷是其特性，關於這點，我們已經證明，明朝時期的土地兼併現象看起來並非不嚴重，而乃是當時的商人千方百計、用盡辦法讓自己變得富可敵國，本文認為，這正是壟斷的證據，如同布勞岱爾所說的，只有在資本主義的社會才可能被發現，也像是Arrighi認同的說法，在此時，叢林法則操控一切，只有體型大且活動自如的掠食者才可得存活。不過，相信Arrighi不希望在中國找到這樣的證據，因為他「想像的」中國仍是市場經濟，是全球最大的市場經濟。於是，他再度對於資本主義加了另一個條件，那就是資本（家）與國家（政府）間的緊密關係，具體而言，是借貸關係。

　　Arrighi繼續強調，自15世紀開始，資本（家）與國家（政府）之間的借貸關係，促成歐洲國家的財務擴張（financial expansion），這首先發

生在義大利幾個城市國家（city-states，城邦）。簡單地說，歐洲國家因為經常處於戰爭的狀態，使得政府必須時常憂慮財源是否足夠因應軍需，這給予資本家（通常以銀行家的面目出現）融資給政府，以賺取利息。對歐洲而言，戰爭既是常態，遂催生了歐洲現代國家，同時也造成資本主義的出現，這的確與中國的歷史發展路數不同。中國是東亞朝貢體系[19]的中心，在此朝貢體系的運作下，大致上不以戰爭為常態，Arrighi持這樣的看法，筆者亦感如此。然而，故事並未在此打住。他繼續說，只有在國家（政府）與資本（家）緊密合作之下，換句話說，政府向銀行家借款來支應戰爭的開銷，造成財務擴張，資本主義才可能得到其養分，並成長茁壯，然而這只在歐洲出現。在此，Arrighi終於找到歐洲資本主義的獨特性了，能夠安穩地宣稱資本主義只能在歐洲尋見，因為在16到18世紀之間，明清政府並沒有進行大規模的借貸行為[20]，所以，中國無法像歐洲那樣產生資本主義。然而，這有什麼意義呢？表面看來，Arrighi為歐洲量身訂製一襲名為「資本主義」的衣裳，當然，這衣裳歐洲穿起來特別合身。只是，Arrighi明明知道在東亞以中國為中心的朝貢體系並不經常（或總是）興兵打仗，並且或許他也曾聽說，當歐洲15世紀正發生財務擴張時，位於東亞的大明帝國挾其雄厚財富與軍力，能差派數百艘船艦巡航在東南亞、印度洋與阿拉伯海海域[21]。

　　總之，Arrighi似乎只能在沒有「資本主義」下完成他對中國經濟發展史的書寫，偏偏他是位世界體系大師級人物，其影響可謂無遠弗屆。

中國經濟成長的模式：工業革命vs.勤勉革命

　　從這裡開始，本文將進入（西方）工業革命（Industrial）與（中國）

19　Takeshi Hamashita, *China, East Asian and the Global Economy: Regional and Historical Perspectives*, edited by Linda Grove and Mark Selden, (London and New York, 2008).

20　Arrighi, "Historical Perspectives on States, Markets and Capitalism, East and West," pp. 13.

21　請參照鄭永常，《海禁的轉折：明初東亞沿海國際形勢與鄭和下西洋》，（新北：稻鄉出版社，2011）。

勤勉革命（industrious）之間的論辯。在此之前，筆者覺得有必要先了解為何（特別是東方的、中國的）學者們總在「沒有資本主義」下來書寫歷史。

在「沒有資本主義」下所書寫的歷史

卜正民（Timothy Brook）在〈資本主義與中國的近（現）代歷史書寫〉一文中，探索資本主義這個概念如何影響20世紀中國的知識分子，此概念對他們產生了什麼影響？在不同情形下，他們如何加以運用或反抗這個概念？簡言之，卜正民認為：「中國的史學家從西方資本主義的論述中引進了不適用的概念來書寫自己的歷史，此舉既非西方殖民主義的單純產物，也非中國人思想上無安全感的佐證；而是他們作為資本主義世界體系邊陲知識分子之經驗的結果[22]」。不過，這並非故事的全部，在中國（特別在1949年之後），馬克思學說同樣影響著中國的歷史書寫，卜正民解釋道：

19世紀末葉在歐洲的社會科學傳入之前，中國從來不曾有過這種概念，也沒有相關的用詞。日後，中國的馬克思主義派史學家在20世紀中葉宣稱，從12世紀開始中國週期性的蓬勃商業活動應該被理解為是（粗體為原文所有）一種初發的，或者「萌芽中」的資本主義；甚至，它本身就具備發展成「真正」資本主義的潛力，而且如果不是因為西方帝國主義扭曲它的話，它也早就已經是這個樣子了。其實，這種結果根本不曾發生過，所以它是一種不符事實的說法。這種觀點是建立在閱讀歐洲歷史後所產生的憧憬之上，而且形諸於一種中國原本沒有，但日後從西方移用過來的論述之中[23]。

---

22 卜正民（Timothy Brook），〈資本主義與中國的近（現）代歷史書寫〉，Timothy Brook與Gregory Blue主編，《中國與歷史資本主義：漢學知識的系譜學》，（台北：巨流圖書，1993），頁79-204，頁148。

23 卜正民（Timothy Brook），〈資本主義與中國的近（現）代歷史書寫〉，頁149。

　　可以這樣說，數十年來，中國知識分子對資本主義這個概念是既愛且恨，一方面，他們希望資本主義可以爲中國，特別是20世紀初葉以後的中國，帶來「現代化」的種種，就像英國與西歐其他列強一樣能不斷地壯大；另一方面，他們又必須告訴自己，正因爲中國沒有資本主義，或雖曾有資本主義萌芽，但因後天失調而來不及長大茁壯就已凋零，最終導致1840年代鴉片戰爭（The Opium War）[24]的難堪局面以及之後接連戰事與簽訂喪權辱國的不平等條約。因此，近代中國歷史似乎只能在「沒有資本主義」的框架下被書寫著。一方面，這暗示著每當中國知識分子想起這段歷史，只能被迫承認19世紀中葉清朝政府的停滯與無能，另一方面在渴望能像西歐那樣「進步」的同時，還必須安慰自己，中國很快就會追上資本主義的西歐，由於仍處於追趕的過程中，所以不能頗具信心地承認資本主義已在中國的土壤上生根。

　　然而，對於資本主義這個概念的形塑，還不僅只有西方船堅炮利以及其享有話語權的知識體系所造成，1949年之後，在馬列思想的引導下，資本主義這個概念仍然得不到中共官方的認可。或者如此說，馬列史觀下的近代中國，似乎也不願意看到資本主義過早出現在中國歷史上（例如1200年的南宋），否則的話，從資本主義過渡到共產主義所耗費的時間實在長得讓人難以接受。

　　不可否認，社會（科）學來自西方世界，在眾多西方學者中，資本主義的存在與否更是經常被提出的「答案」，用這概念來「解釋」近代西方爲何崛起，東方（中國）爲何落後。換句話說，資本主義的「有」或「無」變成西方在華勒斯坦的長16世紀（約1450年）或工業革命後的工業資本主義（Industrial Capitalism）之後逐漸興起，東方（中國）在1840年代逐漸衰落的主因。具體而言，因爲西方（以英格蘭爲例）出現資本主義之後，逐步向海外擴張[25]，不僅得到原料、勞動力，同時也得到銷售工

24　關於鴉片戰爭的討論，本書在第四章〈「自由」貿易、不「貿易」的自由〉將更詳細討論。

25　向海外「擴張」（expansion）這詞看似中立，不帶價值評斷，實則不然。西歐列強自

業產品的市場，快速累積貴金屬與國家力量。這種資本主義的「有」、「無」，用來解釋西方崛起與東方衰落的說詞，可說是甚囂塵上。

筆者認為，如果不是發生得更早，那麼，至少晚期帝制中國總該產生資本主義。不過，Arrighi阻止我們這樣思考。接下來，我們再進入Arrighi的主要議題：（西方英格蘭）工業革命vs.（東方中國）勤勉革命，而黃宗智的主要論點對我們理解Arrighi的說法有所助益。

黃宗智的主要論點

在此我們要多留意的是，Arrighi在其《亞丹・斯密在北京：21世紀的譜系》一書中，大抵上認同黃宗智的說法，當然也會認同黃宗智這本得獎的大作——*The Peasant Family and Rural Development in the Yangzi Delta*[26]（《長江三角洲的小農家庭與鄉村發展》）。學界信服黃宗智的學者不在少數，但即使如此，還是讓我們看看黃宗智的主要論點。

精巧的模型：沒有發展的成長、停滯不前的商業化，與內捲化

黃宗智提供一個理解中國鄉村轉型（或說停滯）長期觀點的新方法。他的部分論述讓人無法不加注意。首先，他試圖證明，在中國歷史中，確實因為人口壓力和為數眾多的小額貿易增多的市場活動，在商業上確有發展，但這並非亞丹・斯密或馬克思在分析英國時所提及的資本主義企業。簡單說，黃宗智堅信資本主義體系僅出現在歐洲（這不正是Arrighi所堅持的嗎？），當時世界上其他地方並無類似的經濟制度存在。在這個議題上，他認為，阻礙中國經濟無法像英國這樣繁榮、蓬勃發展的根本原因，是中國在清朝及其以前是屬於小農經濟的範疇。對黃宗智而言，清朝後期之前歸屬「傳統」中國，與「現代」二字毫無關聯。

大航海時代開始，經常（即使並非「總是」）以武力為後盾，來進行「自由」貿易，關於這個議題，本書在第四章時，將以大家熟知的鴉片戰爭為例，從160年時間性視角觀之，再次檢驗西方「自由」貿易的真髓。

26　Huang, *The Peasant Family and Rural Development.*

　　其次，以理論來說，我們知道對黃宗智而言，「現代經濟發展」是什麼，進而了解他為何會提出自相矛盾的說詞，例如沒有發展的成長（growth without development），和停滯不前的商業化（involutionary commercialization）。黃氏老練且純熟地區分成長與發展兩者之間的差別。他指出：**成長**（growth）是鄉村總人口產出增加，而**發展**（development）是每個工作天生產力收益的增加。因此，沒有發展的成長，意謂著總產出增加，但受限制於邊際生產力遞減法則；相較之下，停滯不前的商業化則標誌著經濟體高度商業化，但無法提升勞動生產力，也就沒有發展。黃宗智認為，當代經濟發展並非專注在總生產增加，而較重視提升勞動的生產力。他進一步認為，在過去幾個世紀裡，中國的鄉村只有成長，而無發展。他認為，實質的經濟發展，只出現在1980年經濟改革開始之後。

　　黃宗智所提出論調，聽似響亮，但不恰當。如他所言，發展經常由「較優的勞動組織⋯⋯，技術進步，與增加提升勞動生產力的資本投入」而達致 [27]。因此，要推導一個適用於中國人口稠密的地區，像是長江三角洲，來驗證其停滯的成長之模型時，想必他必然知道這些證據是為他這個經濟模型量身訂製的。倘若這種「發展」真的產生，照理來說應該產生更多的失業，也會因「人口壓力」而造成社會動盪。但何以黃宗智接下來選擇相信這類小規模的經濟活動，在明清時期，在豐沛勞動力的奧援下，能改善勞動的生產力，促進經濟發展（他認為能促使技術進步）而節約勞動力呢？可理解的是，設置如此嚴苛的標準，怎能期待在早期中國，在人口密度頗高的江南，還能得到這樣的結果？

　　對他而言，毫無意外的是，他認為中國的經濟發展得從1980年代才開始。那時，鄉村的工業化才剛起步（他認為是單位勞動力的資本投入增加，而提升勞動生產力）。此外，在20世紀末葉之前，勞動生產力還未提升。就此看來，黃宗智的確認知到總產出成長或「單位土地總產出的絕對

27　Philip C.C. Huang, "A Reply to Ramon Myers,"*Journal of Asian Studies*, 50(3), pp. 629-633.

增加」使江南地區過去幾世紀以來享受繁榮[28]。這在他的書中可說自相矛盾。

　　讓我們換個方式再次思考黃宗智所說的。他主張，打從明初開始，直到1979年經濟改革為止，江南的小農家庭在漫長的幾個世紀中，長期處於終日勞動，每年卻仍有數月飽受缺糧之苦。筆者相信黃宗智的觀察或許是對的，在長江三角洲如此廣大的土地上，不可能所有小農都過著幸福美滿的生活，至少應該有為數不少的小農家庭仍過著匱乏的日子。因為古今皆然，社會上還是免不了有窮人，在電視的古裝劇裡，明清時期不也常常出現貧苦的小農們，看起來日子過得並不愜意順遂，經常要為打理三餐煩惱。然而，這只是江南景象的一部分而已，黃宗智卻誤以為這是普遍的現象，並且還試圖告訴我們他的洞視燭見。他認為現代經濟學裡的邊際生產力（增加一單位的生產要素所增加的產量或收益）的提升，並未發生在長江三角洲。這正是他為何主張「發展」並未在這個地區產生的主因。他認為這因素正好可以解釋江南的「不發展」，導致其社會經濟活動呈現停滯的結果，對小農家庭的生計產生嚴重的問題。不過，黃宗智無法解釋江南的另一幅景象。我們來看另一幅相對富裕的景象，會比較符合在此所提出的證據，那就是，明清時期的江南上繳到北京的稅收占整個王朝歲入的絕大部分，這表示有相當部分的小農，後來成為上農，也就是相對富裕的農民。

江南地區的上農（富裕農民）

　　黃宗智告訴我們，江南都是些貧苦小農。但事實上，從明朝初年直到嘉靖年間（1522-1567年），蒙古人對明朝的威脅未曾稍歇。高中歷史課本告訴我們明太祖朱元璋在1368年終結占據中原的元朝，但實際上蒙古

---

[28] Huang, "Development or Involution in Eighteenth-Century Britain and China? A Review of Kenneth Pomeranz's *The Great Divergence: China, Europe, the Making of the Modern World History*," pp. 501-538, p. 534.

人只是暫時退回蒙古草原罷了。因爲16世紀中葉，俺答汗還曾率領十萬大軍，揮軍北京城下，這位再度統一蒙古部族的俺答汗，與後來的英國人在19世紀中葉時，兵臨南京城下時，心裡所想的，同樣都是爲了茶葉。但爲什麼香氣撲鼻、口感絕佳的茶葉會讓人如此傾心？我們在討論「鴉片」戰爭時會多說一些。

由於蒙古部族的威脅[29]，明太祖朱元璋將重兵置於西北地區。與宋朝不同，明初並不鼓勵海外貿易，因爲東南沿海倭寇侵擾，禁止人民出海貿易或許是合理的國防政策，再加上他採取「不征諸夷」（不討伐外族）的訓令，不難看出明太祖想要休養生息之意圖。因此，明初時期採取若干恢復小農經濟的措施，原來擁有廣大田產的江南地主在大規模的移徙與籍沒[30]之後，遭到連串打擊。明初有數次遷徙富戶以充實京師及其他地區，其中「較爲重要者有兩次：前一次在洪武24年（1391年）命戶部籍浙江等九布政司應天十八府、州富戶四千三百餘戶，以次召見（註：陸續召見），徙其家以實京師（註：遷徙百姓充實首都南京）。後一次則在永樂元年（1403年）復選應天、浙江下戶三千人，附籍北京[31]」。不過，在大規模遷徙與籍沒之後，江南發生一些變化，像是在自耕農當中，崛起一批批「力田（註：努力務農）致富」的農民，例如，「成化年間（1465-1484年）蘇州文人吳寬概括當時江南生產發展情形道：『三吳之野，終歲勤動，爲上農者不知其幾千萬人。』當時通過力田是可以致富的……」。之後的例子，也說明田畝經營還是江南農民致富的主要途徑。在16世紀初期與中葉時期的「正德（1506-1521年）、嘉靖時無錫富豪安國、鄒望、華會通等，都是以業農起家的」。努力務農進而向上流動，也就是力田致

---

29 事實上，從明初一直到嘉靖年間，蒙古人對明朝的威脅未曾稍歇，俺答汗曾在16世紀中葉率十萬大軍進攻北京，亦曾發生土木堡之變的慘事。請參閱周重林，太俊林，《茶葉戰爭：茶葉與天朝的興衰》，（武漢：華中科技大學出版社，2015）。

30 罪犯者家產經清查與登記後予以沒收，中國歷代理朝經常以籍沒制度爲其主要手段，用來鎮壓反叛者與重罪者。

31 《明太祖實錄》卷49，「洪武三年二月庚午條」。引自傅衣凌，《明清時代商人及商業資本》，頁234。

富是可能的[32]。換句話說，至少在明期中期以後，江南的農民並非如黃宗智所言，因爲無法提升邊際生產力，於是只能處於長久貧苦的狀態，事實是，有一部分的人，確實因爲力田而致富了，雖然人數可能沒有當時的蘇州文人吳寬所言「爲上農者不知其幾千萬人」這麼多。當然，要有足夠的富人，明清時期的江南才能上繳全國四分之一以上的稅收給北京，否則王朝國庫早告空虛。而這也是Arrighi認爲中國不像15世紀的歐洲那樣，許多王國爲了籌措軍費而向銀行家、資本家大量借貸的原因吧！

　　明顯得很，黃宗智只選擇了符合他理論──成長但沒有發展──的例子，而拋棄掉許多有價值的歷史事實，這固然使他的理論看起來像是普羅米修斯的鐵床，露出鐵床外的肢體全都被砍斷了。可以這麼說，一部曾經得到亞洲研究中幾乎是最重要獎項（之一）的著作，對學術界影響極大，但在書中竟然能將中國自南宋以前最爲富庶的地區描寫成一個小農家庭生活貧困，經濟有些許成長但沒有發展的樣貌。黃宗智將發展定義爲邊際生產力的提升，而這通常在工業技術提升之後才會出現。雖然還有其他方式可以提高邊際生產力，不過，我們得先回憶一下江南地區因爲經濟發達，足以養活較多人口，於是這個地區的人口密度相當高，勞動力也相對充沛。在工業化之後，的確有些人會找不到工作（摩擦性失業）。總而言之，黃宗智認爲，這個地區是停滯的，是小農經濟的簡單結構，黃宗智似乎走得比任何人都遠，因爲他主張在江南這裡，眞正要有發展，得要到1979年的經濟改革開放之後。

　　在分析的視角上，簡單說，黃宗智拋棄了以全球視角來觀察江南，當然這是因爲他認爲1840年代以前中國基本上並沒有與外國貿易的可能，即使有，其數額也不可能太大，所以，他並沒有看到白花花的銀子持續湧進他最感興趣的明清中國之長江三角洲，而這裡早自南宋開始，就已經是中國最富饒的地區了。

---

32 范金民，《賦稅甲天下：明清江南社會經濟探析》，（北京：三聯書店，2013），頁11。

江南：明清時期中國的金雞母

　　若要了解江南地區的經濟，就有必要提到宋朝的繁盛富裕。在宋朝，國內市場[33]由三個商業圈組成，亦即華北圈、華南圈與蜀圈（蜀就是四川省）。相較起來，由於交通不便，蜀圈較爲獨立。因較遠離戰火，四川省會成都在北宋（960-1127年）時期成爲重要的貿易中心。其藥品、絲綢與養蠶業吸引各地富商巨賈遠道而來。人類史上最早的紙幣——「交子」錢，便在四川出現。位於江南地區的杭州，是南宋的國都，是當時的政經中心，也是反向[34]朝貢系統的中心。在當時中國乃至世界，一個城市擁有250萬的人口數可以說是無能匹敵的。在宋朝時海外貿易發達，海關遍及全國；到了南宋，紙幣在中國各地廣爲流通。這樣的財政系統反映出宋朝經濟的富足[35]。

　　在宋元兩朝的經營下，江南成爲明清兩朝最富裕的地區。爲數可觀的城鎮持續增多，顯示區域繁盛發達。江南地區在明清時期成爲全國稅賦的重心。[36]明朝中葉的學者邱璿寫道：

33　國家市場的形成，區域的專業化，與區域之間的貿易流通，其例證請參考Laurence J.C. Ma, *Commercial Development and Urban Change in Sung China 960-1127* (Ann Arbor, Mich.: Michigan Geographical Publication, 1971); G. William Skinner, *The City in Late Imperial China,* (Stanford, Calif.: Stanford University Press, 1997)；錢杭、承載，《17世紀江南社會生活》，（台北：南天書局，1998）；和程民生，《宋代地域經濟》，（台北：雲龍出版社，1995）。

34　「反向」朝貢貿易意指，宋朝無力對抗北方游牧民族，只得用錢（繳保護費）來換取和平。原來位居於東亞朝貿體系的中心的「大宋」帝國，反倒輸銀（來「尊敬」）給邊陲地區了，因爲流向相反，故筆者稱此爲反向朝貢貿易。

35　請參考斯波義信，《宋代商業史研究》，（台北：稻香出版社，1997）；陳高華、陳尚勝，《中國海外交通史》，（台北：文津出版社，1997）。

36　韋慶遠認爲，江南地區提供最多的稅收，是因南宋時土地分爲官田與私田兩種，其中江南地區大多爲官田，特別是在蘇州府與宋江府。官田的租稅遠高於私田，但官田與私田的劃分並不明確。但作者提供何以在江南地區，官田比例遠高於私田的幾個理由，例如南宋就是因國都南邊，政經中心轉移，江南富裕的經濟，土地營收的增加，較高的土地價格，土地因財富被兼併較嚴重，並加上明朝首先定都於南京，從江南地區較多把注中央政府的財政。更重要的是，即使並非最主要的因素，江南比起北方較爲富裕，故此收

　　國家稅收由全國收取，但江南地區貢獻朝廷十分之九。江南地區十分之九的稅賦由浙東與浙西而得，而浙東、浙西稅收的十分之九是由五府徵得，此即蘇（蘇州府）、宋（宋江府）、常（常州府）、嘉（嘉興府）與湖（湖州府）[37]。

明朝時期國庫總歲入約為2,660萬石（約212,800萬公斤）。光是蘇州府就提供歲入將近一成之多。江南六府共提供全國米糧稅賦歲入的25%[38]。這些數字大多並未出現在黃宗智的著作中，所以Arrighi也難以從閱讀過程中受益。

　　在我們了解了Arrighi相當認同的黃宗智對江南小農家庭的描繪與理論的解釋之後，接著，我們可以較有自信地進入Arrighi的主題，工業革命與勤勉革命的討論了。

工業革命vs.勤勉革命

　　本文認為，Arrighi在《亞丹・斯密在北京》書中，就已開始推演他錯誤的二元論，也就是西方的「工業革命」vs.東方的「勤勉革命」。Arrighi與黃宗智似乎持同樣看法，也就是數百年來，中國的邊際勞動生產力都沒有提升，也沒有「發展」。然而，筆者的重點是：邊際生產力未必要引進新技術（這是黃宗智堅持的），用其他方式也同樣可以達到（例如，投入更多資金在育種、水土改良、農耕用具的改進等等）。但可惜Arrighi似乎頗相信黃宗智的論點。

　　在中國的發展路徑是「勤勉革命」這個議題上，Arrighi試著比較杉原薰和黃宗智的論點。Arrighi說：

得的稅賦也較多。想必江南地區能有足夠的財源能拿來課稅，不然南宋以後諸朝代，豈不因人民無從謀生，而自掘墳墓嗎？請參照韋慶遠，《明清史辨析》，（北京：中國社會科學出版社，1989），頁157。

37　韋慶遠，引註《明史食貨志》，頁37。

38　《大明一統志》，明萬曆年間編，引自樊樹志，《明清江南市鎮探微》，頁66。

　　杉原薰所提到的勞力密集（labor-intensive），節約能源（energy-saving）發展路徑，類似於黃宗智所言「內捲的成長」（involutionary growth）。如同杉原薰，黃宗智也承認由鄉村婦女、兒童與老人所完成的非農副業，降低家計生產單位的操作成本，並賦予他們相對於大型資本主義生產單位所使用的僱傭勞動力，更有競爭優勢。然而，對黃宗智而言，在17世紀之後，先前在中國某些地方所存在的大型僱傭勞動農場，並未構成「發展」（development）或「演進」（evolution），反而構成「成長但沒有發展」（growth without development or involution）的境況[39]。

　　從以上段落之中，我們先思考幾個重點。第一，Arrighi亟欲證明相對於英國的工業革命，在新技術的變革下，促成生產力的提升，相較之下，中國的勤勉革命，在核心地區江南，長期處於「成長但沒有發展」的情形下，生產力停滯不增，非得等到中國放革開放之後，特別是鄉鎮企業（Township and Village Enterprises, TVEs）成為經濟成長主力之一部時，才能脫離這種窘境，這是黃宗智的主張。本文認為，Arrighi雖然認同黃宗智（與杉原薰）的部分論點，但他似乎不甚了解黃宗智「內捲化」的定義。筆者試想，這應該是黃宗智為要說服我們，中國根本沒有資本主義，只有市場經濟的說法吧！稍後，本文會詳細討論黃宗智幾個看法。

　　第二，杉原薰所謂的勞力密集與節約能源發展路徑，與黃宗智的「內捲化」相似，Arrighi比較兩人的說法，試圖說明長久以來中國農業的邊際生產力（marginal productivity）並未提升，但這並非事實，只是

39　Kaoru Sugihara, "The East Asian Path of Economic Development: A Long-Term Perspectives," in Giovanni Arrighi, Takeshi Hamashita, and Mark Selden, eds., *The Resurgence of East Asia: 500, 150 and 50 Year Perspectives*, (London and New York, 2003), pp. 78-123; Huang, "Development on Involution in Eighteenth-Century Britain and China? A Review of Kenneth Pomeranz's *The Great Divergence: China, Europe, and the Making of the Modern World Economy*," *The Journal of Asian Studies*, vol. 61, No. 2, May, 2002, pp. 501-538, p. 531, cited in Arrighi, *Adam Smith in Beijing*, p. 37, 39.

Arrighi以此來對照英國工業革命所帶來的生產力提升而已。歷史事實告訴我們，長江三角洲（或稱江南），雖是小農經濟，但邊際生產力確實有提升，主要在使用肥料這一類的資本投入，非黃宗智堅持的勞動力，我們稍後會分析。

　　第三，在更早一些或至少晚期帝制中國，最富庶的地區莫過於江南，由鄉村婦女、兒童以及老人為主力所完成的非農副業，構成黃宗智所言小農經濟的主要成分，我們並不否認這個論點。當然，從上述段落中，我們同樣可以明顯看到Arrighi（或者再加上杉原薰與黃宗智二人）的主要目的，是以中國的小農經濟來突顯西方資本主義的大規模生產，用此來說明中國經濟的落後。乍看之下Arrighi的發現似有道理，然而只要產品有銷路，小農經濟也能蓬勃發展，但通常小農們無力到遠處推銷其產品，特別是行銷到距離遙遠的市場，運銷這檔事只能由擁有巨資的商賈，或許可稱為資本家來做，一如Arrighi所言，但許多學者仍拒絕用這個對他們來說具有負面含義的詞彙來描寫中國經濟發展的實狀。要將一批貨物從甲地運送到乙地，並不容易，但即使一般家庭要養一頭牛、一匹馬也是不容易呢！稍後我們會看到中國大商賈（資本家）們所擁有的財力、權力，或許這正是布勞岱爾所說的資本主義的「壟斷」特性，也是Arrighi曾在1990年代所相信的元素。

　　接著，我們分別詳述上面所提到三個疑問，包括江南的邊際生產力問題、小農經濟與紅頂商人，與中國的富商巨賈。

江南的邊際生產力問題

　　黃宗智認為，因為「內捲化」（involution），導致邊際生產力沒有提升。對Arrighi而言，內捲化可以說是「勤勉革命」的同義詞。換句話說，倘若我們可以證明，在明清時期內捲化並不存在於江南，那就證明我們不能輕易相信黃宗智為中國核心地區江南所描繪的小農經濟與鄉村發展了；對杉原薰的「勤勉革命」，與Arrighi所謂中國的斯密（成長）動力，同樣也得抱持懷疑的態度了。本節將說明，黃宗智所堅持的「內捲化」其

實並不存在於長江三角洲。

　　本文在此，略加重述邊際生產力這個概念。黃宗智告訴我們，邊際生產力的增加從未在長江三角洲發生，在他的研究期間，也就是1350至1980年這600年裡[40]，江南地區無法像英格蘭那般地提高邊際生產力。邊際生產力係指：在其他條件不變之下，最後增加一單位的生產要素（factors of production）所能增加的產量或收益。那麼，什麼是生產要素呢？生產要素指的是所有用於生產商品或勞務的資源，包括土地、勞動（黃宗智選用的唯一指標）與投入在生產的資本等等。我們也可這樣看待生產要素，它是進行物質生產（與提供勞務）所必需的一切要素，同時也包括環境條件。可以這麼說，生產要素包括人身條件與生產物質條件。所有可能的生產要素若要成爲現實的生產要素，就必須用某種（某些）方式進行結合。但在黃宗智的理論之中，他只強調勞動這個因素，這是我們該要留意的，因爲照理說，應該還有其他的生產要素可用來提供長江三角洲提升其邊際生產力，盡可能不讓「內捲化」在這裡發生。

　　資源及其合理運用——也就是物質條件與人身條件的巧妙結合，是生產力得以發展的要件之一。現有資源的利用越充分、越合理，則生產力越發達；生產力越發達，對資源越能進行合理且有效的運用。換句話說，前述的邊際生產力可以因爲資源組合和更有效的運用而獲得提升。在中國近代工業興起之前；然而，這受到鴉片戰爭的制約[41]，農業生產基本上以人力爲主，加上簡單的農具進行操作。因此，對於農業發展而言，最重要的資源（生產要素）就是人力與土地。筆者認爲黃宗智強調的是人力，並且他堅信邊際生產力無從提升。然而他遺漏了土地這個生產要素。李伯重分析1368至1850年（1850年約是鴉片戰爭之後，中國開始近代工業化時），在這五個世紀裡江南農地與人口之間的關係。根據他的研究，該地區的農地面積沒有增加，但人口卻增加兩倍。此時，如果沒有妥善處理這

---

40 Huang, *The Peasant Family and Rural Development*.
41 本書在第四章〈「自由」貿易、不「貿易」的自由〉討論鴉片戰爭以及中國初期工業化所受到的阻礙。

個問題，那麼，黃宗智所言的「內捲化」就可能出現，進而使整個農業生產活動停滯下來，然而實際上，這種停滯的現象並未發生在江南的農業發展上。在這段期間之內，江南的人力與土地資源合理利用問題，成爲了此地區農業生產力之重要課題[42]。以下的分析，我們會看到江南土地的合理利用，使江南自產稻米的絕對數量並未減少，這是黃宗智關心的問題，因爲他宣稱江南的小農糧食不敷食用。筆者認爲，李伯重的研究結果也會讓黃宗智感到詫異。

　　人力、與土地資源的合理運用，這是二者的巧妙結合，足以提高邊際生產力。我們來看江南這個地區如何能不陷入「內捲化」的危機，李伯重這麼說：

　　　江南低溼土地的改良（即「乾田化」），持續了很長時間。根據濱島敦俊先生的研究，明代江南「分圩」工程的進展，即是「乾田化」的表現。他認爲唐末五代宋元，江南平原低溼地區的開發，主要是「外延式」的開發，即以「圩田」、「圍田」爲主要形式，大片圍墾低溼土地……以高度利用土地爲目標，改造圩內低溼地，提高耕地熟化程度以及農業生產的穩定程度。這一過程，始於15世紀初，大體結束於17世紀半期，歷時約兩個世紀……近代江南之農田水利基本格局方告形成[43]。水土改良，使得新的耕作方式得以產生並普及，從而提高了農田的生產力。北田英人先生關於宋元明清時期江南平原農業發展的研究，從時間、空間兩方面，對太湖平原低溼地帶的開發進程，做了詳細的考證……他指出：宋代江南的二作制，主要存在於高田（乾田），以早稻爲前作，麥（特別是大麥）爲後作；低田則盛行水稻一作制。以後，隨著水土改良的進

42 李伯重，《發展與制約：明清江南生產力研究》，（台北：聯經出版社，2002），頁149。

43 濱島敦俊，〈土地開發與客商活動──明代中期江南地主之投資活動〉及，《明代江南社會研究の研究》第1部第1、2章，引自李伯重，《發展與制約》，頁155。

展，低漥地區逐漸發展起一種以晚稻爲前作，小麥、油菜爲後作的
「新二作制」。「新二作制」遲至明清之際方成爲江南平原的主要
種植制度（雖然直至19世紀初期，仍有相當的低田依舊實行水稻一
作物）[44]。

上面段落告訴我們，自唐宋時期，水土的改良在江南成爲農業發展的重要
工作，一直持續到明清時期，這是人力資源與物質（土地）資源的合理利
用。李伯重下這樣的結論，他說：「明代後期至清代初期，江南的水稻畝
產量仍然繼續有所提高。一個不容辯駁的證據是：儘管輸入稻米數量日增
（相似於黃宗智所言），江南自產稻米在江南稻米消費總量中所占的比重
日減，但江南自產稻米的絕對數量並未下降，相反地還有上升」[45]。簡
單說，改良水土之後，生產力並非如黃宗智所言那般停滯不前。
　　除此之外，江南各地區的土質、地勢、排水，與灌溉條件等互有差
異，因地制宜，將各地區的自然資源合理利用，也是提高生產力的方法。
明清時期，江南平原[46]已逐漸形成三個相對集中的作物分布區，棉－稻
（棉爲主，或棉稻並重）產區以沿海沿江地帶爲主、太湖南部以桑爲主
（或桑稻並重）的桑－稻產區，以及太湖北部以稻爲主的水稻產區。這三
個作物區的範圍，大抵上與江南平原的自然區劃相符[47]。不同植物適合
生長於特殊的土壤性質，排水與灌溉條件也各自不同，凡此種種都必須倚
靠長年知識的累積，這需要人力資源與物質條件密切配合才能達到最佳狀
態，也是提高生產力的主要方法。以上的歷史事實告訴我們，黃宗智的理
論看似精巧，但與經驗不符，至少自14世紀中葉至19世紀中葉，李伯重所

44　北田英人，〈宋元明清期中國江南三角洲に農業の發展に關する研究〉，第1-4章，引
　　自李伯重，《發展與制約》，頁155、156。

45　李伯重，《發展與制約》，頁156，其中，該頁的註解23提供不同學者，在萬曆年間總
　　產量的推估值。李伯重認爲，明萬曆年間，江南自產稻米的總產量比總需求量多出420
　　萬石以上。

46　江南地區除了江南平原外，尚包括浙西山地與寧鎮丘陵。

47　李伯重，《發展與制約》，頁158、164-165。

研究的這500年間，江南並未發生「內捲化」的情形。

　　《亞丹‧斯密在北京》可說是Arrighi的傑作，該書以長時間、大範圍的分析視角，來追尋東、西方過去數百（600年或更久）年來不同的發展路徑，不同於西方的「工業革命」那條路，東方（中國）選擇較爲辛苦的「勤勉革命」路線，他告訴我們，黃宗智的「成長但沒有發展」（growth without development）或「內捲化的成長」（involutionary growth）類似於杉原薰的「勤勉革命」。聽起來，好像Arrighi已經找到中國「勤勉革命」不同於英國的「工業革命」的證據了，那就是：過去數百年來，中國的邊際生產力從未提升。但所謂的「內捲化」眞的曾經發生在江南嗎？在過去的數百年，大略等同於晚期帝制中國，也就是明清時期，或者如黃宗智所說的，再加上1980年代之前的歲月，在大部分的期間裡，「內捲化」並未發生。換句話說，Arrighi所謂的「勤勉革命」並非中國經濟發展的路徑。亞丹‧斯密一直在北京？應該不是。

小農經濟與紅頂商人[48]（資本家？）

　　黃宗智所關心的江南小農經濟，相信有不少家庭是從事棉織、絲織產業才對。在成千上萬的家戶當中，想必只有少數有能力經營相對大型的手工作坊，絕大多數的家戶沒有能力處理大量原料的加工過程，這些從事非農副業的小農家戶，應該可以說是屬於所謂的「放料制」（putting-out）生產體系的最小單元，但筆者認爲，這些最小單位，卻可以和Arrighi所不願意承認的「資本主義」並存在中國這塊大地上，特別是其核心區域長江

48　所謂的「紅頂商人」一開始指的是清朝徽商，像是胡雪巖，江春等人，後來這個詞被引申使用，指稱那些同時具有官、商兩種身分的人，再後來，則用在那些沒有官職但與高層官員關係良好，並可能影響政府決策的商人。例如，在清朝同治年間（1862-1874年），當時，一個具有官員身分的杭州商人胡雪巖，協助清政府辦理太平天國戰亂後杭州的善後工作，且多次爲左宗棠採購軍火，其官階升遷至從二品的布政使。筆者使用「紅頂商人」一詞不專指清朝像例子中的人物，而泛指清朝以前，特別是明清時期具有類似上述身分的人物。

三角洲，也就是江南。

　　以棉產業為例，相較於英國的「工廠制」，中國長江三角洲採「放料制」，就生產制度而言，似乎又是一個明顯二分法的案例，用來說明英國的進步，與中國江南的落後。換言之，英國的「工廠制」乃是工業革命後的產物，不會出現在Arrighi、杉原薰，與黃宗智所描繪下的中國，蓋因中國只有勤勉革命，進步的工廠制不可能出現在中國的核心區域江南。同樣地，黃宗智心儀的資本主義「大規模生產」（large-scale production）也無法出現在只有「小農經濟」（small-peasant economy）的江南農村，並且由婦女、兒童，與老人所攜手努力的非農副業，也剛好是勤勉革命（內捲化的結果？！）源源不絕的生力軍。雖然，我們業已證明「內捲化」並未出現在15世紀至19世紀中葉[49]。

　　當我們論及晚期中國棉產業的組織改變時，這裡有個問題令學者感興趣。一般而言，棉產業可說是能挹注家庭經濟、維持城鎮家庭生活的產業。在這段時期，中國的棉產業的特徵是「放料制生產」，亦即商賈或／和勞工提供原物料或中間產品給家庭手工業來完成幾個生產步驟，再由商賈收集送至下一個製程繼續加工。在「放料制生產」中，只有一、兩台紡織機的家戶、鄉村的小作坊，是主要的生產單位。與大規模生產的模式不同，「放料制生產」是人口密集的江南地區農村家戶加入棉產業生產的主要方式。據Gary G. Hamilton與Wei-An Chang（張維安）所言，明清時期的棉業，起初並非集中在都市，而是在鄉間，並且與黃宗智的說法相似，一開始是農村的副業。從他們的研究可以看出，自1850到1930年代，經歷經濟大蕭條與日本入侵，破壞中國人民日常生活的節奏，但中國手工棉紡織生產在西方及日本紡織品進口的衝擊下非但存活了，而且還頗為興

49　李伯重，《發展與制約》。事實上，關於「內捲化」的問題，學者檢視中國近現代棉產業所使用的科技，與經濟活動有關，技術的進步與否是諸種社會關係下的產物，不能僅因技術上沒有突破性進展，便宣稱這是「內捲化」。請詳見Gary G. Hamilton and Wei-An Chang, "The Importance of Commerce in the Organization of China's Late Imperialism," in Giovanni Arrighi, Takeshi Hamashita, and Mark Selden, eds., *The Resurgence of East Asia*, pp. 173-213.

盛。中國手工棉紡織品不只供應了大部分的國內需求，而且在國際市場上還相當受歡迎。根據資料顯示，中國土布（native cloth）在1870到1925年之間，成長達八倍之多。更重要的是，百萬家戶加入了從紡紗到成衣的製程，數以千計的小型工廠則加入編織布匹，還有完成整件衣服的工作[50]。

我們再看看絲綢產業，17世紀中葉到18世紀初期，江南的盛澤鎮紡織業的景況，讓我們可以概略知道中國的紡織業與西方的差異。以下是對該市鎮的描寫：

康熙年間，盛澤已經發展成為一個大型市鎮，大約有1萬戶居住著，其中，僅僅300戶從事編織與染布的工作。但在該鎮方圓25里（中國測量單位，1里等於0.5千米（公里））的範圍內，有6,000個家戶從事織布的工作，絲製品都在這個區域內製造，商人們大部分從鄉村地區購買其所需之絲綢。然而，交易與其他服務於絲綢產業的活動，像是（原料）產製、行銷、機具維修，與交通運輸仍集中在盛澤鎮裡[51]。

從本段對盛澤鎮的描寫中，我們知道大多數的生產者並非受僱於市鎮裡的手工作坊，而是分散在數千個鄉間的家戶裡，並且，盛澤鎮只是清初江南數百個市鎮當中的一個。可以說，在江南這個地區有成千上萬的家戶生產者從事紡織業相關工作，試著應付國內外市場的龐大需求。但難道千

50　Kang Chao, *The Development of Cotton Textile Production in China*, (Cambridge, MA.: East Asian Research Center, Harvard University Press, 1977), pp. 169-217; Xinwu Xu (ed.) *Jiangnan Tubushi* (*The History of Native Cloth in Jiangnan*), (Shanghai: Shanghai Social Sciences Press, 1992), cited in Hamilton and Wei-An Chang, "The Importance of Commerce," p. 199.

51　FutianJu and Dasheng Wu, "The Formation and Development of the Silk Town Shengze," in *Small Towns in China – Functions, Problems and Prospects* (by Fei Hsiao Tung and others), (Beijing: New World Press, 1986), pp. 290-315, p. 295.

萬個小型作坊，僅因尚未使用西方蒸汽機的手工坊就與「（西方的）資本主義」無緣嗎？不少學者試著這樣說服我們，例如Arrighi、布勞岱爾、華勒斯坦，或是黃宗智等。

在西方，約略17世紀時，英國的紡織業逐漸為「工廠制生產」所取代。在西方知識體系的影響下，學者嘗試檢視這種產業的經歷是否也出現在晚期的帝制中國。一般說來，商人固然能宰制城鎮的原料或中間產品，但無法衝破「放料制生產」的限制，使產業轉型為「進步的」工廠體系。但假使不深入研究晚近的中國放料制生產為何大行其道，並探究其效果，學者恐怕會遽下定論，認為只有西方的工廠生產制是進步的、先進的[52]。筆者認為，至少部分說來，這是因為學者傾向以歐洲的經驗為例（特別是舉英國的工廠生產），來對比中國（及非西方的社會）所謂「有意義的改變」。然而，中國棉紡織業自明清時期至今日，都可以看到以家戶、手工作坊，與小型工廠為主要生產單元，不僅吸收鄉村大量勞動力，其產品在國內外也頗受喜愛，而遠距離的運送，因為需要龐大的資本與人力，非得要紅頂商人（資本家）出馬不可。但這豈不是像Arrighi所言，中國的確存在著許多資本家（或稱「紅頂商人」），但就是缺少資本主義？本書先前已討論過這個自相矛盾的說詞，就不再贅述。有別於Arrighi，筆者覺得，有不少資本家存在的地方，應該就是資本主義盛行的地方。無論大商賈或企業家是不是叫「資本家」或是「紅頂商人」。中國龐大的國內外市場的確栽培了不少的富商巨賈。

中國的富商巨賈

自古以來，中國不乏富商巨賈，但「資本主義」與「資本家」此二詞彙數十年以來，應該不怎麼受到中國官方的喜愛，一個可能的原因是：資本主義因為有弊端，遲早要被超越，而「資本家」是黑五類，在計畫經濟

---

52 邱澎生，〈由放料到工廠：清代前期蘇州棉布字號的經濟與法律分析遺跡〉，《歷史研究》（北京），2002年3月，第1期，頁75-87。

時期更是政治不正確的代名詞。除此之外，中國知識分子對「資本主義」
總是既愛且恨，複雜情緒難以簡單用幾句話加以形容。

　　或許因爲受到馬克思的影響吧！在討論資本主義時，我們慣於忽視流
通的領域。當談及商品流通，我們就必須談到中國省際間長途貿易，相信
布勞岱爾也應該對此感到興趣才是。剛才我們談到棉產業，我們再回過頭
看看棉產業的運輸與交易的情形，藉此了解長途貿易所發生的種種。吳承
明認爲，在明清時期長距離的商品貿易已有結構性的改變。雖然穀物貿易
仍爲大宗，但棉製品的重要性已取代鹽。在明朝遠洋貿易的棉衣交易數量
約爲1,500至2,000萬件，到清朝1840年時已達到4,500萬件，然而這數量僅
略高於全國總數的14%而已。根據范金民的說法，在清朝初期，江南的製
棉產業十分昌盛，生產棉製衣裳多達7,800萬件，當中的7,000萬件進入國
內市場中[53]。這些數據令我們對中國跨省的經濟活動印象深刻。但許多
學者卻忘記，以同樣的面積換算之下，中國一省的經濟生產就與歐洲國家
相近，甚至有過之而無不及。

　　如王國斌的論點，在中國省分之間的巨量貿易確實有其意涵。當討論
到中國省分間的交易時，王國斌提供我們一個有創見的解釋。他認爲，假
使摒除人煙稀少的地區，中國任何一個人口群聚的區域，都比歐洲任一個
國家更大。據此，我們或許這樣想：拿整個中國來對比歐洲，而非與單一
國家進行比較。歐洲諸國之間國際貿易的規模，或者還比不上中國跨省，或
跨區域的規模還大。中國內部的交易或許能影響一兩個省分的市場，卻不
會達到整個中國的層級[54]。然而這或許會產生另一個問題：學者常引用
相同的因素，來「印證」在歐洲（特別是英國）的實證經驗。這不僅發生
在貿易的意識型態上，例如西方以開放的「自由」貿易來接觸中國的閉關

---

53 吳承明，〈論清代前期我國國內市場〉，《中國資本主義與國內市場》，（北京：中國
　　社會科學出版社，1985），頁259-263；范金民，《明清江南商業的發展》，（南京：
　　南京大學出版社，1998），頁29-30；引自邱澎生，〈由放料到工廠〉，頁76。
54 王國斌，〈農業帝國的政治體制及其在當代的遺跡〉，《中國與歷史資本主義：漢學知
　　識的系譜學》，（台北：巨流圖書，1993），頁281-334。

自守，同時也觀察到在明清時期中國棉產業長途貿易的發展。關於西方所謂的「自由」貿易，本書稍後會詳細討論。

　　那麼，長途貿易大多靠哪些人來完成呢？誰能夠將生活必需品，像是鹽、茶、土布等，或是高階用品，像是景德鎮瓷器、蘇州刺繡等送到千里之外？除了擁有巨資的商人之外，到底還有誰（包括官府）有能力壟斷這樣的行業？應該不多才是。在此，以徽商為例，最重要的壟斷行業是兩淮鹽業[55]。畢竟鹽是生活所需，無論居住在何處，所有的人都必須消費，因而，能夠壟斷該產業的商人，必然與官府保持良好關係。例如，徽商在宗族的勢力下，借助政治勢力的庇護，來維持壟斷地位。其中「商籍制度」與「捐納入仕」是兩種主要的途徑，「商籍制度」是明清時期一種非但不限制商人子弟應試為官，而且還為商人（特別是鹽商）子弟設立制度，這是對商人「挾資遠來、為國輸將」的一種獎勵制度。根據何炳棣的研究：「平均商人家庭經過兩代或三代之後，即非原先同樣的社會身分。事業上幾乎當鹽商家庭達到小康時，年輕的成員就被鼓勵從事學術，最終是從政，結果使得商人家庭的商人成分越來越淡……人數約三百人或更少的運商和場商的家庭，在順治3年至嘉慶6年（1646-1802年）間，居然造就了139個進士208個舉人[56]」。而「捐納入仕」，就是花錢買官，這也是徽商子弟進入仕途的方便之門，歷代帝王每遇國家大事，像是賑災、籌餉、重大工程，與充實邊疆等，都將「捐納」視為解決中央財政之重要方式，徽商自不例外。筆者所欲強調者，為官商難分難解的關係，而這也包括官員貪污的問題。以下，我們以訴訟為例，略探清初鹽業規模的龐大與徽商對該產業的壟斷力量。

　　明清時期，兩淮鹽場是整個帝國七大鹽場中規模最大者，此鹽場所產

---

55 至於壟斷茶葉貿易的陝商與晉商，我們留待鴉片戰爭論（在〈「自由」貿易與不「貿易」的自由〉一章）時再詳述之。

56 何炳棣，〈揚州鹽商：18世紀中國商業資本的研究〉，《中國社會經濟史研究》，1999年，第2期，頁59-76，引自王亞軍，《明清徽商的訴訟研究》，（合肥：安徽大學出版社，2013），頁46-47。

的鹽行銷範圍亦最大，這需要就龐大的運輸隊伍與最雄厚的財力來擔綱。當然，兩淮鹽商獲利驚人，到了康雍乾時期，兩淮鹽業發展到頂峰，徽商執兩淮鹽商牛耳，自然而然地，經營鹽業帶給鹽商（特別是徽商）相當可觀的利潤，這引起官員的垂涎。於是，乾隆33年（1768年）時，清政府策劃了一起旨在剝奪徽商財富的「兩淮提引案」。本文在此略去細節，重點是，原來應該上繳的「千萬餘兩」確實被貪污了。清政府本想從兩淮鹽場攫取更多銀兩，但又怕商人財力難以負荷，影響鹽場運作。於是，在本案受理的起頭，朝廷就暗示六大總商，若他們能湊出一份「千萬餘兩」的清單，並且供出歷任鹽政官員貪污問題，朝廷則對徽商賄賂的情事既往不咎[57]，如此，朝廷可以取得一筆款項之外，也藉機整頓朝政，最後再安撫震怒的乾隆皇帝。簡單說，鹽業利潤龐大，壟斷的利益必須維持，官商相互依存的情景，或許可以與歐洲國家在籌備軍需時與資本家（銀行家）的熱絡情形加以比較，縱然方式不同、目的不同，但在商言商，利潤還是要賺取的。除了鹽業之外，徽商也壟斷典當業、木業、與茶業。本章在此僅討論其中最重要的鹽業。從「兩淮提引案」當中，我們至少能大略了解徽商是中國巨商富賈的代表（之一），即使他們不是Arrighi所稱的資本主義——而只是市場經濟——下的資本家。

熊彼得的身影在北京

　　根據Arrighi解釋，熊彼得將經濟發展分為兩種方式：(1)亞丹·斯密派（Smithian）的成長；和(2)熊彼得派（Schumpeterian）或馬克思派（Marxian）的成長。斯密派的成長被界定為「刻苦的（industrious，勤勉的）改革」，亦即勞力密集相關產業的發展與「非資本主義市場為基礎的發展」。這大概可被想像為中國發展「自然的」（natural）途徑。與此相反的「非自然的」（unnatural）途徑則是熊彼得派，其成長特色為「工業（industrial）改革」，表現在資本密集、能源密集與「資本主義」的發展

57　王亞軍，《明清徽商的訴訟研究》，頁159-164。

路數上。伴隨此種發展方式，是以鄰爲壑、榨取他人資源。Arrighi認爲，中國的經濟發展「大抵上……與亞丹・斯密派的成長相仿，刻苦的改革、非資本主義市場爲基礎的發展[58]」。

數年前，筆者曾與兩位共同作者劉書羽、辛年豐合寫一篇短文，〈當熊彼得[59]和亞丹・斯密相遇在北京：有中國特色的創新〉，該文旨在評析Arrighi的著作《亞丹・斯密在北京》。此短文得到一個結論，那就是：中國的山寨機產業，讓熊彼得與亞丹・斯密達成某種意識型態上的妥協，中國確實達到專業化、分殊化的過程，並且經由某種程度的、具有中國特色的創新，進一步擴大市場，達到扶持本土手機品牌（當時最著名者是天宇朗通）的戰略目標[60]。熊彼得頗有洞見地指出，有些成功的企業家並未聚集任何財貨，也沒有創造出任何生產與勞務的原創媒介，但是他們卻「實行新組合」。換言之，這類的企業家使「既有的生產模式更爲適當、另類與具有優勢」[61]。筆者聽說，在北京的某處，應該是靠近中關村的地方，另外也聽說有人曾經在王府井好像見過熊彼得的身影，雖然都沒能看清楚他的臉。當然，這些消息還需要進一步地證實。

---

58 Arrighi, *Adam Smith in Beijing*, p. 41.

59 熊彼得可以說是「創新」一詞的代言人。筆者在本章用熊彼得的身影似乎出現在北京，來暗示中國在經濟發展的過程中，有其具有中國特色的「創新」，本書在稍後章節將詳細分析這個議題。

60 然而，透過侵犯智慧財產權，使中國手機產業得以性價比優於外國大廠的產品，對此，筆者與共同作者們認爲這便是具有中國特色的創新，主因是，在中國的巨大市場對跨國公司極具吸引力，並且，中國在地緣政治有其重要性，使得各國不願輕易在中國提起侵權訴訟。詳細內容，請參照，Vincent H. Shie（謝宏仁），Shu-Yu Liu, and Nien-Feng Shin, "When Joseph Schumpeter Meets Adam Smith in Beijing: Innovation with Chinese Characteristics,"《社會分析（*Social Analysis*）》，第4期，（2月，2012），頁119-155。

61 Joseph A. Schumpeter, Redvers Opie (trans.) *The Theory of Economic Development: An Inquiry into Profits, Capital, Credit, Interest, and the Business Cycle*, (Cambridge, MA.: Harvard University Press, 1962), p. 132.

結語

　　對照西方國家，特別是英國，數百年來，中國的經濟發展，看起來不應該以二分法簡化，便將中國幾個世紀以來的工業化過程視爲勤勉革命，因爲這可能誤導讀者歷史上中國的邊際生產力未曾進步；唯獨出現像英國的工業革命，才可能讓生產力大幅提升。雖然，工業革命的確可能讓生產力迅速提升，但假若無法找到該有的礦物，特別是煤、鐵，那麼工業革命不可能完成。除了煤、鐵之外，其他的資源也不能缺少，市場也是一樣，否則工廠大量生產出來的商品乏人問津，就不可能有商人願意再投資。按此邏輯，海外殖民地對英國而言像極了一筆橫財，讓英國得以無時無刻地從四面八方累積國家財富，這應該是亞丹‧斯密始料未及的吧？另外，鴉片這項「商品」應該不至於被亞丹‧斯密拿來當作「分工」的例子，但毒品鴉片確實使英國的重商主義與「自由」貿易發展到最高峰，爲英格蘭累積許多貴金屬，與難望項背的國力。一切的一切，看似都是合理的，這多虧學者們──包含Arrighi與布勞岱爾，與黃宗智等人，爲英國擦脂抹粉，使其看來光鮮亮麗一些。然而，光鮮亮麗（的英國）只是相對的概念，如果我們無法同時指出（中國）暗淡無光的景象，這樣，前者可能會失去意義。但難道這是數十年來，或百年以來，社會（科）學要我們堅信的嗎？答案似乎是肯定的，而這卻是筆者所擔心的。

　　數百年來，乃至更久，中國經濟發展的路徑，不能僅簡單使用「勤勉革命」四個字加以概括，而這是《亞丹‧斯密在北京》一書所欲表達者。就本章的探討看來，所謂（英國的）「工業革命」與（中國的）「勤勉革命」兩者對照，發現這又是西方知識體系二分法的另一例證，然而，除了「工業革命」vs.「勤勉革命」的對比，讓彼此的差異意義更加顯明之外，事實上兩者可能都忽略了歷史事實。這令人質疑，難道英國在工業革命以前，絲毫沒有任何勤勉革命的跡象嗎？而被冠上勤勉革命的中國，我們卻看到邊際生產力的提升。此外，在鴉片戰爭之前的明清時期，並未存在所謂「內捲化」的現象。我們所看到的，只有學者爲了理論的完美而犧牲歷史事實。

　　黃宗智的確沒去過北京，因爲他忽視土地這個生產要素，也瞧不見江南肥料使用的增加，這項資本的投入提高了邊際生產力，也就是黃宗智定義下的「發展」。可惜，Arrighi卻挑選黃宗智的說詞來支持自己的立場。

　　鏡頭移到了天安門廣場，不只有亞丹・斯密在那兒，布勞岱爾也在。

　　遠處還有個人的身影，看起來還眞像是熊彼得呢！

第三章
馬克思在倫敦,霧裡看清中國

　　馬克思應該早已習慣了流亡的生活,但在倫敦這段日子,極度地窮困潦倒,幾度將自己外衣送進了當鋪,贖了又當,當了再贖。馬克思存活下來的小孩們最熟悉的畫面是當鋪前掛著的小球,但那不是給小孩的玩具,而是那兒的當鋪有著掛小球營業的習慣。因為生活困頓,馬克思經常帶著小孩往返於家中與當鋪之間,當然,小孩們還無法看出父親的憂愁。

　　倫敦這個位於英格蘭的大城,整年之中有四分之一的時間籠罩在霧裡。溼冷的天氣,沒有外衣也就出不了門的馬克思,只能待在家裡,度過一整天的時間。氤氳的日子裡,連時間都變得慵懶頹廢,更讓人感覺像是一天得要經過36個小時才能結束,特別對於那些窮苦的家庭而言,這可是漫長卻又無可奈何的重複。有時,連平凡地度過每一天都成了奢侈。

　　1849年8月,馬克思[1]被巴黎市政府驅逐之後,馬克思一家流亡到英國倫敦。在倫敦,馬克思與由霍勒斯·格里利(Horace Greeley)於1841年創辦的《紐約論壇報》(又名《紐約每日論壇報》(New York Tribune),簡稱《論壇報》)維持了一段僱傭關係。在1851年時,歐洲特派記者查爾斯·達納(Charles Dana)寫信給流亡倫敦的馬克思,希望馬克思考慮作為該報的海外通訊員,並為《論壇報》撰文。馬氏欣然同意,也滿意於每篇1英鎊之價格,就此開始長達10年的合作關係。在這段

1　本文改寫自謝宏仁,〈倫敦霧裡看清中國〉一文,該文曾發表於馬克思誕辰兩百週年紀念研討會,時間:2018年5月5日,地點:第一銀行南京東路分行大樓,主辦單位:台灣歐洲聯盟研究協會。

　　卡爾·馬克思(Karl Marx)為社會(科)學界所熟稔者;弗里德里希·恩格斯(Friedrich Engels)則為馬克思革命夥伴、生活資料的提供者兼一生合作的同路人,本文直接使用中文姓氏表示之。其他西方學者,本文將使用其原文姓名,並將其中文譯名置於括弧之內。

歲月裡，馬克思共有487篇文章獲得稿酬，其中大多數都以頭條文章出現。但因爲馬克思身體欠佳，當中不少文章由恩格斯捉刀，特別是與軍事相關的文章。經過一段不算短的時間，馬氏逐漸地不滿格里利在政治上採取保守姿態，雙方不合的情況日漸加劇。1861年，格里利終於請達納下逐客令。1862年3月，達納寫信給馬克思，聲稱美國內戰的大小消息已經占據報紙的所有篇幅，請他不要再寄送文章。至此，雙方的合作正式宣告結束[2]。

本文以馬克思在1850年代居於倫敦，且身爲《論壇報》的歐洲通訊員，並發表於該報紙的論文爲主要範疇。這些短文悉數收錄於《馬克思恩格斯全集》[3]。此時，正值19世紀中葉，也就是本書所提的160年時間性，東方（清中國）與西方（英格蘭）的衰微與興盛看似理所當然，但本文將提出不同解釋。是故，馬氏在倫敦的這段時間裡，他要如何看清中國，引起筆者謝某的興趣，相信不少人也同感興趣。是故，筆者嘗試和他對話，期待能夠了解馬克思身處在經常濃霧瀰漫的倫敦，眼中所見的19世紀中葉的中國，到底呈現出什麼模樣。首先，讓我們先檢視1853年6月14日，刊登於《論壇報》的一篇社論，藉以了解馬克思是如何看待當時的中國。以下的分析先以〈中國革命和歐洲革命〉爲本，並將討論細分爲幾個部分，逐一檢視，再尋找該刊發行之後，馬克思在該報所發表的文章，並加以討論。〈中國革命和歐洲革命〉，應該算是相對而言較早（或者是最早）的評論，至少就《馬克思恩格斯全集》所收錄的文章算是較早的。

本文結構如下：首先，略述〈中國革命和歐洲革命〉一文的主旨，並分爲三個小節：包括文化衝突、產業競爭，與中國南方官員貪污同英國霸權之間的關係；第二，整理《論壇報》關於馬克思對中國的看法，討論四

2　Jonathan Sperber（喬納森・斯珀伯），《卡爾・馬克思：一個19世紀的人》，（北京：中信出版社，2014）。

3　馬克思，弗里德里希・思格斯（Friedrich Engels），《馬克思恩格斯全集（文字版PDF）》，中文第一版（1956-1983年出版），https://www.marxists.org/chinese/PDF/Marx-Engles/ me09.pdf。

個主要議題，分別是：非法商品鴉片、戰爭爲快速致富法、馬氏對中國小農經濟與家戶生產制的看法，英國霸權支持者《經濟學家》（經濟學人，*Economist*）等；第三，馬克思在字裡行間屢次抨擊帝國主義，指謫英國王室與政府的虛僞。表面上，英國王室高舉「自由貿易」之大纛，但經常（或總是）以武力爲後盾，迫使他國不得不與之「貿易往來」，藉此大賣特賣合法或非法的商品。最後，總結本文的發現。

另外，本章是在160年時間性視角下，來看待「過去」──具體而言爲1850年代時──所發生過的重要事件，鴉片戰爭與之後清中國與歐洲列強之間的幾場戰役，筆者試圖針對相同的歷史事件，提出不同的解釋。如此一來，我們立基在修正後的「過去」之上，所看到的「未來」必將不同，世界觀與歷史觀也會因此而不同於以往所形成者。

〈中國革命和歐洲革命〉

馬克思在1853年6月所撰之〈中國革命和歐洲革命〉社論一文，其主旨是要告訴讀者，他認爲自第一次鴉片戰爭結束後，英國用大炮轟醒了沉睡的巨人，在這塊遠東的大地上，已經延續十年的人民不斷起義，是年之後，已匯集而成一個「強大的革命」（太平天國）[4]。姑且不論起義的原因爲何，其形式──宗教的、民族的，或是王朝的──如何表現出來，「推動這次大爆炸的毫無疑問是英國的大炮……」[5]。簡言之，馬氏試圖將古老中國人民的起義連結到歐洲（英國）工業革命。蓋前者的「革命」主要是因爲後者從海洋帶進來的新奇事物，而大炮似乎是最重要者。除了前述主旨之外，該文大略引領我們進入馬克思印象（或想像）中遠東這個龐大帝國，這個世界上最古老的帝國，因爲年紀實在太大，因此舉步維

---

4 卡（爾）·馬克思，〈中國革命和歐洲革命〉，《馬克思恩格斯全集（文字版 PDF）》，中文第一版（1956-1983年出版），卷9，（1853），頁109-116，刊登於 1853年6月14日《紐約論壇報》，第3794號，https://www.marxists.org/chinese/PDF/Marx-Engles/ me09.pdf，頁109。

5 馬克思，〈中國革命和歐洲革命〉，頁110。

艱、步履蹣跚，看似處於停滯的狀態，早已無法再學習任何新的想法與技術，做任何事好像也都無法達致成功。馬克思如此寫道：

> 滿清王朝的聲威一遇到不列顛（Britain）的槍炮就掃地以盡，天朝帝國萬世長存的迷信，野蠻的、閉關自守的、與文明世界隔絕的狀態打破了，開始建立起聯繫……同時，中國的銀幣——它的血液——也開始流向英屬東印度。
>
> 在1830年以前，當中國人在對外貿易上經常是出超的時候，白銀是不斷地從印度、不列顛和美國向中國輸出的。可是從1833年起，特別是1840年以來，由中國向印度輸出的白銀是這樣多，以致天朝帝國的銀源有枯竭的危險。因此，皇帝下詔嚴禁鴉片貿易，結果引起了比他的詔書更有力的反抗。除了這些直接的經濟後果之外，和私販鴉片有關的貪污也從南方各省的國家官吏完全腐化……所有這些破壞性因素（像是外國工業品的輸入、1840戰敗後的賠款、行政機關的腐化，與更難負擔的稅捐等等），都同時影響著中國的財政、社會風尚、工業和政治結構，而到1840年就在英國大炮的轟擊之下得到了充分的發展；英國的大炮破壞了中國皇帝的威權，迫使天朝帝國與地上的世界接觸……。
>
> 與外界完全隔絕曾是保存舊中國的首要條件，而當這種隔絕狀態在英國的努力之下被暴力打破的時候，接踵而來的必然是解體的過程，正如小心保存在密閉棺木裡的木乃伊一接觸新鮮空氣便必然要解體一樣[6]。

對於上述這段話，必須給予掌聲鼓勵。160年前，馬克思在資料不甚充足的情形下，就能洞悉中國官方憂心於日漸枯竭的白銀供應量，這燭見令人佩服。但本文覺得馬克思這篇社論可以再分為以下幾個彼此關聯的部分加以討論：第一，東西方「文化衝突」，這也包括了白種人（西方）優

6　馬克思，〈中國革命和歐洲革命〉，頁110-112。

越主義，馬氏似乎不能免俗；第二，英國工業革命之後，在產業競爭上看似打遍天下無敵手，至少多數的英國商人對此相當有自信；第三，中國官員貪污問題，以另一種視角解釋。貪污看似相當負面，然而，這種行爲對英國19世紀建立全球霸權卓有貢獻。這一點必須予以釐清；第四，檢視並討論馬克思在擔任《論壇報》的歐洲通訊員這10年間，在該報上的其他的看法與觀點。最後，馬克思在19世紀中葉時，已經清楚地道出了英國（人）爲求實踐重商主義的意識型態，經常是表裡不一。

文化衝突

在東、西方歷史比較研究上，二者文化的差異經常被學者視爲是前者在19世紀中葉（或之前）逐漸衰落，後者在總體國力日增月盛的主要原因（之一）。以此文化視角來思索英格蘭發動「鴉片」戰爭，英國派出的大使喬治・馬戛爾尼（George Macartney）覲見乾隆皇帝時，到底是否行磕頭禮（叩首，kow-tow）經常被看成是東、西文化衝突的導火線。然而，這種說法，讓人看不清楚英國眞實的欲求，亦即鴉片戰爭開打的眞正理由爲何。爲何本文認爲磕頭與否根本無關緊要？稍後，我們將另闢專章，並以政治經濟學的視角重新審視「鴉片」戰爭。然而，就這個議題而言，眾所周知的塞繆爾・杭廷頓（Samuel P. Huntington）更將「文化（的）衝突」提高到更高層次的「文明的衝突」[7]之外，並告訴我們，世界秩序紊亂乃是源自於東、西方文明彼此間的不理解，不過，最終西方文明將會爲全球帶來新的秩序，這聽起來多少有些許西方優越主義，但在此本文無意追究這個種族偏見。

或許發生得更早些，但19世紀中葉時，馬克思試圖看清中國時，似乎無意有意地流露出西方優越主義的心態。當然，我們知道馬克思在倫敦的日子過得並不輕鬆，經濟拮据，自己與家人的健康情形不佳，屢次度假養病，只得靠擔任《論壇報》歐洲通訊員，爲該報撰寫新聞稿，賺取微薄

7　Samuel P. Huntington（杭廷頓），《文明的衝突與世界秩序的重建》，（北京：新華出版社，1998）。

收入，成爲家庭的重要支撐力量。當然，還有來自朋友，像是恩格斯的接濟挹注。報紙的文章有時效性，於是，馬克思充其量只能到大英博物館蒐羅相關資料，就這樣，他所「看到」中國，腦中所浮現的模樣可能與實際情形存在不小差異。換句話說，身處於可能是世界上擁有最進步的政治與法律制度的，經濟上最繁榮富庶地區（之一）的倫敦，在沒有得到充分資料的情形下，使馬克思對東方（中國）產生些許誤解。對馬氏而言，19世紀中葉的中國，仍是一個未開化（uncivilized）的蠻荒國度，此種想法類似於英國大使馬戛爾尼，當他遇到完全不知道國際外交禮儀的乾隆皇帝時，竟被要求用世界上最古老的磕頭大禮向皇帝俯伏叩拜。

　　在上面的段落中，馬克思接著說：「天朝帝國萬世長存的迷信，野蠻的、閉關自守的、與文明世界隔絕的狀態打破了，開始建立起聯繫……與外界完全隔絕曾是保存舊中國的首要條件，而當這種隔絕狀態在英國的努力之下被暴力打破的時候，接踵而來的必然是解體的過程，正如小心保存在密閉棺木裡的木乃伊一接觸新鮮空氣便必然要解體一樣」[8]。請容筆者略加揣測，馬克思這段對於中國的描寫，應該是他要同變遷最劇的英國加以比較，才有感而發的。具體而言，這樣的比較是建立在進步的、已發生工業革命的英國，來對照（想像中）不曾改變的，與停滯不前的中國。除此之外，馬氏也些許流露出其對中國鄙夷的態度，因爲他用「木乃伊」來形容中國，而聲稱英國爲中國帶來了「新鮮空氣」。當古老的、陳腐的、極度乾燥的中國自1840年呼吸了兩口「新鮮的」氧氣之後，才終於潤了潤許久不曾發聲的喉嚨，開始土崩瓦解的過程。

　　比費正清（John K. Fairbank）[9]早了一百餘年，馬克思於1850年代在《論壇報》對中國的描繪，其實可說隱含著西方哲學二分法的影子，縱使馬氏並未使用「傳統」二字來概括鴉片戰爭之前的中國，而使用「舊」中國來加以代表。不過，費氏與馬氏在使用的年分上有些許差異，前者使用

8　馬克思，〈中國革命和歐洲革命〉，頁112。

9　在〈「自由」貿易、不「貿易」的自由〉一章中，我們將以費正清爲主要批判的對象，
　　尤其是他對鴉片戰爭的看法、中國歷史的分期等等。

1842年第一次鴉片戰爭結束時來分界，後者則選擇1840年這個時間點。我們可以這樣想，身為古典社會學三大家之一的馬克思，終其一生批判讓千萬勞工受盡剝削的資本主義，為社會（科）學三大派之衝突論寫下典範的一代哲人，卻可能因為倫敦濃霧的關係，難以明窺中國的真實面目。這讓我們想起社會學另一大家韋伯（Max Weber），他好像也不是很明白中國的真正模樣。換句話說，社會學的三大家之中，事實上，至少就有兩個人並不十分了解中國，他們「想像的」中國與「真實的」中國之間存在一大段落差，而這落差似乎早已存在——19世紀中葉至今，甚或更早以前——於知識界。然而，想要弭平這鴻溝的學者卻不太多。不過，本文暫且擱置這些疑問，而掉頭回到馬克思的話語之中。

　　我們再看一次馬克思上述那段話，其實是前後矛盾的。一方面，他認為清帝國是閉關自守，而且，不只是中國最後的一個帝國。馬克思認為，中國打從很早以前開始，就以天朝自居，不與外界往來，直到鴉片戰爭之後，英國人才用大炮敲開中國的大門，清帝國才開始與文明的世界交往。簡言之，馬克思認為，在1840年之前，中國是閉關自守的。當然，他所認定的「閉關自守」其實可能只是個形容詞而已，用來對照西方（英國）的「開放包容」，筆者猜想，馬克思所指的是對待外國人與外貿的心態吧！然而，另一方面，馬克思使用這個形容詞之後，卻又立刻回到了現實。他說，在1830年以前，中國透過外貿從印度、英國與美國那裡賺取許多白銀。換句話說，在1840年鴉片大量輸入之前，中國在外貿上的表現相當突出的。明顯得很，這是一段自相矛盾的說法。換言之，一方面，馬克思想用中國的顢頇、守舊，與停滯不前，來突顯英國的開明與進步，另一方面，他又不得不承認中國在外貿上是居於優勢位置的。

　　接下來，我們再看看馬克思擔任《論壇報》歐洲通訊員時，有哪些言論、說法可以被歸類在「文化衝突」（或者再加上西方優越主義吧？！）這個類別。另外，因為馬克思在倫敦生活的期間，經濟狀況、家庭狀況，與身體狀況等等均欠佳，因此經常延遲交稿，不少的文章是由好友兼戰友的恩格斯捉刀。從以下幾個例子可以看出馬克思（與恩格斯）在不少議題上，試圖採用文化面向的視角來看待問題：例如，當馬克思在批評不列

顛軍隊在土耳其時，因爲制度上的不健全，使得軍隊醫院裡的傷病員處於非常悲慘的境況，他提到「這些駭人聽聞、卑鄙齷齪的事件的禍首不是殘酷無情的野蠻人，而是那些出身名門受教育的英國紳士們，是那些心腸軟的、以慈悲爲懷和篤信宗教的人」[10]。此文之主要目的並非意圖指謫「野蠻人」之不是，並且，或許馬克思在這段話裡，應該夾雜著嘲諷英國人的心態，但不容否認，在幾乎從未試圖證明爲何「野蠻人」爲眞的情形下，他還是稱呼所有非西方人爲同一類的「野蠻人」。無可否認，這種說法不可能不帶種族主義、西方優越主義。我們接著看恩格斯代筆的文章。

　　在比較波斯和中國兩者因應英國侵略而爲的抵抗，恩格斯如是道：「在波斯，歐洲式的軍事制度被移植到亞洲式的野蠻制度上；在中國，這個世界上最古老國家腐朽的半文明制度，正用自己的方法與歐洲人進行鬥爭」[11]。姑且不論二者在英國入侵之後，學習西方軍事制度的結果，光是從上述幾句話，就可看出恩格斯——同其好友馬克思一樣——對於非西方世界，特別是中國，抱持極負面的印象。並且，恩格斯亦認爲西方爲東方（中國）帶來的曙光，無論先前那裡到底何等幽暗，恩格斯下了這樣的結論，他說：「中國的南方人在反對外國人的鬥爭中所表現的那種狂熱態度本身，顯然表明他們已覺悟到古老的中國遇到極大的危險；過不了多少年，我們就會看到世界上最古老的帝國做垂死的掙扎，同時我們也會看到整個亞洲新紀元的曙光」[12]。我們不完全清楚恩格斯的邏輯思維如何推演，因爲在文章中並未出現這樣的論述，但可推知，恩格斯所言可以類比

10　卡（爾）‧馬克思，〈不列顛軍隊〉，《馬克思恩格斯全集》（文字版PDF），中文第一版（1956-1983年出版），第11卷，（1855），頁186-190，刊登於1855年4月14日《紐約每日論壇報》，第4364號，https://www.marxists.org/chinese/PDF/Marx-Engles/me09.pdf，頁187。

11　弗里德里希‧恩格斯，〈波斯和中國〉，《馬克思恩格斯全集》（文字版PDF），中文第一版（1956-1983年出版），卷12，（5032），頁228-234，刊登於1857年6月5日《紐約論壇報》，第4364號，https://www.marxists.org/chinese/PDF/Marx-Engles/ me09.pdf，頁228。

12　恩格斯，〈波斯和中國〉，頁234。

於馬克思的木乃伊呼吸到新鮮空氣時，重新活過來的感覺，恩格斯則說，英國的入侵（反而）爲亞洲帶來曙光。上述論點似乎在傳遞這樣的信息：文化面向的「解釋」[13]似乎從來都不需要證據。

即使時至今日，學者依然喜歡用「文化衝突」這個理由（或藉口）試圖解釋英國爲何發動鴉片戰爭，也許，我們應該花點時間加以重整思緒，以避免日後再有學者藉此來說明該戰爭是無法避免的。且看下面兩個例子吧！第一，Travis Hanes III與Frank Sanello在《鴉片戰爭：一個帝國的沉迷和另一個帝國的墮落》一書中，用整整一章來解釋清朝舊禮節導致清朝後來的悲劇。相較於英國這個現代與文明的國家，清朝皇家禮俗顯得顢頇不堪。因此，「鴉片戰爭是無可避免的收場」[14]。Alain Peyrefitte的著作《停滯的帝國：一次高傲的相遇，兩百年霸權的消長》，則是另一顯例。他在書中主要論點之一圍繞在馬戛爾尼觀見乾隆皇帝發生的諸事，導致無法避免戰爭[15]。本文認爲，這論點被過分誇大，不少學者接受西方哲學二分法的「啓蒙」，例如現代／傳統、進步／落後（停滯或甚至是倒退）、資本／封建等，並將這些形容詞套用於西方／東方這個框架裡。一旦落入這個框架（窠臼）之中，接下來能做的就是盡其所能的尋找符合的「證據」來支持其說法。殊不知，許多歷史事實被刻意地忽略了。綜合前述論點，本文認爲眞正的理由並不在文化衝突這個議題上。蓋因不同文化間必定有差異，但差異不必然皆以衝突收場。稍後我們將更詳細地說明鴉片戰爭。

13　在本書附錄中，筆者亦將嘗試以文化角度來看待台灣居民的心態——特別是「歹教攔驚死」、「天鬼攔貪俗」——如何影響產業升級的進程。當然，既然筆者懷疑文化面向的分析，筆者將無法提出證據來支持自己的看法。

14　Travis Hanes III and Frank Sanello，周輝榮譯，《鴉片戰爭：一個帝國的沉迷和另一個帝國的墮落》，（北京：三聯書店，2005），頁13。

15　Alain Peyrefitte，王國卿、毛鳳支、谷折、薛建成、夏春麗、鈕靜籟譯，《停滯的帝國：一次高傲的相遇，兩百年霸權的消長》，（*L'Emprie immobile ou le choc des mondes*），（台北：野人出版，2015）。

產業的競爭

　　前述的議題──文化衝突或文明衝突──看似並未有太大的說服力，但我們卻經常碰到類似的論點。實際上，產業的競爭才是各國政府所關切的，因為這攸關一國財富的累積，當然，也關係到一國總體的國力展現。

　　在前述話語當中，馬克思提到了在1830年以前，中國在對外貿易上經常是出口大於進口，印度、英國，與美國則因為進口大於出口，讓白銀不斷流往清廷的府庫裡。此話言下之意──或者弦外之音──是中國在1830年之後，貿易收支就開始處於逆差的情況了。在這裡，馬克思應該是對的，然而，故事就這樣結束了嗎？事實上，1880年代發生了變化，那時馬克思逝世，自然他無從看見，當然也無法看見。

　　在工業革命之後，英國的官員與商人對其生產力和總體國力相當有自信，這倒不讓人意外，1840年代末期，時為而立之年的馬克思，對這個國家的強大，應該印象相當深刻。關於中國與西方在產業競爭的議題上，一個普遍接受的論點是：18世紀末的英國，生產力突飛猛進，工業產品在全球市場上獨領風騷，所向披靡。工業革命為英國帶來的好處，用「顯而易見」來形容並不為過。換句話說，發生於1780年代的工業革命讓英國得以用資本主義式的（capitalist）大規模（工廠）生產，大幅減低成本，減少依賴勞動力與水力，物美價廉的產品挾其優勢向全球市場銷售，並且，世界市場對英國產品需求殷切。只要是英國生產的商品，都能在世界市場中獲得青睞，中國自無例外。在鴉片戰爭之後，中國似乎也難逃這樣的命運。在外國的競爭下，即使不是苟延殘喘，也是生存不易[16]。然而，這裡，我們要注意的是，這個被普遍接受的看法，早在19世紀西方知識界早

16　抱持全盤接受看法的學者不在少數，本文認為此乃受到西方知識體系的影響，使得學者（暫時）忘卻他們先前習得之批判精神。當然，這也是本書撰寫的旨趣，這種負面的影響必須予以打破。相關書籍可說是汗牛充棟。以下，本文僅舉三筆書目，請參照：李隆生，《清代的國際貿易：白銀流入、貨幣危機和晚清工業化》，（台北：秀威資訊，2010）；許介鱗，《英國史綱》，二版，（台北：三民書局，2014）；王敏，《從土貨到國貨：近代消費行為政治化與民族主義思潮》，（北京：知識產權出版社，2013）。

已流行起來，如果筆者沒有猜錯的話。

　　馬克思曾經說過：「從1840年起……中國紡織業在外國的這種競爭之下受到很大的痛苦，結果就使社會生活受到了相當的破壞[17]」。這種說法，乍聽之下似乎有理，好像無需再度檢驗，但事實上，為數不少的學者們也就信以為真，絲毫不加懷疑，全盤接受這樣的說法。當然，學者們的「確信」可能與「中國無論如何都是鴉片戰爭的受害者」的這種論述氛圍有關。然而，在此暫不追究這樣的說法，而先回到馬克思上述這段話，他的說法事實上與歷史事實存在極大的落差。Gary G. Hamilton與Wei-An Chang對中國19世紀中葉之後的棉紡織業有以下的看法，他們說：

　　　從1850年到1930年代，當經濟大蕭條與日本的侵略無可挽回地摧毀了中國的日常生活，中國的手工棉紡織業不只是在西方列強的猛攻與日本進口紡織品之下存活了下來，甚至還處於繁榮景況。事實上，這是中國手工業生產的全盛時期。中國手工製作的紡織品不只供應了大部分國內的棉衣市場，而且還變成了蒸蒸日上的出口產品……在1870年到1925年之間，中國土布（native cloth）成長了八十倍，數百萬的家戶忙於將棉紗製成衣服，此外，幾千家小型工場從事著織布、染布，與製衣的工作[18]。

馬克思認為，在1830年之前，中國在外貿上——馬克思所比較的，應該是英國的紡織業——居於領先的位置。但在1833年之後，特別是1840年起，

17　馬克思，〈中國革命和歐洲革命〉，頁111。

18　Kang Chao, *The Development of Cotton Textile Production in China*, (Cambridge, MA: East Asian Research Center, Harvard University Press, 1977), pp. 169-217; Xinwu Xu, "The Struggle of the Handicraft Cotton Industry against Machine Textiles in China," *Modern China*, Vol. 14, No. 1, 1992. pp. 31-49, cited in Gary G. Hamilton and Wei-An Chang, "The Importance of Commerce in the Organization of Chinas' Late Imperial Economy," in Giovanni Arrighi, Takeshi Hamashita, and Mark Selden eds. *The Resurgence of East Asia: 500, 150, and 50 Year Perspectives*, (London and New York: Routledge, 2003), pp. 173-273, p. 199.

中國開始不如英國，之後也是如此，這是馬克思的基本看法。然而，若從Hamilton與Wei-An Chang的研究來看，中國手工棉紡織業一直到1930年代都存活下來，而且某些時期還算興盛，兩項研究之間落差頗大。

在這個論點上，趙岡與陳鍾毅的研究或許可以幫助我們解釋上述研究結論之間的差異。他們認為，南京布的出口量在1800年以前是直線上升的，1800到1830年之間出口量還算穩定，來到中國購買布匹者，除東印度公司之外，還有美國、荷蘭、瑞典、法國、丹麥，再加上西班牙等國的船隻都來到廣州載運布匹；在1800年前後，美國船隻占大多數，貨物多半運送到美國本土。然而，從19世紀初之後，這局面發生了變化，英國蘭開夏（Lancashire）的新式紡織廠生產的布匹品質日益提高，美國境內新式紡織廠的創設亦如雨後春筍。在1816-1829年之間，布價由1碼3角降到8分，如此一來，中國土布海外銷售量大減，至1831-1833年之間，平均外銷總值只達11萬兩銀子，與此同時，歐美棉貨開始大量輸入中國，致使從1830年起，中國對外貿易首次出現逆差。所以，馬克思所說，1830年以後，中國對外貿易開始大不如前，就這點來說，馬克思是正確的。

然而，故事尚未結束，中國土布業從1880年代起，發生新的變化。中國土布出口數量逐年增加，到了1920年代初期達到高峰，每年能賺入400萬兩銀幣[19]。就後來的發展而言，Hamilton與Wei-An Chang的說法是可信的。但總而言之，中國棉紡織業在1840年之後，並未如馬克思所言，被西方工廠生產的商品擊垮，只是，不少學者仍然選擇相信馬克思所言。

然而，上述這個普遍為人們所接受的論點——中國紡織業在1840年之後即受到無情的打擊——但卻似是而非，並且，此看法隱身在當今中國知識分子的思維之中，似乎難以抹去。而這就讓我們直接聯想到卜正

19　趙岡、陳鍾毅，《中國棉業史》，（台北：聯經出版社，1977），頁104-106。特別是表5-1土布出口量，1786-1936年（年平均量），頁104-105。關於中國土布的強大生命力，該書之第八章有詳細之說明，其中，二位作者認為中國手工紡織業的堅強生命力與家庭生產制有關，手工紡織業不只在過去排斥了手工業工場，後來亦頑強地抵抗了擁有先進設備與優越生產的的新式棉紡織工業。

民曾經告訴我們的，關於中國近（現）代歷史書寫所產生的問題了。讓我們稍微回顧一下卜正民的說法，他認為中國的史學家從西方資本主義的論述中，運用了一些不適用的概念來理解自己本身的歷史，這個結果源自於他們在世界體系裡扮演著邊陲知識分子，因為鴉片戰爭之後的一連串挫敗[20]。具體而言，自19世紀中葉以後，中國的知識分子，只能在（西方）資本主義／（東方、中國）封建主義，或者資本主義的「有」與「無」（或沒有）來理解中國自身的過去，一段漫長的、沒有資本主義的過去。在這樣的思維下，一談到與西方列強之間的產業競爭，學者們，或者說中國的知識分子，直接浮現在腦海裡的便是發生在英國的工業革命，工廠制度、大規模生產，強大的生產力，所生產的商品，在全球市場上所向披靡，不可能有生產過剩的問題，因為物美價廉，於是供不應求，就像馬克思所主張者，1830年代，中國紡織業已毫無生氣可言。以下，我們或許應該再看看其他的學者如何看待工業革命後的英國的產業競爭力。

　　後文將指出趙穗生[21]教授於2015年在《當代中國期刊》（*Journal of Contemporary China*）裡所寫的〈重思中國的世界秩序：朝代更迭與中國的崛起〉[22]一文當中的些許問題，並且提出不同的觀點。經由證明，誠如中國的國家主席習近平所認為，中國向來採取敦親睦鄰的外交政策。由於其標題之故，趙穗生一開頭便提出個問題：中國的和平崛起是否是因為愛好和平的傳統使然？然而，雖然此問題有其重要性，但以下的一段話更適合我們在這裡討論的，關於產業競爭的議題。當然，我們不能將趙穗生的觀點無限上綱，認為其論點已足以代表當代中國知識分子對鴉片戰爭的普遍看法，當然不是這樣。不過，本文覺得，即使只能稍加管窺，應該也無傷大雅。我們先看看趙穗生的論述：

20　卜正民（Timothy Brook），〈資本主義與中國的近（現）代歷史書寫〉，頁148。

21　趙穗生（Suisheng Zhao）是美國丹佛大學（Denver University）約瑟夫－克貝爾國際研究院（Josef Korbel School of International Studies）政治與外交政策教授，是該校中美關係中心主任，也是期刊*Journal of Contemporary China*的主編。

22　Suisheng Zhao, "Rethinking the Chinese world order: the imperial cycle and the rise of China," *Journal of Contemporary China,* Vol. 24, No. 96, (2015), pp. 961-982, p. 961, 962.

　　當英國在18世紀末（工業革命之後）開始主宰世界經濟，他們發現廣州公行（一口通商）所帶來的貿易限制日漸無法忍受。假使外國商人不能直接貿易往來，無法詢價，也無法與中國商人議價，只能接受，這就與自由貿易的原則相牴觸。英國購買大量商品，卻幾乎看不到中國購買他們的商品。這貿易的鴻溝只能用白銀填補。然而白銀是貴金屬。英國渴望找到一種能大量生產，也冀望能打開中國市場，大量銷售這樣產品，來平衡貿易收支。於是，他們找到鴉片菸。對英國來說，不管貿易的商品是鴉片、棉花、縫紉針，還是其他，只要有需求，就能幫助他們解決貿易收支平衡的問題[23]。

即使並非總是，但我們常常可以發現到，清朝的中國被界定為一個既封建且傳統、頑固、專制、氣度狹窄的社會，似乎一無是處，就像馬克思試圖說服我們那樣。但這些應該不是問題，問題在於學者認為英國為求「開放」市場，如此，才讓英國工廠廠主、商人無限制地銷售他們在新式工廠所生產之物美價廉的產品。要記得，這種論述瀰漫於學術界，似乎已是根深蒂固。

　　我們回頭看趙穗生所敘述的，他指出：英國在18世紀末開始主宰世界經濟，他們發現廣州公行所帶來的貿易限制日漸讓他們無法忍受。在這裡，我們認為，他所持的觀點是，在英國開始（所謂的）工業革命後的幾十年，英國便開始領導世界經濟的脈動。但我們很好奇的是，英國如果有能耐來主宰全世界的經濟，那麼應該也能夠在廣東省既存的「公行」體系下，在廣東省，乃至中國南方找到好機會開拓市場才對，不是嗎？那麼，為何除了鴉片[24]之外，他們很難賣東西給中國？英國商人不是對自己的

23　Zhao, "Rethinking the Chinese world order," p. 978. 在本書下一章，我們還會看到此一段落之一部。筆者認為，此段落內容多少顯示了（中國）知識分子如何為西方知識體系所誤導，情況可說相當嚴重。

24　當然，鴉片為清廷所禁止，販賣與吸食都是違法行為，就像在歐洲一樣。然而，學術界普遍不去追究販毒者——英國東印度公司——所應負之責任，幾乎一面倒地指責無能的、打了敗戰的滿清政府，無論從道德面、法律面來看，此現象有些不可思議。我們稍

產品極具信心嗎，有必要擔心生產過剩，因而導致滯銷的問題？中國巨大的市場，不正好是英國工業革命後、新的生產制度、組織管理、行銷與通路建立的試驗場嗎？當時，整個歐洲都曉得中國市場之吸引力，英國官員非常清楚地知道中國市場的規模，且英國人對其工廠生產的產品極具信心。《南京條約》簽訂時的英方代表對中國市場的看法可見一斑，如下：

　　事實上，亨利・璞鼎查爵士——英國於1842年簽訂《南京條約》的代表——預測了「即使整個蘭開夏的產出，也無法滿足中國單單一個省分的需求[25]」。這個預測符合了整個歐洲（對中國龐大市場）之確信，也回應了馬克思所說的：「低廉的商品價格是資產階級的重型武器，用來摧毀所有中國的城牆，與強迫（中國這些）野蠻人停止（他們）極度過時的對外國人之憎惡」[26]。

　　馬克思稱中國人為「野蠻人」，與過去中國稱其他民族為（蠻）「夷」並無太大差異，也許是西方在19世紀中葉以前，就漸漸開始培養出優越感了。不過，這裡，我們的重點是，中國那麼大，僅僅要應付一個省分的消費者，就已足以讓蘭開夏的機器不停地運轉了，更何況要應付全中國的總需求呢？既然英國人對其工業產品如此地有信心，並且英國人相信中國人是如此需要英國的工業產品，其工業產品如此地具有競爭力，況且，中國在那時候，還不知道用高關稅來保護幼稚產業的法子，英國商品可以在關稅不高的情形下進口到中國來，那麼，為何英國商人不努力於銷

後會再談鴉片「貿易」的問題。

25　Kang Chao, *The Development of Cotton Textile Production in China*, (Cambridge, MA: East Asian Research Center, Harvard University Press, 1977), p. 168, cited in Hamilton and Chang, "The Importance of Commerce in the Organization of Chinas' Late Imperial Economy," p. 199.

26　Karl Marx, *Basic Writing on Politics and Philosophy*, (New York: Anchor Book, 1959), p. 11, cited in Hamilton and Chang, "The Importance of Commerce in the Organization of Chinas' Late Imperial Economy," p. 199.

售其工廠生產的商品，而選擇鴉片這種非法，但帶有超高毛利的「商品」
呢？難道只是為了告訴中國人什麼是「自由貿易」，因為中國人學習意願
低落，於是決定為了銷售非法商品而開戰？中國人沒有不「貿易」的自由
嗎？歷史告訴中國人的的確確沒有不與英國人進行非法貿易的自由，我們
留待稍後的章節討論這個議題。

　　筆者認為，「理性的」英國人應該計算過──至少粗略地──打一
場戰爭可以獲得更多的利益，而不是大老遠地從不列顛的港口將蘭開夏
（Lancashire）或曼徹斯特（Manchester）工廠生產的工業品轉運到廣
州。就成本的考量，在自己的土地，包括海外的領土，像是印度、孟加拉
等，種植罌粟，再讓印度人充當廉價勞工摘取其花朵，加工之、包裝之，
趁著中國尚未大量（合法）種植以前，其驚人的利潤，可能足以媲美海上
掠奪、奴隸貿易，或者之後的豬仔貿易的毛利，甚至是有過之而無不及
呢！簡而言之，英國的貿易赤字其實可以透過銷售更多產品到中國來彌
補，而當時廣東公行體系也未限制英國到底能銷售多少產品到中國。但趙
穗生認為，英國人要的是「自由貿易」，如此進步的國家卻被要求只能在
廣州一口通商，此舉嚴重違背「自由貿易」的準則[27]。明顯地，趙穗生
責備的是「閉關自守」的滿清，指清廷不知道「開放」可以帶來多少好
處，不僅在外貿上，也可能在人民的心態上。

　　然而本文認為這是產業競爭的問題，如果英國可以找到除了鴉片之外
在中國有這（些）產品的市場。換言之，中國人願意消費鴉片，更重要的
是，其工業產品再加上運輸成本，在中國這個市場若仍然有其競爭優勢，
那麼不願意進行非法鴉片的英國商人，應該都會樂意為之才是。然而，在
1854年9月時，馬克思注意到了英國工廠確實有生產過剩的問題，即使先
前，英國對自身的工業產品相當有自信，但在1855年時，從曼徹斯特及其
郊區的印花工廠的廠主開始，不少企業破產了，一些老商號也是。接著輪
到了船主，與那些跟加州、澳大利亞從事買賣的人，然後是那些與中國做

27　我們將在稍後第四章〈「自由」貿易與不「貿易」的自由〉中，更為詳盡地討論自由貿
　　易的議題。

買賣的商人，最後則是那些與印度做生意的商人[28]。英國商人爲何仍苦惱於生產過剩的問題呢？這裡，請容許筆者進行一番臆測：那時，英國王室苦於白銀外流，國力漸失，似乎除了繼續販賣鴉片這項非法商品外，似乎別無他選。就這點來說，馬克思頗有見地地宣稱：「中國人不能同時既購買商品又購買毒品……擴大對華貿易，就是擴大鴉片貿易；而增加鴉片貿易和發展合法貿易是不相容[29]……」。長期而言，當然，英國仍然應該一步一步地發展合法貿易，然而，就短期來看，馬克思無寧是對的，英國王室怎能放棄毛利如此高的鴉片這項買賣呢？

世界上首先進行「工業革命」的大不列顛帝國，其銷路最好的商品竟然不是這個國家引以爲傲的「現代」工廠之製品，而是鴉片這項來自其殖民地的農業產品，這難道對「工業革命」——人類歷史上最偉大成就——而言，鴉片買賣不帶點兒諷刺意味嗎？馬克思在上述的文章〈中國革命與歐洲革命〉一文中爲中國人民感嘆道：「歷史的發展，好像是首先麻醉這個國家的人民，然後才有可能把他們從歷來的麻木狀態中喚醒似的」[30]。不過，不同於馬克思的想法，吾人以爲，並非「歷史的發展」而是「不列顛的鴉片商」想要先麻醉清廷的子女，且英國王室也不會眞心希望這個古老的龐大帝國太快甦醒過來。

看起來，好人與壞人都可能讓歷史轉個方向。

28　卡（爾）‧馬克思，〈英國的危機〉，《馬克思恩格斯全集》（文字版PDF），中文第一版（1956-1983年出版），卷11，（1855），頁114-117，刊登於1855年3月24日《紐約論壇報》，第4364號，https://www.marxists.org/chinese/PDF/Marx-Engles/ me09.pdf，頁116。

29　卡（爾）‧馬克思，〈鴉片貿易史〉，《馬克思恩格斯全集》（文字版PDF），中文第一版（1956-1983年出版），卷12，（1858），頁584-587，刊登於1858年9月20日《紐約論壇報》，第5433號，https://www.marxists.org/chinese/PDF/Marx-Engles/ me09.pdf，頁585。

30　馬克思，〈中國革命和歐洲革命〉，頁110。

中國貪污與英國霸權之建立

　　談到「貪污」這個詞，幾乎每個人一想到它，直覺地反應就是，在一個社會裡，如此嚴重的問題一定要根除之，可是1830、1840年代的英國人——無論是在不列顛，還在中國的廣東省——心裡想的卻是：貪污這個中國的社會問題，對於英國王室財富的累積有莫大的助益。

　　馬克思刊登在1853年的〈中國革命和歐洲革命〉一文，提到了中國官員的貪污而致因鴉片走私成為可能。19世紀中葉時，貪污問題已經被馬克思認為是中國走下坡的主因（之一），這樣的看法，時至21世紀的今日，此種說法，依然迴盪在耳邊。在此，筆者認為有必要介紹一位身兼數職——作家、翻譯家，與學者——且在倫敦大學教授中國歷史與文學的Julia Lovell（藍詩玲）的說法，因為他——就像馬克思一樣——也強調中國貪污的官員亦是中國在鴉片戰爭中失利的原因，中國亦應負擔一部分責任。經由Lovell蒐集到的龐大史料中，她證明了鴉片的銷售量會如此地讓英國商人非常滿意，主因之一是中國的官員貪污情形嚴重，她認為如果沒有這些官員的話，英國商人也不可能賺得到錢，因此，不能再將鴉片戰爭視為（英國）「侵略」的象徵，對她而言，中國也應該為鴉片戰爭負一部分的責任才對[31]。筆者覺得，藍詩玲在建議我們考慮清廷官員貪污的問題時，她或許是對的，但我們是否也可以用同樣的道理來說明哥倫比亞與美國之間毒品「貿易」的關係呢？如果沒有美國不肖警察、官員——或許為數可能不多，但總有幾個——的熱心「幫忙」，從哥倫比亞運至美國本

---

31 藍詩玲（Julia Lovell），《鴉片戰爭：毒品、夢想與中國建構》（The Opium War: Drug, Dreams and the Making of [Modern] China），（新北：八旗文化，2016）。此版本的譯者為潘勛，吾人認為，譯者在翻譯本書之副標題時，只譯出「中國建構」，而遺漏了「現代」（modern）一詞，這是個不小的疏失。按照原文，應該翻譯成「現代中國（之）建構」。筆者認為，「現代」一詞應該予以譯出，如此才能符合作者之原意，而這也是英文版標題原來就有的字。必須提醒讀者，我們不能忽略一重點，那就是：一般而言，西方（特別是英國）人認為鴉片戰爭轟醒了沉睡的帝國及其子民，是英國人將所謂的「現代性」帶給了中國。筆者認為，本書作者Lovell加了「現代」（modern）在其副標題之上有其特殊意義，可惜的是，譯者遺漏了這個重要的字。

土的古柯鹼將很難能夠送到急須施打毒品的消費者手上。我們能如此地宣稱嗎？想必美國人一定不會同意。筆者對「貪污」問題持不同的看法，或許英國人早在幾個世紀以前，就已經領略「全球生產、在地行銷」此項賺（大）錢的準則了。

　　具體而言，生產可以在全世界各地，找到最有利的、成本相對較低的地方來生產，例如在印度種植罌粟。行銷某商品或勞務時，則需了解當地的語言、通路，僱用當地人似乎是必要的事，當鴉片走私到了廣州時，為了將毒品送到消費者手上，此時，中國官員與商人就派上用場了，因為他們知道消費者在哪裡，而且抽鴉片菸時，可以保證不會有官員前來關心。因為，鴉片是非法的，所以，賄賂官員不是合理的嗎？筆者覺得，中國必須在當地市場建立通路，然而，對於外國人而言，這相對困難，因為要了解當地的「消費型態」，建立當地的行銷通路，加上語言之隔閡，要賣出不法商品鴉片談何容易啊！對於英國人而言，賄賂當地的官員是極「理性」的選擇，況且，我們若以重商主義者的角度來看，其實，英國應該感謝清廷收受賄賂的官員才對，沒有他們幫忙建立（非法）銷售通路，工業革命後的英國難以賺回因購買中國茶葉而付出的白銀，無法解決其貿易逆差的問題，相信英國不可能維持其霸權地位。簡言之，套句中國俚語「飲水思源」，或者台灣俚語「吃果子拜樹頭」，英國王室應該感謝中國貪污的官員與走私的商人才對，沒有這些人的戮力協助，毒品鴉片就不可能到達消費者手中。可是，我們看到的是，今日英國的學者在尋找應該為鴉片戰爭負責的人時，竟然歸罪於英國王室的恩人們──收受賄賂的中國官員與掌握通路的廣州商人們。再套用一句中國人常用的俚語來描寫這樣的行為，應該叫「過河拆橋」吧！但也許因為筆者謝某不常使用而有誤用之嫌。

　　我們已經看到「貪污」的另一面，也就是「賄賂」，Lovell責怪前者，而忘記責備後者兩句。但讓我們言歸正傳吧！中國官員的貪污與英國霸權的建立，二者之間的關係，要如何得知呢？具慧眼的馬克思建議我們，可以從英國─印度─中國之間的緊密關係來觀察之。當然，如前所述，這與鴉片「貿易」有關，但其關係為何呢？馬克思在討論鴉片這項買

賣時，確實責備了英國人，容筆者稍後再述，但19紀中葉時，能看到鴉片
菸與不列顛霸權二者之關係，已屬不易。馬克思這樣說：「在印度的不列
顛當局的收入當中，整整有七分之一是來自向中國人出售鴉片，而印度對
不列顛工業品的需求在很大程度上又取決於印度的鴉片生產。不錯，中國
人不願意戒鴉片大概同德國人不願戒煙草一樣」[32]。從這幾句話中，我
們嗅出了馬克思稍微地調侃了中國的鴉片吸食者，然而，筆者相信，害怕
中國人戒了毒的，其實是英國人才對，因為賣鴉片的利潤比賣棉紗的利潤
高出許多，相信馬克思本人應該很清楚，因為馬克思的確譴責了販賣鴉片
這種不道德的行為，我們稍後會略微討論。但這裡，更重要的是，馬克思
看到了中國、印度，與英國之間主要建立在毒品鴉片的貿易結構上。為什
麼如此說呢？假設沒有鴉片這項商品，會發生什麼事呢？

　　首先，工業革命後的英國，想像著能在中國這個全球最大的市場賺取
龐大的利潤，但事實上，這並不容易。就如馬克思所言，「閉關自守」的
中國在對外國貿易上，總是出超，英國正是因為鴉片——這並非工廠生產
的商品——才得以扭轉其貿易逆差；第二，如果沒有鴉片這項商品，印度
的農民可能處於失業的狀態，換句話說，種植鴉片給了印度農民大量的就
業機會；第三，沒有鴉片，印度將難以償付自英國輸入工業品的帳單，換
句話說，因為中國買了太多印度生產的鴉片，白銀流入了印度，使得英國
工廠所生產的商品得以往印度銷售，這加速了英國工業化的進程，包括軍
火、軍事設備、與軍用產品等等，使得19世紀大英帝國的霸權成為可能。
如果我們說，英國的全球霸權有一部分，或一大部分是因為鴉片貿易所達
成的，這並不為過；第四，或許我們可以這樣說，鴉片的買賣提供英國一
個藉口發動戰爭——當然，其他的藉口亦無不可——在所謂的「自由貿
易」的大纛之下，似乎在這面旗幟之下，任何商品都應該被容許販賣，只
要有人買的話。於是，不買的人被冠上「閉關自守」、「憎恨外人」，或
者再加上「與世隔絕」等極負面的字眼。反之，販賣鴉片者則除了將「貿
易」逆差翻轉成順差之外，其政府更經常將「自由貿易」掛在嘴邊，藉此

32　馬克思，〈中國革命和歐洲革命〉，頁110。

來突顯其他非西方世界的「傳統的」、「古老的」，與「落後的」心態或制度等。倘若我們想要了解全球歷史，那麼，我們似乎不得不探究霸權之興衰，並且，更重要的是，我們也應該提醒自己不能總是用過度美化的語詞來描繪其所作所爲，鴉片的買賣也許是個最適當的例子，貪污與英國的霸權之間的關係相當緊密，鴉片正是串連二者之物。

　　行文至此，讓我們再看看其他馬克思在《論壇報》所撰寫的文章裡頭，他還談過什麼樣重要的議題。

《論壇報》上的其他議題

　　除了上述所討論的議題之外，在馬克思擔任《論壇報》歐洲記者的期間，尚有其他值得一窺究竟的論點與想法登刊在該報上，這些想法應該還隱藏著重要的研究議題，以下，我們簡略地討論幾個議題，包括，馬克思對非法商品鴉片的看法、快速致富法：戰爭、（中國）小農經濟與家庭手工業、（不列顛）帝國主義的支持者《經濟學人》等。當然，我們必須留意，因爲馬克思的想法、論點可能是在資料不十分充足的情形下所撰寫，那麼，我們亦不宜在此做過多的推測。

非法商品：鴉片

　　18世紀初期，亦如歐洲那般，中國即已下詔禁止鴉片販賣與吸食，明顯地，在中國——就像在英國那樣——除了當作藥材使用之外，這是非法的，爲官方所禁止的，鴉片爲非法商品，不是合法貿易之一部。此時，我們心中產生的疑問是，大清律例嚴禁鴉片。中國的知識分子爲19世紀中期以來的恥辱所縈繞，「歷史失憶」也許就是讓人們習慣用來指謫哥倫比亞毒販，但卻刻意遺忘誰是第一個非法在中國從事毒品走私者，具體地說，大家都知道人類史上最著名的毒梟爲Pablo Emilio Escobar Gaviria（1949-1993年），然而從來都不願意承認英國東印度公司（EIC）才是歷史上最大的毒販，且其所賣的是鴉片菸。華人向來不大重視這個議題，吾人以爲，他們得了嚴重的失憶症，且亟待治癒。事實上，英國人之中不乏

高道德標準者，但這些人通常難以改變什麼事情。William T. Rowe（羅威廉）指出，中國早在雍正王朝（1729年）時，就已禁止販售與使用鴉片，這個禁令一直到19世紀初都還持續著。英國人知道這貿易並不道德，其傳教士經常譴責販賣鴉片這件事。蘇格蘭長老會的會友Alexander Matheson（亞歷山大・馬地臣），是一位著名的商人，因不願意在中國販賣鴉片，而辭去了他在怡和洋行的職務，但即使這樣的一個好人也難以改變英國女王的心意和中國的命運。在鴉片戰爭開打時，鴉片貿易占英國年稅收的10%，這比例絕非言過其實[33]。

　　馬克思的確注意到這個問題，他心裡應該想著，英國的紳士們，看似優雅地——現在如同過去——與友人喝著下午茶。主人家裡有不少茶葉來自印度，但桌上泡的這一壺是來自福建省武夷山區，是高級貨，瓷器是景德鎮製品，蔗糖則產自中美洲的殖民地，話題是：三艘滿載印度鴉片的貨輪已到達廣州，應該不會有太多阻礙，中國那邊應該不希望英國的海軍再炮轟廣州城吧！？

　　陽光下，豪邸的庭院裡，噴泉旁的白楊樹下，紳士們心裡想著即將入袋的銀子，同時為自己卓越累積財富的能力感到驕傲。他們繼續喝著武夷茶，談笑風生，夾雜著幾句讚美景德瓷的簡單中文。

快速致富法：戰爭（英法聯軍）

　　這裡，我們主要以第二次鴉片戰爭（1856-1860年，中國人稱之為「英法聯軍」之戰事）為例，並分析馬克思在《論壇報》幾篇文章，試圖連結幾筆線索，推論「戰爭」（而非「貿易」）才是西方列強（特別是英國與法國）真正所想要的，而且，若真想發動一場戰事，任何事件都足以成為戰爭的「理由」或藉口。戰爭期間，於1858年6月23日清廷與英、法、美、俄四國簽訂的《天津條約》之中，清政府允諾開放更多港口，像

33　William T. Rowe, *China's Last Empire: The Great Qing*, (Cambridge, Mass.: The Belknap Press of Harvard University Press, 2009).

是牛莊、登州等，公使駐京，與長江內河航行權等[34]。

關於航行權的問題，馬克思這樣寫道：「即使《天津條約》規定允許英國公使立即前往北京，中國政府反抗英國艦隊強行駛入白河（筆者按：京津冀地區屬海河水系，白河爲該水系五大支流之一），是否就破壞了這個用海盜式的戰爭逼迫中國政府接受的條約呢？據歐洲大陸傳來的郵電消息，中國當局反對的不是英國外交使節前往北京，而是英國軍艦沿白河上駛……即使中國人應該讓英國的和平公使前往北京，那麼中國人抵抗英國人的武裝遠征隊，毫無疑問地就是有理的[35]」。關於此次衝突，馬克思提到了「白河衝突並非偶然發生的，相反地，是由額爾金勛爵預先準備好的……。[36]」從上述的例子看來，可以成爲開戰的時間與地點，未必會是重大難解的問題。部分學者將亞羅船號、西林教案視爲戰爭的導火線，或許，學者們應該多花點時間在西方列強各國政府（機密）檔案，眞正的原因也許就藏在某個角落呢！總而言之，看起來，開戰的理由並不一定要合情、合理，或合法，只要戰爭一途是最容易達到目標的方式就可以了。那麼法國爲何要加入這場戰事呢？這裡，請容許筆者謝某揣測一番，當然，一位嚴肅的研究者畢竟不應該如此，日後才可能贏得些許肯定。

第二次鴉片戰爭，英國與法國聯手攻打（侵略）中國，但英國與法國打過不少次戰爭，在全球爭奪殖民地時彼此也常是競爭對手。事實上，1850年代中期英、法進口了大量的糧食，其中大部分來自美國。換句話說，英法兩國連生產於美洲的糧食進口也能成爲競爭對手。當時，馬克思認爲，法國當時的資本不多，然而，卻發行了過多的債券，倫敦的官方刊

---

34 第二次鴉片戰爭期間，鴉片成爲了合法商品，然而，鴉片合法化的條文並未出現在《天津條約》之中。咸豐8年（1858年）時，中英、中美分別在上海簽訂《通商稅則善後條約》，鴉片正式上稅成爲合法貿易商品。

35 卡（爾）‧馬克思，〈新的對華戰爭〉，《馬克思恩格斯全集》（文字版PDF），中文第一版（1956-1983年出版），卷13，（1859），頁568-585，刊登於1859年9月27日、10月1、10、18日《紐約論壇報》，第5750、5754、5761和5768號，https://www.marxists.org/chinese/PDF/Marx-Engles/ me09.pdf，頁570。

36 馬克思，〈新的對華戰爭〉，頁582。

物《經濟學人》認為，這可能造成貶值與財務狀況紊亂，巴黎可能陷入災難[37]。只是，國際上，沒有永遠的朋友，也沒有永遠的敵人，很快地，兩國在共同對付中國之時，忘卻了歷史上的不愉快，列強之間的競爭很快地轉為合作關係。在此，筆者再次妄加揣測，法國極有可能在國內資本不足的情形下，才與英國聯手。歷史教會了人們很多事，包括了利用戰爭奪取資源、打擊對手，當然，官方可以運用有利於自己的語言來述說軍事行動，讓人看不清楚侵略的事實。除了英法聯軍在中國行動之外，事實上，列強之間的競爭合作關係，不只是軍事行動而已，事實上，俄國趁著兩次鴉片戰爭從中國得到的利益比出兵的英國還要多，英國官方對於「漁翁得利」的俄國感到相當不滿。馬克思確實也留意到這個多次利用中國危難的俄國[38]。

　　綰合前述論點，戰爭是累積資本的重要方法之一，然而，知識界甫談到資本主義，似乎經常與「自由」、「平等」、「均富」聯結起來，而且，幾乎毫無困難地，這倒讓人意外。

小農經濟與家庭手工業

　　就生產制度而論，也許這是近（現）代中國與西方最大的不同吧！簡單說，馬克思認為中國以小農經濟、家庭手工業為主，市場規模不可能太大，所以，像這樣的經濟體，不可能與大規模交易同時存在。這是馬氏的想法，但華人知識分子相信此論點者不在少數。然而，小農經濟與家庭手

37　卡（爾）・馬克思，〈貿易和財政狀況〉，《馬克思恩格斯全集》（文字版PDF），中文第一版（1956-1983年出版），卷11，（1855），頁604-606，刊登於1855年9月28《新奧得報》，第453號，https://www.marxists.org/chinese/PDF/Marx-Engles/ me09.pdf，頁605、606。

38　卡（爾）・馬克思，〈中國和英國的條約〉，《馬克思恩格斯全集》（文字版PDF），中文第一版（1956-1983年出版），卷12，（1858），頁621-626，刊登於1858年10月15《紐約論壇報》，第5455號，https://www.marxists.org/chinese/PDF/Marx-Engles/ me09.pdf。關於俄國如何藉由在中國取得的利益，讓自己不再依賴中國晉商（山西商人）壟斷茶葉輸入俄國，將利潤轉到俄國商人控制之下，我們在其他章節會討論。

工業眞的只是在應付（或供給）當地市場嗎？如果是的話，那麼，交易規模或許眞不是很大。先前，我們在〈不只亞丹・斯密〉一章中，我們提到了成千上萬的家庭作坊，散落在明淸中國最富庶的長江三角洲，這是絲、棉紡織產業相異於西方以大規模生產爲其特徵之一的工廠制，或許是因爲如此的對照之下，與西方的大規模資本主義生產方式，一定就得用中國的（小規模）家戶生產制來突顯西方在生產方式上的「強勢」或「領先」。

英國在1858年時官方與媒體仍然認爲1842年8月29日由亨利・璞鼎查爵士簽署的（條約）從商務的觀點看來，是不成功的；現在甚至英國自由貿易派的著名機關刊物、倫敦的《經濟學人》也承認了這一點，因爲英國商品在中國銷路欠佳，馬克思認爲這主要是因爲中國的小農經濟體與家戶手工生產制所造成，馬氏提到：「人們過高估計了天朝老百姓的需求和購買力。在以小農經濟和家庭手工業爲核心的當前中國社會經濟制度下，談不上什麼大宗進口外國貨。【39】」馬克思注重生產關係，這是我們熟知的，所以，他注意到中國小農經濟、家庭手工業，這種不同於西方工廠制的生產方式，但筆者認爲，在19世紀中葉之時，身爲人道主義者的馬克思，或許應該更偏好家庭手工業，家庭所有成員爲了製成某物品而共同努力，在這種工作情境中，人們「異化」的程度或許會較低才是，如果與英格蘭工廠裡頭的工人們相比較的話。不過，在這篇文章中，馬克思堅持的論點是中國不可能進口大宗外國貨，其原因並非其他，而是其小農經濟與家庭手工作坊。馬氏對小農經濟無法形成一個巨大市場【40】，對英國商

---

39 卡（爾）・馬克思，〈英中條約〉，《馬克思恩格斯全集》（文字版PDF），中文第一版（1956-1983年出版），卷12，（1858），頁600-605，刊登於1858年10月5日《紐約論壇報》，第4364號，https://www.marxists.org/chinese/PDF/Marx-Engles/ me09.pdf，頁605。

40 筆者發現馬克思在《紐約論壇報》的另一個矛盾點，馬氏在較早的文章〈中國革命和歐洲革命〉中提到了「這時（1853年），如果有一個大市場突然縮小，那麼危機的來臨是必然加速，而目前中國的起義（太平天國）對英國正是會起這樣的影響」（馬克思，1853〈中國革命和歐洲革命〉，頁112）。一方面，馬克思認爲中國因爲人民起義之後，可能影響購買意願，影響了英國工業產品的輸出，但另一方面，在試圖找出英國生產過剩的原因時，馬氏給我們的答案卻是中國無論如何也不可能大量輸入英國工廠製的商品，明顯地，馬克思發表在《論壇報》的文章之間，存在著矛盾的觀點。

品產生不了大量需求的看法，讓我們想起了黃宗智對於最富庶的長江三角洲的千萬小農們的貧苦生活，想必，馬、黃二人應該會認同彼此的說法才對。

然而，馬氏的說法（黃宗智亦認為如此）忽略了中國巨大的國內市場在宋朝即已形成，從消費面觀之——這是馬氏討論較少的部分，貨物的遠距離運送，當然不可能由小農們為之，而是各地區的手中握有龐大資產的商人才可能完成，但我們得先看看中國之國內市場。若要了解江南地區的經濟——特別是宋室南渡後——就有必要提到宋朝的繁盛富裕。在宋朝，國內市場[41]由三個商業圈組成，亦即華北圈、華南圈與蜀圈（蜀就是四川省）。相較起來，由於交通不便，蜀圈較為獨立。因較遠離戰火，四川省會成都在北宋（960-1127年）時期成為重要的貿易中心。其藥品、絲綢與養蠶業吸引各地富商巨賈遠道而來。人類史上最早的紙幣——「交子」，便在四川出現。

談到了華南圈，在南宋時期，整個政治經濟中心轉移到了這個區域。位於江南地區的杭州，是南宋的國都，也是當時的政經中心，且為朝貢系統的中心。在當時，中國乃至世界，250萬的人口數是最多的。在宋朝時海外貿易發達，海關為國家財政之重要收入來源；到了南宋，紙幣在中國各地廣為流通，如此的財政系統反映出宋朝經濟的富足[42]。在宋元兩朝的經營下，江南成為明清兩朝最富裕的地區。為數可觀之城鎮的增

---

41 國家市場的形成，區域的專業化，與區域之間的貿易流通，其例證請參考Laurence J.C. Ma, *Commercial Development and Urban Change in Sung China 960-1127*, (Ann Arbor, Mich.: Michigan Geographical Publication, 1971); G. William Skinner, *The City in Late Imperial China,* (Stanford, Calif.: Stanford University Press, 1997); 錢杭、承載，《17世紀江南社會生活》，（台北：南天書局，1998）；和程民生，《宋代地域經濟》，（台北：雲龍出版社，1995）。

42 請參考斯波義信，《宋代商業史研究》，（台北：稻香出版社，1997）； Mark Elvin, *The Pattern of the Chinese Past: A Social and Economic Interpretation*, (Stanford, Calif.: Stanford University Press, 1973)，陳高華、陳尚勝，《中國海外交通史》，（台北：文津出版社，1997）。

多，顯示區域資源豐富，江南地區在明清時期成爲全國稅賦的重心[43]。在此，本文欲宣稱的主張是，小農經濟與家庭手工制可以與大規模的貨物流通並存，大資本家——Arrighi在中國所見，即使他認爲中國仍無資本主義——藉由壟斷某貨品——像是鹽、絲、棉、茶等——的收購與流通，同樣可以累積巨額利潤，這正是在中國看到的情形。

　　總而言之，馬克思看到的小農經濟與家庭手工業是正確的，然而，這是生產面的視角。如果馬氏當時已留意到消費面的話，那麼，他將會看清中國的不同模樣，可惜倫敦長年處於濃霧之中。

帝國支持者：《經濟學人》

　　今日，《經濟學人》以傲人的發行量在全球出版，無論在政治、經濟、社會與文化方面的議題，該刊物所持的論點，其影響力不可謂不大，甚至可能還是現今少數足以左右全球知識分子的主流媒體。不過，此刊物的影響力，並非只在當代的一、二十年而已，如果我們可以把時間倒推回去，回到160年前的時候，也許，我們就可以運用不同之視角，來觀察當年英國與中國的關係了，那時候倫敦的官方刊物《經濟學人》，或許不像今日所發表的文章那樣「客觀」呢！雖然馬克思在撰寫時，主旨並非在批評該刊物，然而，我們從其中的語句來看，也許可以看出馬氏對其刊物的想法。現在，讓我們看看文章之中，馬氏談到該刊物時的說法。

　　馬克思於《論壇報》至少出現了兩次談到《經濟學人》之政治立場，或者對某事件之評論，這兩篇文章都刊登在1858年10月，其一發表

43　韋慶遠認爲，江南地區提供最多的稅收，是因南宋時土地分爲官田與私田兩種，其中江南地區大多爲官田，特別是在蘇州府與宋江府。官田的租稅遠高於私田，但官田與私田的劃分並不明確。但作者提供何以在江南地區，官田比例遠高於私田的幾個理由，例如南宋就是因國都南遷，政經中心轉移，江南富裕的經濟，土地營收的增加，較高的土地價格，土地因財富被兼併較嚴重（而這不是資本主義下才看得到的壟斷嗎？），並加上明朝首先定都於南京，有從江南地區較多把注中央政府的財政。更重要的是，江南較爲富裕，故此，收得的稅賦也較多。想必江南地區能有足夠的財源能拿來課稅，不然南宋以後諸朝代，豈不因人民無從謀生，而自掘墳墓嗎？請參照韋慶遠，《明清史辨析》，（北京：中國社會科學出版社，1989），頁157。

在5日（第5446號），其二則在15日（第5455號），第一篇文章是〈英中條約〉，第二篇則是〈中國和英國的條約〉，我們先看看馬克思在文章上是怎麼說的。前者旨在尋找何以第一次鴉片戰爭後——也就是1842年——所簽訂的條約，若從商業利益的角度來看，其實是失敗的，一直到該文撰寫時的1858年時亦如此。當時，倫敦的《經濟學人》亦承認了這個看法。此刊爲英國自由貿易派的知名機關刊物，馬氏說：「這家雜誌當今是不久以前發生的入侵中國事件的**最積極贊助者**（粗體爲本文所加）之一，現在（1858年）它覺得自己應該『抑制一下』某些方面人士所抱的樂觀期望[44]（指過度期待中國市場對英格蘭工業產品的需求）。」第二篇文章則毫無保留地將該期刊的貪婪表現得淋漓盡致，馬克思說道：《經濟學人》雜誌以及一般寫作金融論文的作者們，都興致勃勃地計算著中國白銀（第二次鴉片戰爭賠款）和英格蘭銀行金銀儲備狀況將發生多麼良好的影響」[45]。

　　明顯地，上述兩篇文章是相關的，貫串二者的是「商業」利益，但此商業利益是在使用武力迫使（起初）不願意貿易者——具體而言，中國沒有不「貿易」的自由，但只能接受「自由」貿易[46]——接受（英國）的要求。這裡，筆者回想起在1920年代流行於中、南美洲的西方馬克思主義（西馬），這有別於經典的、教條的馬克思主義，西馬強調意識、意識型態，與文化等社會之上層建築對於社會改造的推動力，也就是葛蘭西（Antonio Gramsci）所宣稱的文化霸權，其支持者樂於進行文化批判，挖掘媒體背後隱藏的宰制力量[47]。然而，文化霸權未必在1920年代之後才出現，本文認爲，19世紀中葉時，就已經有例子可以說明文化霸權。前一

44　馬克思，〈英中條約〉，頁600。

45　卡（爾）·馬克思（Karl Marx），〈中國與英國的條約〉，《馬克思恩格斯全集》（文字版PDF），中文第一版（1956-1983年出版），卷12，（1858），頁621-626，刊登於1858年9月15日《紐約論壇報》，第5455號，https://www.marxists.org/chinese/PDF/Marx-Engles/ me09.pdf，頁622。

46　本書將在下一章〈「自由」貿易、不「貿易」的自由〉詳細討論此議題。

47　洪鎌德，《全球化下的國際關係新論》，（新北：揚智文化，2011），頁59。

篇文章提及該刊物為侵略中國最積極的支持者之一，可以想見的是，該刊物必定抱持著中國——世界上最古老的、停滯的帝國——應該用英軍的大炮將之轟醒，唯有如此，才能讓這個行動緩慢的龐大帝國向前行。英國王室、政府，及其軍隊得到了《經濟學人》在其刊物上所載之官方論述，使其侵略行為具有「合法性」。當然，這看起來倒不太像西馬學者所說之社會改造的推動力，如果我們將其應用在國際關係的領域上。然而，不列顛王室似乎非常了解運用其文化霸權來合理化其軍事行動。而第二篇文章，或許可以這麼看吧！該刊物十分了解人們之貪念，於是乎，藉由突顯戰爭可能獲得之實質利益，讓人們忽略或完全忘記被侵略者所遭受之苦難。

　　總而言之，今日許多華人認同《經濟學人》許多觀點，然而，多數讀者似乎難以想像160年前，該刊物卻是最支持鴉片戰爭的媒體。歷史事實中，有不少讓人意外的故事。

表裡不一的重商主義者：英國王室與商人

　　現在，我們花點時間來瞧瞧馬克思在《論壇報》是怎樣看穿虛偽的英國紳士。或許可以這樣說，在此最能讓我們看出馬氏的確是19世紀的人道主義者，即使只能從《論壇報》上的字裡行間來間接證明而已。不過，在此本文先略為提及重商主義——英國人信守的意識型態。

　　重商主義的支持者如此堅信：如要評量一國的財富，則必須透過與其他國家的貿易所累積的貴重金屬來決定，且因為世界上的總體財富並非無限，各國在累積財富的過程中，一國獲利，則他國必定受害。這是一個零和賽局（zero-sum game）。在國與國之間——或者王國（帝國）與朝代之間——進行貿易時，輸出之總金額必須大於輸入之總金額，也就是輸出大於輸入，這樣才能確保貴金屬留在國內，使本國國力得以增強。並且，為了累積財富，各種手段（包括武力的使用）都是允許的。既然西方強權設定的貿易目標要勝過他國，自然而然在重商主義意識之下所採取各種手段中，鴉片戰爭，也就再正當不過了。然而，英國人不僅僅是重商主義者——經常用軍事力量為其後盾——在貿易上獲利甚多，並且，這些「紳

士」們還頗愛面子！他們竭盡所能地美化其侵略與掠奪的行為。現在，我們就來看看馬克思在《論壇報》上到底是怎麼說的。

　　就此「表裡不一」的重商主義者之議題而言，筆者找到了三篇相關的論文，前兩篇都在1858年9月刊登，日期分別是20日與25日，後一篇則發表在1859年10月。第一篇是〈鴉片貿易史〉，第二篇標題仍為〈鴉片貿易史〉，第三篇則是〈新的對華戰爭〉。馬克思對於虛偽的英國紳士之描寫，筆者找到幾個段落，按照刊登的順序，首先，第一篇文章中的兩段，值得我們留意：

　　　　大約在1798年，（英國）東印度公司不再是鴉片的直接出口商，可是它卻成了鴉片的生產者。在印度，建立了鴉片生產的壟斷組織，同時東印度公司自己的輪船被偽善地禁止經營這種毒品的買賣，而該公司發給中國做買賣的私人船隻的執照卻附有條件，規定這些輪船不得載運非東印度公司生產的鴉片，否則要處以罰金[48]。

　　從這段話，我們得知當時東印度公司已經壟斷了鴉片的生產，但自己的船隻不運送鴉片，而是發執照給中國的船隻，並禁止這些船隻的船東不能運送非東印度公司的生產的鴉片，意思是：這些拿到了執照的中國船隻只能載送該公司生產的鴉片。一方面，利潤都進入東印度公司的口袋，另一方面，避開了走私毒品的污名，簡單地說，套句俗話，「裡子」（財富）、「面子」（紳士）兼顧。馬克思在這篇文章中，有一句話似乎可以用來總結一下這樣的情形，他說：「半野蠻人（中國人）維護道德原則，而文明人（英國人）卻以發財的原則來對抗[49]」。

　　接著，我們看看第二篇文章，當時，標題同樣是〈鴉片貿易史〉，在這篇文章中，馬克思直接用「偽善」二字來形容英國政府，相關的段落如下：

48　卡（爾）‧馬克思，〈鴉片貿易史〉，《紐約論壇報》，第5433號，頁586。
49　卡（爾）‧馬克思，〈鴉片貿易史〉，《紐約論壇報》，第5433號，頁587。

　　我們不能不特別指出裝出一副基督教的偽善面孔、利用文明來投機的英國政府所具有的一個明顯的內部矛盾。作為帝國政府，它假裝同鴉片走私貿易毫無關係，甚至還訂立禁止這種貿易的條約。可是作為印度政府，它卻強迫孟加拉省種植鴉片……它嚴密地壟斷了這種毒藥的全部生產，借助大批官方偵探來監視一切……鴉片的調製適合於中國鴉片吸食者的口味，把鴉片裝入為便於偷運而特製的箱子……然後又轉給走私商人，由他們運往中國。英國政府在每箱鴉片上所花的費用將近250盧比，而在加爾各答市場上的賣價是每箱1,210到1,600盧比。可是，這個政府並不滿足於這種實際上的共謀行為，它直到現在（1858年）還直接跟那些從事於毒害整個帝國的冒險營業的商人與船主們合夥，分享利潤和分擔虧損（虧損似不常發生！）[50]。

英國政府表面上訂立法令，禁止從事鴉片貿易，看似與走私非法商品進入中國無任何關聯，但作為印度政府卻要孟加拉省種植鴉片，並且將鴉片製成適合中國人的口味，再由走私商人運至中國。其間的利潤最高達540%，這個政府一直到了該文刊登的1858年時，仍然貪得無厭地繼續與走私商人與船主共謀龐大利潤，而這一年，也是英國迫使中國接受鴉片為合法商品。在此，我們看到了英國政府難以填滿它對金銀的渴望。稍後，我們將會看到英國王室為何會有這樣永遠不可能滿足的欲求。

---

50 卡（爾）‧馬克思，〈鴉片貿易史〉，《馬克思恩格斯全集》（文字版PDF），中文第一版（1956-1983年出版），卷12，（1858），頁584-587，刊登於1858年9月25日《紐約論壇報》，https://www.marxists.org/chinese/PDF/Marx-Engles/ me09.pdf，第5438號，頁590-591。此外，不只是英國，美國亦在鴉片貿易上得到不少利益。當今，美國不少名校，其過去在創立的過程中，許多資助者的財富與鴉片有關。19世紀中葉以來，鴉片讓中國的知識分子情何以堪，20世紀末以來，成千上萬的中國知識分子進入這些與鴉片有關的名校就讀，又讓人情何以堪？關於美國如何從鴉片貿易得利，請參照James Bradley, *The China Mirage: The Hidden History of American Disaster in Asia*, (New York: Little, Brown and Company, 2015).

　　第三篇文章對相關段落相對簡短，然而，以下這段話，呼應了前述的說法，亦即，發動戰爭的「理由」無須合理，重要的是，真正的理由必須被隱蓋住，而且，它（們）通常與實質的經濟利益有關，馬克思說：

　　　　既然英國人曾為鴉片走私的利益而發動了第一次對華戰爭，為保護一個海盜的划艇而進行了第二次對華戰爭，那麼，現在要想達到一個高潮，只需馬上發動一次旨在以公使常駐北京這件麻煩事情來和中國為難的戰爭就是了[51]。

　　該文刊登在1858年10月，也就是第二次鴉片戰爭期間，與第一次因走私鴉片的利益受阻，可能中斷其（潛在）利益，使得英國政府決定訴諸戰爭。然而，英軍必須包裝對華戰爭的「理由」，使其看起來與經濟利益無關，這「理由」一定要夠冠冕堂皇，絕不能顯露出貪念，這似乎是個動武的基本原則。是故，馬克思才提到要發動第三次的戰爭同樣不難，只需要利用公使駐京這檔事來為難清廷即可。簡單來說，為能得到某種好處——且最終總能轉化成經濟上的利益——英國的紳士們不難找到藉口來合理化其巧取豪奪的行為。

　　事實上，正像馬克思那樣吧！我們似乎亦不難找到英國政府、王室的行為其實是表裡不一的，然而，筆者認為，重商主義者可能還得為自己不怎麼良善的行為擦脂抹粉吧！為使後代能夠更樂意地面對自己的歷史、自己的過去。這裡，且讓我們看看英國在1850年代之前，是如何完成其重商主義信仰。我們得先看看英國王室與海盜之間的親密關係：日本學者竹田いさみ（Isami Takeda）認為，為何英國霸權能夠成形，乃因皇后伊莉莎白一世（Queen Elizabeth I, 1533-1603年，在位1558-1603年）與海盜之間有相當密切的關係。海盜頭目Francis Drake贏得皇后最高的「崇敬」，是

51　卡（爾）‧馬克思，〈新的對華戰爭〉，《馬克思恩格斯全集》（文字版PDF），中文第一版（1956-1983年出版），卷13，（1858），頁568-585，刊登於1859年10月1日《紐約論壇報》，https://www.marxists.org/chinese/PDF/Marx-Engles/ me09.pdf，頁585。

他在1577-1580年間環球航行，這就說明他有本事劫掠西班牙和葡萄牙的船隻。爲何皇后偏愛Drake呢？原因無他，利益而已。但他到底上繳多少錢給皇后呢？有估計說，「他上繳60萬英鎊給英國，其中最少30萬，也就是50%進了皇后的口袋。60萬英鎊（在當時）差不多等於英國政府三年的財政預算」[52]。

事實上，伊莉莎白一世女王信託Drake爲首的海盜集團，成爲大英帝國的戰爭機器，他環繞地球航行，並且他在1582年，如願成爲普利茅斯（Plymouth）的市長之後，成爲國家英雄。在這之後，女王託付他各樣任務，像是「掠奪加勒比海」（1585年9月至1586年7月）、「伏擊西班牙的加地斯並搶劫隸屬西班牙國王的船隻」（1587年4至7月）、「擊破西班牙無敵艦隊」（1588年7至8月），和「擔任伊伯利亞半島遠征軍指揮官」等等[53]。這顯示不列顛皇家與海盜集團的掛鉤，但要記得，掠奪侵攻不過是英格蘭國家財富三個主要來源當中的一個而已。第二個主要收入來源則是奴隸貿易（直到1807年才禁止）和中國苦力（「豬」買賣），亦成爲英國政府與王室獲利甚豐的勾當[54]。換句話說，這兩種主要收入來源，以今日的眼光來看，似乎都不是「合法」的行爲，但或許這不是研究歷史者所該做的思維實驗，因爲當時有其特定之社會脈絡。那麼第三種英國國家收入的主要來源是什麼呢？那當然就是透過東印度公司販賣禁藥鴉片到中國賺取白銀。

綜上所述，我們看到英國，作爲重商主義的一個極致表現者，爲求快速累積財富，在零和遊戲中能取得致勝先機，各種不符合道德的行爲都被輕描淡寫的一語帶過。

52　竹田いさみ（Isami Takeda），《盜匪、商人、探險家、英雄？大航海時代的英國海盜》，（台北：東販，2012），頁19。

53　竹田いさみ（Isami Takeda），《盜匪、商人、探險家、英雄？》，頁42-43。

54　Hanes III and Sanello，《鴉片戰爭：一個帝國的沉淪》，頁183。

結語

　　時間回到160年前，霧霾讓一切變得迷濛。

　　倫敦——馬克思在1849年遭到法國政府驅逐之後，與妻兒遷居的城市——是個著名的霧都，氤氳溼冷，空氣的味道有點刺鼻。在遠方，泰晤士河兩岸的船塢，停滿不久之前從印度返航的商船，它們載著中國的茶葉，然而數量似乎沒有以前那麼多。

　　在倫敦這段期間，應該是馬克思與家人生活過得最困頓的時候，然而，他卻熱衷於參與社會主義運動，同時，他也開始建構社會經濟活動的宏大理論。當然，1840、1850年代在東方發生的幾個天大事件——像是鴉片戰爭與太平天國等等——想必能成為馬氏建構理論的實證資料，重要性自不在話下。那麼，我們又該如何得知馬克思對於中國的「了解」呢？這就必須先知道他在避居倫敦時如何謀生了。

　　論及馬氏在倫敦的經濟來源，除了其好友兼戰友恩格斯長期的經濟援助外，馬克思還擔任《論壇報》歐洲通訊員，為該報撰稿成了他收入的主要來源，每篇文章可為馬克思賺取1英鎊的收入。本文即匯整《論壇報》上馬克思發表的文章，藉此觀察這位19世紀以來歐洲乃至全球最重要的思想家（之一），對於中國所持的觀點、看法，以及對中國的評價等等。

　　筆者認為，當代社會（科）學源自西方世界，無論是對世界歷史、個別國家歷史的了解，向來我們習慣於用西方人的視角來看自己的過去，一般人也好，知識分子也好，全球知名學者——像是韋伯、費正清，華勒斯坦，或是馬克思——也好，似乎全都不自覺地透過西方知識體系來理解西方、乃至非西方社會，抑或東方社會（特別是中國）。然而，我們似乎很少質疑知名學者這種觀察其他社會的角度，質疑他們選擇觀察這個世界的視角是否偏頗了？走筆至此，西方人的視角，似乎讓人越來越看不透事情的真相。馬克思雖然為人們留下重要學術遺產，然而，他為《論壇報》所撰寫的文章，也留下尚待眾人釐清的觀點。

　　鴉片戰爭經常被人們視為中國由盛而衰的轉折點。很明顯，馬克思亦持此看法，認為160年前的沉睡中國，被英國用大炮轟醒了，中國為封建

主義、閉關自守、滿足現狀、鄙視外貿等傳統思維限囿，難敵開放外向、積極進取、擁抱世界等現代性指引下的資本主義，與走向全球霸權位置的大不列顛。然而，事實上，鴉片戰爭這個世界史的重要「轉折點」，很可能也是許多人日後持偏頗的歷史觀與世界觀的「起點」。在本書後頭的章節，還將略用篇幅再解釋1840年發生的鴉片戰爭，嘗試了解導致它發生的真正理由。不過，馬克思在《論壇報》上發表之文章，並非只有這次戰爭，此時，馬克思年方弱冠，剛剛才確定其博士論文而已。因此，他在該報上所發表幾篇關於鴉片戰爭的文章，皆為1856年英法聯軍所發動的第二次鴉片戰爭。

當時，英國海軍新式艦艇正駛出倫敦港，預備前往遠東支援對華戰爭，為了彰顯皇家海軍的光榮，也為了獲得巨額的賠款。泰晤士河畔成百上千參加歡送行列的倫敦市民，嘴裡歡呼著，心裡也嘀咕著，在不久的將來，英軍的捷報會由《經濟學人》傳播給這個城市的人民，皇家海軍會教訓那些從不學習新事物的——或充其量願意學習但也難以學會的——中國人，讓他們知道英國人乃是高一等的。

在前往大英博物館的幾條街道上，膚色黝黑的馬克思，望向天際，遙想著這些年才剛剛出現曙光的東方，那裡有一個古老帝國……其子民們日子得過且過……當中應該有幾位聰明者……但卻怎麼教也教不會……。

太陽早已升起，濃霧尚未散去。

第四章
「自由」貿易與不「貿易」的自由

只要我們注意考察英國的自由貿易性質，

我們幾乎可以處處看到，它的「自由」的基礎就是壟斷[1]。

　　延續前面〈馬克思在倫敦〉章節所談及，馬克思在1850年代左右對於英格蘭與清廷關係的描述，本章同樣以160年時間性的視角，但把重點放在嘗試揭穿大英帝國「自由貿易」的假面具，蓋如果要了解當今中國的崛起，1840年代向來被視為中國「衰弱」的轉折點。一般普遍接受的看法是：19世紀中葉之前，英格蘭這個號稱全球最進步的工業國家，其商品廣為世人所喜愛，市場上那隻看不見的手（invisible hand）對於推銷其工廠製產品最為有利。是故，當這個帝國的官員、軍隊、商人，與資本家到達世界上的任何角落，他們總是孜孜矻矻地試圖說服當地人，世界上再沒有比大英帝國更服膺於「自由」貿易的了。最有名的例子，莫過於1789年時，馬戛爾尼（George Macartney）[2]率領使節團觀見乾隆皇帝時所發生的「文化衝突」。當時，代表全世界工業最進步、在國際貿易上服膺於（領先全球的）「自由」貿易意識型態的大英帝國，其大使竟被要求用最古老且落後的叩首之禮，像清廷如此停滯、僵固且專蠻的帝國，又怎麼能夠了解「自由」貿易得以讓國家經濟快速增長呢？

　　然而，事實真是如此嗎？馬克思在倫敦時，為何他批評英國「自由」貿易的基礎就是壟斷呢？我們已經知道，馬克思於1850年代至1860年

1　馬克思，〈鴉片貿易史〉，《紐約論壇報》，收錄於《馬克思恩格斯全集》，卷12，（1858年9月25日刊登，寫於1858年9月3日），頁588-591，頁591。

2　George Macartney，中文姓氏譯作馬戛爾尼，為華人社會所熟知。之後，本書將直接使用其中文姓氏。

代初擔任《論壇報》駐歐洲的記者時，撰寫若干關於英格蘭與清中國的文章，當中有幾篇是關於鴉片的非法買賣[3]。除了這項商品之外，如果英國還有其他工業產品銷往中國，也絕不可能像鴉片那樣重要。

　　因此，或許我們可以這麼說，馬克思所提到，英國「自由」貿易的基礎是壟斷，其商品正是鴉片。與馬克思的思路或許有些差異，但本文在此試圖說明，正因為英國壟斷鴉片貿易，才使得大英帝國在19世紀能制霸全球。直到19世紀中葉，才可能是西方（特別是英國）與東方（中國）興衰的轉捩點，而非更早。換言之，本章旨在證明，英格蘭要求「自由」貿易，其實並非真正的「自由」，一如當今的世界貿易組織[4]那樣，追求降低關稅，並去除非關稅障礙，會員盡其所能地讓人流、物流和資金流能「自由」地流通在世界上各個角落。簡單說，「自由」貿易只是英國的說詞而已，事實上，與英國貿易的「夥伴」——像是清朝時期的中國——根本毫無自由可言，連不想貿易的自由都沒有。不僅如此，在全球霸權上，英國與後進之美國可說是保護主義（而非自由貿易）的先驅與能手。不然從何出現諸如重商主義、保護主義、關稅壁壘這些名詞呢？本章將解釋前述的看法，因為，倘若不了解160年時間向度（temporality，時間性）視角在發展研究的意義，就無法洞察在160年視角下，東方（中國）與西方（英國、美國）的全球霸權之爭。

3　第二次鴉片戰爭（1856-1860年9月22日），也就是華人較熟知的英法聯軍，在1858年5月時，聯軍占大沽口炮台，威脅進攻北京，6月23日迫使清政府與英、法、美、俄簽訂《天津條約》，此約並未提鴉片貿易合法化，但確定了長江內河航行權、公使駐京、開放牛莊、登州等港口。咸豐8年（1858年）中英協議鴉片改為「洋藥」，每100斤課稅30兩，稅率7%，當時，中英、中美分別在上海簽訂《通商稅則善後條約》，鴉片正式上稅，成為合法商品。

5　台灣乃至整個東南亞，馬克思學說最重要之詮釋者洪鎌德教授曾經告誡我們，他這麼說：「世貿組織有百餘個會員，但相爭與榨取者則美國與歐盟」。請參見，洪鎌德，《全球化下的國際關係新論》，（新北：揚智出版社，2011），頁40。筆者認為，洪鎌德教授相當有遠見，似乎已先看到今日川普政權在世界貿易組織不再能讓美國得利時，立即展開與中國及其他國家的貿易戰，提高關稅保護自己的產業。這個舉措，不正是19世紀時的美國經常使用的方法嗎？

接著，筆者首先說明160年時間性與世界觀的形成，特別是華人的世界觀，因爲1840年代所發生的鴉片戰爭對於華人如何看待自身的歷史與其所處的世界，亦即歷史觀、世界觀，可說影響甚鉅。筆者深覺，過去被西方知識體系所扭曲的觀點必須加以修正。在此，本文嘗試與華裔知名學者趙穗生[5]對話，當然，筆者並不能主張趙穗生教授的論點足以代表華人知識分子，但我們仍可以從中看到其觀點，似乎在呼應西方知識界主流的看法，這導致眞相被遮蓋而模糊不清。其次，評析趙穗生發表於國際著名期刊的文章，或者委婉地說，與趙教授對話，進行學術探討，以累積更多社會科學的知識。

160年時間性與世界觀的形成

先前，我們花了不少篇幅探討600年時間性，而看到社會科學在西方知識體系下所看不到的事物，像是明朝——特別是永樂年間——的海軍稱霸於印度洋，此時，西方人對印度洋的了解仍相當有限。然而，在西方知識體系的「啓發」之下，世界史上重要的活動，似乎都是從西方向（其）海外擴張後，才逐步開展的，特別是華勒斯坦的世界體系理論。

那麼，160年時間性爲何是重要的？筆者覺得有必要重加強調，特別是這160年視角所看到的歷史，能讓華人重新審視世界觀。是故，本書選擇用更長的時間性、更大的範圍來看待發展研究。此外，一般認爲發展研究這個領域是在二戰結束後的1950年代才開始興起，本書則認爲，所謂的「發展」是在霸權的羽翼下所產生的結果，這種看法與發展型國家理論的支持者極其不同，本書將以60年時間性的觀點下進一步闡述。這裡，我們先以160年時間性進行討論。

時間回到160年前，當時發生了東方（清中國）與西方（英格蘭）衝

5　趙穗生（Suisheng Zhao）是美國丹佛大學（Denver University）約瑟夫—克貝爾國際研究院（Josef Korbel School of International Studies）政治與外交政策教授，是該校中美關係中心主任，也是期刊*Journal of Contemporary China*的主編。

突的鴉片戰爭[6]。可以這麼說，自此之後，中國知識分子開始他們對前途、國家認同、歷史觀，與自信心屢受摧折的過程，至今仍未停歇。中國大陸「高階」知識分子最近的作爲，讓我們知道此言不虛。舉例來說，21世紀初——或許是另一個錯誤的起端——由北京大學發起的《名家通識講座書系》，這套叢書是由中國大陸十幾所重點大學與一些研究單位合著的普及讀物。當然，筆者實在憂心，當越多的讀者閱讀之後，日後將越難改變他們的視點。此叢書的潛在讀者，主要爲中國的青年，其次爲各地通曉中文的研究者。當中的第一、第二批近50種，2004年都已出版完畢。其中的《清史十五講》，於該年9月出版，到2016年7月已經是第9刷。可以這麼說，中國大陸的青年知識分子應該認爲自己有必要重新了解清代歷史，但這也是筆者所擔心之處。在該書的第十講〈守不住的大清門〉[7]，在「大門失守之後」的一小節中，開頭便說：「西方資本主義列強通過戰爭打開了中國的大門，將中國納入到世界貿易體系當中。中國傳統社會在西力東漸的作用下開始發生變化，出現諸多前所未有的新事物和新情況」[8]。

　　從上述這段話，我們清楚看出該叢書編者們直接墜入華勒斯坦所創立之世界經濟體系的思維陷阱的坑底，而不可自拔。難道（清朝）中國不喜歡對外貿易？非得等到西方列強用大炮轟門之後，中國迫於情勢，才（被）打開了大門？中國被動地納入了西方世界主導的的貿易網絡裡？基本上，這論點普遍被接受，然而，卻是漏洞百出。以下，我們再次進入趙穗生教授在2015年於《當代中國期刊》（*Journal of Contemporary China*）裡所寫〈重思中國的世界秩序：朝代更迭與中國的崛起〉[9]一文的思維

6　當然，我們也可以說這是英格蘭侵略中國（南方）的開始。爲何是侵略呢？因爲英國商人想要進口非法商品鴉片到廣州，遭到清廷拒絕，於是英國軍隊炮轟廣州城，以武力來逼迫清廷就範。本文稍後將詳細分析。

7　張研、牛貫杰，〈守不住的大清門〉，《清史十五講》，（北京：北京大學出版社，2004），頁243-266。

8　前揭書，頁262。

9　Suisheng Zhao, "Rethinking the Chinese world order: the imperial cycle and the rise of China,"*Journal of Contemporary China* 24(96), (2015), pp. 961-982, p. 961, 962.

裡，對當中的些許問題提出不同的觀點。趙穗生教授試圖檢驗是否誠如中國現任國家主席習近平[10]所認為的，中國向來採取敦親睦鄰的外交政策。此書起頭便提出一個問題：中國的和平崛起是否是因為愛好和平的傳統使然？無論中國歷來的皇帝是否採取敦親睦鄰的和平政策，實際情況可從知識分子，或稍微延伸，從平民老百姓的實際行動中就能看出。因此，他考察中國的世界秩序，以了解中國的世界觀，這是他研究的第一部分。

　　「重新思考中國的世界秩序」的第二部分主要由圍繞鴉片戰爭的相關議題組成，而這個部分也是東西方「衰弱」與「興起」的轉折點，是160年時間性的觀察重點。我們若從600年時間性的觀點視之，也就是15世紀初起，至少在印度洋、東南亞，與東亞維持了100年以上朝貢體系的「世界秩序」，之後，東方（中國）與西方（歐人）的互動逐步增加。到19世紀中葉——也就是160年時間性的開頭——清廷在鴉片戰爭之後，國力漸失，白銀開始外流，中國自此被視為衰老孱弱的國度。然而，二次世界大戰之後——所謂60年時間性的開頭——東亞逐漸崛起，從日本開始，亞洲四小龍，包括台灣、南韓、新加坡，與香港，與接下來的中國，看起來，似乎是一個東亞區域即將要復興的時期，特別是中國大陸倡議「一帶一路」之後。中國與美國爭取全球霸權的態勢將越來越明顯。在此暫且讓我們先回頭看，趙穗生在論文的副標題上，想告訴我們些什麼。

　　其副標題「朝代更迭與中國崛起」顯示在中國推動經改（1979年）之後，相較於之前的疲蔽荒廢，或說是累自清朝鴉片戰爭以來長年的沉痾，顯出長足地進步。對中國而言，在歷史中，從19世紀中葉開始，這個

10　2018年3月11日，中國全國人大會議以99%比率通過修憲案，刪除國家主席「連續任職不得超過兩屆」的規定，習近平主席的任期將可以延至2023年（甚至更久）。習近平說，在修正案形成的過程中「充分發揚了民主，集中了各方面的智慧，體現了黨和人民的共同意志」。外媒關切修憲過後是否會出現強勢領導人，倒退回文革時期？中國全國人大法工委主任沈春耀說：「你提問中設想、猜測和延伸的問題是不存在的」。相關新聞，請參照，賴錦宏、林庭瑤、李春、戴瑞芬，〈人大通過修憲習近平主席任期無限制〉，經濟日報，2018年3月12日，https://money.udn.com/ money/story/5603/3025466，檢索日期：2018年3月12日。

巨大的恥辱對知識分子衝擊甚大。在鴉片戰爭之後的一甲子（60年中），清朝與西方（和東方的日本）強權接連訂立一連串的不平等條約。趙穗生的敘述中透露出弦外之音，他認爲應當責備清朝政府。中國既然以主權國的身分與國外簽訂不平等條約，就說明外國與清朝擁有對等的外交地位。但在大清帝國文化優越性的遺風之下，這被當作不該是眞實的[11]。換句話說，清朝應該要更爲強大，也要能夠比想像中更強悍的想法，充塞在普勞大眾和知識分子心中。但筆者認爲，執著於所謂的「平等」（之外交關係），卻阻礙我們明窺直視眞實的情況，因爲實際上這點更像表淺的說法，而難以看到英國對清朝發動戰爭的眞正理由，當中國知識界爲「自由貿易」的說詞所蒙蔽，那麼這個160年視角也將頓時失去意義。此外，趙穗生將重點置於清朝這個「傳統的」帝國與英國「先進的」工業都心的文化衝突，依然難以解釋政治─經濟的條件，最終導致英國發動鴉片戰爭。清朝乾隆皇帝（1711-1799年，在位1736-1795年，之後當了4年的太上皇）與英國大使馬戞爾尼對於觀見皇帝禮節的「誤解」，似乎無法告訴我們英國政府眞正所關心的、所要的到底是什麼。

　　就當前的研究，我們先看鴉片戰爭——這也是筆者所強調的160年時間性之主因——再檢視之後的世界秩序。首先，部分學者相信，鴉片戰爭之所以爆發，乃是因爲清朝閉關自守，完全無視自由貿易乃國際新趨勢。所以，我們來看看自由貿易的意識型態與政策，在實際上是怎麼回事。本文認爲，自由貿易不過是那些先進國家的「綱領」而已，實際上，英美與其他先進國家採取保護主義，來極大化自身的利益；其次，趙穗生的部分論點有必要進一步探討，主要是關於鴉片戰爭。其中一個理由是，戰爭帶來對世界觀不可逆轉的影響，這將讓人看不出中國19世紀衰弱的眞正原因，也難以理解「一帶一路」爲何是東亞之復興與中國的崛起；第三，本文認爲有必要重新勾勒鴉片戰爭的圖像。我們運用政治經濟學的視角，來補充趙穗生的敘述，藉此說明清朝中國連不「貿易」[12]的自由都沒有，

11　Zhao（趙穗生），"Rethinking the Chinese world order ," p. 979.

12　吾人以爲，清廷並非不願意與英格蘭貿易，因爲鴉片販賣與吸食是非法的，然而，社

換句話說，英格蘭強迫清廷必須同意輸入鴉片這項禁品，若滿清政府決定不「貿易」，戰爭將勢必難免；第四，在他的文章裡，中國的世界秩序是裡頭兩個重點中的一個。我們提供例證，來說明一個非左即右、非一即二的問題：中國過去到底採取懷柔或強勢的外交政策，看來是過分簡化了，實際情況應該更為錯綜複雜。

包著自由貿易外衣的保護主義

在這裡，我們首先指出富有的國家並非真正信持自由貿易，而是自由貿易「信仰」之異教徒；其次，本文指出先進國家並非自由貿易的意識型態的先驅，而是保護主義；第三，開放市場是否能當作一國是否秉持自由貿易意識型態的判定標準呢？我們用非法的商品鴉片來討論之。

自由貿易的異教徒：富有國家

就直覺，自由貿易政策意謂市場會進行自我規範。對國家來說，由於市場交易雙方受到一隻看不見的手所引導而完成交易，因此國家無須參與或干涉。過去幾十年來，富有國家（先進國家）常常呼喊「自由貿易」的口號，但事實絕非如此地簡單易懂。實際上，這些先進國家才是扭曲所謂能自我調控之市場的始作俑者。在21世紀初，實際情況仍無太多變動，美國與歐盟持續補貼農業，另一面卻要求開發中國家開放市場，進行自由貿易。在過去20、30年，也就是1980年代之後，英、美（再度）向全球鼓吹自由貿易之時，例如，在2002年，小布希（George W. Bush）總統簽署支出總額高達2,490億美元的農場法案，之後，每年以總支出的10%遞增。歐洲的情形也差不多，由於歐盟實施農業共同政策，給予農業相當優渥的補貼，這使得歐盟能將生產過剩的農產品傾銷到新開發的市場。這點，對

會（科）學界卻習慣用「自由」貿易來責備清朝。總之，看起來，，在160年這個「瞬間」，清中國就連不想與英格蘭進行鴉片這項非法「貿易」的自由也沒有了。

於國外市場產生致命的影響[13]。

　　歐盟的農業共同政策可說是過度保護。例如，歐洲最大的乳酪供應商Arla食品公司，便出口430萬磅的乳酪到多明尼加共和國。其中，歐盟補貼110萬磅，使他們能用比當地便宜25%的價格外銷。在過去20年歐盟的高度補貼，超過1萬名多明尼加的酪農失業。早前的例證也說明相同的事，在1990年代中期，國際貨幣基金（International Monetary Fund, IMF）強迫海地共和國開放稻米市場。這樣一來，美國所生產的廉價稻米便能傾銷到海地。這使海地在1980年代中期稻米尚能自足，後來卻因為大量購買傾銷進口的稻米，使得本地所生產的稻米乏人問津，進而造成農民失業。當時，英國糧食與農業部大臣Larry Whitty說道：「促銷（此開放）政策並非達到自給自足，而是競爭、競爭、再競爭」[14]。因此，能夠這麼說，對於富有國家來說，這些開發中國家應該毫不猶豫地全盤接受「自由貿易」這口號。但這些已開發國家並不是真心地信奉自由貿易的意識型態，特別在他們開始工業化的時期。當然，今日的工業國家，連自己也不會相信「自由」貿易這信條。

　　從上面我們看出這些富有國家，一方面持續運用某些手段干預（國際）市場，另一方面，卻要這些窮國擁抱自由貿易的意識型態。這兩手策略並非要到1980年代以後才出現，而是早在200年以前就已存在。

保護主義的先驅

　　在分析國際關係時，洪鎌德教授說道：「後來擔任聯邦政府財政部長，美國開國元勳之一的漢彌爾頓（Alexander Hamilton, 1757-1804）可以視為接近重商主義者，儘管他不以國家聚集金銀財寶作為國力之象徵，卻主張保護本國手工業，俾為新興的合眾國能夠與歐陸強權爭霸的工具，至少要使北美合眾國的貿易趨向平衡」。與漢彌爾頓相似，德國「國家經

13　Michael Woodin and Caroline Lucas，《綠色全球宣言：讓經濟回到升斗小民手上》（*Green Alternatives to Global*），（台北：新世紀，2005）。

14　Woodin and Lucas，《綠色全球宣言》，頁223、225。

濟學」學者李斯特（Friedrich List, 1789-1846）可說是個國家主義者，他信持應當採取保護政策，特別當國家處於工業化的早期階段，產業仍無法營利的狀態之時[15]。

　　本文認為漢彌爾頓與李斯特的部分觀點有其價值，特別用以理解鴉片戰爭對清朝與整個中國的意義，當然，這可以幫助我們理解當今工業國家在國際媒體上所討論的議題，與背後含蘊的真實意義。首先，對國家經濟，和部分地方產業而言，競爭是在市場上生存的不二法門。在這情形下，分食市場可說是你贏我輸、你輸我贏的零和賽局（zero-sum game）；其次，保護主義讓幼稚產業（infant sectors）爭取足夠時間茁壯，能獲得競爭力；第三，支持自由貿易的意識型態的人，也會鼓吹只有在本國產業已能與外國競爭，才能開放市場。要人先學跑，而不是先學走，這顯然不是個好點子。

　　或許，世界上再沒人能比英國人更知道「自由貿易」的意識型態，並熟稔其操作方式。當代的例子，也就是美國前總統雷根（Ronald W. Reagan）與英國前首相鐵娘子之稱的柴契爾夫人（Margaret H. Thatcher）在1980年代所鼓吹的新自由主義（neo-Liberalism），在我們心中所呈現的映像。他們嘗試鼓勵所有開發中的經濟體鬆綁政府管制（控制），特別在金融上頭，並開放市場，將國有企業民營化，諸如此類。自由貿易的屬性基本上可以回溯到18世紀時，亞丹・斯密《國富論》中所提出的絕對利益法則[16]，根據他的說法，只要該國生產的特定商品比其他國家更適合貿易（有價格優勢），那麼，進行貿易對雙方都是有益的。在市場中，有一隻「看不見的手」在導引交易雙方，並且有條不紊的運作。建構在亞丹・斯密可謂傑作的理論上，保護主義對於經濟發展毫無助益。但有夠奇怪的是，美國與英國這兩個澈底實行保護主義的國家卻也擁有最令人無法置信的成功發展。

　　針對這個矛盾，張夏準（Ha-Joon Chang）提出一些想法。在這

15　洪鎌德，《全球化下的國際關係新論》，（台北：五南圖書，2012），頁78。

16　Adam Smith, *The Wealth of Nations*, (Hong Kong: Commercial Press, 2002).

裡，我們首先檢視美國，其次是英國。他認為：「在林肯（Abraham
Lincoln）競選總統寶座時，他在關稅這件事情上保持沉默。……然而當
他勝選，不旋踵便將關稅提高到美國歷來的最高水準。林肯所提供的理由
和美國為何要首次制定高關稅率是一模一樣：例如籌措戰費（1812-1816
年與英國的戰役）。然而戰爭結束後，關稅依然維持不變，甚至提得更
高。所製造的商品居然要課徵40%至50%關稅，直到第一次世界大戰為
止，並且這關稅可是全世界最高的。……雖然，美國是全世界最具有保護
主義色彩的國家，但整個19世紀，乃至1920年代末，它也是成長最快速的
經濟體[17]。因此，能幫助經濟成長的並非自由貿易，剛好相反，是保護
主義。」

　　美國如此，那麼英國又如何呢？張夏準指出：「在當今被視為貿易保
護主義發源地的法國、德國與日本，並未像英國或美國如此澈底地保護貿
易，從中取得貿易優勢，然後搖身一變成為自由貿易的支持者。實行保護
主義的法國常被拿來與實行自由貿易的英國做比較。但在1821至1875年，
特別在1860年代早期，法國的關稅總是比英國來得低。即使法國在1920
至1950年間變成保護主義國家，平均的產業關稅率也總是低於30%，但同
時期的美國與英國的最高點則到達50%至55%。在德國，關稅相當的低，
製造業為5%至15%，遠低於在1860年以前美國和英國35%至55%的稅率。
在對日本來說，在工業化的初期實行自由貿易，但不是出於自願。這乃是
由於西方列強在1853年後強迫日本締定不平等條約，迫使日本開市通商的
緣故。直到1911年，這些條約要求日本的關稅保持在5%以下。但即使後
來日本重新取得關稅自主權，並提高稅率，製造業的稅率也才30%上下而
已[18]。因此，假如歷史告訴我們些什麼，那麼可以說，保護主義才能累
積國家財富，自由貿易不能。

17　張夏準，《富國的糖衣：揭開自由貿易的真相》，（台北：五南圖書，2014），頁70-
　　71。
18　張夏準，《富國的糖衣》，頁72-73。

開放進口市場，也包含毒品？

從以上分析，不難發現並非信持自由貿易的意識型態，而是信持保護主義，才使富有國達到現今的地位。一般來說，自由貿易政策只有在兩個條件下才有功效：其一，商品具有競爭性；其二，編列預算高度補貼，並給予優惠融資以扶持商品生產。另外，「自由貿易」之所以能夠遂行，乃是19世紀用洋槍大炮抵著腦袋，鴉片戰爭就是一個例子。

通常支持自由貿易的方式就是開放本國市場，免稅，或者採取低關稅，並且開放市場意謂著政府應該儘少地介入、干預市場的運作，這既是國際趨勢，也是已開發國家常常掛在嘴邊的說詞。很諷刺的是，許多人選擇相信這種「國際趨勢」，特別是這些低度開發國家的人民。雖然我們無法斷言為何會這樣，但根據費正清的說詞，關於《南京條約》之後，說明一件重要的事情：「現代」的中國從「傳統」的房間抽離而出。當中國打開門戶，原來應該能夠撥雲見日，但當中國擁抱自由貿易時，到底發生了什麼？在此簡短解釋。

有種說法是，自1820年代開始，英國從保護主義開始轉向自由貿易。例如和外國人貿易，那時擔任英國貿易局總裁的赫斯基森（William Huskisson, 1770-1830）就任之後，便開始修改增加國庫收入的租稅法案與保護貿易的政策。這乃是由於赫斯基森（與先前所提的漢彌爾頓和李斯特）相信，在工業化剛起步的階段，保護政策是有必要的。因為在那時，幼稚產業仍無法與其他國家競爭。換言之，早在1820年，英國的企業家因「他們找不到需要國家保護的競爭對手，因此，他們只消壓低成本大量生產，廣銷產品即可」[19]。

不僅如此，英國企業家對於他們最新的工廠生產系統過於自信。所言「他們打遍天下無敵手」，或許是指歐洲鄰近國家。但當他們想把貨物拿來長江三角洲賣的時候，這個區域繁榮的景象絕不下當時19世紀的

---

[19] 許介鱗，《英國史綱》（*The Sketch of the British History*），第二版，（台北：三民書局，2014），頁155。

歐洲[20]，英國的企業家，或者該說東印度公司卻發現想賺錢不是那麼簡單。如果我們了解重商主義是怎麼回事，那麼我們就不意外支持自由貿易的人他們所假定的一切，包含動用槍炮、累積財富、自由貿易（甚或「被迫」貿易）。在1840年代初，清廷被迫增設更多通商口岸，來與外國商賈無限制地貿易。在1820年代，英國政府開始擁抱自由貿易的意識型態，那時英國商人能在廣州自由買賣。20年後，他們能在更多地方進行買賣、賺取利潤，如福州、廈門、上海、寧波等地。這些沿海城市擁有較高的購買力，也就是相對富有。為何他們不買英國其他的商品，而唯獨去買福壽膏（鴉片菸）呢？答案很簡單，假使重商主義教了我們什麼，那就是鴉片買賣可說是一筆橫財。

關於自由貿易的概念，許介鱗的觀點應該能為大家所接受，也就是：英國全心全意地鼓吹這個信念。他認為，從18紀以後，歐洲人對中國茶葉的需求日益殷切，使英國陷於貿易赤字的局面。由於英國進口茶葉，導致白銀外流到中國，進而推升英國本土的物價。根據許介鱗的說法，廣州「公行」，也就是官方指定的貿易機關，是英國想從中國賺錢最大的絆腳石。英國為去除這個障礙，派遣馬戛爾尼與其他使節團成員在1793年到中國，馬戛爾尼請求乾隆皇帝擴大貿易，但沒有成功[21]。

我們可以發現許介鱗似乎弄錯了什麼。他所錯認的，正好是一般為大家所接受的論述。事實上，中國對英國生產的商品並無太多需求，恰好相反的是，英國大量需求中國所生產的茶葉。對英國來說，貿易赤字必須解決，而解法就是鴉片。因此無須擴展什麼市場。因此，許介鱗所言，馬戛爾尼請求乾隆皇帝開放中國市場似乎無甚意義。接著，我們回到趙穗生的論點上。

20　Kenneth Pomeranz, *The great divergence: China, Europe, and the Making of the World Economy*, (Princeton, N.J.: Princeton University Press, 2000).

21　許介鱗，《英國史綱》，頁163。

趙穗生論述中的幾個矛盾點

這裡有五個小點，或許使我們感到疑惑。我們嘗試回答趙穗生研究裡的的幾個議題。首先，他認爲英國在工業革命之後，主宰世界經濟；其次，外國商人不能直接與清中國貿易往來，只能按中國商人的出價來進行交易，這違反自由貿易的原則；第三，英國商人無法容忍廣東公行；第四，鴉片菸是違禁品，不能在中國使用；第五，英國豈不在乎到底有哪些商品賣到中國？首先讓我們重述趙穗生的論述，因爲這一小個段落中，隱藏了太多的問題，至今猶未解決，這是160年時間性所留下者，必須再加以詮釋，以期能看清楚「過去」以及「未來」，其說法如下：

> 當英國在18世紀末開始主宰世界經濟，他們發現廣州公行所帶來的貿易限制日漸無法忍受。假使外國商人不能直接貿易往來，無法詢價，也無法與中國商人議價，只能接受，這就與自由貿易的原則相牴觸。英國購買大量商品，卻幾乎看不到中國購買他們的商品。這貿易的鴻溝只能用白銀填補。然而白銀是貴金屬。英國渴望找到一種能大量生產，也冀望能打開中國市場，大量銷售這樣產品，來平衡貿易收支。於是，他們找到鴉片菸。對英國來說，不管貿易的商品是鴉片、棉花、縫紉針，還是其他，只要有需求，就能幫助他們解決貿易收支平衡的問題[22]。

英國主宰世界經濟了嗎？

在進入正題之前，或許值得我們先看看在學術文獻提到，鴉片「貿易」這個令人懷疑的論述，並且爲此而發動戰爭。即使並非總是，但我們常常可以發現到，清朝的中國被界定爲一個既封建且傳統、頑固、專制、氣度狹窄的社會，似乎一無是處。但這些應該不是問題，問題在於學者認

---

22 Zhao, "Rethinking the Chinese world order," p. 978.

爲英國爲求「開放」市場，而能銷售他們在新式工廠所生產之物美價廉的產品。要記得，這種論述瀰漫於學術界，似乎已是根深蒂固。

　　我們回頭看趙穗生所敘述的，他指出：英國在18世紀末開始主宰世界經濟，他們發現廣州公行所帶來的貿易限制日漸無法忍受。在這裡，我們認爲，他所持的觀點是，在英國開始（所謂的）工業革命後的幾十年，英國便開始領導世界經濟的脈動。但我們很好奇的是，英國如果有能耐來主宰全世界的經濟，那麼應該也能夠在廣東省既存的「公行」體系下，在廣東省乃至中國南方找到好機會開拓市場才對，不是嗎？那麼，爲何除了鴉片之外，他們很難賣東西給中國？假使英國製造業的產能夠強，爲何他們還要向中國市場叩關呢？況且，中國當時尙且不知道用高關稅來保護幼稚產業的法子。

　　英國的貿易赤字可透過銷售更多產品到中國來彌補，當時廣東公行體系並未限制英國到底能銷售多少產品到中國，換句話說，只要英國能在中國找到更多客戶，那麼他們就能賣力銷售所生產的商品。另外，若不謹愼，恐怕就會掉入西方思維二分法的窠臼裡──存在／缺場、理性／不理性、善／惡等等。費正清以1842年之前及之後，作爲區分「傳統」與「現代」中國的界線，就是此類。因此，任何舊中國既存的事物都須加以摧陷廓清，廣東體系當然也不例外。然而，這只是英國人的藉口而已。

禁止外商直接貿易往來？

　　先前，我們已在〈不只亞丹・斯密在北京，費爾南・布勞岱爾也在這座城市裡〉一章中提及中國徽商。在這一小節，我們探討山西、陝西商人（晉商與陝商）如何壟斷長程貿易，並與外國商人互通有無，而無須經由公行仲介。這就是中國歷史上存在已久的邊境互市（貿易），或稱爲所謂的「國與國」[23]貿易。首先我們來看明清時代的陝商與晉商，是如何在

23　特別是西方的學者們似乎認爲只有西方才存在著現代意義的國家（state），其主權不容侵犯。當然，這樣的思維無法讓人看清事實的眞相。西方自17世紀中葉《西伐利亞（Westphalia）條約》簽訂之後，主權變得神聖而不容侵犯，但這至多只及簽訂的歐洲

布勞岱爾極感興趣的「長程貿易」[24]商業活動中所展現的壟斷，亦即布勞岱爾認爲在資本主義才看得到的卓越能力。

　　簡單來說，稱雄一世的陝西與山西商人用糧食向明政府換鹽引，利潤穩定且豐富，這是明初的開中制[25]的結果，這一項重要的日常生活之必需品，通常必須從遙遠的地方運送至他處，非富商巨賈不能爲之[26]。但除了鹽，這項在任何時間、地點都算是必需品之外，陝商與晉商在茶葉貿易上（特別是在西北邊境）扮演極爲重要的角色，這也道出在工業革命之後英國便主宰世界經濟，乃是趙穗生所意想不到的。首先我們檢視陝商在中國陝西甚至是西北在商貿活動的浮光掠影。

　　論及陝西商幫，位於涇河下游的涇陽縣——明清中國西部之明珠——值得吾人留意。涇陽縣擁有便捷的交通、發達的農業生產，以及較爲先進的手工業技藝，是陝西乃至大西部的經濟中心，明初洪武年間，涇陽開始植棉，全縣耕地達5,593公頃，近五分之一面積種植棉花，共1,120公頃。根據《萬曆會計錄》所載，明萬曆6年（1578年）政府向陝西徵集的棉花就高達17,208斤[27]，簡言之，明清時期，涇陽是最主要的棉產區，商業相當繁榮。起自明代中期，陝西經營茶葉貿易的大商號都聚集在涇陽。繁忙

國家之間而已，此主權不及於歐洲以外——大多數被視爲未開化的（uncivilized）——國家或地區，無須多談，這只需要略爲回顧所謂的大航海時代，歐洲列強在海外對於其他民族、「國家」（或朝代）——包括中國——之所爲，讀者便能了然於胸。但筆者覺得，向來「傳統」中國被視爲落後的、停滯的帝國，對於所謂的（現代）「國際關係」不甚了解，是故，「國與國」的貿易不被西方學者所承認。本節將對此提出反駁。

24 這裡，讀者或許可以稍加留意，中國的邊境貿易（邊境互市）存在已久，但事實上，筆者謝某以爲，將之視爲「國與國」之間的貿易亦無不可，因爲這是不同朝廷（dynasties）、王國（kingdoms），或帝國（empires）之間的交易活動。

25 明初的開中制起於洪武3年（1370年）。該制度鼓勵商人運送糧食至邊塞，政府給予這些充實邊疆的商人鹽引（也就是將壟斷食鹽交易的「權利」，以資鼓勵）。明朝中葉以後，開中法雖然有不少弊端，但仍沿用到明末。

26 張喜琴，《萬里茶路》，（太原：山西教育出版社，2014），頁93；李剛、李丹，《天下第一商幫：陝商》，（北京：中國社會科學出版社，2014），頁5-6。

27 《萬曆會計錄》，卷9，萬曆10年刊刻，引自李剛、李丹，《天下第一商幫：陝商》，頁22-23。

之時，每家商號所僱之工多至百人，數十家茶號，忙碌異常，每年所製之磚茶大約4,100萬斤，再用駱駝馱至西北各大市場，馬合盛家為涇陽大茶商，其飼養之白駱駝超過了1,000峰，運茶時，以十峰駱駝成「一連」，一次則數十連，浩浩蕩蕩，成涇陽一景[28]。藏人愛茶，陝商控制了輸藏茶葉的大部分。當時，藏人於秋冬季節趕著數百頭犛牛，馱運著以羊毛為主的商品到達康定及其他交易地點，像是瀘定、丹巴，與道孚、雅江等，進行「以茶易馬」的交易[29]。上述描繪的大略輪廓，讓我們得以窺知陝商的經營實力，但要反駁趙穗生的論點，我們還得看看山西商人如何與俄國進行茶葉貿易。

　　具體而言，「主宰世界經濟」的英國不僅無法在19世紀中葉以前在某些產業（尤其是茶葉）占據優勢，並且與俄國一樣，英國人亟欲打破中國商人對茶葉的壟斷地位，阻止貿易逆差情況持續發生。在這個情況下，真如趙穗生所言，中國禁止外商直接貿易往來嗎？事實似乎不是如此。康熙28年（1689年）時，清俄簽訂《尼布楚條約》，該條約提到「嗣後往來行旅，如有路票（護照），聽其貿易」（第5條）。這是清、俄雙方以「國與國」的對等地位來簽約，也是雙方互市茶葉的開始，換句話說，這是「中俄雙方第一次以國家的名義正式承認邊境貿易是合法的」。然而，這仍無法滿足俄國對茶葉的需求。俄國多次要求擴大茶葉貿易，於雍正5年，雙方簽訂《恰克圖條約》，在恰克圖與尼布楚之外，尚在祖魯海圖共三處開放為商埠，「仍允許俄商入境」，中國商人則多數留在「庫倫、張家口、北京」等地與俄國商人進行商貿[30]。明顯地，趙穗生試圖說服我們，中國並不了解「自由貿易」，以至於將商機拒於門外。但歷史事實則道出另一則故事。

　　與絲綢之路——包含陸上絲路與兩條海上絲路——齊名，由晉商壟

28　劉于義，《陝西通志》，卷119，陝西通志館藏本，〈茶馬〉，頁27，引自李剛、李丹，《天下第一商幫：陝商》，頁10。

29　李剛、李丹，《天下第一商幫：陝商》，頁153。

30　張喜琴，《萬里茶路》，頁95、118-119。

斷[31]的茶葉之路，從中國福建武夷山區到中俄邊境的買賣城恰克圖，約4,500公里，最遠則達5,150公里之外的聖彼得堡與莫斯科。從武夷山到恰克圖之間的茶葉貿易，跨越數省——包括福建、江西、湖北、河南、山西、河北等——近5,000公里，可想而知，晉商不乏巨賈，否則難以負擔龐大的產銷成本與利息費用，例如，乾隆42年（1777年），在貿易總額這個數字上，晉商在買賣城市場已達白銀六百多萬兩。另外，根據《茶市雜咏》的資料指出，清代初期在此市場投資的晉商多達五十幾家，資本額少則白銀二、三十萬兩，多者則至百萬兩。僅計茶葉這項商品，總輸出從雍正5年（1727年）的2.5萬箱，增加到道光年間（1821-1850年）的6.6萬箱。而旅居俄、蒙的晉商，在茶葉貿易中，更是從清初一直到民國8年（1919年）是生意的極盛時期，每年可達1.5億兩白銀，張家口——轉運至俄、蒙之轉口站——資本可說完全由晉商所支配[32]。

　　簡言之，就晉商與俄國在茶葉貿易的歷史事實上來看，中國並未如趙穗生所言，高傲地拒絕外商，不與之貿易，清朝並未看輕外族而把自己封閉起來。事實上，清俄雙方在國際條約的約束下，進行長期且穩定的茶葉貿易。這裡所談的是北方、西北方的「邊境互市」（或者稱「國際貿易」）。那麼，中國南方呢？西方列強大抵從這個方向而來，到底中國真的禁止外國人前來從事貿易活動嗎？我們來看向來被（西方知識界）污名化的廣州公行體系。

---

31 雖然壟斷被華勒斯坦——資本主義世界（經濟）體系創立者——的老師，也就是布勞岱爾視之為資本主義的必要條件，然而，中國的學者之中，不少人總是以「萌芽（卻又不幸地枯萎）論」來待明清，甚至更早以前中國的繁榮的經濟發展。例如，在描寫晉商在萬里茶路是如何壟斷茶葉貿易，張喜琴是這麼說：「如此包買商經濟是中國社會歷史發展到一定階段和一定水平的產物，它是商業資本從流通領域轉向生產領域的一個過渡，也可以說是**資本主義生產關係的孕育時期**（粗體為筆者所加），是其生長的關鍵階段，非常重要」。請參照，張喜琴，《萬里茶路》，頁43。看來，張喜琴似乎落入了西方哲學二分法的圈套裡，無論經濟發展再怎麼好，產業領先的程度有多大，古老的、封建的中國不可能產生資本主義，因為如此進步的制度只能發生在西方世界。

32 張喜琴，《萬里茶路》，頁69、70。

廣東公行體系真的令人忍無可忍嗎？

　　看來，我們有必要檢視廣東「公行」體系，來了解公行是否爲英國商人所堅決反對、鬥爭到底的萬惡之物。自1755年，廣州便成爲清朝開放唯一的通商口岸。十三行（公行、代理人）總攬外國與中國的買賣。有人說：這個閉關鎖國的貿易政策既阻礙中國的經濟發展，也阻止外國前來開拓中國市場[33]。這也是對廣州體系一般的認知。但本文認爲，閉關鎖國的論述無法說明事實。再者，假使要評判經濟體的開放與否，向來似乎太過強調海上貿易對西方列強的重要性。如同羅威廉（William Rowe）所言：「在歷史中的任何時刻，如果我們認爲中國是閉關的，那麼我們就錯了。清朝與外國的往來既熱情，但也有衝突，裡頭部分問題時至今日依然不能解決」[34]。請記得我們不是才剛談過中國西北邊境的「國與國」貿易嗎？

　　乾隆皇帝當時關閉浙江省的寧波港埠，被描寫爲鎖國政策，或者說對外國人存有敵意，其實，這乃是抵禦外敵，也爲維持沿海的綏靖安寧。但有段話卻足以證明乾隆皇帝無意禁止外貿，而是張開手地歡迎。如乾隆皇帝所說：「蠻夷商賈樂於接受（在寧波）的新厘金（稅率），這乃因他們所需的貨品大多是浙江省產製的，而他們在寧波取得的價格低於廣州……。這些蠻夷商船既來浙江，就無須令他們回頭（到廣東）。然而我們需要提升稅額，將來並責令定海關稅局依照廣東模式進行管理……」[35]。從這段話，我們看到，只要蠻夷商賈願意付更多關稅，乾隆皇帝並不反對外國人商賈，對外國商人來說，在浙江進行買賣較爲有利，但廣州的官員可不這麼想。

33　范忠信、陳景良編，《中國法制史》，（北京：北京大學，2010），頁377。

34　William T. Rowe（羅威廉），《中國最後的帝國：大清帝國》（*China's Last Empire: the Great Qing*），（台北：台灣大學出版中心，2013），頁8。

35　陳東林、李丹慧，〈乾隆限令廣州一口通商暨英商洪任輝事件論述〉，《歷史檔案》，頁94-101，引自Ho-Fung Hung, "Imperial China and Capitalist Europe in the Eighteenth-Century Global Economy,"*Review*, (Fernand Braudel Center, SUNY), Vol. 24, No. 4, pp. 473-513, p. 484.

　　如孔誥峰（Ho-Feng Hung）所指出的：當浙江官府傾向讓寧波的貿易正常化，廣東的官員則竭力要求關閉其他港埠，獨留廣州，因爲他們深怕寧波會威脅到廣州所擁有的特權地位[36]。後來，乾隆皇帝採納廣東官員的說辭，因而關閉其他港埠，獨獨留下廣州一港。根據英國東印度公司的紀錄，H.B. Morse寫道：「廣東官府顯對北京主政者有影響力，他們業已嚐到增加外貿帶來的好處，並且亟欲加以獨占」[37]。簡言之，乾隆皇帝決定關閉寧波港的理由，並非厭惡與外國人往來貿易，而廣州體系對英國也未造成困擾。如同趙穗生自己都曾經說過的，「在貿易管制下的舊廣州體系，對於中國和外國雙方帶來互利」[38]。

　　此外，羅威廉更進一步提出有創發性的論點，他認爲廣東體系是正確的，而無他害。他說：「乾隆朝定出這些限制，部分是用法律來追認業已發生的事。西方商人『用腳投票』，他們讓廣州港成爲中西貿易的主要港埠。雖然其他沿海港口，像浙江寧波與福建省的廈門，從明朝末年以來，就已經是繁盛的貿易地點，但在雍正朝之後，寧波這個停靠港埠逐漸被西方人擺邊，因爲廣東省的珠江水系能更深入內地，加上其他種種原因，使廣州可保證能更穩定地提供外國人所殷盼的商品（特別是茶葉）。在朝廷實施商人擔保制度之前，廣州官員早就開始實施這制度。這並不是說地方或省級官員敵視海上貿易；剛好相反：海關、府級，乃至省級官員，都與廣州的中國商人結合，遊說朝廷讓廣州提升爲對西方海外貿易的中心城市（與此相對的例子是，在杭州的浙江省級官員在地理位置上離寧波較遠，對此地的海外貿易亦有疑慮），廣州的情況就是合理」[39]。

　　另外，杭特（William C. Hunter）是少數在鴉片戰爭之前就定居在廣

36　Hung, 'Imperial China and Capitalist Europe', p. 484.

37　H.B. Morse, The *Chronicles of the East India Company Trading in China, 1635-1834*, (Oxford: Oxford University Press, 1926), p. 297, 引自 Ho-Fung Hung, "Imperial China and Capitalist Europe," p. 484.

38　John King Fairbank, *The United States and China* (Cambridge, MA: Harvard University Press, 1983), cited in Zhao, 'Rethinking the Chinese world order ', pp. 977-978.

39　William Rowe，《中國最後的帝國》，頁150。

州的外國人。當這位美國少年人第一次來到，他才13歲。他在廣州定居超過40年，對於作為住在「老廣州」的「小老廣」，杭特說：他沒感覺到做買賣受到什麼太強烈地限制。剛好相反，他一再受到行商或非公行的人做生意的誠實公正所感動，為外國人的服務相當周全，當局對保護外國人不遺餘力，這些廣州商行讓人感到身家性命受到絕對保障的安全感[40]。部分西方學者誇大廣東體系的限制，導致英國對中國發動戰爭，然而歷史事實推翻這種說法。因此，理由還藏在五里霧中。

　　但很奇怪的是，在學術圈裡不難發現有人認定清廷不願意與外國人商貿往來。一講到清朝，乃是舊中國，就令人聯想到這是個閉關自守、故步自封的社會。

鴉片……不是禁藥嗎？

　　我們心中的第三個疑問是：大清律例嚴禁鴉片。趙穗生強調，中國的知識分子為19世紀中期以來的恥辱所縈繞，在鴉片戰爭開打時，鴉片貿易占英國年稅收的10%，這比例絕非言過其實。當然，鴉片菸的貿易是非法的。當時的Henry Pottinger爵士，也是香港殖民地的首任總督，發布緊急聲明，指出「鴉片貿易是非法的」，然而面對這項勾當帶來的龐大利益，這聲明也形同廢紙一張。結果是，不知到底該說是諷刺與否，他卻允許鴉片能儲放在香港島[41]。在「繁榮」的鴉片貿易下，他的聲明簡直跟空氣沒兩樣。

鴉片貿易才是真有關係

　　趙穗生認為貿易收支（balance of payment）的惡化對英國和其後的中國是個大問題，只要能解決貿易赤字，商人才不會在乎他們賣給中國的，究竟是什麼商品，無論是針線、棉花，還是鴉片菸。這就是何以趙穗生

40　William C. Hunter，《阿兜仔在廣州》，（台北：台灣書店，2011），序文，頁3。

41　Travis Hanes III and Frank Sanello，周輝榮譯，《鴉片戰爭：一個帝國的沉迷和另一個帝國的墮落》，（北京：三聯書店，2005），頁176。

說，英國才不在意他們帶什麼來到中國，但本文認為，他的說法不正確。很諷刺的是，英國商人的確在意他們所帶來的鴉片，因為中國人鴉片菸的需求簡直像無底洞。倘若沒有鴉片，我們很懷疑英國到底有沒有本錢在19世紀維持其世界霸權的地位。鴉片的確很重要，但也很不道德。

鴉片在中國廣受歡迎，好似茶葉在英國受到青睞。其差別在於吸食鴉片菸使成人無法工作，而飲茶卻能提神。「東印度公司在南亞的農地所種植的鴉片，很快地取代棉花，成為主要出口到中國的產品。在大部分的情況下，東印度公司選擇迴避自行運送鴉片的尷尬情況，選擇同英國和美國的民間船東簽約[42]，以『國家貿易』的名義進行。從18世紀末到19世紀早期，從廣州進口的鴉片數量暴增十倍。在道光朝的早期，英國王室的稅入當中，多達六分之一係來自中國貿易，若不販售關鍵性商品鴉片的話，中國和英國的貿易往來可能早已崩解。這對於帝國政府而言，似乎別無選擇，只能繼續（販賣鴉片）。對英國這個世界上首個工業化的國家，鴉片貿易顯然已經無法反轉……對於清朝（與早期的英國政府）來說，最令他們擔心的是日漸惡化的貿易赤字與白銀外流」[43]。

在提出趙穗生論述的問題之後，接下來本文以政治經濟學的角度來探討鴉片菸的貿易。

鴉片的政治經濟學

在這裡我們討論五個子題，首先，費正清提議以1842年來劃分傳統與現代中國的界線會帶來誤解中國的嚴重問題。這分割必須重新界定，因為這個錯誤影響相當廣泛，它是由費正清——美國的頭號中國通——所提出，美國人幾乎都經由他的眼睛來「觀察」中國，過去的160年時間性之視角，長期以來受到嚴重誤導；其次，本文認為鴉片戰爭的主因是英國

---

42 美國東岸著名大學——像是耶魯大學、普林斯頓大學等——的創立，其資金來源與鴉片貿易不無關係。稍後的章節，我們會詳加探討。

43 William Rowe，《中國最後的帝國》，頁176。

白銀外流所導致的，主要原由是英國以白銀向中國大量購買茶葉導致的。英國之所以發動戰爭，乃是中國在茶葉貿易上居於領先的優勢地位，因此有必要對「鴉片戰爭」重新拍板定調；第三，許多學者相信鴉片戰爭的原因主要導因於文化衝突，然而這讓人無法苟同；第四，本文認為最嚴重的問題，應當是《南京條約》使清廷失去關稅自主權，損耗清朝商品的競爭力，使處於工業化初期階段的中國深受其害，因為清中國失去了學習英、美等國使用保護主義的契機，其工業化註定以失敗收場；第五，討論19世紀（或更早）保護智慧財產權的重要性，因這使英國和清朝的貿易優勢主客易位。

費正清劃分中國歷史的階段

　　一般說來，套用西方二分法的哲學思維，將會了解（或誤解）中國歷史。廣義地說，東方學術圈大多（即使不是全部）接受西方知識體系二分法「教導」的洗禮。這使東方華人，一提到東方（特別是中國）和西方文化，就儼然成為傳統與現代的對壘，東方封建（勉強餬口度日、蠅頭小利的交易）與西方資本主義（大規模貿易），心胸狹窄（保守）與心胸寬廣（活躍）的海外貿易，甚至是理性對非理性（例如法律系統）[44]等等的二元對立。東西方最根本的「區別」，就是西方擁有東方所沒有的，導致如此天差地遠的分別。這種視野不僅無法看清東方社會的「停滯」，與西方的「進步」，反使視線模糊不清。換言之，東方華人的思維多少落入二分法的窠臼，認為舊中國乃是「封建」、「閉關自守」、「停滯不前」、「僅能餬口」、「小本生意」，和更多關於傳統的詞彙。相較於此，西方社會所呈現的風貌是「資本主義」、「積極進取」、「大規模經濟」，與太多太多關於「現代」的描寫。這是一般所接受的論述，但筆者謝某有話要說。

44　下一章，我們會詳細分析中國「傳統」法律制度，它被社會學大師韋伯認定為自秦朝開始即已停滯的制度。因此，不同於西方社會，中國不可能產生資本主義，這個如此「進步的」制度。

　　羅威廉認為：「費正清建構當代美國人理解的中國史，亦即延續超過500年中國歷史的明朝與清朝，以臻晚期的帝制中國，並以1842年作為劃分點。」在他的分類裡，現代中國得從1842年開始，那時肯定比東方更為現代的西方勢力伸至東方。傳統中國被界定作停滯無進的國度。可想像得到，在這樣的分類下，費正清似乎對較早期的中國歷史了解不多。然而因他甚有名氣，撰寫許多教科書，並教授許多中國人文與經濟歷史的相關研究。因此，他的影響也相當大。這可從19世紀中葉時，以西方與中國的景況，來檢視他「停滯不前」之理論套用在研究晚期中華帝國時間點。台海兩岸的學生可說是費正清的門徒，畢竟他們對這樣的論述幾乎都是不假思索的接受[45]。

　　因此，本文認為，劃分傳統與現代中國也可視為西方哲學二分法思維的具體實踐，例如費正清區分傳統與現代的中國，在1842年之前是顢頇、專制、封建、停滯、內向封閉、不願與外界貿易，同時英國則表現出理性、民主、積極進取、外向、為樂於接受自由貿易的國家。清廷敗於鴉片戰爭後，英國政府，這個西方強權帶來一個改變傳統中國的絕佳機會，能徹底翻造中國。根據羅威廉的說法：「費正清所建構的歷史分期，在美國和中國所影響、接受的幾乎一樣多（雖然無法精算證實）。在中國，學生可能不情願相信西方的月亮比較圓，但很明顯地是，當中國的知識分子在批評腐敗無能的清朝時，反倒顯出他們的批判能力[46]」。

　　這種論述誇耀英國與其他西方強權的「理性」、「進取」與「現代性」。相對地，也誇大了中國的「停滯」、「進步遲緩」、「冬烘、頑固」。其結果是，華人接受由於清朝失敗所帶來的羞辱，而不願去批評英國東印度公司、重商主義、英國皇室及政府。看來我們無力扭轉華人教育

---

[45] William Rowe，《中國最後的帝國》，頁8-9、96。本文認為，在歷史社會學的場域中，韋伯（Max Weber）與費正清（John Fairbank）可說是全球學術圈中最具影響力者，然而，這不必然是好事，就社會科學的知識累積而言。

[46] John K. Fairbank（費正清）(ed.), *The Chinese World Order: Traditional China's Foreign Relations*, (Cambridge: Harvard University Press, 1968); Rowe，《中國最後的帝國》，頁9。

所灌輸的扭曲的世界觀，其中被誇稱西方社會的先進與中國的閉關保守，特別在鴉片戰爭之前的舊（傳統）中國。傳統的中國不僅遠遠落後，並且是「封建」、「顢頇」、「與世隔絕」、「對外貿不存好感」和「經濟僅能自給自足」。這些形容詞並不能多告訴我們什麼歷史事實，反而盡是道出西方的「現代」、「進步」、「對世界貿易表示善意」，和「極有競爭力的大規模資本主義系統」；相對的「中國」一詞沒有特別的意涵，而僅作為二分法下西方社會的對立面。直到如今，華人與西方學者仍為二分法的鬼魅所纏擾，使我們無可避免地只看1842年或早期帝制中國的黑暗面。回過來看趙穗生的說法，他認為：「歐洲帝國主義及之後日本帝國主義的擴張深入東亞各個角落。雖然中華帝國先前在世界中處於較為**孤立**（粗體為筆者所加）的狀態，現在則成為西方主宰的國際體系下的一部分[47]」。

據此，1842年所締結的《南京條約》可當作西方思維下的例證。就這思維論之，《南京條約》顯然對中國的現代化有影響。費正清以這年作為切割傳統與現代中國的時間點，也是中國邁入現代化的啓程點。由於將傳統中國界定為停滯的，也因此在洋人挾其槍炮敲醒沉睡之獅以前，中國並未有什麼大的改變。這種看法讓我們難以看清在英國武力進犯中國之前，中國在茶葉貿易（再加上絲綢、瓷器等）上長期以來居於領先的地位。然而，這樣一個「停滯」的帝國為何有領先群雄的產業呢？根據費正清的劃分，即使是在1842年以前，明清帝國沒有什麼手工業或產業在世界中鶴立雞群。然而事實說明，鴉片戰爭並非因為鴉片而戰，而是足以改變人類歷史的茶葉。

從鴉片戰爭之恥到茶葉貿易的勝出

在這裡我們先重新定調所謂的鴉片戰爭開始。關於清朝與鴉片的他人旁白，自然讓我們心中浮現出一個圖像：成千上萬屏弱的群眾叼著菸桿子

---

47 Zhao, "Rethinking the Chinese world order," p. 980.

在抽福壽膏（鴉片菸），腐敗的朝廷、萎靡不振的國家，炮艦瞄準著南京城，殘破不堪的街道，淚眼汪汪的殘兵敗將、死傷狼藉，英國皇家軍隊沿街巡邏、耀武揚威。趙穗生認為，這樣極其羞辱人的圖像，已存在華人的知識界與普勞大眾的心裡有相當時間，而這也是西方知識體系要我們相信的圖像。但本文認為，若不將這種悲情的圖像從我們心裡挪去，恐怕難以明窺事情的真相。

現在，我們回顧西方強權鼓吹自由貿易之前，所提倡之重商主義的一些特徵。支持重商主義的人相信，衡量一國的財富是根據他們從其他國家貿易，所獲得貴金屬的多寡來決定。由於世界的總財富是有限的，因此積累財富的過程可說是零和賽局，一國獲利，則他國受害。此外，因為與他國進行貿易是獲利的主要手段，銷售到其他國家商品的價值必然要超過購入的價格。然而主要貿易的目標被設定要勝過其他國家，那麼西方強權才不管他們用什麼方法來賺錢。在重商主義所採取各種手段中，鴉片戰爭的確只是其中一個產物。

英國政府對清廷禁止販賣鴉片為何感到甚不耐煩，主要的原因是英國商人從中國買去數量可觀的茶葉。從1718年開始，茶葉取代生絲與綢緞的地位。從絕對數量與比例來看，茶葉成為最主要的商品。茶葉貿易成為「英國東印度公司乃至政府營收的靈魂商品」。從1815年起，光是賣茶葉，獲利就高達100萬英鎊[48]。但這獲利豐富的東西只能用白銀買賣。白銀是貴金屬，也可視為國家財富的象徵。因此，對英國來說，白銀外流意味國力的削弱，這令英國感到憂心忡忡。因此，英國政府也好，東印度公司也好，都在想法子防止白銀外流，他們找到的答案，就是鴉片菸。簡單說，東印度公司寧可銷售高獲利的鴉片。清朝在18世紀初期便敕令禁止吸食鴉片。諷刺地是，清朝此舉所關切的，乃在於防堵白銀外流，目的和英國並無二致。

根據推測，18世紀的中國和西方強權（特別是英國）的貿易結構大

---

48 周重林、太俊林，《茶葉戰爭：茶葉與天朝的興衰》，（武漢：華中科技大學，2015），頁60。

抵上可以這樣描述：西洋人帶著白銀，或者還帶著殖民地生產的棉花，來中國交換買賣茶葉、絲綢與陶瓷。庄國土認為，「當西洋人仍能獲利，這個貿易結構保持不變，然而，當白銀供應逐漸告罄，而清廷禁止進口鴉片，這貿易結構就漸告崩解，使得英國等列強有意透過戰爭解決」。就外表來看，英國用軍力來脅迫中國開放鴉片。結果是，英國這步棋可說成功地阻止白銀繼續外流，在1807年「印度政府從廣州帶走的白銀高達243萬1,000兩」。這顯示英國光靠著賣鴉片菸，便比中國賣出成千上萬箱的茶葉還上算。在1850年代，中國對英國所需要的商品，除了鴉片，就沒有別的了[49]。

　　總之，本文認為我們需要重新定位所謂的鴉片戰爭。其中一個不重要的理由是，鴉片總讓人聯想到負面的東西，令吾人想到過去民族國家所受屈辱的記憶。但這並非全部。關於鴉片戰爭的敘述讓我們無法清楚觀察這個非法貿易，卻被裹上「自由貿易」的糖衣，而由英國的巨艦大炮加以執行。更重要地，這說法妨礙我們看清世界茶葉生產之佼佼者的視線，因為茶葉深受西方數十萬人所喜愛。英國經由盜取茶樹株和非法僱用茶工，獲得暴利。英國商人和政府深知，不論用什麼手段，累積財富是國家最重要的事。在英國人的眼中，中國和其他非洲或南亞國家並沒太大差別，即使文化差異看似相當地大。

文化衝突或重商主義的極端表現？

　　或許，這是人性的一部分。絕大部分的人不會不喜歡錢。但他們不想要別人知道他們到底怎樣賺錢或累積財富，特別是當他們用不道德的方式來賺取財富、累積財富之時。倫敦人對鴉片戰爭所表現的想法是個好例子。簡單說，倫敦人聽到他們賺到比原先預期對中國發動戰爭所能帶來的好處還要更多時，他們感到歡喜愉悅。《倫敦新聞畫報》大聲宣布：「（南京）條約帶給我們巨額賠款和源源不斷的新鮮茶葉。這刺激了我們

---

49 庄國土，〈茶葉、白銀和鴉片：1750-1840年中西貿易結構〉，《中國經濟史研究》，
　　第3期，1995，頁66-78，頁74-75。

的貿易，割讓給我們一座島嶼（香港）……讓榮耀和利益擋也擋不住的（地）來到」。但《倫敦新聞畫報》並未指出在中國發生什麼困難，和造成如此多的死傷[50]。鴉片戰爭被形容爲「毒物的雙邊關係」。清廷應該要能管理人民不染上毒癮，如果中國人不買鴉片，那麼英國商人根本無法進行買賣。但難道我們能說美國人不買古柯鹼，那麼哥倫比亞毒販就無法勉強他們買？或者我們能用「毒物的雙邊關係」來描寫美國與哥倫比亞的關係嗎？美國人不氣死才怪！

從上面我們觀察到，贏家有權幫輸家撰寫歷史。因此，本文認爲，文化衝突的解釋，可作從被指謫自利、貪圖經濟利益、或其他自肥的窘境中開脫的藉口。特別是當他們採取不道德的手段時。在國際間，早已是富裕或已開發的西方國家能爲過去所作所爲加以解釋。此外，開發中國的學子乃至販夫走卒，都不免受到西方國家的「專家」所書寫的歷史所影響。在發展中國家不難發現，許多學者迎合西方國家的歷史學家。這裡有個例子，趙穗生闡明說：「中華帝國的崩解，導因於中國和許多西方文明國家文化與經濟的衝突[51]」。這敘述可從英國內政大臣鄧達思（Henry Dundas）和馬戛爾尼的對話中加以反駁。例如：鄧達思在馬戛爾尼覲見乾隆皇帝之前，寫信建議馬戛爾尼以下的話：

> 你必須謹愼，他們（即清廷）會向你提出要求，一如歐洲法律禁止吸食鴉片菸，清朝也想要將鴉片菸貿易摒除在中國領土之外。如果這議題被提出來討論，你要以很小心的態度處理。無疑地，在印度生產的鴉片菸銷售往中國的不算少數。但假使清廷要求我們，在提供官方文件或商業契約之下，我們無法運送鴉片到中國，這時你必須虛應故事（敷衍地）接受，而不要爲了護衛我們（貿易的）自由，而必須承受失去利益的風險[52]。

---

50 Hanes III and Sanello,《鴉片戰爭：一個帝國的沉迷和另一個帝國的墮落》，頁175。

51 Zhao, "Rethinking the Chinese world order," p. 966.

52 William T. Rowe（羅威廉），《中國最後的帝國：大清帝國》（*China's Last Empire: the Great Qing*），（台北：台灣大學出版中心，2013），頁152。

　　很顯然，英國政府才不在意馬戛爾尼是否必須磕頭、叩首，而是在乎英國到底能否從鴉片貿易中得利。簡單說，英國政府和商人一切向錢看，所謂「文化衝突」導致中英戰爭的說詞，無疑是根稻草桿而已。

　　另外，看來學者傾向輕易相信導致鴉片戰爭的原因，至少部分是文化衝突。馬謐挺在談論到《南京條約》時，他認為「條約解決的是戰爭，而非解決東西方文化的差異，天朝與洋人註定不相融合」[53]。這裡，他指出即使槍炮聲音暫歇，但文化衝突並無甚改變。Hanes III與Sanello用專章解釋清朝舊禮節導致清朝後來的悲劇。相較於英國這個現代與文明的國家，清朝皇家禮俗顯得憨愚不堪。因此，鴉片戰爭是無可避免的收場[54]。Alain Peyrefitte的著作則是另一個例子。他在書中主要論點之一，圍繞在馬戛爾尼覲見乾隆皇帝發生的諸事，導致無法避免戰爭[55]。本文認為，這觀點被過分誇大，真正的理由不在這裡。

　　在這次有名的會面，「自由」貿易的思維常被用來敘述西方開明的貿易態度，並對比中國閉關自守、與世隔絕。換句話說，這種思維（意識型態）說出英國的優勢，也成為兩個社會主要的區別。對外貿採取開明的態度，可說是英國獨有，他處無從找到。但自由貿易真正的意涵是什麼呢？洋人所想的究竟是什麼？我們來看看荷蘭的檔案說明什麼。相信即使區區幾筆，也足以道出「自由」貿易對非西方社會並不是真正的自由。

　　在這裡有兩封信要特別留意，分別寫於1614與1644年。前者是荷蘭總督Jan Pieterszoon Coen在1614年寫信給荷蘭東印度公司（Dutch East India Company, Vereenigede Oost-Indische Compagnie, VOC）董事，特別引人注目：「你們應該知道，在亞洲貿易的經驗說明了，你們要用身邊的武器進行與維持貿易，這些武器經由貿易能掠奪更多利潤」。30年後，

53　馬謐挺，《微歷史：鴉片戰爭的正面與側面2》，（北京：團結出版社，2011），頁201。

54　Hanes III and Sanello，《鴉片戰爭：一個帝國的沉迷》，頁13。

55　Alain Peyrefitte，《停滯的帝國：一次高傲的相遇，兩百年霸權的消長》，（*L'Emprie immobile ou le choc des mondes*），（台北：野人出版，2015）。

也就是1644年，荷蘭在遠東殖民的鼻祖Antonio van Dieman總督（任職期間1636年至1645年）回答東印度公司的戴爾夫特（Delft）議院：「我們從公司每天的運作得知，在亞洲的貿易活動若不開疆闢土，就無法繼續推行」[56]。論到所謂的「自由」貿易，與東方學界所理解的相比，西力東漸實際的情況其實黑暗了許多。因此，光了解自由貿易的思維可說毫無助益。但帶著洋槍大炮的「自由」貿易，使得西方強權橫行無阻，得以任意而行，稱霸四方。

喪失自主權、失去保護與無法競爭

　　然而，光是洋槍大炮的「自由」貿易還不是全部。關稅及設置關稅率，對於保護本地產業是相當重要的。如前所述，當國家開始工業化時，政府必須留意國外的競爭者，因此針對部分進口產品課徵關稅，其作用在於保護本國脆弱的幼稚產業免於競爭。然而，除了賠償戰爭的損失之外，根據《南京條約》的附約還制定了《中英五口通商章程：海關稅則》（Chinese-British Five Ports Trading Charter: Custom Tariffs），將關稅率固定為5%，這幾乎是世界上最低的關稅，進而使清朝無法保護本國的幼稚產業。因此，在條約訂定後，清朝的工業化一敗塗地。而這失敗絕非成功之母。

　　費正清的二分法和他以1842年的時間分割點相當有關。在洋人乘著輪船大炮到來以前，任何中國的事物都被看作是傳統的，在西力東漸之後，中國才終於有機會走入「現代」。我們看到《南京條約》明定增加通商口岸，如寧波、廈門、福州、上海等等。因為依據《中英五口通商章程》，將關稅率固定在5%。這樣低的稅率使國貨難以同洋貨競爭。就實情論之，以製造業來說，英國政府在1860年以前設定的稅率高達35%至

56　Charles R. Boxer, *The Dutch Seaborne Empire: 1600-1800*, (New York: Alfred A. Knopf, 1965), pp. 95-96, cited in Arturo Giraldez, *The Age of Trade: The Manila Galleons and the Dawn of the Global Economy*, (Lanham, MD. and London: Rowman and Littlefield, 2015), p. 40.

50%之譜[57]。

　　費正清說，1842年以後，新式工廠逐漸出現在中國領土之上，他說得不錯，但他卻錯認「現代」的中國要等洋人來到才告出現。如果清廷與英格蘭簽訂《南京條約》與附約之後才變成（更）現代，但應該更現代的中國何以繼續停留在停滯不前、故步自封和傳統呢？這乃是因為失去關稅自主權，而使「現代」工廠所生產的貨物根本無法與洋貨競爭。

　　綜上所述，費正清對中國的歷史分期不僅使「傳統」中國無可改變，還以1842年《南京條約》所劃分，西方強權帶給中國現代性與進步。但很諷刺地，如此一來也使西方諸國變得更為「現代」與進步，因為他們把利潤都拿走榨乾了。簡言之，原本應該因為西方帶的禮物「現代性」而應該改變的「傳統」中國，反而更停滯不前，變得更傳統了，因為中國在工業化的進程可說是舉步維艱。由於少了關稅的保護，所生產的商品便難以與外國機械生產的貨品競爭。

智慧財產權：過去和現在

　　當年乾隆朝限制傳教士自由活動，可能是人類歷史上相對較早的智慧財產權（知識產權）保護觀念，景德鎮瓷器製造技術領先全球，然而，在耶穌會會士竊取了製造技術之後，歐洲各國開始得以與中國競爭，不再倚賴中國。一直以來，限制教士之政策與行動被視為中國是孤立的、故步自封的、對外國人不友善之證據，然而，若從產業競爭、智慧財產的保護的角度來觀察的話，乾隆皇帝或許是世界的先驅，即使在清朝末年以前，上自皇帝，下自升斗小民，尚無「權利」[58]之概念。

　　頤和園的興建，有種說法是，挪用了北洋水師的軍費，讓清朝的海

57　張夏準，《富國的糖衣》，頁73。

58　下一章，我們將詳細討論中國傳統法律體系。簡單地說，向來許多人認為「傳統」中國是一個義務觀的社會，上自皇帝，下至庶民，均不知「權利」為何物。若以這種西方經驗來看待中國社會，極易落入西方哲學二分法——有／無（權利觀）——的思維陷阱中，以至於讓人覺得，只有與西方相同的變革才具有意義。

軍無法「現代化」，以至於在戰爭中大敗。整件事，慈禧似乎應該為晚清失敗負起全責，如果當時的年度預算依法不得任意變更，必須按計畫執行的話。可是，換個角度來看這件事，慈禧太后也許和乾隆皇帝一樣，在某方面是走在時代的前沿？有沒有可能，她預先看見日後北京觀光產業還得吸引外籍遊客，而執意修建頤和園呢？還是她已經知道了西方列強的軍火工業是維持優勢的重要關鍵，無論清廷花再多的錢也不可能買到可以與西方匹敵的船艦呢？錢若是花了，船上的大炮射程卻不夠，準確度也讓人不敢領教，那麼，花大把銀子去買西方列強認為是過時的軍艦，軍火真能升級？那麼還不如為後人留下座美麗的花園，大賺觀光財來得上算。或許慈禧太后早已知道產業競爭的邏輯，因此選擇將錢用在更適合的地方[59]。

　　21世紀可說是知識經濟的時代，國家競爭力主要由技術能力表現出來，這包含農業、製造業與那些發明家。在當下的開發中國家，特別是中國與印度，正為人才外流所苦，特別是這些資訊產業部門的高手不斷流失。縱然這些國家有意竭力改善他們的頹勢，然而已開發國家在經濟上、科技上依然占據有利地位，他們用高薪和較好的工作環境來吸引人。因此，開發中國家難以攔阻專門人才的外流[60]。在新時代，在工業技術升級上，購買技術無疑是既合法且正常的管道。然而竊取商業機密又是另一回事，這檔事雖快，但卻非法。然而在18世紀時，這卻是常態。當時美國、法國與德國都亟欲取得英國的紡織技術。英國便禁止技術勞工移民、也不許出口機械[61]。那麼，18世紀「傳統」中國到底發生了什麼事呢？我們首先看看在晚期中華帝國居於領先的陶瓷業。

　　陶瓷業可說是「傳統」中國最偉大的成就，在17世紀時達到頂峰。世界最大的陶瓷重地景德鎮生產為數可觀的陶瓷。在1677年，重建許多

59 謝宏仁，《顛覆你的歷史觀：連歷史老師也不知道的史實》，（台北：五南圖書，2017），頁173-174。

60 Vincent H. Sheand Craig D. Meer, 'Is this the Asian Century? China, India, South Korea, and Taiwan in the Age of Intellectual Capitalism,' *Journal of Contemporary Asia*, Vol. 40, No. 1, February (2010), pp. 1-21.

61 張夏準，《富國的糖衣》，頁9。

的窯來生產更多的商品，特別是富有中國風（*chinoiserie*）的產品以迎合廣大北美洲與歐洲消費者的需求。然而在晚清時期「歐洲陶瓷業者已掌握生產中國陶瓷的關鍵技術，從而產品能與中國商人所提供的一較高下。歐洲人經由像是耶穌會的殷弘緒（Jesuit Francois Xavier d'Entrecolles）這類商業間諜活動，發現新黏土材料與竊取生產技術（know-how）而得利」[62]。從這個竊盜事件裡，或許我們便不難理解乾隆皇帝爲何要將對外貿易侷限在廣州一地；並且，不難想像到Matteo Ricci被諭令待在廣州直到1601年才得以前往北京，並且仍處在許多官員監視下[63]。

如前述指出，茶葉貿易對中英雙方都很重要。事實上，英國東印度公司的領頭也很清楚。關於所謂的「傲慢」（arrogance）[64]，馬戛爾尼並未向乾隆皇帝叩首，或發生什麼文化衝突，而是關於茶樹種植和茶種。馬戛爾尼並非單獨覲見皇帝，而是和一些科學家去朝見。當他返回英國時，在他離開前，他將一些茶種帶回國給植物學家約瑟夫·班克斯爵士（Joseph Banks, 1743-1820）。在離開北京之前，英國東印度公司囑咐馬戛爾尼：「你要多留意茶葉（種植），它的價值很大。如果我們能移植到印度，就再也沒比這更好的。」馬戛爾尼回答說：「如果茶樹能生長在們領土上，那麼我們就無須仰賴中國」[65]。

並且，歷史證據告訴我們1830年代發生的事，那時清廷已經發現精明的人在「傳統」中國儼然成爲成長的推手。「當英國東印度公司的專賣特許權取消之後，英國成立一個研究種植茶樹的特別委員會，移植與引進中國技術勞工。但這並不簡單。沒有官方批准，移植茶樹只能祕密進行。另外，引進勞工也不容易，因爲在中國茶農過著舒適的生活。清廷不許人洩漏茶葉製造的機密。荷蘭嘗試從中國招募12位茶工，但先後被

62 Shelagh Vainker, *Chinese Pottery and Porcelain*, chaps. 5 and 7. (London: British Museum Press, 2005)，引自William Rowe，《中國最後的帝國》，頁89。

63 Valerie Hansen，《開放的帝國：1600年前的中國歷史》（*The Open Empire: A History to 1600*），（南京：江蘇人民出版社，2007）。

64 Alain Peyrefitte，《停滯的帝國》。

65 周重林、太俊林，《茶葉戰爭》，頁100-101。

暗殺身亡。但即使這些茶工成功到達印度,他們的親屬也將被清廷連坐處罰」[66]。在18世紀晚期,作為英國對立面的清中國,反倒知道盡力保護智慧財產權對國家經濟與國力的重要性。

但失敗為成功之母,最終英國成功盜取茶樹,並招募技術熟稔的茶工。在1851年,Robert Fortune取得2,000個茶樹種子,17,000棵茶樹苗,和8位專精種茶的人,到加爾各答(Calcutta)、印度等地,促進錫蘭(Sri Lanka)紅茶生產昌盛[67]。之後,英國政府利推保護政策。最終,「機器登場,並給英國另一次擴展茶葉種植的機會」。在1880年,印度共生產出口4,300萬磅茶葉到英國,沒被課徵一毛的稅,但換成要進口中國茶葉,那麼得要課徵最高35%的關稅。如此一來,印度茶葉迅速充斥於英國市場中。在1880年,印度出口到英國的茶葉總量達到8,600萬磅,遠遠超過中國茶葉的數量[68]。

總而言之,在分析鴉片的政治經濟學之後,歷史事實告訴我們一個更有說服力的故事。

中國的世界秩序有特色嗎?

本段討論中國對鄰邦的態度。我們能從當中發現中國對外邦採取愛好和平的態度嗎?中國界定的世界秩序是否一直是友善的嗎?這是趙穗生在他文章中提問的[69]。因此,我們在這裡簡單回答兩個問題,其一,清朝並未構想到當代定義下的對等國與國的關係。西方強權帶著「現代」的條約系統,來叩關中國這個「老傳統」,根據費正清的說法,就是行之有年

---

66 Roy Moxham,《茶:嗜好、開拓與帝國》,(北京:三聯書店,2010),頁90,引自周重林、太俊林,《茶葉戰爭》,頁101。

67 Sarah Rose, *For All the Tea in China: How England Stole the World's Favorite Drink and Changed History*,孟池譯,《茶葉大盜:改變世界史的中國茶》,(北京:社會科學文獻,2015)。

68 周重林、太俊林,《茶葉戰爭》,頁114。

69 Zhao, 'Rethinking the Chinese world order.'

的朝貢體系。準確說來，由於《南京條約》，使得清朝能有幸理解「對等外交」是何物[70]。所謂的對等外交只在先進國家中發現，而無法在舊中國找到。趙穗生似乎無意進一步發掘，但本文有意討論他所忽略的清朝的外交關係。

　　其次，趙穗生指出無法一個單一的形容詞，能適當描寫中國的世界秩序。他歷數研究這議題的學者。在中國悠久的歷史中，他認為帝制中國「不單和睦，也非只暴力」[71]。這結論可由兩個例證解釋。就「非只暴力」而言，他引述Mark Mancall的研究，來解釋華人世界秩序的特徵。趙穗生認為，「因此，上下垂直的從屬權力關係，被界定為比西方更為『道德』[72]」。對「不單和睦」來說，他以Odd Arne Westad的研究指出：「在擊敗準噶爾（位於西藏東部）之後，乾隆皇帝下令屠殺手無寸鐵的菁英。『之後，他將東準噶爾的大部，另外將少數汗國領地併入中國，使之歸服乾隆朝。以得勝的姿態稱這塊土地為新疆』」[73]。但這表示乾隆皇帝積極進取嗎？開疆拓土和西方強權在美洲大陸開荒有很大的差別嗎？

　　朝貢體系維持相當長的時間，在明清時期的管理可說更上軌道，也成了為人熟知，拿來解釋中國與外邦關係的理論[74]。但這朝貢體系的經營無法勾勒出完整的圖像。中國和外界的關係，在不同朝代的社會經濟條件遠比想像的還要複雜。因此筆者要提出一些例證來說明。首先是北宋與遼

70　*Ibid.* p. 979.

71　Zhao, 'Rethinking the Chinese world order ,' p. 961.

72　Mark Mancall, 'the Persistence of tradition in Chinse foreign policy,' *The Annals of the American Academy of Political and Social Science* 349, (1963), reprinted in King. C. Chen, ed., *The Foreign Policy of China* (South Orange, NJ: Seton Hall University Press, 1972, p. 30, 引自Zhao, 'Rethinking the Chinese world order ,' p. 966.

73　Odd Arne Westad, *Restless Empire: China and the World since 1750,* (New York: Basic Books, 2012), pp. 9-10, cited in Zhao, 'Rethinking the Chinese world order,' p. 968.

74　Takeshi Hamashita（濱下武志）, "Tribute and Treaties: Maritime Asia and Treaty Port Networks in the Era of Negotiation, 1800-1900," in *The Resurgence of East Asia: 500, 150, and 50 Year Perspectives,* eds. Giovanni Arrighi, Takeshi Hamashita, and Mark Selden (London and New York: Routledge, 2003), pp. 17-50.

國的澶淵之盟；其次，是明朝與安南的接觸。安南在五代十國（907-979年）成為獨立自主的國家，但明朝只在15世紀承認他們法理的獨立地位，這點還有待進一步探究；第三個例證則是清朝與外界來往共有三種方式，而朝貢體系只是其中一個。本文認為，外交平等在清朝早期已經存在，就如我們已經看到的山西商人（晉商）在中俄邊界的貿易活動，雙邊是在簽訂條約的情形下互通有無，並且我們能看到清朝採取不同策略與外國來往的理由，也顯示出清朝初期國力的強盛。

反向的朝貢體系：澶淵之盟

　　一般來說，朝貢體系始於秦朝（BC 221-207年），在隋朝（581-618年）與唐朝（618-907年）之間逐漸成形，在宋朝與元朝（1271-1368年）、明朝（1368-1644年）繼續發展。從這系統我們可以看出中國與外國的關係。一般而言，中國位居體系的中心，圍繞在四周的是來朝之邦。在政治上，這些來朝貢的國家無須被中國統治，只需帶來象徵性的貢物即可[75]。通常，商人隨著朝貢隊伍前來。他們之所以願意獻上貢物，乃是他們亟欲取得中國生產的商品。對生產力較低的國家更是經常如此。但也有例外存在。

　　論到軍事武力，宋朝（976-1279年）軍力較弱。在一統中原之後，宋朝嘗試從遼國（Khitan kingdom, 916-1125）手中奪回燕雲十六州，但兩戰兩敗。「宋代諸朝從未累積足夠兵力來對抗北方游牧民族，因此只得用錢來換取和平。澶淵之盟（1004年）就是其中一例。該條約使宋朝每年輸銀10萬兩，布20萬匹。接下來的300年間，東亞朝貢系統中心的宋朝，得向北方民族輸銀兩、布匹。這對宋朝無疑是沉重的負擔，畢竟宋朝還要籌措125萬兵丁的軍費。在1065年，軍費就占去國家歲出的83%如此高的比

75　根據清朝與暹邏（泰國）1780年代所互換的外交文件顯示暹邏「不接受中國認知的世界秩序」，但經由商業往來使雙方獲利。暹邏獲得「貴重品與地方無法獲得的商品」，清國需要「商品與機器」。然而，暹邏朝廷不可能「接受清廷的冊封」。詳情請見Zhao, 'Rethinking the Chinese world order,' p. 967.

率[76]。

　　當女眞人在1127年度過黃河，擄去宋欽宗與宋徽宗，南宋後來的180年間，每年得輸布與銀予金朝：30萬兩白銀，銅錢100萬貫，布20萬匹[77]。我們稱此狀態爲反向的朝貢系統。這點醒我們，朝貢系統理論能解釋許多情況，但，仍有例外。由於朝貢系統有較爲穩定的中心——邊陲概念，導致我們無法不假思索地加以套用。

明朝中國與安南：錯綜複雜的接觸

　　朝貢系統總是教導，或至少告訴我們，中華帝國位居東亞諸國體系的中心，環繞著其他邊陲的藩屬。這種宗主—臣屬的關係長久以來連結著中國與鄰近國家。藩屬象徵性地敬重中國，上貢禮物，中國則以厚禮回贈[78]。正常來說，核心的中國比藩屬更強，以保持和平的關係，縱然有些例外。這正常的關係，當我們檢視建立明朝的明太祖（1328-1398年，在位1368-1398年）的詔書時，看來似乎合理：例如，「不征諸夷」。總括起來，一共可列出15個國家，包含高麗（韓國）、扶桑（日本）、琉球（日本沖繩）、安南（越南）等等[79]。很明顯，安南在名單上。基於國防的理由，明成祖禁止東南沿海與外國通商往來，也將國防重心移往北方以抵禦蒙古諸部（韃靼、瓦剌）。這是明成祖的策略，就一開始，明朝重建其朝貢體系，的確是經略對外關係的好方法。

　　安南在明朝（特別是初期）看似中國的藩屬國，但實際上安南早在西元939年事實上（de facto）獨立（從五代十國後晉（936-947年）天福元年（936年）獨立）。明成祖（1360-1424年，在位1402-1424年，非合法從明太祖繼位），爲使權位正當化，便在1406年，發動（號稱）80萬

76　Hansen,《開放的帝國》，頁267、269。

77　前揭書，頁267、296。

78　邱炫煜，《明帝國與南海諸蕃國關係的演變》，（台北：蘭臺，1995）。

79　〈四方諸夷條〉，《明皇祖訓》，引自廖敏淑，《清代中國對外關係新論》，（台北：政治大學，2013），頁50。

大軍進襲安南。當安南在1407年被擊敗，明成祖藉由三司（明朝在各省設置「都指揮使司」、「布政使司」、「按察使司」，合稱「三司」）在安南設置交阯郡。安南被併入中國，成為一部分。對明成祖而言，軍事後勤補給，和其他不利因素——像潮溼的氣候、瘴癘之氣導致疾病。更重要的是，安南人民的愛國主義情操高昂，因其自10世紀以來便是獨立，怎可能隨意屈服。

在明成祖永樂年間征服安南，並建立宣化府（交阯郡），此舉無疑導致安南人民反感。更糟的是，明成祖除了留下中文字以外，幾乎摧毀安南所有的書寫文字。換言之，他大大摧毀當地文化，令文人與百姓常感不安。在永樂年間，共有64位領袖發動了數十場暴動，歷時超過10年。雖然朝廷投入大量兵力，卻僅使明朝幾乎維持著血腥的統治。明朝與安南（越南）的衝突持續相當時日，直到明宣宗（1399-1435年，在位1425-1435年）最終在宣德6年（1431年）放棄安南為止[80]。

在10年之內，明朝和安南的關係由明太祖所言無法攻克之國，急遽變為永樂年間率領80萬大軍壓境。單就這個例子讓我們知道對外政策是和睦或是武力綏靖，乃是過度簡化了。

鴉片戰爭（茶葉戰爭）前對等的外交關係

趙穗生並未花費太多力氣在「外交平等」上頭，在外交平等的理想與實際在清朝初期早已存在。當然，如果我們繼續使用費正清所持的觀點，來區分傳統與現代的中國的話，那麼我們將無法明窺真實的圖像。在這裡，我們會發現到，光以中國的外交關係——這點乃是部分構成中國的世界秩序——依然無法跳脫使用西方二分法的哲學，不僅誤導我們理解世界秩序，也讓其他華人擁有錯誤的世界觀。

朝貢體系是晚期帝制中國外交關係三根柱石中的第一根。如前所言，明朝時期朝貢達到顛峰，其目的乃加強整頓東南沿海商人勾結倭寇

---

80 鄭永常，《征戰與棄守：明代中越關係研究》，（台南：成功大學，1997），頁60-61、84-99、108、144-146。

（日本海盜）的情勢。但這並非明朝的創舉，之前的元朝便禁止民間私自與外國商人交易，並以專責單位管理（市舶司），以獨攬利潤[81]。但這並非政府心胸狹窄，而在於官方與民間商人在爭奪利益。

　　明朝和俄國的朝貢關係不明，學者也常不清楚明朝與俄國，乃至西北游牧民族的關係。但對17世紀的清朝，顯而易見的是，清朝與俄國保持外交上的對等關係，這構成清朝外交關係三根柱石中的第二根。當時俄國稱為「與國」（對等的國家）。這種對等的關係可從先前提過的1689年的《尼布楚條約》（Treaty of Nerchinsk）與1727年的《恰克圖界約》（Treaty of Kyakhta）看出。清廷政府的理藩院（相當於今天的外交部）與俄國的參議院交換條約，經由兩國特定的機構來締定條約，顯示兩者是對等的國家[82]。此外，第三根柱石則為，邊境貿易的存在遠比想像的更久。這些不能歸類為「與國」或「屬國」（朝貢體系的藩屬國），則稱為「互市之國」（互相貿易來往的「國家」）。綜合所述，我們看到帝制時期的中國與臨邦至少有三種不同的關係：平起平坐的國家、藩屬國（附庸國），與邊疆互相貿易來往的國家。

　　從以上分析，我們看到中國的朝貢體系有著不同的方向，在明朝時與安南（越南）之複雜糾葛，並清朝與外國關係的三根柱石。讓我們謹記趙穗生在他文章裡面所問到的：中國千年以來是愛好和平的嗎？中國的世界秩序是懷柔的嗎？無論答案如何，看來都被過分簡化。本文認為，歷史的實貌相較起來要複雜許多。

結語

　　為了解中國當今的崛起，趙穗生——相信讀者亦同感興趣——基於特定的目的，他將封建帝制的舊中國，與當代快速發展的新中國重加建構，以期去除歷史解讀中失當的成分。但本文認為，他在調查鴉片戰爭

81　邱炫煜，《明帝國與南海諸蕃國關係的演變》。
82　廖敏淑，《清代中國對外關係新論》，頁83。

（例如：應當定調爲茶葉戰爭）上仍存在不少矛盾。因此有必要更審慎地詮釋鴉片戰爭，若非如此，那麼將無法幫助我們了解中國的世界秩序，也會使世界觀失之偏頗，原因在於我們早已有錯誤的歷史觀。160年時間性視角，讓我們看清楚西方（英格蘭）興起與東方（清中國）衰微的「過去」，當然，筆者亦希望讀者對「未來」的看法會因此而改變，也能調整所抱持的世界觀與歷史觀。

　　我們花了許多篇幅來理解西方強權到底作了什麼，帶給中國什麼，特別在灌輸「自由」貿易的意識型態，這個美好的詞彙自19世紀中葉至今仍餘音繞樑。然而，很明顯地，西方社會實際上並未實行自由貿易，相反的是關稅壁壘和保護政策。並且，保護主義還不足以說明全部，可理解的是，英國在重商主義的表現最爲極端，英國鼓勵以任何手段（也包含使用不正當的手法）爲國家累積財富。當英國還爲亞丹・斯密的《國富論》所提倡的自由貿易而沾沾自喜，實際上他更早在1759年，便撰寫《道德情操論》（*The Theory of Moral Sentiments*）。事實會說話，特別要說的是，並非中國，而是英國，要爲這些爲鴉片菸毒癮所苦之人的不道德、不法與不負責任的貿易，而該受責備。但想必這種聲音卻都被壓抑了。在強權的炮火下，中國也像其他被西方列強侵略的國家那樣，失去了不「貿易」的自由，而得繼續在自己的土地上購買早該被禁止的非法商品。

　　這裡，我們還得略爲論及中國的世界秩序，或許這個非一即二的問題還是值得一提，論到中國獨特的懷柔或剛猛的國策，會阻礙我們的分析視野。中國的世界秩序——包含中國與外國的關係，在更大的程度上，比想像的還要複雜。我們已經指出，特別在明清時期，對鄰邦藩屬或其他國家採取不同的政策。本文認爲，有個論述必須要加以澄清，否則將使我們接受西方思維下的論述，即：西方社會將「現代」帶來給中國。其實在清朝初期，平等的外交早已存在。在看過本文之前，相信不少人未曾聽聞這個事實。

　　國與國（甚至與自治政府，如巴勒斯坦）之間的條約屬於今日之國際法範疇，西方知識體系不斷地想要「說服」（或者說欺瞞）我們，「傳統」中國是個停滯、顢頇、迂腐的帝國，無法熟悉國家間的對等關係，其

「傳統」的法律體系，更是阻礙進步的始作俑者。身爲古典社會學三大家之一的韋伯（Max Weber）應該是抱持此論點最著名的學者了，他對當今社會學界的影響可說是無遠弗屆。他更是19世紀末、20世紀初葉時，首先將「制度」引入社會經濟分析的先驅。因此，本書在下一章討論他對「傳統」中國法律的看法。並且，韋伯的看法，相信與160年時間性脫不開關係，因爲他的論述實與西方學界的大師級人物，像是馬克思與費正清等人的說法，有異曲同工之妙。

第五章

韋伯在海德堡：19世紀「新制度主義」的先驅

　　本章討論社會學經典三大家（canonic trio）當中的馬克斯・韋伯（Max Weber），但我們稱他為歷史學家、經濟學家、哲學家、政治經濟學家，或者法學家還可能更合適些，因為他足以堪稱當代最具影響力之社會（科）學研究者。

　　或許我們可以這麼說，是海德堡（Heidelberg）這個城市孕育出韋伯這位世界級的思想家。1882年時，韋伯剛進入海德堡大學——這所由神聖羅馬帝國在14世紀中葉創立，歐洲最古老的大學——開始大學生涯，一如其父，他選擇法律為主要的學習領域。韋伯在1896年時被自己的母校海德堡大學聘為教授，這時他步入學術高峰，可說是該校最年輕的教授！但很不幸，隔年，韋伯患了嚴重的精神官能症，1899年因無法勝任工作而離職，1900年夏季開始就一直待在療養院，直到1902年再回到海德堡。

　　不像倫敦那樣，天空經常為濃霧所罩。座落在河畔的海德堡，俯視著內卡河（Neckar），蜿蜒的河流在此處流向萊茵河（Rhein）河谷，韋伯望著遠處萊茵河的碧波水色，也彷彿看到德國的靈性。

　　許多個午後時光，他佇立在充斥著理性氛圍的校園的某制高點，「想像」遠方古老的、停滯不動的東方，特別是中國這個古老的帝國，以及其未曾進步、且難以預測的法律體系，這個體系與韋伯在海德堡所受的法學教育相當不同。

　　大致上，海德堡的晴朗天空不至於讓韋伯看不清楚遠處，然而或許是憂鬱症干擾韋伯的理性思維活動，或許是大學圖書館裡並無太多中文書籍足以參考，又抑或西方哲學思維對韋伯產生的深刻影響？！如此說來，韋伯與社會學三雄之一的馬克思相似，心中對遙遠的中國多少存著想像的圖

像，但是，他們所想像的與實際的中國相去甚遠。

然而，持平而論，在一個世紀以前，也就是19世紀末葉，或20世紀初期之時，韋伯能夠看到經濟發展與制度（特別是法律制度）的密切關係，已屬不易，若非在海德堡大學濃厚的人文氣息的薰陶之下，相信韋伯難以達到如此境地。具體而言，對他而言，良好的、可預測的，且對私有財產（「權」[1]）提供保障的制度，是一國（朝代、王國）經濟發展的必要條件。當然，韋伯想像不到，也無法想像，後來的經濟學這門學科，幾乎拋棄「制度」這個極可能影響交易行為（也包括「權利」的保護、契約的簽訂與執行、交易成本的多寡，與之後的新制度建立等等）與其他經濟活動的可能性。所幸，數十年之後，也就是1970、1980年代，一位經濟學的泰斗、「新制度主義」（New Institutionalism）的代表人物，也就是道格拉斯・諾斯（Douglass C. North），將「制度」這個要素重新拾回，讓經濟（史）學再次有了說服讀者的可能。如果我們承認制度對於經濟發展是如此重要，那麼，韋伯可說是19世紀「新制度主義」的先驅。

本章分為兩個部分。第一部分，我們將先看看「新制度主義」的內涵，因為全球「大師」級學者，諾斯與韋伯，都曾經以這觀點來看待西方的興起；第二部分，由於某些原因，學者們——無論是法學家、社會學家，或法律社會學家——對中國傳統法律體系似乎總是興趣缺缺，這或許與西方知識體系長期以來誤導人解讀中國有關。首先來看第一部分，也就是「新制度主義」的過去與現在。

「新制度主義」的過去與現在

本小節先比較19與20世紀「新制度主義」的代表人物及其主要論點。本部分將先介紹當代經濟學頗有建樹的「新制度主義」的代表人物及

---

1 本章將財產權加上引號，使其成為「權」，其原因如下，在清末引進德國民法之前，上至皇帝下至升斗小民全無權利觀念，但政府以間接的方式來保護人民的私有財產「權」，其效果與西方並無二致。本章第二部分將會討論這個議題。

其主要論點，並與19世紀「新制度主義」先驅者韋伯的說法比較，找出其異同。本節分成以下四個子題，包括：第一，諾斯關心的議題之一是西方何以興起？西方的優勢到底是什麼？普遍認為是「船堅炮利」，但諾斯持不同意見；其次，「制度變遷理論」這個新制度主義的重要成分，我們亦不能免俗地將會討論這個理論；再其次，經濟史學者普遍認為，缺乏明確的財產「權」是否必然使得市場難以發展呢？本文在此先簡略、間接地，以中國為例提出質疑，在第二部分時再完整回答，是否中國無法保障其人民的生命財產「權」，而阻礙市場發展？現在，我們先介紹諾斯在1970年代的主要著作。

西方的優勢是「船堅炮利」？

諾斯是1993年諾貝爾經濟學獎得主，在經濟學領域中，鮮少有人將「制度」放在經濟史的重要位置，並加以分析。這位經濟學獎得主是所謂的「新制度經濟學」（New Institutional Economics, NIE）或者「新制度主義」（New Institutionalism）的代表人物。1973年時，諾斯與羅伯·保羅·湯瑪斯（Robert P. Thomas）合撰一本經濟史專著：《西方世界的興起》（*The Rise of the Western World: A New Economic History*）。本書的標題應該能引起位居經典社會學三雄的韋伯的興趣才對，雖然，諾斯（與湯瑪斯）的論點，看起來雖然與韋伯不甚相似，但其實他們都認為「制度」是西方（自17、18世紀以降）何以能保持經濟發展、社會得以進步的主要原因。對於制度而言，諾斯所指的是政治、經濟，與社會等相關法規、條例，與非正式的習慣、幫約等等；而韋伯則特別強調法律制度，具體而言，是西方特有的形式合理的法律體系。首先，我們來看諾斯本書中的主要論點。

相異於主張西方的興起是因為「船堅炮利」的學者，請讀者回想一下前章〈「自由」貿易與不「貿易」的自由〉裡頭的論點，諾斯想告訴我們，早在工業革命之前，英國（與荷蘭）[2]早已具備持續成長的條件，其

2　諾斯的另外兩個（失敗）的例子是法國與西班牙。請參考，諾斯與湯瑪斯所著之《西方世界的興起》一書。

主要原因是：保障私有財產為活絡市場提供強大的誘因，帶動工業化與技術升級。在此我們不難明白，諾斯所強調的是制度，與那些以技術為核心的文獻有不小的差別，然而，筆者懷疑諾斯似乎對過去重商主義者——無論是王朝（國家）、資本家，或二者的聯合——在全球的掠奪行為並不感到興趣。對這位「新制度主義」的代表人物而言，諸如「船堅炮利」這種不太人道的行徑，實在不太應該出現在某種進步的「制度」裡頭才是。接著，我們看看韋伯怎麼說。

對韋伯而言，在《新教倫理與資本主義精神》一書中，他認為資本主義的產生與喀爾文教派的教義有關[3]，其「預選說」主張人們能否獲得救贖與個人的善行無關，而是上帝早已決定的。因此，人唯一能做的便是相信自己是上帝的選民，並且在自己的職業上辛勤工作來榮耀上帝。在不確定自己是否為上帝選民之下，新教徒便必須無時不刻提醒自己，透過禁慾與商業等活動的理性化過程，來不斷累積財富、投資新的且能夠賺錢的行業，來證明自己是上帝的選民。此處值得一提的是，對他而言，理性化的過程發生在各個層面，包括政治組織、經濟活動、法律制度，與日常生活裡，其中法律制度——特別是形式理性的法律[4]——更是為韋伯所推崇，因為，對他而言，一個可以預測的法律制度，是資本主義得以成長茁壯的必要條件，並且，這樣的法律制度只發生在西方。韋伯認為，在人類歷史上，其他地方從未發生過理性化的過程，自然也不會有適合的法律制度、法律體系，讓資本主義得以醞釀發生，當然也就不會有持續性的經濟發展。

簡言之，對諾斯與韋伯二位大師級人物來說，合適的制度是最重要的，而這只（能）在歐洲發生，特別是英國。對他們而言，「船堅炮利」似乎只是個膚淺的看法！然而他們二人對中國似乎不甚了解，稍後，本章在第二部分會介紹中國的制度，特別是法律體制。

3　Max Weber，于曉等譯，《新教倫理與資本主義精神》，（台北：左岸文化，2001）。

4　關於形式理性的法律等論點與批評等，請參見，林端，《韋伯論中國傳統法律：韋伯比較社會學的批判》，（台北：三民書局，2004）。

「制度變遷理論」

　　「制度變遷理論」是新制度主義的重點部分，那麼什麼是「制度變遷理論」呢？新制度主義認為「制度變遷不是泛指制度的任何一種變化，而是指一種效率更高的制度替代原有的制度」[5]。因為，如諾斯所言，制度決定了激勵結構，進而決定其經濟表現（或績效）[6]。但為何要以新制度來取代舊的呢？這裡，新制度主義的另一名大將羅納德・寇斯（Ronald H. Coase）在著名的文章〈社會成本問題〉[7]中將制度帶回，為經濟學提供理論基礎。寇斯主張交易成本相當重要，「根本上，交易成本屬於信用問題。資訊不對稱和不穩定使對契約所做的可信承諾很難得到保障。在資訊高昂的世界中，不同的制度環境意味著不同承諾可信度的差異，交易成本也因此不同」[8]。換句話說，制度的安排不同，經濟表現、經濟績效也跟著不同，可能是增長、停滯或者下降。若我們回到諾斯的說法，那麼，西方何以興起？答案正是：制度。

　　但諾斯如何看待東方（中國）呢？我們猜想，比較東、西方的（經濟）歷史或許不是那樣吸引他吧！雖然並非有直接證據，但既然諾斯堅持西方因「制度」而興起，可想而知，東方之「不興起」（或衰弱）應該是缺乏促成西方興起必要的「制度」。雖然，這位諾貝爾經濟學獎得主並未直接如此宣稱，但他的想法應該與此相去不遠才對，這就讓我們想起韋伯的看法。韋伯認為，所謂的「理性化」過程——特別是在法律體系——只

5　薛曉源、陳家剛，《全球化與新制度主義》，（台北：五南圖書，2007），頁11。稍後，在探討中國傳統法律體系時，我們將會看到宋朝用「編敕」來進行法律條文的修正，以符合社會環境的變化，這難道不是淘汰效率低的制度，並以新制度加以取代？本文認為，答案似乎是肯定的。

6　Douglass C. North，杭行譯，《制度、制度變遷與經濟績效〔成就〕》（Institutions, Institutional Change and Economic Performance），（上海：格致出版社、上海人民出版社，2008）。

7　Ronald H. Coase, "The Problem of Social Cost," *Journal of Law and Economics*, The University of Chicago Press, Vol. 3 (Oct. 1960), pp. 1-44.

8　Oliver E. Williamson, *Markets and Hierarchies: Analysis and Antitrust Implications*, (New York: Free Press, 1975)，引自薛曉源、陳家剛，《全球化與新制度主義》，頁100。

發生在西方社會，使資本主義得以產生，這也是西方崛起的主因。因此可
這麼說，諾斯與韋伯在解釋西方興起這個議題上有異曲同工之妙。具體而
言，諾斯所指的制度為一泛稱，並未特別說明為何種制度，而韋伯──或
許法律是他在海德堡大學的主修──則專指法律制度。更重要的是，如果
非要指出另一共同點的話，那麼，諾斯與韋伯對東方（特別是中國）法律
制度的了解都極其有限，更遑論分析一個義務觀社會（中國）與權利觀社
會（例如英國），在保護私有財產「權」的作法上到底有什麼差異。稍
後，本章將詳述，並提出證據來說明中國早在印刷術發明的宋代開始，即
已開始保護知識產「權」，而這是「傳統」中國極其進步的法律實踐。

　　或許，這裡我們還得談談經濟學家──特別是諾貝爾經濟學者得
主──對於世界上貧富差異日益擴大如何感到憂心吧！諾斯在側重理論
《制度、制度變遷與經濟績效（成就）》[9]一書中，仍可清楚看到他對歷
史問題探究感到興趣。他問道：「為何經過許多年之後，貧窮國家仍無法
學會富有國家累積財富的相關制度，致使貧富差異依舊懸殊？這答案想必
是新制度主義者的『標準答案』吧？！」也就是「制度」是貧窮國家（大
多為南方國家）怎樣學都學不會的困難課程。因此，由於交易成本過高，
導致市場發展不如預期，人民只得繼續過著三餐不繼的生活了。然而，擁
有歷史感的諾斯似乎過度簡化了他所提出的問題，東、西方的衰弱與興
起，乃是前者無「制度」而後者有，只要我們回想前一章裡花了不少篇
幅，來闡述「自由」貿易與不「貿易」的自由時，不難發現西方（例如英
國）並非因為制度相對完善，而是因為「船堅炮利」才「打開」的中國輸
入（毒品）的大門。套用諾斯的理論，我們就能逕行宣稱，相對於清廷，
英格蘭擁有相對優勢的「制度」嗎？這或許不太適合吧！

9　Douglass C. North，杭行譯，《制度、制度變遷與經濟績效〔成就〕》（Institutions,
　　Institutional Change and Economic Performance），（上海：格致出版社、上海人民出版
　　社，2008）。

缺乏財產「權」導致市場無法發展

　　熟稔經濟史的學者，彼此間對以下的說法應該不致產生重大歧見，那就是：私有財產權的保障是市場能否發展的關鍵。那麼，是否因爲（傳統）中國（看起來）是個只談義務不談權利的社會，於是，市場就無法高度發展？再加上先前馬克思在倫敦時，不也抱持類似論調嗎？中國的確存在著成千上萬的小農，所以，不可能像西方社會那樣，在全球各個殖民地從事大規模的農業生產，中國的經濟充其量只是小農經濟，僅能應付日常所需，在當地市集四處奔走的零星交易而已，難以與西方的資本主義較量。但若是這樣的話，中國在歷史上那些紅頂商人、富商巨賈到底是如何形成的呢？難道只是從當地市場將涓滴利潤加以積累嗎？這幅景象實在令人難以解釋。

　　在先前章節中，本文討論徽商、晉商，與陝商，挾巨資橫跨數省，甚至到「國外」從事貿易，雖然，看起來不像西方強國在海外的大規模「墾植」，但無論如何，（傳統）中國再怎麼看，也不像是個只有（數以萬計）小農經濟組合起來的龐大帝國啊！但即使並非「總是」，但爲何我們「經常」可以聽到這樣的論述呢？本文認爲，這應該受到西方知識體系的影響！但即使是這種說法，要找到確切證據的話，仍非易事。

　　「新制度主義」支持者爲何願意花費如此多的精神在「制度」上呢？爲何諾斯及其夥伴經常提到這位教授在上課時掛在嘴邊的一句話：「制度至關重要」[10]呢？簡單說，如果產「權」沒有保障，這將導致交易成本過高，而阻礙交換的進行。雖然影響交易成本並非只有產「權」一項，但私有財產「權」應該是最重要的了，相信學者們應該能同意這樣的

10　例如，North的學生劉瑞華就特別強調這句話。請參見，劉瑞華，〈超越新經濟史：諾思的學術貢獻〉，Douglass C. North 與Robert P. Thomas合著，劉瑞華譯，《西方世界的興起》，（北京：華夏出版社，2009），頁15-44，頁31。英文版部分，請參見，Douglass C. Thomas and Robert P. Thomas, *The Rise of the Western World: A New Economic History,* (Cambridge, UK: Cambridge University Press, 1973。吾人請讀者留意，該書之副標題爲「一部新經濟史」，然而，華夏出版社於2009年的版本中並未譯出其副標題，這部新經濟史在經濟學界造成了不少的影響，吾人以爲，副標題應該予以譯出。

說法。是故，由於中國缺乏有私有財產「權」，其市場將不可能發展起來，這個說法看似有理，只是沒有「權利」概念的中國，難道就不能保護屬於某甲、某乙，或某丙的私人財產嗎？畢竟許多私產可是工作許久努力生產經營才能積攢的！

　　事實上，諾斯與韋伯並未花費太多精力，去認真研究中國（傳統）法律制度。在本章的第二部分「西方知識體系建構下曲解的傳統法律」中，筆者將耐心說明其特色——**義務觀社會**如何保護人民的「權利」，包括私有財產「權」，特別是以「傳統」的進步中國如何保護知識產「權」，其程度遠非諾斯與韋伯及其追隨者所能想像。

　　綜合言之，在諾斯得了諾貝爾經濟學獎之後，全球學者緊跟其後，陶醉於「制度」之上，彷彿這是一檔新鮮事。然而，實際上，韋伯早在19世紀，就已經關心「制度」如何在東方衰落與西方崛起扮演吃重的角色。只是，他對東方（中國）——特別是其「傳統」法律制度（或體系）——誤解頗深，再加上他對資深學者與莘莘學子影響深遠，故本文認為有必要花費篇幅向韋伯及其眾多追隨者好好解釋。接著，我們進入本章的第二部分。

西方知識體系建構下曲解的中國傳統法律

　　開門見山地說，在西方社會所建構的知識體系之下，中國傳統法律長期以來遭受扭曲。西方社會自羅馬法頒布之後，個人財產有了法律保護，權利（rights）觀念逐漸形成，保障人民權利不受任意侵犯，遂成為執政者維護社會秩序之基本原則[11]。換言之，西方社會的個人是在「權利觀」之下被治理，個人得以藉著訴訟來捍衛法律所賦予的各項權利。是故，在排難解紛背後所蘊涵的理念是維護個人權利不被侵犯。東方社會則與西方社會有所差異，以中國為例，漢朝（B.C. 202-A.D. 220）為鞏固政權，國家（亦即意識型態的上層建築）獨尊儒術，君臣、父子、夫婦、長

11　Barry Nicholas，黃風譯，《羅馬法概論》，（北京：法律出版社，2004）。

幼、朋友等五倫成爲眾生百姓思云言行的規範，各人皆當恪遵本分，社會氛圍強調個人對群體的義務，而顯得井然有序，君子「重義輕利」，小人則爭利不爭義。在傳統社會裡，至少在統治階級的想法之中，良善的人恥談爭利，更何況僅爲個人私利而在官府興訟。從而權利的觀念、意識在中國這塊土地上難以獲得養分。

自15世紀起，西方列強開始擴張其海外領土（也就是大航海時代的來臨），在接下來的數個世紀中，歐洲人對於東方世界——特別是中國——的描繪，與西方知識界對於中國的「認知」（或誤解），亦隨著西方列強在世界經濟體系地位的改變而跟著改觀[12]。在西方爲了解東方社會而構築的知識體系裡，中國的傳統法律體系遭到嚴重誤解。數百年以來，不少西方學者在其著作中對於中國的描寫影響著後世對東方、對中國的看法。在社會學領域之中，身爲古典三大家之一的韋伯，這位影響力可謂無遠弗屆的學者，他對中國傳統法律體系的輕描淡寫、輕視鄙夷，事實上已經長期誤導了學術界的思維。

法律制度的公正與否，攸關著統治政權的正當性、政府的威信、對商業行爲的信任、經濟活動的預期心理等。誠如韋伯所言，假使法律制度無法提供「可預測性」，則交易無法進行，更遑論資本主義的產生，筆者認爲，這種看法可目爲「新制度主義」的開拓者之一。是故，在韋伯的世界觀裡，東方的中國因爲專制者可以爲所欲爲，法律毫無威信可言。自秦朝大一統之後，法律即處於停滯的狀態，在此之下，財產權利無法得到保障，使資本主義無由產生。這種邏輯看似合理，然而中國是在「義務觀」的教化底下，在這種義務觀的社會思維下，人民無法弄清「權利」的意義。但難道因爲這樣，人與人之間的糾紛就得不到解決嗎？難道一個強調義務的國度，人民便不知要利用各種手段來保護自己的私有財產嗎？

在此部分中，本文將探究「義務觀」下中國社會的大眾如何行使

12　Ho-Fung Hung, "Orientalist knowledge and Social Theory: China and the European Conceptions of East-West Differences from 1600-1900," *Sociological Theory*, 21: 3 (September, 2003), pp. 254-280.

「權利」，並突顯以西方「權利觀」來檢視中國的社會，將難以看清中國法律體系的運作方式。首先，西方知識界長期以來為東方社會（在本研究，尤指中國）建構了西方向全球擴張所需要的知識體系，如此，不僅影響了西方社會對中國的認知，同時也影響了中國的學者；其次，中國是個強調「義務」的社會，在晚清引進西方法律制度（1900年庚子新政）之前，社會並不存在權利意識。那麼，在一個「義務觀」當道的社會，人民行使財產「權利」的方式也必然與西方有所不同；第三，討論中國傳統法律與知識產權保護相關的議題，在此將證明在南宋時期中國已經建制「全球」最進步的知識產權（主要為著作權）保護的相關法律及措施。這可證明韋伯對中國法律體系有所誤解，他認為中國傳統法律自秦朝一統之後，即處於停滯的狀態。因為在韋伯的心目中，唯有歐洲大陸法系是形式理性[13]的法律，也惟獨這樣的法律才會具有「可預測性」，只有在人身保護與私人財產獲得保障之後，像資本主義這樣進步的制度才可能建立。

也因此，如果我們可以在中國歷史上找到充分的證據，說明早在宋朝（960-1279年）之時，知識產「權」都已經利用某種方式進行保護，這豈非說明中國早便存在資本主義了？因為這樣進步的產權保障不是應該只（能）在資本主義制度盛行的地方才可能出現嗎？至少韋伯是這樣想的；第四，本文亦將闡述學術界可能過度誇大西方法律的「優越性」，另外提出更多證據，來解釋中國傳統法律的進步性，藉以還原歷史真相。

西方建構下的「東方」

誠如孔誥烽所主張，自17世紀開始，西方知識界對東方世界（特別

---

13 不過，說也奇怪，英國似乎是全球資本主義最發達的國家，這樣說，反對的人應該不多。然而，英國的普通法並非韋伯心目中所讚賞的、完美的，具形式理性的法律體系。韋伯給我們的解釋是，因為英國有完整的法學教育機構。不過，這又引發另一個問題。傳統中國雖然行政立法不分，但民間的訟師與官方的幕友在司法審判的互動之中，對於中國傳統法律的訓練有一定之助益。韋伯可能不太清楚中國的這種制度設計，所以，應該也難以比較英國的「完整」的法律教育比起中國到底有哪些優勢。

是中國）的主流看法即擺盪在對中國的「熱愛」（Sinophiles）與「恐慌」（Sinophobes）之間，他認為西方知識界對中國的認識受到兩股力量所影響：其一，在資本主義世界經濟體系裡，持續變動著的政經關係，其二則是西方列強國內的知識界的政治角力。他指出歐洲學術界自18世紀開始從熱愛轉變成恐慌，與其海外擴張、經濟繁榮、中產階級興起有關，這使得其中產階級原本對於中國（商品，像是絲、瓷器）的狂熱，轉而對中國專制主義（absolutism）的批評[14]。在不甚了解中國歷史的狀況下，特別是在中國傳統法律體系這個領域，德國著名社會學家韋伯可謂其中之佼佼者，他認為在中國專制主義下，法律的運作經常為皇帝個人意志所左右，不具西方法律特有的形式邏輯之思維。確實，中國法總是給人一個印象，國家法是刑法，自秦朝極端的專制主義起，給人們以刑罰是統治者恣意支配之印象，使人產生了中國的法只是一家之法的認知[15]。單就這個觀點來看，韋伯作如是觀，並非空穴來風。

　　如同高道蘊（Karen L. Turner）曾經批評的那樣，在韋伯之後，縱然西方的漢學研究已經有了更多文獻可以使用，西方漢學家卻繼續重複著韋伯19世紀關於中國的觀點。費正清——美國的漢學巨擘、哈佛大學東亞研究中心創始人——所撰之《東亞：偉大的傳統》即是顯例，這是一部「可能比其他任何美國有關出版品都影響了更多學者」的教科書，對中國法律的描寫幾乎與韋伯如出一轍[16]。「建構的」、「誤解的」或者甚至只是「便宜行事的」研究所描述出來的東方世界，是一個沒有理性的、不可預測的、停滯的，只是西方社會的對應物。如此的知識建構或有其政治目

14　Ho-Fung Hung, "Orientalist knowledge and Social Theory."

15　石川英昭，張中秋譯，〈中國法的思想基礎〉，張中秋編，《中國法律形象的一面——外國人眼中的中國法》，（北京：中國政法大學出版社，2012），頁26-44。

16　Karen L. Turner（高道蘊），〈導言〉，高道蘊、高鴻鈞、賀衛方編，《美國學者論中國法律傳統》，（增訂版），（北京：清華大學出版社，2004），頁1-10，頁9、10。引自尤陳俊，〈「新法律史」如何可能——美國的中國法律史研究新動向及其啟示〉，黃宗智、尤陳俊主編，《從訴訟檔案出發：中國的法律、社會與文化》，（北京：法律出版社，2009），頁473-524，頁478。

的，蓋因早期西方人對於中國法治評價極差，使得西方列強亟欲在中國獲
得治外法權，所以必須先「證明」中國法律野蠻落後，不值得西方人尊重
與遵守[17]。

相信來自西方社會「進步的」理論能夠充分理解東方社會的學者不在
少數，對西方知識體系不抱任何批判立場的學者同樣為數不少。例如，學
者黃維幸在其《法律與社會理論的批判》[18]一書中全盤地奉韋伯的見解
為圭臬，他也認為資本主義所需要者為西方社會才有的「可預測的」法律
制度，而且法律制度還必須是形式理性的。他主張「中國傳統法律充滿儒
家倫理，而公務及司法行政又是家長式的恩情重於法規；加上中國沒有法
律專業，都市亦無法律確保的權利，都使法律無法發展其內在形式的理性
及高度的自主性。這種法律制度與資本主義發生的要件不合[19]」。

以上有幾個論點被黃維幸（及其他學者）[20]視為理所當然，但這些
論述不無疑點。第一，黃維幸所說的充滿儒家倫理、家長式恩情，無法律
專才等等，主要在於強調韋伯所說的中國傳統法律的不可預測性，難以捉
摸；第二，西方社會之所以進步，乃因形式理性的法律促使資本主義形成
的要件，相對地中國社會缺乏「形式理性」的存在條件，也就無從形成資
本主義；第三，這種看法正是建立在西方哲學二分法之上，也就是西方的
「有」，東方的「無」之上，也就是說，在知識的建構上，西方應該存在
著許多「優勢」（advantages），而這些要件「不可以」在東方社會中找
到，否則，整個知識建構的偉大工程將面臨延宕的命運。

17　蘇亦工，〈另一重視角——近代以來英美對中國法律文化傳統的研究〉，《環球法律評
　　論》，（春季號，2003），頁76-83。

18　黃維幸，《法律與社會理論的批判》，二版，（台北：新學林，2007）。

19　黃維幸，《法律與社會理論的批判》，頁152。

20　認為中國傳統法律體系沒有能力適應社會變遷的學者為數不少，例如陳惠馨便指出「當
　　傳統中國這套法律體系背後所追求三綱五倫價值為時代的變遷，或因為其他的選擇可能
　　出現而受到挑戰時，竟然失去了回應與修改的能力，進而轉變成為看似無用或無效果的
　　法律體系」。請參見，陳惠馨，《傳統個人、家庭、婚姻與國家——中國法制史的研究
　　與方法》，二版，（台北：五南圖書，2007），序言，頁8。

　　在此，筆者先提出以下的疑點：如果中國法律制度眞如韋伯所言，自秦代開始就處於停滯的狀態而不再進步，其經濟活動必然不可能興盛，因爲商業行爲無法預測，那麼我們將難以解釋爲何南宋以來長江三角洲市鎭數量從宋代的71個，增加到明代316個，再增加到清代的479個[21]，這豈不是一幅繁榮的景象嗎？如果法律制度眞如韋伯指出的缺乏「可預測性」但經濟成就卻得以飛黃騰達，那麼，中國的治理能力應當是無與倫比，除了韋伯讚揚過的治水能力外，應該還有許多可圈可點之處才是。

　　近代中國衰落的原因很多，在西方主導的知識體系下，不少東方的學者批評起東方（中國）時卻也顯得理直氣壯。舉例來說，「中央集權」也是學者經常掛在嘴邊，用來批評中國的國力漸衰的理由。學者陳志武、王勇華帶著責備的口吻批評說道：「至少從唐朝開始（618-906年），直至1911年清朝末年，中國一直就是中央集權制。皇帝通過其官僚機構和他的絕對權力控制、管理整個國家。最低等級的官員是縣級，這些官員代表中央政府行使包括徵稅、公共工程建設、乃至法律訴訟等所有國家權力。因此司法審判僅僅是眾多行政行爲中的一種。由於在政府機構中根本沒有『分權』思想，那些郡縣級地方官員事實上不受任何制約……。中國法律傳統的另一個特徵是，強調行政與刑事制裁，缺少民事責任以及程序法方面的規範[22]」。上述這個段落有幾個地方值得討論：第一，這是歐洲殖民者對中國的誤解，是想強調東方（中國）專制主義，皇帝不受法律約束，可以爲所欲爲，在中國（與伊斯蘭）傳統法律體系中，所謂的「卡迪」審判可以輕易地找到。

　　韋伯曾說過，要想在卡迪（K[h]adi，長者）審判中找到法律一

21　樊樹志，《明清江南市鎮探微》，（上海：復旦大學出版社，1987）。

22　陳志武、王勇華，〈從中國的經歷看司法改革與資本市場的關係〉，梁治平主編，《國家、市場、社會：當代中國的法律與發展》，（北京：中國政法大學出版社，2005），頁197-220，頁199。同樣的看法可以在不少學者的論述中發現，請參見，例如，李雨峰，〈理性的宰制——帝制中國版權問題的省思〉，法學在線－北大法律信息網，http://article.chinalawinfo.com/ Article_Detail.asp? AtricleId=36339，檢索日期，2013年10月11日。

致性是不可能的。尤有甚者，直到1980年代時，美國法官仍不客氣地
引用卡迪審判來突顯伊斯蘭法律之專斷性與任意性。然而，伊斯蘭法
律大抵是基於理性的istihsan，此種法律的邏輯推演，極類似於美國的
先例（precedent），若是將istihsan翻譯為英文，則作「類比的推理」
（reasoned distinction of *qiyas*（reasoning by analogy））[23]。韋伯對阿拉
伯世界卡迪審判的批評並無歷史事實的支持，根據張偉仁的研究，在17、
18世紀時，卡迪已根據「習慣」來解決兩造之利害衝突，而民間的習慣正
是西方學者所熟知的法律體系之重要組成成分[24]。

　　第二，陳志武、王勇華所提及地方官員不受上級約束，可從稍後將探
討之刑事檢驗流程中涵蓋覆核的步驟，加以反駁；第三，至於中國法律體
系中缺少民事責任的部分，本章稍後亦詳細說明。由於中國古代並未頒布
類似羅馬法的正式法典，也沒有一部民法法典，因此學者可能產生誤解。
但筆者先以實行嚴格之中央集權制下的宋朝刑事案件中，極為進步的（但
可能被有氣質的學者認為不登大雅之堂的）驗屍制度，特別是其注重程序
的部分，以此來反駁陳志武、王勇華所持之論點，即中國古代的地方法官
不受上級約束的這種看法。

　　宋代法律詳細規定參與檢驗的組織、人員、案件的範圍，組織與人
員的職責也有明確分工。首先，負責檢驗的官員主要是司理參軍、縣尉，
此外，人吏（即供官府驅使的差役）和仵作（行人）（即今日之法醫）等
人要隨同或配合官員進行檢驗；第二，除了仵作之外，官府也根據案件的
實際需要聘請具有相關知識的人出席，從《洗冤集錄》（世界第一部法
醫學專著）之卷二《婦人》和卷四《病死》的內容來看，可以推論出宋
代配合檢驗官進行檢驗的人員還包括了穩婆（產婆、助產士）、醫生等

---

[23] John Makdisi, "Legal Logic and Equity in Islamic Law," *The American Journal of Comparative Law*, Vol. 33, No.1 (Winter, 1985), pp. 63-92, p. 64, 92.

[24] 張偉仁，〈中國傳統的司法和法學〉，《現代法學》，卷28，第5期，（9月，2006），頁59-67，頁60。

相關人員[25]；第三，宋代法律現定何種案件在什麼情況下應當檢驗，例如：「凡殺傷公事（因鬥毆、賊盜導致的死傷）、非理致命（如投水、自縊、……火死……牛馬踏死等）、病死（無醫生證明及猝死者）、……不僅民戶死亡須經檢驗，而且奴婢非理致命者，也要即時檢驗」[26]；第四，為求檢驗公正，對於初檢、複檢的每個階段、其步驟、活動都提出了具體的要求，例如：差官對於案發現場及屍體的狀況進行初次檢驗，分為報檢、差官、檢驗、申牒四個步驟[27]。再以「報檢」為例，在發生殺傷案件或非理死亡事件後，當地鄰保、家屬必須申報州縣官府差官。最後，在檢驗文書中，包括了實體性文書《驗狀》、《正背人形圖》，與《驗屍格目》等。《驗狀》相當於當代現場勘驗的筆錄與屍體檢驗報告的綜合體，而《驗屍格目》則是為了監督檢驗官員，主要內容包括檢驗時間、工作程序，與對違法檢驗的舉報方式之司法救濟途徑。經驗事實告訴我們，即使用當代的觀點來看待宋代之檢驗制度，都不得不懾服於其程序之完備。故此陳志武、王勇華所言並無根據，顯見其想法受到西方建構的知識體系所制約。

　　長期以來，中國不僅在地緣政治被邊陲化，知識分子同樣受到資本主義這個概念所影響。亦即在1840年代鴉片戰爭之後，中國社會因西方的船堅炮利而幾至崩解，其知識分子必須重塑自己對中國的再認識，此一背景迫使知識分子對資本主義理論、其文化型態，以及傳統與現代性間的論戰等，持續一段極為漫長、灰心沮喪的互動關係，這種互動關係猶如鬼魅地回頭來形塑歷史在中國書寫的方式，並且至今尚未停歇[28]。資本主義

25　郭東旭，《宋代法律與社會》，（北京：人民大學出版社，2008）。

26　前揭書，頁121。

27　前揭書，頁124、125。「牒」為宋代官府下級對上級或者同級之間傳送的法律文書。於初檢程序之中，有兩次申牒的規定，一是在檢驗日申牒差官複檢，二是在檢驗完畢之後，申牒報告檢驗之狀況與結論。

28　Timothy Brook，李榮泰譯，〈資本主義與中國的近（現）代歷史書寫〉，Timothy Brook與Gregory Blue主編，《中國與歷史資本主義：漢學知識的系譜學》，（台北：巨流圖書公司，2004），頁147-217。

這個概念曾被20世紀初葉中國知識分子當作理解（或誤解）中國之起點，這個概念本身或許沒有問題，問題在於學者幾乎不假思索地採用回溯式的（retrospective）研究取向[29]，如同Jack A. Goldstone所質疑的，爲何中國過去數個世紀海上貿易居於領先的事實總是被忽略？通常學者經由後見之明（hindsight）所得到的答案總是：中國缺乏資本主義[30]。這是因爲對於歐洲人而言，歐洲的「有」，必須建立在東方（特別是中國）的「無」之上。

　　眞相必須還原，而歷史總會告訴我們眞相本來的面目。比較歷史學家經常提到的一個觀點是，中國在歷史上是「人口過剩」（overpopulated）的，這是因爲中國的生育力（fertility）比世界其他地區高出許多，從而導致人口過剩。以歐洲的觀點來看，這是因爲歐洲人更聰明、謹愼、個人主義，或者更如何如何，而亞洲人（特別是中國人）則因爲缺乏上述的特質而不知節制，使得人口過剩[31]。Goldstone引用了James Lee與Feng Wang的研究，指出英格蘭在工業革命以前，大約在1500-1750年，人口成長率比中國高出許多。在這段期間，英格蘭的人口從230萬成長到了570萬，中國的人口則從1億2,500萬成長到了2億5,000萬，成長率分別是150%對100%，英國人口成長率確實比中國高出許多[32]。光是從這個例子即可看出，應該藉由探索經驗事實，讓理論、概念，與觀點不斷地與歷史進行對話。但歐洲殖民者卻抱持著偏頗的觀點看待非西方國家，透過這樣的視角，偏見持續滲入非西方國家的知識系統之中。

　　卜正民十分理解東方學者在西方建構的知識體系下進行思維活動所

29　梁治平，〈法治：社會轉型時期的制度建構——對中國法律現代化運動的一個内在觀察〉，梁治平編，《法治在中國：制度、話語與實踐》，（北京：中國政法大學出版社，2002），頁84-153。

30　Jack A. Goldstone, "The Rise of the West-or Not? A Revision to Socio-economic History," *Sociological Theory*, 18: 2 (July, 2000), pp. 175-194.

31　Goldstone, "The Rise of the West-or Not?"

32　James Lee and Feng Wang, "Malthusian Models and Chinese Realities: The Chinese Demographic System 1700-2000," *Population and Development Review*, 25 (1999), pp. 33-65.

受到的限制。他說，所謂「現代性」的核心概念即是，「過去一定要被超越」。所以，基於這樣的現代性而展開的知識體系，乃將西方的優越性以（西方人眼中之）歷史的觀點加以定型化，並且將晚近歐洲的崛起對比於非歐洲「長久的」落後。那些根據此種「現代性」而期待自己能克服中國落後狀態的知識分子們，他們所建構的方法自然而然地也就成為歐洲人從19世紀中葉起開始書寫的「近代史」的一部分。由於這種近代史大力宣揚資本主義的豐功偉業，因此亞洲的知識分子開始以西方資本主義的觀點來書寫亞洲。就中國的例子而言，知識分子似乎只能在沒有資本主義、同時也欠缺現代性的情況下，來撰述中國的歷史[33]。舉經君健為例，他就曾經如此建議：「清代及其以前的社會經濟，乃是一種結構簡單的社會經濟，它是在以低速發展的小農經濟的基礎上構成的……在市場交易方面，清律關於牙行制度的規定，從物價到買賣方式均加以控制，把市場限制在一定的交易秩序之中，其結果必然是限制了商業的自由競爭，抑制了商業資本的活躍，商品經濟的發展行而受到侷限」[34]。從這段話不難看出，經君健認為自由競爭是資本主義的重要因素之一，而清代商業經濟裡並無自由競爭的因素，反而清廷以各種方式來抑制市場競爭，最終導致經濟發展受到限制，資本主義的要素也就無從在清朝的土地上發現。因為，在經君健的想法中，「落後的」滿清必然與西方資本主義社會之「進步」、「現代性」無緣。倘若讀者的印象還算深刻的話，應該會想起本書在先前的章節證明過「自由」貿易應該是全天下最大的謊言。

　　綜上所述，在西方社會為東方（特別是中國）建構的知識體系的「指引」之下，不少學者對於中國存在著誤解，並視之為理所當然。

義務觀下的權利行使

　　在中國這個不談權利只講義務的社會下，政府如何來維護個人的「權利」？人民到底運用什麼方式來排難解紛？簡單地說，在這樣的社會

33　Timothy Brook（卜正民），〈資本主義與中國的近（現）代歷史書寫〉，頁152。
34　經君健，《經君健選集》，（北京：中國社會科學出版社，2011），頁440。

中，因為官員、人員普遍沒有權利意識，執法機關是經由「懲罰」侵害他人財產的加害者，來間接保護被侵犯者的「權利」。在此，首先明瞭中國的義務觀到底如何形成；其次，傳統上中國知識分子對理想社會的「表達」（representation）與人民在日常生活的「實踐」（practice）並非相同；再其次，介紹學者黃宗智「實踐歷史」的研究取向，藉此來比較中、西方對於「法」觀念的不同思維，這一點，韋伯好像還沒告訴我們呢！

三綱五倫與義利之辯

　　2,000餘年以來，儒家思想在各個層面影響著中國眾多百姓，統治者以「三綱五常」來穩定社會秩序，三綱指的是君為臣綱，父為子綱，夫為妻綱，五常則指仁、義、禮、智、信，三綱五常成為了人際之間的道德規範。

　　具體而言，始自西漢，儒家的君臣之禮、夫婦之別與長幼之序的思想便逐漸影響中國法制化的過程，例如有關重罪十條之「十惡制度」被唐、宋、元、明清律所採用。其中之「謀反、謀大逆、謀叛、大不敬」是求尊君抑臣，「惡逆、不孝、不睦、不義」則落實父子、夫婦、長幼之別。經過歷朝諸儒生的努力，儒家思想逐漸為法律制度吸收，其所主張的秩序觀也得以在中國傳統法律中實現[35]。

　　儒家思想講求天人合一，追求「和諧」的思維，在在影響著中國社會裡糾紛解決機制的運作。舉例而言，自先秦延續到清代的「義利之辯」隱含著「去私」的前提，這樣的前提貫穿於法律文化之中，雖然在現實生活中，老百姓會為私人利益而產生糾紛，但至少統治階級希望看到的是一個和諧無訟的社會。在古代製造「學說」是統治者及其所屬的士大夫階級的特權，在這種「不言利」的氛圍中，我們約略可知中國傳統文化不能夠產生權利概念的原因。但要記得，這是「官方的」表達，它未必等於「民間

35　陳惠馨，《傳統個人、家庭、婚姻與國家—中國法制史的研究與方法》，二版，（台
　　北：五南圖書，2007），頁14-15。

的」實踐。

　　傳統觀念認爲，中國古代的「法」就是「刑」，它作爲統治者的一種暴力工具與控制手段。也因此在古人心目中，「法」只是君主用來統御臣民的工具，法律是一種「治」與「被治」的關係。中國傳統的法律基本上難以擺脫這層關係，成爲像西方羅馬法那樣的私法，藉由保護個人的「權利」來達到糾紛解決之目的[36]。以西方法律體系的特點來與東方社會做比較的學者不在少數，鄧建鵬是其中之一，他說：「傳統中國占主導的儒家意識型態爲私人安排制度性的道德化生活：以修身、齊家、治國、平天下作爲生命進程的次序，以三綱五常作爲日常生活必須遵守的準則。在這些先天的強制道德安排下，中國傳統法文化中缺乏獨立的意思自治的個人，無法形成以此爲基礎的正當性私人權利主體」[37]。明顯得很，鄧建鵬是以西方的視角——個人爲權利之主體，來審視中國傳統社會，但爲何一定要在中國這個事事講求義務，強調家族主義的社會去尋找西方社會的個人權利之因子呢？可想而知，這是以西方經驗爲標準來檢驗東方，而且，因爲在非西方世界裡找不到類似的經驗，於是，學者們在看待東方社會（特別是中國）時，就總是看不到有意義的變遷了。

　　西方社會解決民事爭端的原則是保護個人「權利」，中國則是利用中間人（調停人），讓衝突兩造雙方針對各自看法加以陳述，以當事人各退一步來找出「妥協」的方法來解決衝突，其背後的準則就是儒家思想中的「和諧」。質言之，中國解決民事（細事）糾紛的機制與講求權利保護的西方社會不同，也就是說，西方並不倚賴調解、調停來處理爭端，即使近來美國也加入這種（中國獨特的）調解制度，但其風貌仍有差異。可以這樣說，「調解」、「調停」是在處理民事糾紛上，中國與西方法律最大的不同。以美國爲例，雖然在半個世紀以前有了「Alternative Dispute Resolution」（ADR）運動，但大部分人尚未將「調解」視爲解決糾紛的

36　梁治平，《尋求自然秩序中的和諧》，頁3、102、171。

37　鄧建鵬，《財產權利的貧困：中國傳統民事法研究》，（北京：法律出版社，2006），頁29-30。

主流方法。

加州大學洛杉磯分校教授黃宗智在分析中國法律體系糾紛解決的獨特機制時，他將主要的研究時期限定在清朝、民國、計畫經濟時期，與改革開放之後。然而長久以來，在中國傳統法律體系裡頭，官府以審斷重案為主，民間則負責對細事進行調解。是故，中國法律體系的運作方式與西方法律不同之處在於，中國社會裡，許多糾紛在官府（法庭）之外便已解決[38]。而根據學者梁治平的說法，最遲自從宋代開始，民間細事糾紛已逐漸由社區、家族來解決，因為在宋朝之後，家族組織日益完備，這使得直接由官府來處理的案件相對減少，同時也使得民間自行調解的作法逐漸成為定制。之後朝代對於民間調解的方式、作法等均有其規定，例如，明朝的法律規定：「各州縣設立申明亭，凡民間應有詞狀，許耆老里長准受理於本亭剖理[39]」，到了清代，官員則容許鄉保調解細事，雖然法律規定不得如此，但民間則有此習慣。清朝法律規定：「民間詞訟細事，如田畝之界址溝洫、親屬之遠近親疏，許令鄉保查明呈報，該州縣官務即親加剖斷，不得批令鄉、地處理完結」[40]，但實務上大量有關「戶婚田土」的細事爭端是在官司之外解決的[41]。簡言之，「調解」機制的存在與制度化，是使東方社會迥別於西方社會的法律體系，因此必須予以重視。

表達與實踐（*representation and practice*）

我們應當這樣理解，理想（知識分子的「表達」）與實際（人民在平日生活中的「實踐」）未必等同，這種「表達」異於「實踐」[42]的現象

38　Huang, *Chinese Civil Justice, Past and Present*, p. 22.

39　《大明律集解附例・刑律・雜犯》，引自梁治平，《尋求自然秩序中的和諧：中國傳統法律文化研究》，（北京：商務印書館，2013），頁226。

40　《大清律例・刑律・訴訟》，引自梁治平，《尋求自然秩序中的和諧》，頁226。

41　梁治平，《尋求自然秩序中的和諧》，頁226。

42　這個次標題「表達與實踐」，筆者借用學者黃宗智之《清代的法律、社會、與文化：民法的表達與實踐》（上海：上海書店，2007）的次標題之一部。

表現在中國社會裡社經地位的排序，對訴訟的態度上，在儒家思想的表達與實踐上，或許同樣出現在義務觀教化下的知識分子對於自身現實利益的表達與實踐之上。

　　中國自古以來，士大夫所描繪出「理想的」社經地位之排序一直是士、農、工、商。然而，社會上實際的排序並非以知識分子心中所形成的圖像呈現出來，因為一如現在，過去在日常生活中，很少有富人被貧窮的人輕看，並且富戶通常比較容易與有權勢的人建立起關係。由此顯見，商人較有可能從政，而從政者比較容易獲得商場上對他們有利的消息，賺取更多利潤。故此，商人怎麼可能被相對貧窮的農人、工匠瞧不起呢？這種士農工商的排序基本上難以符合社會大多數人的期待，況且在中國歷史上實在難以找到一小段特定時期農人的地位比商人還要高，所以，「士、農、工、商」這樣的理想圖像只存在統治階級的想法中。

　　中國的「無訟」文化是第二個例子，由此得窺中國傳統法律的「表達」與「實踐」存在著差異。無訟的理想圖像，與儒家思想中的天人合一、追求和諧有關，在這種理想之下，爭端應該「完全地」交由道德原則來解決。但是，如果依然得對簿公堂，也應該由地方官員經由「道德教化」來治理，故此稱之為「父母官」[43]。郭星華教授精闢地指出，在傳統中國，一個理想的社會應該是「無訟」的，當中的「訟師」被稱為「訟棍」，表達出社會對於好訟之人的鄙夷與憎惡。然而，這是一種「表達」，通常是統治者、知識分子的表達。但現實面人民可能存著另一種情景。他說，民間並沒有「無訟」的概念，所以「健訟」、「畏訟」、「懼訟」等看似相互矛盾的思想傾向，必須根據特定的社會關係來理解其對訴訟的真正態度[44]。筆者認為，郭星華最大貢獻在於提醒我們一個極重要的議題，「無訟」這個士大夫表述心目中的理想世界，與「好訟」、「健

---

43 Huang, *Chinese Civil Justice, Past and Present.* p. 9.

44 郭星華，〈無訟、厭訟與抑訟——中國傳統訴訟文化探析〉，本論文發表於第四屆人大——輔大社會科學院教師交流，時間：2013年10月1-2日，地點：輔仁大學濟時樓九樓國際會議廳，頁10。

訟」這個才可能是老百姓真實世界的實踐，兩者之間究竟存在著多大的差異呢？以經濟繁榮的宋朝為例，人稱宋朝好訟，這一說法可從「編敕」數量的快速增加看出來，同時也可藉此反駁韋伯所言，中國傳統法律體系已停滯許久，自秦以降不曾變動過的荒謬說法。

　　編敕的增加是一種法律與社會互動之後的結果，宋朝以編敕的形式增加「律」，以補「律」之不足。因為經濟發達，糾紛自然增加，自然必須因時調整。例如，從宋太祖至宋理宗的280年間，共編敕210部以上，這說明了宋朝編敕的頻繁，其中尤以宋神宗時間最多，共編敕85部，4,381卷，占總數的40%。這一方面反應宋神宗時期變法與編敕的關係，同時也說明了社會與法律之間互動的頻繁[45]。從編敕數量的增加，一方面可以質疑韋伯所言，另一方面也可得知宋朝絕非是一個無訟的社會，恰好相反，因為糾紛增加、訴訟增加，為解決爭端，必須在「律」之外新增許多「敕」來因應變動的、複雜的社會。

　　「表達」不等於「實踐」的第三個例子，是關於儒家思想的「表達」與現實生活中的具體「實踐」。吳漢東、王毅認為，中國社會在儒家思想支配下，印刷業不可能發達，因為作品多為教化和維繫人際關係、社會秩序為目的，所以不可能在坊間有大量的書籍流通。然而，這依舊是知識分子的「表達」對理想社會 —— 階級分明、秩序井然的社會 —— 的描繪[46]。實際的情形，或者說老百姓的「實踐」是這樣的：自宋代起，坊刻本即已興盛。換句話說，在印刷業的發展上，「表達」與「實踐」還是不能等同。事實上，自宋以來坊本即已普遍，元代利潤豐厚，明代則有更多出版印刷商加入市場逐利。宋代刻書種數，據估計「當有數萬部」、「明代任何時候存在的印刷書籍要多於世界其他地方存在的同期印刷籍的總和」，估計明代刻書的總數為3萬5,000種左右[47]。

45　郭東旭，《宋代法律與社會》。
46　吳漢東、王毅，〈中國傳統文化與著作權制度略論〉，《法學研究》，1994，第4期。
47　劉天振，《明清江南城市商業出版與傳播》，（北京：中國社會科學出版社，2011），頁63。

第四個例子則可以從義務觀教化下的知識分子對於追求自身現實利益的「表達」上看出端倪。在義務觀教化下的知識分子雖然恥於談利，然而，在現實生活中，讀書人爲自利而與人爭執者同樣不在少數，只是，這樣的行爲恐怕爲社會所不容，是故，士人遂將其私利與公益做結合以隱藏其追求私利之意圖。在經濟發達、教育普及、印刷業有利可圖的南宋時期，貢士羅樾刊印段昌武《從桂毛詩集解》前有行在國子監禁止翻版的公文：「行在國子監據迪功郎新贛州會昌縣丞段維清狀，維清先叔朝奉昌武，以《詩經》而兩魁秋貢，以累舉而掙第春宮，學者咸宗師之……先叔以毛氏詩口講指劃籌以成編……名曰《從桂毛詩集解》。……維清竊惟先叔刻志窮經、平生精力畢於此書，儻或其他書肆嗜利翻板，則必竄易首尾增損音義，非惟有辜羅貢士鋟梓之意，亦重爲先叔明經之玷……」[48]。

在這個例子裡，與本文有關的重點在於，身處義務觀教化下「恥言談利」的氛圍，雖說君子不言利，但遇到了利益受到侵害時又該如何應對呢？此時，只得將其私利連結到王國之公益，就如段維清所解釋：「儻或其他書肆嗜利翻板，則必竄易首尾增損音義，非惟有辜羅貢士鋟梓之意，亦重爲先叔明經之玷」，「明經」即爲王國之公共利益。在此，我們發現讀書人用一種極爲婉轉的方式來爭取自己的利益——將之包裝於「公益」底下，雖然不易察覺，但其脈絡似乎清晰可見[49]。簡言之，空泛的義務觀在這個實例證明之下，讓知識分子追求私利的舉措無所遁形。「重義輕利」是社會對讀書人的期待，同時也是讀書人在眾目睽睽下的「表達」，然而一旦涉及利益時，讀書人的「實踐」未必符合社會對他們的期待。

接下來的例證，或許可以視爲另一個「表達」與「實踐」存在著差異的證據。雖然傳統上中國是一個不講權利的社會，然而，日本學者寺田浩明認爲傳統中國的地方官員並沒有「權利」意識，但早已經擁有近代型「依法保護權利」的實質內容，這樣的實質內容甚至可以向前推進

48　引自葉坦，〈宋代的印刷事業與版權保護〉，頁162，註20。《書林清話》卷2錄此文。
49　謝宏仁，〈「義務觀」社會與中國傳統法律體系的特殊性——以傳統知識產權保護爲例〉，《社會學評論》（北京），第2期，3月，2015，頁2-13。

到在清末民初與西洋法律接觸的許久以前。他進一步指出：「作爲這種自生的『實踐』發展結果，（於是）就出現了中華民國時期民事法律制度」【50】。筆者認爲，寺田浩明的論點有其參考價值：第一，因爲中國是個義務觀的社會，雖然地方官員沒有「權利」意識，但卻有了依法保護權利的實質內容，這正是前述的「義務觀下的權利行使」之展現，其主要的行使方式（除了教化之外）是懲罰侵犯他人權利者來達到保護受侵犯者；第二，雖無權利觀念，但做錯事的人應該被懲罰，就效果而言，這樣的懲罰間接保護了財產所有人的「權利」，也因此才產生寺田浩明所言，中國在很久以前就有了一套類似於近代西方民事的規範。

「實踐歷史」的研究思維

在〈中國法律的「實踐歷史」研究〉一文中，黃宗智教授引用韋伯的論點，他說，正如韋伯指出的，西方現代法律和其他法律不同之處，主要是因爲它的「形式理性」。他認爲，西方現代大陸形式主義……要求所有的法庭判決都必須通過「法律的邏輯」，從權利原則推導出來。「每個具體的司法判決」都應當是「一個抽象的法律前提向一個具體的『事實情形』的適用」；而且，「借助於法律邏輯體系，任何具體案件的判決都必定可以從抽象的法律前提推導出來」【51】。對韋伯而言，形式理性的法律是西方法律體系所獨有，並且更重要的，資本主義發展必須要建立可預測的法律體系之上【52】。這種可預測的法律體系唯有在西方社會才找得到。

---

50 寺田浩明，潘健譯，〈清代民事審判與西歐近代型的法秩序〉，張中秋編，《中國法律形象的一面——外國人眼中的中國法》，（北京：中國政法大學出版社，2012），頁314-324，頁315。

51 Max Weber, *Economy and Society: An Outline of Interpretive Sociology*, Vol. 2.（Berkeley: University of California Press, 1978[1968]: 657）；黃宗智，〈中國法律的實踐歷史研究〉，頁12、13。

52 Robert M. Marsh, "Weber's Misunderstanding of Traditional Chinese Law," *American Journal of Sociology*, 106: 2 (September, 2000), pp. 281-302.

　　黃宗智教授研究了清代法律（或者可以再往前推數百年前的法律體系），他以人類學的研究方式分析訴訟檔案，他發現清代的法律從來沒有嘗試從具體的案例中抽象出普遍而有效的法律原則，「它似乎假定相反，它似乎假定只有與實際司法實踐相結合，抽象原則才可能得到闡明，才具有眞正的意義和適用性」。亦即，不像歐洲大陸形式主義民法，反而較像是英國的普通法，清代法律「堅持整個體系必須扎根於以解決實際問題爲本的各種實際情況規定之中」[53]。簡言之，不像西方法律那樣在抽象層次中找到獨立於具體事件的普遍原則，中國法律則是試圖將抽象概念鑲嵌於具體事件中[54]。筆者認爲，佐以前述寺田浩明依法保護權利的「效果論」，即使地方官員無「權利」之概念，這種「實踐歷史」研究思維對中國法律體系的理解有一定的幫助。

　　日本學者松田惠美子認爲，或許「和諧」才是法律應該追求的目標，而非維護個人權利。她認爲現代社會的問題之一就是主張「權利」經常引起維護「權利」之間的齟齬。或許我們應該追求的是人和人之間新的和諧方法，並思考爲求達致免使「權利」過度衝突，法律到底應該扮演何種角色呢[55]？西方形式主義法律由抽象的權利原則出發，並要求這個原則得以適用在所有的事實情況，於是造成必爭對錯的「對抗性」法律訴訟制度，其缺點則是高昂的訴訟費用與頻繁的訴訟次數[56]，中國在改革開放之後，不正爲訴訟案件過多所苦嗎？筆者覺得，如果「和諧」的社會才是人們普遍之所欲，那麼中國自古以來於民間細事糾紛的調解方式[57]，

---

[53] 黃宗智，〈中國法律的實踐歷史研究〉，頁13。

[54] Huang, *Chinese Civil Justice, Past and Present*, p. 8.

[55] 松田惠美子，〈日本的法制史研究之課題〉，《法制史研究》，創刊號，（12月，2000），頁307-316，頁311。

[56] 黃宗智，〈中國法律的實踐歷史研究〉，黃宗智、尤陳俊主編，《從訴訟檔案出發：中國的法律、社會與文化》，（北京：法律出版社，2009），頁3-31，頁24。

[57] 調解制度的長處也不宜過度強調，事實上，中國土地廣大且人口眾多，官衙資源相對有限，將細事委諸宗族耆老似乎也有充分之理由。不過，雖然該制度適合中國國情，然而，有時也可能因爲某些緣故而失去公正性，例如，參與調停之一方因爲其在鄉里之地位，經常會以壓制性權威凌駕於民眾之上，在所謂的「和諧」精神的背景之下，爲息事

或許應該在當今的糾紛解決機制中扮演更重要的角色。

中國知識產權保護之進步性

　　現今的知識產權保護涵蓋的範圍較廣，包括了專利、著作權、商標、地理標示等，中古世紀知識產權中的專利保護或許可回溯到15世紀的威尼斯，但中國早在11世紀時即開始保護印刷商之出版權利。更重要的是，如果只是保護少數的個人而非（印刷）產業的話，其重要性、所牽涉的經濟利益將大為減低。並且在某個程度上，學者可能習慣用現在的標準來對待過去，那麼，當代的知識產權保護的絕非保護個人而是跨國公司利益、甚至是產業利益[58]。若是如此，我們不妨將12世紀時南宋蓬勃的活字印刷出版業以「產業」的層級來加以審視，因為在活字印刷出現之前，書籍尚無法大量印製，因此討論著作權的意義不大[59]。

　　中國傳統法律體系內，並不區分民刑事，但案件有輕重的差別，所以不難想像，除了重案之外，其他的案件都屬細事。雖然乍看之下，知識產權（著作權）不在戶婚田土錢債之列，但知識產權保護不像是官府必須解決的重案。既然知識產「權」應屬於細事，且居中協調者雖是高德性者，然而這些人恐怕沒有太多知識產權保護的觀念，那麼，告官似乎是不得不的選擇了。此時，申告於官府後所留下的官方文件，就變得十分重要了。

南宋的印刷產業

　　中國版權的觀念何時萌芽或許是個重要議題，但吾人認為經濟利益是否已具備足夠的重要性，端視印刷出版事業是否足以稱為一個「產業」。

　　寧人而失去公正性的情形也會發生。綜言之，調停制度固然有其益處，但也不能忽視其短處。

58　Sell, *Private Power, Public Law: The Globalization of Intellectual Property Rights* (Cambridge: Cambridge University Press, 2003).

59　鄭成思，〈中外印刷出版與版權概念的沿革〉，中國版權研究會編《版權研究文選》，（北京：商務印書館，1995），頁108-121。

在宋朝的活字印刷術發明之後，製版、付梓比起以前相對容易許多，因此
這時討論保護知識產權（著作權）將更有意義。李琛曾經這樣解釋，大約
在18世紀時，隨著歐洲的工業化，人類創造的成果開始有新的利益，也就
是產業利益。近代的生產方式與古代不同，前者必須「有意識地」在生產
過程中引入新技術，在這樣的需要之前，知識產權的保護才有意義。筆者
認為，李琛將產業利益引入他的討論中是意義的，因為現今知識產業的保
護，的確是已開發國家為了保護自身產業利益，而要求所有國家都服從這
樣的遊戲規則[60]。

　　在此，首先我們檢視宋代的印刷業是否足以被稱之為「產業」。根
據錢存訓的研究指出，在9、10世紀時，印刷品之複印數量已相當可觀，
宋代在全國各地書業以及印刷中心計有北宋首都開封、杭州、以坊刻本著
名的建安和建陽（福建），以及到了明代仍是文化重鎮的眉山（四川）。
他更進一步指出，宋代是中國學術發展的重要時期，各類學科包括了經、
理、史、文、考古、美術，與科技等，且宋代公、私學校之設立，在12世
紀時，舉人有20萬，13世紀時更是高達40萬，知識分子的數量十分可觀。
另外，儒學的勃興，宋代理學支配中國社會長達600年，甚至700年之久，
這與印刷術的發達離不開關係[61]。

　　宋代的官刻本、家刻本（又稱私刻本）和坊刻本組成當時雕版三種
刻本印刷的網絡，三種刻本都有各自的特點，並且在不同的層面上發揮其
作用，這使得雕版印刷走上空前繁榮的階段。鄭成思指出：「官刻本財力
雄厚，不惜工本，精美大方；家刻本仔細認真，校勘精到；坊刻本為降低
成本，行字緊密，為追求速度，校勘較差。」為了保護官刻本《九經》監
本，北宋神宗於1068年下令「禁擅鐫」，也就是禁止一般人隨便刻印，必

60　李琛，〈關於「中國古代因何無版權」〉；Sell, *Private Power, Public Law;* Christopher
　　May, *The Global Political Economy of Intellectual Property Rights* (London and New York:
　　Routledge, 2000*).*
61　錢存訓，〈印刷術在中國傳統文化中的功能〉，《漢學研究》，卷8，第2期，12月，
　　1990，頁237-250，頁243-245。

須事先得到國子監的批准方得爲之。實際上，這可說是國子監對《九經》
監本的「專有權」。至於坊刻本，則可說是百花齊放，盡可能滿足市場之
需求[62]。

　　潘銘燊（Ming-Sun Poon）認爲，自北宋末期，印刷業開始興盛，南
宋（1127-1279年）共設15府，全國共173個地點有印刷業之蹤跡，以臨安
（杭州）、建安最爲重要。概據葉德輝的《書林清話》指出，南宋至少有
50家以上的商業性印刷業者，與現代相似，當時更需要與其他業者相互區
隔開來，使用牌記（colophon）可以達到這個目的，既能避免競爭，並且
也會收到廣告效果，尤其對於商業性印刷業者而言，幾乎可篤定的是，第
一個使用牌記的出版商必定是以營利爲重的商業性印刷業者[63]。坊刻本
大都署有書商字號，像是某某書堂、書鋪、經籍鋪、書籍鋪等，「其出版
的主要目的在於營利……營利在今天的四川、安徽、江蘇、浙江和洛陽等
地興起。至宋以降，在汴梁、臨安、建陽、崇化、麻沙等地，此類出版商
不但很多，有的專門接受委託，刻印和售賣書籍，其至集撰、出版、發行
於一坊一肆……全國規模的科舉考試、遍布全國的私塾等對出版業的大量
需求，使得刻書成爲有利可圖的行業」[64]，由此可見宋代出版業可謂蓬
勃發展，至明代營利出版商的坊刻本種類很廣，大致包括醫書、類書、科
舉用書、狀元策、翰林院館課、八股文、小說戲曲等書籍，有學者將之大
致分成「民間日用參考實用之書」、「科舉應試之書」以及「通俗文學之
書」三大類[65]。學者指出「明清刻書數量，遠遠超過宋代。宋代刻書總
數，張秀民估計『當有數萬部』……『明代任何時候存在的印刷書籍要多
於世界其他地方存在的同期印刷籍的總和』……『估計明代刻書的總數爲

62　鄭成思，〈中外印刷出版與版權概念的沿革〉，頁110。

63　Ming-Sun Poon（潘銘燊），"The Printer's Colophon in Sung China," *The Library
　　Quarterly: Information, Community, Policy*, 43: 1 (January, 1973), pp. 39-52, p. 40.

64　鄧建鵬，《財產權利的貧困》，頁217-218。

65　劉國鈞，《中國書史簡編》，鄭如斯訂補，書目文獻出版社，1998年版，頁81-82，引
　　自鄧建鵬，《財產權利的貧困》，頁218。

3萬5,000種左右』[66]」。

　　關於中國傳統法律體系中是否存在知識產權保護，一個最理想的「負面問題」之提問，莫過於李琛所撰之文章〈關於「中國古代因何無版權」研究的幾點反思〉[67]。他認為，「中國古代因何無版權」是個偽問題，他認為知識產權必然屬於近代範疇，因為知識產權法的主要功能在於鼓勵創造[68]，而這就讓人們可以任意選擇和創造有關的隻字片語，進而將之視為知識產權的「萌芽」。是故，他反對把古人對剽竊的譴責或制止解讀為版權意識或版權保護。但為何知識權利只能是近代的產物呢？總之，李琛認為討論知識產權的保護必須在18世紀左右，當歐洲開始現代化之後才有意義。筆者覺得，李琛的這種說法或許可以稱為另一個西方所建構的知識體系下之產物。

宋代版權保護之具體作為

　　以下的證據清楚地說明自北宋起，中國就有了版權保護的法令。

　　古時，翻版（板）即盜印。《書林清話》卷二有「翻板有例禁始於宋人」的條目，「北宋哲宗紹聖二年（1095年）正月廿一日，『刑部言，諸習學刑法人，合用敕令式等，許召官委保，納紙墨工眞（具？），赴部陳狀印給，詐冒者論如盜印法。從之』[69]」。雖然盜印法的內容仍需推

66　劉天振，《明清江南城市商業出版與傳播》，（北京：中國社會科學出版社，2011），頁63。

67　李琛，〈關於「中國古代因何無版權」研究的幾點反思〉。

68　關於知識產權是否眞為鼓勵創造，不無疑議，並且此為21世紀最重要的議題之一，請詳見Susan K. Sell, *Private Power, Public Law: The Globalization of Intellectual Property Rights* (New York: Cambridge University Press, 2003). Christopher May, *The Global Political Economy of Intellectual Property Rights: the New Enclosures* (London and New York: Routledge, 2010).

69　《宋會要輯稿・刑法二》之四十，引自葉坦，〈宋代的印刷事業與版權保護〉，劉春田主編，《中國知識產權評論》，卷3，（北京：商務印書館，2008），頁151-164，頁160。本文原載於《中國研究》（東京），1996年5月號。

敲，但此史料證明早在北宋時期就有盜印法。現存史料當中，有三個案例可證明中國古代已有版權保護的法令。但在中國傳統法律體系裡，被侵害者並無「權」要求保護，而是受到侵害於調解不成之後，再藉由要求官府懲罰侵害者，使自身的財產及相關權利受到保障。

　　第一個案例是，葉德輝《書林清話》及清代大藏書家陸心源《皕宋樓藏書》、丁丙《善本書藏志》均有記載的眉山程舍人宅刊本《東都事略》之牌記上所寫：「眉山程舍人宅刊行，已申上司，不許覆板」，意思就是今日的「版權所有，不准翻印」。據《中國印刷史》記爲南宋紹熙年間（1190-1194年）刊印，此牌記恐怕是最早的版權保護施行記錄[70]。不過，部分學者以其他理由主張《東都事略》的牌記還不能成爲知識產權業已存在的證據。這樣的論點，筆者不能苟同，因爲中國一是個講求義務的社會，權利意識並不存在，即使遭受到侵害，也不可能稱之爲其「權利」受損（被侵權），而會以有別於西方的手段來保護受害者的「權利」，這通常是藉由處罰侵害者的間接方式來。因此無論如何，即使著作「權」已經存在，在當時的社會中並不具有任何知識產「權」的概念，但實務運作上卻能達到實質的保護效果。

　　第二，我們先前所提，也就是將南宋的印刷業視爲產業，學者認爲只有在已經成爲「產業」之時，討論知識產權才有意義，筆者同意這種說法。也就是在產業競爭的態勢底下，出版業者爲求保護自身利益，同時也維護其印刷之品質而使用牌記讓讀者更容易選擇。另外，雖然目前並沒有文件可以證明，然而產業的競爭者之間會互相學習（仿造），因此牌記「已申上司，不許覆板」的印刷業者想必是受到提告者與官府之作爲而競相學習此種著作「權」保護的作法。簡言之，筆者以爲，牌記的使用只可能發生在有利可圖且競爭激烈市場上，也惟獨如此才有使用牌記的必要性。

　　另外，潘文娣、張風杰則以西方的「權利」觀來審視中國傳統知識產權的保護，他們認爲《東京（都）事略》的牌記仍不可將之視爲「版

70　引自葉坦，〈宋代的印刷事業與版權保護〉，頁161。

權」，主要是因為沒有前置權利的合法性基礎。換句話說，該書作者的版權尚未由國家賦予或者認可[71]。不過，要想在「義務觀」的中國社會裡面發現西方的「權利」，這無異緣木求魚？當然以西方權利觀來檢視中國知識產「權」保護的學者不乏其人，吳漢東提出一個「負面問題」，他認為中國早在12世紀即有著作權的「萌芽」，但何以無法結出「作者個人權利」的果實[72]？可是，中國不是一個凡事都講「義務」的社會嗎？此外，在評論Alford的著作《偷書不算偷：中華文明中的知識財產法》（*To Steal A Book Is An Elegant offense: Intellectual Property Law in Chinese Civilization*）[73]一書時，李亞虹也提出類似的問題：為什麼古代中國不存在本色的知識產權制度[74]？當然，既提出這樣一個負面的問題之後，接下來想必要「篩選」出一些中國不利於發展出「先進的」產權制度，來呼應中國「落後的」環境。事實上，中國早已有了本土的知識產權制度——是一種義務觀下的權利行使，雖然或許不易被發現，但它卻真實地存在。

　　第二個案例是南宋末年由政府發布之公告，此案例發生在福建最大書市之一的建安，在祝穆編刊《方輿勝覽》自序中有如下記載：「兩浙史轉運司錄白，據祝太傅宅干人吳吉狀，本宅見雕諸郡志，名曰《方輿勝覽》及《四六寶苑》兩書，並係本宅進士私自編輯，數載辛勤。今來雕板，所費浩瀚，竊恐書市嗜利之徒，輒將上件書板翻開，或改換名目，或以《節略輿地勝紀》等書為名，翻開攙奪，致本宅徒勞心力，枉費錢本，委實切害，照得雕書，合經使台申明，乞行約束，庶絕翻版之患。乞榜下

71　潘文娣、張風杰，〈關於中國版權史溯源的幾點思考〉，《出版發行研究》，12月，2010，頁60-63，頁62。

72　吳漢東，〈關於中國著作權法觀念的歷史思考〉，《法商研究——中南政法學院學報》，第3期，1995，頁44-49，頁46。

73　本書另一中文譯名是《竊書為雅罪：中華文化的知識財產法》（北京：法律出版社，2010）。

74　李亞虹，〈西法中移的文化困惑——《偷書不算偷：中華文明中的知識財產法》評介〉，法學在線—北大法律信息網，http://article.chinalawinfo.com/article_print.asp?atricleid=4094，檢索日期：2013年10月17日，本文原載於《中外法學》，1998年第6期。

衢、婺州雕書籍處，張掛曉示，如有此色，容本宅陳告，乞追人毀板，斷
治施行……福建路轉運司狀，乞給榜約束所屬，不得翻開上件書板，並同
前式，更不再錄白」[75]。這份於1266年由政府發布，具有法律效力的公
告，證明版權觀念在中國已經形成了。其中「竊恐書市嗜利之徒，輒將上
件書板翻開，或改換名目……翻開攙奪，致本宅徒勞心力，枉費錢本，委
實切害」，提及了作者為《方輿勝覽》已耗費巨大心力與雕版的成本，並
且，如果任由他人隨意翻刻的話，可能造成該書原意受到竄改。

　　關於傳統中國法律中對於知識產權的保護的第三個案例，也就是貢士
羅樾刊印段昌武《從桂毛詩集解》，我們曾經在本章先前解釋「表達」與
「實踐」二者未必相同的實例中提及，故僅引用國子監禁止翻版的公文中
之一部，該公文說：「行在國子監據迪功郎新贛州會昌縣丞段維清狀，維
清先叔朝奉昌武……先叔以毛氏詩口講指劃筆以成編……名曰《從桂毛詩
集解》。獨羅氏得其繕本，校讎最為精密……維清竊惟先叔刻志窮經……
儻或其他書肆嗜利翻板，則必竄易首尾增損音義……亦重為先叔明經之
玷……除已備牒兩浙路、福建路運司備詞約束所屬書肆……如有不遵約束
違戾之人……追板劈毀，斷罪施行……淳祐八年七月　日給」[76]。

　　在這個案例中，至少有三個觀點值得我們注意。第一，這是身為姪
兒的段維清為其已逝之叔父段昌武的權利向官府請求保護，係屬繼承權的
部分。簡言之，此「公據」涉及版權的繼承。誠如潘銘燊所言：「在這個
南宋的例子裡面，版權的繼承是自動的，無須作者生前指定或授權，完全
地把著作看成是可繼承財產的一種；第二，申請人段維清至少在表面上是
維護其先叔的著作人格權而站出來的。如現代版權法習慣中，作者死後，
如有侵害作者精神權利的行為，例如『竄首易尾，增損音義』等輩，得由
繼承人請求除去這些侵害」[77]；第三，雖說君子不言利，但假使利益受

75　引自葉坦，〈宋代的印刷事業與版權保護〉，頁161-162。
76　引自葉坦，〈宋代的印刷事業與版權保護〉，頁162，註20。《書林清話》卷2錄此文。
77　潘銘燊，〈中國印刷術的起源〉，《出版發行研究》，1989年，第6期，引自李明山，
　　《中國古代版權史》，頁140。

到侵害時又該如何呢？只得將其私利連結到王國之公益，例如「儻或其他書肆嗜利翻板，則必竄易首尾增損音義，非惟有辜羅貢士鋟梓之意，亦重爲先叔明經之玷」，「明經」即爲王國之公共利益，段維清以公益包裝其（可能）繼承之私人利益。

西方知識體系之「優越性」？

過去，我們似乎過度美化西方知識體系的優越性。接下來，首先我們討論西方的「權利觀」是否在一開始時就存在西方人的思維之中，人民是否具有「權利」意識能否被當成是進步的指標；第二，引用清朝司法監督的機制，來說明傳統中國法律的進步性，這在韋伯及其追隨者的思維當中是難以想像的，筆者猜想諾斯應該是不感興趣；第三，過去向來被認爲只有在西方才可能找到的，在東方的中國也能發現權利觀，並且中、西方在版權的保護上有其相似性，這也間接說明西方社會的「獨特性」是令人懷疑的。

過度美化的西方權利觀

或許我們過度讚美西方財產權的「優越性」了。打從一開始，西方一切都準備好了，而忘記向來歷史都是緩慢地前進。一言以蔽之，早期的羅馬法與普通法同樣都沒有所有權的概念。鄧建鵬這麼說：「在近代早期的英格蘭，財產權意味著『獨立、責任與自由』，財產權不僅讓人不依賴他人，而且是對抗專制政權的核心。在洛克眼中，財產權是憲政的基石，不經表決徵稅違反了財產權的基本法則」[78]。是故，在一個財產權扮演消極角色的中國社會，在一個地方官員用「教喻」、「（道德）感化」的方式來維持社會秩序的國度，人民難以產生「權利」意識似乎有道理。

西方的「所有權」概念也有其發展的歷史脈絡。鄧建鵬繼續談到：「在早期羅馬法中，並沒有所有權這一概念，所有權是後世羅馬法注釋家

78　鄧建鵬，《財產權利的貧困》，頁28。

對之進行概括的結果……與此有些相似，普通法本身就是一種從司法實踐中發展起來的法律體系，缺乏對權利理論體系化的追求，不存在所有權這樣的概念。如英國普通法學者密爾松所言，『在英國中世紀土地權利中也沒有所有權……在普通法中沒有必要，同時也沒有餘地容納像所有權這樣的抽象概念，各種權利均取決於對其領地具有完全控制權的領主。』普通法是救濟的法，而不是權利的法」[79]。從以上的敘述中可以看出，西方權利的觀念被過度美化了，即便是「進步的」英國普通法，同樣沒有「所有權」抽象概念。目前的知識體系卻不斷地試圖說明，惟有透過保護個人權利，才可能是最進步的法律制度，這讓學者忘記了傳統中國以「和諧」為準則的民間「調停」，其實才是一種成本相對較低且有效的糾紛解決機制。

　　至少就世界歷史的同一時期而論，比起其他文明，中國的訴訟制度亦可稱之為進步，但為何一談論到西方的「進步」，東方（中國）就非得是「落後」、「停滯」呢？這還是與學者普遍接受了西方社會為東方量身訂作的知識體系有關。然而，歷史經驗還告訴我們什麼呢？

進步的中國傳統法律

　　除了前述宋代法律中詳細地規定驗屍的組織、人員、案件之範圍、明確的分工，以及符合程序正義的規定之外，我們還可以從明、清政府為維護成文法典執行的效力與彈性，予以修正，來因應時代變遷。根據學者邱澎生的研究，上級政府有兩種主要的手段來監督下級或地方的司法單位，第一種是判決書「審轉」制度，它涵蓋了全國司法體系內部的層級組織，在上級機關對下級司法單位的判決書內容加以查察，透過這樣的制度來達到法律的一致性和公平性；第二種是既有的「成案」制度之改良，為因應社會變動，由中央刑部等官員定期進行討論，藉此來對「律」進行修改

79　鄧建鵬，《財產權利的貧困》，頁88。

或加以補充，每當皇帝裁決以後，即成爲通從全國的「例」[80]。在整個清朝的268年間，就常以這種方式來因應社會變遷，從第一任皇帝（1644-1661年）開始的449條，增加到1725年的814條，到1740年的1,049條、1761年的1,456條，1870年達到最高點，一共增修了1,892條[81]。以上述兩種方式來增加人民於法律執行公平性之信任，這樣的制度即使仍然不夠完美，但至少不應該以「停滯」來形容之。

若以西方權利觀來檢視中國傳統法律時，我們會看到什麼圖像呢？中國法律重刑法、不重民法、諸法合體、行政司法不分、人民不能請求政府保障其權利等，這是建立在西方爲東方社會建構的知識體系，建立在西方社會的獨特性與優越性。然而，歷史證據告訴我們，中國傳統法律體系能有效的排難解紛。簡言之，日常生活中的細事由民間自行解決，官府以審斷重案爲主，用的是成文法的絕對刑主義。中國傳統上強調義務的社會，在這樣的社會中，雖然不以權利的保護爲爭端解決的機制，但以懲罰侵害者的方式間接地保護當事人的適當「權利」，以效果而論，並無不同。

中西版權保護之相似性

在此我們不妨將中西版權做個簡略的比較，相信這個連諾斯與韋伯都會感到興趣。首先，在中國這個講究義務的社會裡，印刷業者想出了將其與王朝利益連結，透過此種方式來隱藏保護私人利益之目的。不過，這種作法並非中國所獨有，私利的追求與不讓別人知道自己在追求私利，可能是人類的天性。17世紀末的英國的《安娜法案》（Statute of Anne）在追求其法律效力的過程中——與中國古代版權相同，出版商（或/與作者）「不再聲稱自己的利潤受損，而是將作者與讀者的利益推向前台。從1706年開始，英國出版商就向議會提出請願書，聲稱若不能保障其萬得一種易於實施的財產權法案的話，作者就不會再撰寫新的作品。經過三年密集的

80　邱澎生，《當法律遇上經濟》，（台北：五南圖書，2008），頁95-96。
81　Robert M. March, "Weber's Misunderstanding of Traditional Chinese Law," *American Journal of Sociology*, 106: 2 (September, 2000), pp. 281-302, p. 288.

立法遊說，在1709年，世界上第一部著作權法終於誕生，這就是《安娜法案》（Statute of Anne），亦即『在所規定的時間內將已印刷圖書的複製件授予作者或者該複製件購買者以鼓勵學術之法律』……。這部制定法極大地改變了作者、出版商與讀者之間在權利上的配置」[82]。簡言之，安娜法案將文學的財產權與出版商之壟斷權加以分離，釋放出一個文學和思想的自由市場，但我們不能忘記，出版商為的不是公益，而是私利。

　　第二，如同鄭成思所言，《安娜法案》之所以被認為是世界上第一部成文的版權法，其主要原因是，該法案從保護出版商擴展到了保護作者。這樣的情形同樣也發生在中國。上述第三個案例，即《從桂毛詩集解》的刻印者將其叔父投入大量心力（與成本）當作要求官府禁止翻版的理由。在該禁令中，受保護主體已擴及了作者（及其繼承人）[83]。以上兩點，約略可以看出中西版權的發展似乎並無二致。若再加上版權保護一開始並未普遍化，似乎中西也有共通之處。另外，產業利益這個因素在知識產權保護制度中，並非僅為當代政府的考量，在過去歷史中也同樣發生過。凡此種種，似乎在告訴我們中西版權的發展史擁有不少的相似性，而非總是以東方的「無」來配合西方的「有」；更絕非如諾斯與韋伯堅信的，西方的興起是因為制度，而這制度是東方社會所缺乏的。

　　在討論完第二部分之後，相信讀者能對「傳統」中國法律制度、體系有初步認識，也能了解即使是全球大師級人物韋伯，都不甚清楚中國法律體系的特色。換言之，韋伯根本不知道中國「傳統」法律體系事實上相當進步，那麼，他主張中國法律全無可預測性的論點也就不攻自破。那麼，西方之所以崛起是因為有可預測性的法律體系嗎？還是因為西方（法律）制度上的優越？因此筆者懷疑，恐怕連諾斯本人也將不再相信自己所說的話了。

82　Goldstein，《著作權之道》，頁34-35。
83　引自鄧建鵬，〈宋代版權問題——兼評鄭成思與安守廉之爭〉。

結語

這年，韋伯算是度過一個嚴寒的冬天，這樣的天氣並不特別適合休養身體。幸好，陽光並不吝於露臉，下午時分，偶而他會走進海德堡大學，穿梭在紅瓦白牆的建築群之中，再一次嗅著「理性」的特殊氣味。這種味道，應該只在西方社會找得到，特別是德國吧！韋伯心裡如此地想著。

悠閒地漫步於這個數個世紀以來歐洲著名的學術殿堂裡，似乎讓人不自覺地提高自信，因為腦中的某種化學物質明顯地增加了。只是，這個自信，未必是累積在日復一日嚴謹的真理追求之上。此刻，韋伯低著頭俯視著內卡河，心裡仍舊想著自秦朝就已不曾進步的中國法律制度，同時也想著在拿不到歷史證據的情況下，要如何說服自己與讀者，使他們相信，（傳統）中國不可能看到市場的蓬勃發展，因為在這個古老的國度裡並不存在「制度」（特別是法律制度）。對他來說，中國沒有這個保護私有財產「權」的重要工具，更無法看見所謂的「制度變遷」之類的事，因為高昂的交易成本，一直阻礙著市場的擴張。一個世紀之後，有位諾貝爾獎得主，偶然間（再次）看到「制度」這個如此新奇的事物，並且，他要大家都相信，好的制度，或者說能夠激勵市場發展的制度，是西方興起的主要原因。

無論是600年或是160年的時間視角，對韋伯而言，應該沒有差別才是，因為「傳統」中國的經濟行為都難以預測。那麼，60年時間性，對這位諾貝爾得主還有什麼意義？或許對他而言，既然西方社會已經興起，東方社會就得多多學習西方（人）才學得會的「制度」吧！

當我們花了不少篇幅討論諾斯與韋伯二位學術巨擘，筆者深覺，我們應該不容易運用他們所闡明的概念、理論，來解釋600年前，為何一個市場不太發達的「停滯」帝國，能夠派遣多達2萬7,000人所組成的強大海軍，向印度洋諸國展現帝國的軍事力量與軟實力。

第二部分

60年時間性視角

第六章
中國「一帶一路」倡議對國家發展理論的挑戰

　　本章所說的「挑戰」事實上是指60年時間性的發展研究，而這是一般以爲的，並未考慮到600年與160年時間性之重要歷史事件。

　　先前的五章是本書的第一部分，主要以600年與160年時間長度的視角來觀察東方與西方的發展，或許可以這樣說，是學者們向來爭論之全球資本主義的發展，或者說是「現代性」（modernity）的追求，特別是世界經濟體系──或稱「現代世界體系」（The Modern World-System），該理論至少隱晦地使用「現代」一詞，來強調並區分人類歷史的前一「傳統」階段。其中，600年視角用更長的時間性來修正過去側重西方歷史的的現象，特別是西歐開始擴張前後的世界史，似乎全球各地在西方人到達之前，全都處於未開化（uncivilized）[1]的境況。然而真實的情況則是：東亞絕非如此，東南亞、印度洋，甚至遠至阿拉伯海，乃至非洲東岸，都可以發現明朝中國人的蹤跡。即使是160年視角也同樣讓我們看到西方（特別是英格蘭）與東方（清中國）之興衰。不同的是，這個時間性，讓我們重新檢視160年時間性仍存在幾個有爭議的論點，並且讓人看到更爲真實的、關於東方與西方的畫面，使得過去的世界觀與歷史觀必須加以修正。

　　本書第二部分開頭，也就是第六章，將偏重在60年時間視角。這觀點就是我們習以爲常，亦即一般所認爲的「發展研究」學術領域的起源。並且，就「發展研究」的研究案例而言，大體上可目爲「東亞的復

1　古時候，中國人稱東部的民族爲「東夷」。「夷」這個字後來被賦予貶義。西方學者則認爲自古以來，中國人視自身爲世界的中心，外國人輒以「夷」稱之，有敵視、鄙視之意。然而，西方人在地理大發現之後，國力漸增，不也同樣以負面的形容詞來表達對非西方人的看法，「未開化」即爲顯例。

興」[2]。此話怎講？一般認爲，二戰之後，歐洲國家在美國的援助之下，迅速重建；亞洲同樣在美國總體利益的考量，也就是冷戰時期地緣的政治思維下，由美國扶助盟邦，包括日本、南韓，與台灣，來抵禦「赤化」。雖然，1960年代美援結束，然而，美國開放國內市場給東亞盟邦，東亞四小龍經濟便趁勢崛起，特別在1980年代。隨著「蘇東波變天」，在1990年代，中國、印度[3]等國家逐漸在經濟發展有亮麗表現，優於其他發展中國家。換言之，若從二戰以來的日本、東亞四小龍，乃至後起之秀的中國與印度等經濟體的表現來看，亞洲的復興之路似乎已經開展，這幾個亞洲經濟體的表現確實不容小覷。

　　然而，若眞要了解東亞經濟體爲何能夠得到讓人稱羨的表現，那就不能只將注意力投注於經濟發展的面向，地緣政治的因素所帶來的正面影響力也必須正視。也就是說：地緣政治因素在發展研究領域裡有其地位。筆者認爲，這應該是相當重要的課題——如同在600年時間性所強調者——值得我們注意。不過，可惜的是：對此議題感到興趣的學者似乎不是太多，特別是稍後所將討論的發展型國家「理論」（The Developmental State "Theory"），過度偏重國家能力的探討，而弱化全球地緣政治因素的重要性，本文則有意重新賦予這個遭到「弱化」的論點，該有的重要性。但簡單說，這個「弱化」並非意指全球地緣政治因素較不重要。

　　由此開始本書的第二部分，也就是從60年視角下，回頭檢視筆者在2013年撰寫之《發展研究的終結》[4]一書中所提出的論點：在知識經濟

2　阿里吉（阿律奇）、濱下武志、塞爾登（薛爾頓），《東亞的復興：以500年150年和50年爲視角》；Arrighi, Hamashita, and Selden eds. *The Resurgence of East Asia: 500, 150 and 50 Year Perspectives*. 另外，一般而言，印度被歸於南亞這個區域，但本書並不堅持使用這個歸類方式。

3　在發展研究領域中，1990年代最著名的例子是金磚五國（BRICS），也就是巴西（Brazil）、俄羅斯（Russia）、印度（India），與中國（China），與後來崛起的南非（South Africa）。在2008金融海嘯之後，金磚五國的光環似乎褪色，然而學者、觀察家對於中國「一帶一路」倡議的討論乃至辯論，似乎遠大於其他國家。當然，金磚國家之中的俄羅斯在中、美霸權角力之下，其角色仍然相當重要，值得觀察，印度亦復如此。

4　謝宏仁，《發展研究的終結》，（台北：五南圖書，2013）。

時代以及大國崛起之後，在世界中所呈現出的圖像是，發展中國家因大部外資已為大國所吸收，這些缺乏外人直接投資的國家因為缺乏累積資本的動能，而失去發展的契機。如今，中國經濟起飛，並倡議所謂的「一帶一路」。凡被中國「看上」的重要國家，都將在其支持與幫助下重獲發展的機會，而這在《發展研究的終結》一書中尚未呈現。

　　為何中國會「看上」某些特定的國家、經濟體，而不是其他的國家，並積極合作呢？本文認為，這或許是中國基於地緣政治的考量下所產生的結果。

　　就上述要點而言，它與二戰之後的馬歇爾計畫（The Marshall Plan，官方名稱為歐洲復興計畫European Recovery Program）類似。該計畫對於日後歐洲國家之政經發展影響甚鉅。同類的計畫，也在1950年代初期韓戰爆發之後，在亞洲第一島鏈國家——日本、南韓、台灣等——實施。該復興計畫的亞洲版，正是我們所強調（或者稱之為「片面強調」）使得東亞經濟體得以發展的重要因素，這正是地緣政治因素所影響者，本書在第八章將探討這個議題。

　　本章內容安排如下：首先，討論西方經驗的侷限性，並回顧過去數個發展研究的理論產生於何種背景；第二，討論中國「一帶一路」對於幾個主要的國家發展理論的影響，包括現代化理論、依賴理論、世界經濟體系理論等等，並且討論當今的「一帶一路」對這些理論產生何種挑戰；第三，發展型國家「理論」在發展研究領域已獨領風騷三十年，這個以「國家」、「政體」為主要分析單位的發展型國家「理論」，值得多點篇幅加以討論。最後，總結本章的發現。

　　以下，在「發展研究」領域裡，我們先來檢視西方經驗對我們的思維產生的侷限。

西方經驗的侷限性

　　從60年時間視角觀之，我們可以說發展研究是1950年代（才）開始的，事實上，此領域是在幾個背景裡產生，卻為大多數人所忘記，是故，

在此似可略為提及。當代社會科學源自於西方已開發國家，而這看似理所當然。

　　隨著15世紀至17世紀的地理大發現（Age of Discovery，或稱海權時代、大航海時代），西方列強征服了地球上越來越多的土地，許多國家——例如，17世紀的荷蘭——的中產階級因為從事利潤豐厚的貿易（像是販運奴隸）而一夕致富，當中有一部分是促成資本主義崛起的清教徒（Puritans）[5]。這群清教徒的社會行動，令人意想不到地在法律、簿記制度、科學管理、官僚體制等方面，導致理性化過程的興起，或許還可以加上非自由勞動力的有效運用！總而言之，資本主義的興起，與世界的除魅化（disenchanting）過程息息相關，這是社會學三大家之一的韋伯在一個世紀前已經告訴我們，至今大多數的社會學家仍篤信不疑，學者們似乎頓時失去訓練已久才得來的批判能力。

　　歐洲與18世紀脫離英國而獨立的美國，今日的富強，與看似價值中立的「地理大發現」（Age of Discovery）有直接的關聯。在15至17世紀時，歐洲向海外探索的時代，世界上許多「無主」的土地，與住在其上「沒有歷史的民族」[6]紛紛遭歐洲列強所占領與控制。列強榨取這些土地與勞動力，將財富轉移到本國，經過數百年從這些地區強取豪奪，「造就」今日既富且強的歐洲（特別是西歐、北歐）。因此，歐洲的富強是建立在對非西方——特別是非洲、拉丁美洲，與南亞——國家的掠奪之上。中國——不同於其他非西方社會——在歐洲向外遠航的200年之後，即使到19世紀中葉的「鴉片（茶葉）戰爭」，中國在許多產業上仍處於技術領先的地位，像是絲綢、瓷器、與茶葉等。向來普遍認為自明朝中葉以後，大約與歐洲向外擴張同時期，中國已逐漸走向衰退，此時也正逢西方勢力

5　Kenneth Pomeranz, Steve Topik，〈熱帶荷蘭人：中產階級市民如何成為奴隸販子〉，《貿易打造的世界：社會、文化、世界經濟，從1400年到現在》，（台北：如果出版社，2012），頁243-245。

6　Eric R. Wolf, *Europe and the Peoples without History*, (New Brunswick, N.J.: Rutgers University Press, 1982).

崛起，乍聽之下似乎有理。但事實上，直到19世紀中葉，中國最富庶的長江三角洲與歐洲經濟最繁榮的英格蘭，在許多方面仍是旗鼓相當，諸如生活水平、平均壽命、肥料使用等[7]。這些事實不僅反駁自明朝中葉起中國即開始走下坡的說法[8]，並且，也使得19世紀中葉時，英國只剩下鴉片能行銷中國的原因漸趨明朗了。

　　綜上所述，如果我們用Andre Gunder Frank的話來說，西方已開發國家的「發展」（development）是建立在非西方國家的「不發展」（undevelopment）、或「低度發展」（underdevelopment）之上，二者實爲同一歷史過程[9]。換句話說，西方已開發國家、工業國家（加上東方的「西方國家」──日本）因爲過去藉由發動戰爭，開疆闢土，發掘天然礦產與墾殖經濟作物，運用勞動力投入經濟發展，累積巨額財富，進一步將部分資金投入科學與技術的研發──包括軍事科技──成爲列強間工業競爭，並仰賴軍事優勢，以便奪取海外的戰略物資，這樣的經驗如何能成爲後進國家學習的範例呢？

7　Kenneth Pomeranz，《大分流：中國、歐洲與世界經濟的形成》，（台北：巨流圖書，2004）。

8　明朝於洪武年間開始其「海禁」措施，此一「外貿」政策經常爲人所指責，但應該不至於因此政策而引發以下的說法：即明朝初葉即因禁海而導致國力漸衰，因爲始自1403年下西洋，動輒超過200艘巨型戰艦遠航，參與人員遠超過2萬人，所費不貲，不可能是一個漸漸衰落之帝國的財政能夠負擔。另外，大明帝國在隆慶朝之前，海禁政策即現鬆散，直到1570年代，海禁正式結束，接著馬尼拉大帆船（The Manila Galleons）啓航，連結太平洋東、西兩岸的時代來臨，期間長達250年（最後一艘馬尼拉大帆船於1820年代結束航行於太平洋），在這幾百年裡，中國長江三角洲所產的絲綢廣爲西屬美洲的居民所喜愛，這道出中國在絲織工業引領全球，而非如部分學者所言，中國自16、17世紀即以開始走下坡。請參照，例如，曹永和，《中國海洋史論集》，（台北：聯經出版社，2016）；Arturo Giraldez, *The Age of Trade: The Manila Galleons and the Dawn of the Global Economy*, (London and New York: Rowman & Littlefield, 2015).

9　Andre Gunder Frank, "The Development of Underdevelopment," in Robert I. Rhodes ed. *Imperialism and Underdevelopment*, (New York: Monthly Review Press, 1970), pp. 4-17. This article originally appeared in the September issue of Monthly Review in 1966. Later, it is included in Andre Gunder Frank, *Latin America: Underdevelopment or Revolution*, (New York and London: Monthly Review Press, 1969).

　　再者，所謂「國家發展理論」出現於1950年代，當時第二次世界大戰剛結束，第三世界紛紛獨立建國，如果列強在戰後仍然行有餘力而得以有效控制，那麼還真讓人懷疑殖民地如何能脫離殖民母國，其國家主權能得到世界各國（包括列強）的尊重？我們可不要忘記，殖民地——包含非洲、南亞，以及東南亞等——可是列強們彼此競爭之後、彼此「尊重」其所占據領土，政治分贓所產生的結果。經過數十年（甚至更久），財富與資源源源不絕地從殖民地轉移至母國，被殖民的國家充其量只能成為低度發展國家，永無翻身之日。雖然，擁有各種資源未必就是經濟發展的保證，但假使大部分的資源都被出口，可想而知，日後發展的機會將會大受限制。是故，誠如Frank所言，基於西方國家的「發展」與非西方國家的「不發展」屬於同個歷史過程，我們可以得知，西方經驗對於第三世界國家而言未必有實質的參考價值。尤有甚者，侈言西方經驗能移植到第三世界國家，難道這不諷刺嗎？正因為剝削第三世界國家的資源，才造就今日的西方諸國能以躋身「已開發」的行列，但許多人還信持可以從西方的經驗學習到經濟發展的有效門徑。但難道非要「飲鴆」才能「止渴」嗎？

對國家發展理論的挑戰

　　過去開發中國家向來以歐美等已開發國家為範式、樣本，以日本及其他東亞國家的成功經驗所汲取之「課程」，在中國崛起之後，同樣也吸引許多國家發展理論研究者的目光。辯論雖未終止，但過去的論證並非毫無問題。2010年代中期，中共倡議之「一帶一路」將使得國家發展理論再次受挑戰，以下，本文檢視發跡於1950年代的現代化理論、1960年代的依賴理論、1970年代的世界（經濟）體系理論，以及1980年代的發展型國家「理論」，看看在中國最新的「一帶一路」戰略布局下是否依然有效。

對現代化理論的挑戰

　　二戰後，許多被殖民的國家因為歐洲列強（英、法、德、荷蘭、比利時、義大利等）無力控制殖民地，而紛紛獨立成功。台灣與朝鮮半島亦在

日本戰敗後脫離殖民枷鎖。因歐洲在戰爭期間所受之破壞甚巨，於是美國成爲西方國家中唯一足以獨霸全球的國家。

　　1950年代開始，因全球地緣政治因素，美國成爲所謂的「自由」、「資本主義」世界的領導者。爲爭取拉攏盟邦，美國派遣其顧問團到第三世界國家，指導其政府官員如何發展其國家經濟，並以美國爲範本。當時，似乎無可避免地，美國成爲唯一的範本、最佳的藍圖。換句話說，自二戰結束起，原本極爲進步的西歐國家因爲戰爭的破壞，難以維持過去列強的地位，在自顧不暇的情形下，重建之路艱鉅而遙遠，原本被其所控管的殖民地人民羨慕的工業國家，在二戰之後，滿目瘡痍，百廢待舉，只能仰賴新興霸權——美國的馬歇爾計畫而得以重建。是故，美國成爲當時唯一的強國，第三世界國家如欲實現經濟發展，那麼，學習美國價值和生活態度，便似乎無可避免了。

　　二戰結束不久之後，美國成爲唯一的超級強國，並以馬歇爾計畫重建受戰爭所蹂躪的西歐國家。另一方面，以（前）蘇聯蘇維埃爲首的共產主義陣營，不只將影響力推擴到東歐，還有位於亞洲的中國與韓國。當時，國際社會大體上區分爲兩大陣營；其一，以美國爲首的資本主義世界，強調自由、民主[10]、市場、富裕、個人主義、科學觀等價值；其二，以（前）蘇聯爲首的共產主義社會，以極權的手段將生產工具收歸國有，以

10　在一般人的想法之中（也在現代的知識體系中吧？！），號稱已開發的西歐國家，開始全民普選的年代是從20世紀初葉才開始的，1910年代開始全民普選的國家只有挪威（1913年）、丹麥（1915年）、奧地利（1918年）、瑞典（1918年），與荷蘭（1919年），1920年代起實施全民普選的只有英國（1928年），1930年代則僅有西班牙（1931年），其他歐洲及美國都在二次大戰之後，其實施年分爲，法國（1946年）、德國（1946年）、義大利（1946年），比利時（1948年），葡萄牙（1970年），瑞士（1971年）。美國（1965年）於《投票權法案》通過之後，黑人才眞正擁有投票權。簡單地說，歐洲婦女開始擁有投票權都在第一次世界大戰之後，法國、德國、義大利，與比利時則在二戰之後，婦女才享有投票權，美國則因爲黑人在1960年代中期之前仍舊不能投票，在冷戰初期，美國向全世界宣稱是一個民主國家之代表，這一點似乎不符事實。請參照，梁柏力，《被誤解的中國：看明淸時代和今天》，第二版，（九龍：花千樹出版社，2011），頁213。

中央計畫經濟的方式累積國家財富。換句話說，第二次世界大戰結束後，不旋踵開始冷戰，新的兩極國際秩序成形，美國與（前）蘇聯低盪對峙。這段時期，全球（反而）處於相對穩定的局勢。因為西方列強的軍事實力在大戰之中損耗不少，即使不願意放棄所保有的海外殖民地，要想繼續控制這些土地，也顯得力不從心，於是，這些剛剛獲得獨立地位的國家，成為美、蘇兩強競相拉攏的對象。

　　現代化理論即產自這樣的背景，並在美國的學術界成為顯學。可想而知，在國際上，西方媒體占據主要發言者的角色，在冷戰時期，美國這個「自由世界」的龍頭當然選用自身的例子，來說服盟邦，若要像美國這樣的發達，必須學習美國的文化價值。在國際主流媒體的論述中，以蘇維埃為首的共產陣營，即使某個工業部門的發展可圈可點，相信也難以獲得主流媒體的正面報導。以此觀點視之，美國的文化價值——像是重視科學、時間、個人主義，與唯才是用等等——才是符合「現代」，能夠促進經濟發展；非西方國家之「傳統」（文化價值）則被歸類於阻礙經濟發展的範疇。被視為「齊質的」非西方國家若要達成經濟發展的目標，就必須先大破大立，剷除其傳統價值，唯有如此，才能像美國那樣享受富裕的生活。現代化理論將現代與傳統截然劃分，這或許與西方哲學的二分法脫不了關係。在此，且容筆者再略述一下西方哲學之「二分法」，所謂二分法——像是：在場（presence；being）／缺場（absence）；現代／傳統；進步／停滯（倒退）；資本主義／封建主義等等，普遍被運用在東方（例如中國）與西方（例如英格蘭）的歷史比較研究上。更重要的是，在二分法的思維下，讚美「在場」而貶抑「缺場」，讚美「現代」而貶抑「傳統」。加之，西方知識體系總是將西方歸類為前者，東方（中國）總是處於後者。簡言之，在二分法下，二者的地位並非平等。在現代化理論中，似乎也可看到二分法對該理論的影響。現在，讓我們略為探討起源於1950年代美國的現代化理論（Modernization Theory）有那些理論觀點。

　　以下幾個值得我們回顧的看法。首先，現代化理論者主張「現代化」是一個逐步的、階段性的，同時也是長時間的過程；第二，該過程得以讓世界上所有的國家都走向同一（也就是「齊質」）的過程，也就是西

化，更直截地說，是美國化的過程；第三，現化代的過程是一個「進步的」過程，也是一個「不可逆的」（irreversible）過程；第四，它是一個「內部的」過程，與該國「傳統」文化價值有關，而與外在的力量無關。是故，現代化理論既不討論國際國係，也不討論地緣政治的問題[11]。以上四者，被1960年代興起於拉丁美洲的依賴理論所挑戰，或者說迎頭痛擊。在此，我們或可略述關於「現代化」（或發展）是一個「內部的」過程的說法。基本上，我們認為這是西方哲學二分法思維的產物，而且，這種結果似乎難以避免，因為在二分法的不平等關係下，西方／東方、現代／傳統、進步／落後、發展／停滯等，西方總是占據優勢地位，這種「歷史比較」分析之的結果在社會（科）學的研究中不難發現[12]。現代化理論將「發展」與否僅歸因於單一的文化面向，並將非西方國家的「不發展」以其「傳統」價值不利於經濟發展來解釋，實難讓人信服。更重要的是，現代化理論並無能力處理地緣政治的問題，在過去，它讓人看不清非西方國家「不發展」的真實原因，現在則在中國「一帶一路」的分析中迷失方向。簡單地說，「一帶一路」看似中國與其他國家共同發展，然而，事實上，中國所作所為富含地緣政治意涵，箇中亦能看出中國試圖與全球霸權之美國分庭抗禮，改變國際秩序之意味。但現代化理論自始至終堅持文化價值遠勝一切，而使該理論無力回應地緣政治因所產生之意涵。

對依賴理論的挑戰

不同於（古典）現代化理論，古典依賴理論為拉丁美洲學者所倡議。拉丁美洲長期為西方列強（葡、西）殖民，其土地、人民所受到之蹂躪絕非三言兩語所能說完。1950年代初期，拉丁美洲國家採用聯合國拉丁美洲經濟委員會（U.N. Economic Commission for Latin America,

---

11　Alvin Y. So, *Social Change and Development: Modernization, Dependency, and World-System Theories*, Vol. 178, Sage Library of Social Research, (Newbury Park, Calif.: Sage Publications, Inc., 1990).

12　謝宏仁，《顛覆你的歷史觀》。

ECLA）建議之關稅壁壘，以保護主義與進口替代工業（化）（import substitution industrialization, ISI）（另一個相對的工業政策為「出口導向工業（化）」（export-oriented industrialization, EOI））。一開始在經濟發展上表現不俗。然而，好景不常，1960年代初期，拉丁美洲國家紛紛出現貿易條件惡化、失業、通貨膨脹與貨幣貶值。不難想像，當地學者開始懷疑拉丁美洲為何難以發展經濟，聽任西方國家主導的聯合國對拉丁美洲經濟發展的建言，似乎難以看清問題的真相。

　　依賴理論起源於拉丁美洲的「第三世界」（The Third World）國家，在馬克思主義的影響下，該理論強調核心—邊陲國家之間的剝削關係。依賴理論的支持者認為，只要核心（Core；The First World，第一世界）與邊陲地區（Periphery；The Third World，第三世界）的貿易關係持續，剩餘價值將源源不斷地從邊陲國家轉移到核心國家，使第三世界毫無發展的可能[13]。1960年代興起的依賴理論，其支持者抱著如此悲觀的看法，但總體而言，這種觀點被逐漸證實，因為除了1990年代的巴西成為家喻戶曉的金磚國家（BRICS，指巴西、俄羅斯、印度、中國，與南非）以外，其他中、南美洲國家經濟發展似乎不如人意。並且，近年來，這幾個金磚國家，除了中國與印度之外，其他「金磚」的亮麗程度似乎不像1990年代所預期的那樣。換句話說，雖然依賴理論的預測悲觀得讓人不願意接受，但離現實不遠，這與現代化理論所主張者差異甚大。問題是：如果依賴理論向來的預測精準無誤，那麼中國的崛起又代表什麼意義？「依賴」但也可能「發展」！就中國這個例子而言，將不只是「發展」而已，它還可能在全球稱霸呢[14]！

13　So, *Social Change and Development*.

14　過去的「霸權」觀，似乎都是已開發國家（或核心國家）之間的競逐，無論是在經濟上、政治外交上，或軍事上角力的獲勝者。全球霸權通常（或總是）在科技上領先群倫，這得需要不斷創新（或工業革命，Industrial Revolution）。但中國崛起之後，其憑藉者有別於西方國家，乃是採取一種創新相對較少，勞力相對密集的勤勉革命（Industrious Revolution）所推升起來的，這點反映在中國GDP經物價平減之後，已躍升為全球第一大經濟體這個事實，雖然人均GDP仍落後於美國等核心國家。

在此，讓我們先看看資本主義世界（經濟）體系（the Capitalist World-System, or the Modern World-System Theory）[15]理論大師華勒斯坦如何看待像中國這樣的「社會主義」國家。他的看法或可啓發我們在理解像是前蘇聯、中國、北韓等等「第二世界」（The Second World）國家如何使「發展」成爲可能。華勒斯坦認爲，歐洲開始向外擴張的15世紀（約1450年代），也是他所言「現代」世界經濟體系誕生之時，他將用資本累積（accumulation of capital）來作爲檢驗「發展」的指標。以「社會主義」國家自稱者，是用中央計畫經濟的方式統籌管理資源以增加國家財富。本文贊成這個觀點，原因是，冷戰時期，「社會主義」國家並未眞正在意其「社會主義」是否眞能解決國內經濟不平等的問題，其眞正關切者乃在於如何快速增加地緣政治上的優勢，以對抗以美國爲首的「自由」世界[16]。再者，以美國爲首的「自由」世界，認爲市場有一隻看不見的手，能自行調整供需，政府的干預是不必要的。當然，實際情形未必如此，但由中央計劃統購統銷的方式來發展經濟，在美國主導的陣營看來會覺得不可思議。

中國在計畫經濟時期（1949-1979年），重工業、國防工業之發展相對較佳，但民生工業則乏善可陳，再加上政治鬥爭、全國性的社會運動較多，社會相對動盪。因此這一時期的經濟實力難以抗衡美國爲首的資本主義陣營，即使國防、軍事上仍使美國感到不安。經濟實力的重要性，可以從1989年「蘇東波」解體得到證明，美國在1980年代將即蘇聯視爲星戰計畫的對手（Strategic Defense Initiative, or Star Wars Program，簡稱SDI），

15　在下一節會更詳細討論世界經濟體系理論，以及中國「一帶一路」倡儀對該理論的挑戰。

16　Immanuel Wallerstein, *The capitalist World-Economy, Essays by Immanuel Wallerstein*, (New York: Cambridge University Press, 1979); Wallerstein, *Geopolitics and Geoculture, Essays on the Changing World-System*, (New York: Cambridge University Press, 1991). 在此，本文作者僅針對華勒斯坦對「社會主義」國家累積資本的方式進行討論，關於華勒斯坦的「現代」世界經濟體系的批評，請參見，謝宏仁，《顚覆你的歷史觀》。

但因前蘇聯經濟表現不佳，難以維持龐大邦聯，至終導致解體[17]。

改革開放以後，中國以「市場經濟」，來區別過去的「計畫經濟」時代，以強調改革開放後乃採不同的經濟發展路線，且至今實體上仍以「公有制」為主體之經濟體，如果將此形容為中國「社會主義」之特色似無不可。然而所謂的「社會主義」國家在依賴理論中是否得到足夠的注意力？似乎沒有。這或許是依賴理論所遭遇的第一個問題。關於依賴理論的第二個問題則是，從「古典」依賴理論轉變到「新」依賴理論，主要是因東亞四小龍在1970年代末、1980年代初期經濟快速起飛所致，迫使依賴理論支持者似乎不得不修正「依賴」與「發展」無法並存的觀點。縱使亞洲四小龍在資本、技術，以及管理知識上，以不同程度、方式「依賴」工業國家，然而，其經濟成長卻是有目共睹，並且為第三世界國家所欽羨。在這種情形下，若「古典」依賴理論不修正此一觀點，則無異走入死胡同了。問題癥結在於，向來學者以依賴理論來檢視特定國家的發展，但就中國來說，其經濟規模、土地面積均相當巨大，更重要的是，在分析「國家」發展的同時，學者經常視各級政府為鐵板一塊，只要中央布達命指令之後，地方將會貫徹目標。

但事實上，中國的中央與地方政府之間競合關係、同謀，與相互爭奪經濟利益，確實存在，例如：中國在2000年代培植其國內手機產業時，北京政府對外宣稱遵守知識產權之國際規範，深圳市政府表面上亦配合北京高層的檢查，但實際上，當時，除了高仿機之外，其他的仿冒品基本上不在檢查之列，尤有甚者，北京政府在「臨檢」之前，還通過管道告知深圳市政府相關訊息。換句話說，北京中央政府一方面欲迎合國際規範，一方面更想扶持本土手機大廠，因此，若不了解中央、地方政府之間的互動，將看不清兩者想達致什麼目標[18]。然而，過去發展成功的例子上，像是

---

17 美國的主要優勢（之一）在於美元所支持的金融帝國，本書在第八章會深入討論此議題。

18 謝宏仁，《發展研究的終結：21世紀大國崛起後的世界圖像》，（台北：五南圖書公司，2013）。

日本、台灣，與南韓，並不存在中央－地方政府之間如此複雜的競合關係。

　　第三個問題，中國在經濟改革之後，不再只與「社會主義」國家有往來，而是與幾乎每一個核心國家進行貿易。中國的經驗證明，不僅未如依賴理論所言的毫無發展的可能，而且已經躋身全球第二大經濟體，僅次於美國，經物價平減調整之後，中國是全球第一大經濟體。如此快速且穩定的經濟成長，讓依賴理論的支持者慌了陣腳，不知如何是好。面對中國這個例證，依賴理論的支持者，要回答的不再只是「依賴」是否得以與「發展」並存，而是中國這個「社會主義」半邊陲國家[19]竟得以在短短數十年就國富民強，能挑戰美國霸權，畢竟依賴理論將分析重心擺在經濟利益的轉移之上，對於地緣政治如何影響一國的經濟發展並無著墨，這部分必須等待1970年代興起的世界體系理論來加以補充。蓋地緣政治（與地緣文化）的探討，是世界體系「理論」[20]擅長之處。除了半邊陲這個概念之外。就地緣政治而言，依賴理論所關切之深廣似乎不夠，因為經濟發展不可能擺脫地緣政治因素的影響。簡單地說，台灣的基礎建設大體上完成於日據時代，為其大東亞共榮圈「南支南洋」的跳板。二戰結束之後，美國在軍事、經濟上援助數個東亞盟邦，「自由中國」台灣地區亦在其中。冷戰開始後，台灣地區成為美國的盟邦，是故，美國（與日本）公司在台灣投資，當時美國對其盟邦開放市場，台灣的代工廠無需擔心銷路的問題。也就是說，台灣工業發展，特別是在初期，受到地緣政治因素影響甚鉅，可惜依賴理論並未看到這些。不過，知識是積累的過程，社會（科）學也不例外，因此無須苛責依賴理論之論點。

　　第四，談到近期，也延續上一個論點，依賴理論當然也就讓人無法洞察中國「一帶一路」這類巨型計畫。這是因為依賴理論，悲觀地認為，

19　在此必須提醒讀者，依賴理論並無「半邊陲」這個概念，而只有「核心」與「邊陲」。
　　這裡，筆者所使用的「半邊陲」，是世界經濟體系理論的概念。

20　事實上，華勒斯坦並不認為世界經濟體系是一個理論，他認為，與其說是「理論」
　　（Theory），倒不如說是一研究「取向」（Approach），後者更為合適。

只要與核心國家（或地區）有貿易，絕大部分的利潤都被核心國家取走，第三世界（The Third World，或稱落後國家或地區）並無發展空間。這種說法，被1980年代初期亞洲四小龍（香港、新加坡、南韓，與台灣）快速的經濟成長所打破。由於實證資料否定了（古典）依賴理論的狀況，使該理論重加修正，其中最爲重要者：「依賴」（dependency）與「發展」（development）可以並存。爲什麼？倘若不這樣修正，那麼，還有誰會相信能拿依賴理論來解釋邊陲國家（或地區）的經濟發展呢？亞洲四小龍在資金、技術，以及管理知識上必須依賴核心國家，但它們的經濟確實成長了。如果四小龍的經濟有機會發展，那麼中國爲什麼沒有呢？

　　既然自經改之後，中國的經濟發展，其模式（如果存在的話）、路徑，以及經驗，早已不容小覷。國家發展研究的學者嘗試解答中國獲得成功之因素。2015年中國官方首次向全世界宣揚「一帶一路」這個弘遠的計畫，2017年再次提及，相較於前一次，這次可說是信心滿滿地宣布中國已經準備好「西進」（moving westwards, sailing westwards），無論是經由陸上絲路西進歐亞大陸，或是經由海路穿越馬六甲海峽，西進印度洋、阿拉伯海、紅海，乃至地中海、抵達歐洲。兩者在威尼斯合而爲一。這類地緣政治的問題，則要由世界經濟體系理論來回答。

對世界（經濟）體系理論的挑戰

　　本節討論世界（經濟）體系與依賴理論之不同，稍加介紹華勒斯坦在1970年代所提出的世界體系理論。與依賴理論相似，世界體系理論同樣受到馬克思主義的啓發，關注核心—邊陲之間難以消弭、甚至無從剷除的剝削關係。然而，該理論與依賴理論的相異之處，或許更值得討論。

　　首先，世界體系在核心（core）與邊陲（periphery）之間多了一個中間階層——半邊陲（semi-periphery），做爲緩衝區（buffer zone），避免核心與邊陲之間因爲極端不平等所產生的衝突過劇，進而導致體系的不穩定，因此這個中間階層扮演著穩定體系的角色。在理論上，「半邊陲」這個概念確實讓依賴理論失色不少，但半邊陲是否能在不同的歷史時期扮演

穩定的角色，仍可說是未定之數[21]；其二，依賴理論在1960年代獨領風騷，而1970年代的世界經濟體系似乎讓只談經濟因素的依賴理論頓失光輝，原因是依賴理論的強項在探討核心與邊陲之間的財富由後者轉移到前者之機制，但地緣政治因素得要由世界經濟體系理論來補充，這是世界體系遠較依賴理論更有說服力的原因，不過，依賴理論就此終結了嗎？這倒也未必[22]。

　　與依賴理論第三個不同的論點仍與世界體系的「半邊陲」概念有關，不過，這裡所談的卻是「流動性」的問題：核心、半邊陲、與邊陲的流動與否。這點在1980年代初期變得更為重要，因為二戰結束之後的30餘年，世界的確看到發展中國家當中的亞洲四小龍經濟快速成長，這個事實使依賴理論頓失說服力，而使世界體系的「流動性」增色不少。在此或許我們可以再述依賴理論吧！其支持者主張全球可以劃分為兩個階層，亦即

21　世界經濟體系大師級人物Giovanni Arrighi與其共同作者Jessica Drangel於1980年代中期即試圖為世界體系理論找到核心—半邊陲—邊陲的實證資料，藉以增加該理論的說服力。Arrighi與Drangel找到證據，來支持世界體系的三層結構對說。他們認為在1938-1983年間，體系內的中間階層呈現出穩定的結構，我們不得不說這個研究（曾經）讓世界體系理論更能說服其批評者。關於其論證過程，請詳閱，Giovanni Arrighi and Jessica Drangel, "The Stratification of the World-Economy: An Exploration of Semiperipheral Zone," *Review*, Summer, Vol. 10, No. 1, 1986, pp. 9-74。不過，如本文所言，是否在不同的歷史時期，半邊陲都扮演著穩定體系的角色？世界體系因為「允許」流動，而導致半邊陲不再穩定，特別是占全球人口兩成多的中國崛起之後？如果是的話，那麼，這個曾經讓世界體系更具說服力之「穩定的」半邊陲，會否反而成為讓世界體系「不穩定」的主因呢？數據確實顯示這種憂慮，在2000年代，體系內的半邊陲這個區塊，總人口數逐漸減少，多數向下流動至邊陲這邊。請參照，謝宏仁，《發展研究的終結——21世紀大國崛起後的世界國家》，第十三、十四章，〈大國崛起與被遺忘的世界（一）、（二）〉，頁397-454。

22　筆者在《發展研究的終結》一書中提到，若以專利申請數、核准數，以及美國專利商標局所核准之專利數等，來檢視各國在科技研發之能力，那麼，已開發國家——如美國、日本——仍舊大幅度領先發展中國家——像是台灣、南韓、中國，與印度。簡言之，在知識經濟時代，由於核心國家掌握關鍵技術，在產業競爭中將繼續占據優勢；發展中國家在新經濟時代中，其「依賴」程度不減反增，與工業國家的知識鴻溝亦將難以消弭，因為兩者的差距實在不小。

核心與邊陲，二者之間財富差距極大，邊陲國家（或地區）完全沒有機會晉升到核心位置。換句話說，對他們而言，除了少數的核心國家之外（具體而言，也就是先前的殖民母國），其餘的都是邊陲國家，永遠要被核心國家剝削。有別於依賴理論，世界經濟理論裡頭有中間階層，在核心與邊陲之間有了半邊陲這個範疇，核心與邊陲之間的距離不再遙不可及。於是，世界體系理論中容許經濟體向上或向下流動的可能性，這是世界體系理論較依賴理論較佳之處，特別是在東亞四小龍經濟快速成長之後，還有幾個發展中國家的經濟也成長了。然而，我們也不應該忘記全球共有220多個國家或地區，經濟發展相對良好的國家則有35個，另外，聯合國所定義的低度發展國家則有48個，換句話說，尚有超過140個發展中國家的經濟情況正待改善，不過，成效尚可者似乎不如預期。換句話說，對國家發展理論有興趣的研究者，是否因為過度讚嘆少數幾個「成功」的案例，反倒忘記大多數「發展中」國家其實早已沒有太多發展的空間。

　　除了上述與依賴理論的幾個相異點之外，世界體系仍有幾個問題困擾著我們。第一，即使「半邊陲」是世界體系相對傑出的概念，然而，大多數的國家，在地緣政治上並無太大影響力。或許還可以這樣說，幾乎所有的國家，除了經濟發展之外，在地緣政治上幾乎不可能導致該區域發生重大變化。例如，被列為已開發國家的加拿大、紐西蘭、冰島、挪威等，開發中國家諸如中、南美洲的薩爾瓦多、宏都拉斯、巴拉圭，與烏拉圭，南亞的斯里蘭卡，非洲的查德、安哥拉，波札那等國。換句話說，在分析上，核心—半邊陲—邊陲是世界體系理論給我們的重要工具，讓我們能夠在錯綜複雜的國際關係中執簡馭繁。然而，中國在冷戰時期是蘇聯共產陣營之一員，在世界體系中被視為半邊陲國家，經濟改革開放之後，其政治、經濟、外交，與軍事力量逐漸增強，但似乎尚未達到核心國家的水平。或許，在本文裡，我們仍將中國當作是「半邊陲」的國家。然而，這麼大的「半邊陲」國家，其經濟發展的快慢好壞足以影響全球數十億人的生活水平，也可能影響到全球的（不）穩定性。中國這個「半邊陲」國家，讓我們產生困惑，那就是：即使世界體系的「半邊陲」概念有其用處，但中國「一帶一路」倡儀，就算用「半邊陲」國家的概念來看待，依

然不能讓我們看到中國在與美國對抗的事實，因為就世界體系而言，霸權的對抗是核心國家之間的對抗，也是海權國家的對抗，那麼陸權難道不能競合嗎？以中國為例，若是中國西進中亞、西亞，難道就不值得注意了嗎？陸權、西進，兩者被掩蓋在華勒斯坦以歐洲為中心的世界體系的觀點下了。簡言之，世界體系理論只談歐洲列強「向海」的擴張，而東方（例如清朝）「向陸」擴張的事卻避而不談。本文稍後將會補充這些缺遺。

對發展型國家「理論」的挑戰

本文先前對發展研究三大理論的批評，主要側重於「全球地緣政治」因素被忽略之事實。本節以台灣為例，再次強調地緣政治因素的重要性絕不會過度強調。當然，「片面強調」全球地緣政治因素的這種作法，應該不易為發展型國家「理論」支持者所接受。

在此討論以下幾個子題，首先，在描述發展型國家的特徵之前，筆者覺得有必要先將發展型國家「理論」正名為「理念型」，否則，從起頭讀者將被這個「理論」所誤導，認為只有所謂的「發展型國家」（developmental state）或政體，在工業化的進程中才會無往不利；第二，略述發展型國家「理論」提供我們何種圖像，同時也藉著一個小小的思維實驗，說明理念型的操作可能產生的問題；第三，「南方」船艦台灣如何航向「北方」，陳明理念型操作所忽略的要素，其實也可再度強調，如此就能呈現出不同於先前的畫面；第四，何以有些人（甚至連我們）還曾想「緬懷」過去極有效率的威權政體，這理由簡單地說，就是發展型國家（政體）與威權體制密切的關係。

發展型國家「理論」之正名

打從發展型國家「理論」（theory）一被建構出來，或許早已註定是個錯誤。若將此「理論」正名為「理念型」[23]，則是免除造成誤判的重

---

23 關於該「正名」議題的討論，請見謝宏仁，第四章〈發展型國家「理念型」〉，《社會

要步驟，故不能省略。簡單說，「化繁爲簡」——或者用更強有力的、有點誇飾的說法，「執簡馭繁」——是理念型（或稱理想型，ideal type）經常使用的操作方法。這種方法能讓複雜的社會問題變得簡單易懂，而不致盤根錯節、難以理解。這個「化繁爲簡」的過程要如何完成？過程完成後，要如何知道是對或錯呢？此時，「片面強調」就顯得重要，亦即在理想上，研究者必須經過多年嚴格訓練（或許還得禁得起「價值中立」的檢驗），主觀地挑選某種（或某些）特質／特徵，來加以突顯，藉以強調研究者欲論證的重點。然而，在「片面強調」的過程中，研究者在挑選的當下，其實也已經「片面弱化」（或省略）某些可能是重要的特質，因爲他們必須根據某些（某種）標準抉擇、篩選，所以，這個過程不可能達到完全客觀的境地，因爲不可能使所有人都服膺研究者的標準。是故，即使研究者受過多年的訓練，已經用盡所有可能讓研究更爲客觀的動作，在「片面強調」的過程中，無可避免地將同時「弱化」（或省略）某些（可能是）重要的特徵或元素。

　　或許可以這麼說，「片面強調」是理念型操作上最重要的方法了，研究者如果明確地了解理念型在此過程之中，同時也在產生另外一些問題時，那麼，在「片面強調」某特質時，應該特別小心才是，因爲某些未被挑選出的元素，未必不重要，只是尚未被研究者挑選出來而已，或者，刻意地被省略了，而這似乎是比較嚴重的。

　　在此，或許我們可以用台灣數十年來經濟發展的「成功」[24]爲例，並且做個思維實驗，試著了解理念型在「片面強調」的過程中可以讓我們得到什麼。或許，在操作過程，我們也能知道那些因素的重要性可能被弱化（或省略）了。假若筆者與讀者們都是研究者，希望台灣經濟發展的

學同很大：看大師韋伯如何誤導人類思維》，（台北：五南圖書公司，2015），頁103-152。本文在此，僅簡略論述。

24　台灣自1990年代迄至今，實質薪資水平長時間停滯不成長，所以「成功」二字可能讓人覺得過分了些，但這是事實。然而，在1990年代之前的二十餘年，台灣經濟發展的成就，也不該忽視。或許，經濟的「成功」應該限定在薪資停滯之前那段經濟繁榮、台灣錢淹腳目的時期吧？！

經驗能提供給其他第三世界國家，經過一番努力，找出以下幾個可能的因素，乃是造成全球發展研究學者同感驚嘆的成功案例。大抵上，按照發展型國家「理論」的支持者所認爲的重要性來排序，並予以編號，這包括：1.一群爲公利捨私益的官僚；2.指引產業發展之前導型機構；3.國家能力（精準挑選策略產業等等）；4.政府（未受私人資本牽制）之自主性；5.政府與民間合作（產生）之綜效；6.來自美國的援助（軍事、經濟，或糧食等）；以及7.日據時期殖民地擁有者對台灣的投資與管理等等。前五項幾乎都與政府的能力有關，項目6至7可視爲國外因素，或者可說與全球地緣政治相關。前五項正巧是發展型國家「理論」最喜談的幾個要素，以此「片面強調」發展型國家的特徵，後兩項則是全球地緣政治所引發，難以爲發展型國家所掌控，充其量只有寥寥數言，像是美國曾提供台灣軍事與經濟援助，但無法拿來強調重要性，因爲看來發展型國家「理論」非得「片面強調」國家能力不可。

　　然而，本文作者覺得，我們要將項目1至7的重要性倒轉，也就是特別強調項目7與項目6，而弱化（或忽略）項目5、4、3、2、1的重要性。那麼，我們會看到什麼結果呢？我們將會看到全球地緣政治因素，在某經濟體（例如日本、台灣、南韓）的發展與否這個議題上扮演著舉足輕重的地位；另外，我們也將看到國家的能力會被弱化或忽視，因爲研究者所欲強調的是全球地緣政治，例如日本殖民者在台灣的作爲，還有美國在冷戰時期對亞太地區盟邦的各種援助。這部分，本文留待稍後分析。當然，這樣的討論至少應該與發展型國家「理論」一樣被重視才是，因爲同樣是理念型「片面強調」的操作。

　　也就是說，發展型國家「理論」支持者所不感興趣的項目6與7，不一定不重要，因爲他們會發現難以證明項目1至5必然在工業化、產業發展過程中的重要性大於項目6至7，該「理論」的支持者也應無人證明過，充其量只是假定如此而已。其根本原因，乃是爲了「化繁爲簡」，更爲求能「執簡馭繁」。當然，對其支持者而言，更重要的是要讓發展型國家「理論」看起來更具說服力、更有吸引力，是故，無關於國家能力的項目6與7必須被刻意弱化。然而，這不正是理念型可能導致的問題嗎？筆者認爲正

是如此。

現在，我們看看發展型國家到底有何特徵，這應該與先前所提到的項目1到項目5極為相似才對。

發展型國家的特徵

發展型國家「理論」由Chalmers Johnson以日本為例而提出，後來廣泛為學者所採用，用來解釋東亞國家何以崛起。但本文認為該「理論」其實應該是「理念型」，因為世界上根本找不到實際的例子能夠符合發展型國家之政體。

Johnson是首先提出「資本主義發展型國家」的學者，他以日本在二次戰後快速復甦為探討對象，建構出發展型國家概念的原型，他以「國家中心」（state-centered）的觀點來研究日本通商省（通商產業省）。他認為，日本政府的政策特性是規劃其市場運作；然而，國家有時也會推動相關政策、介入市場，以促進經濟成長，進而達成政府所期望的目標[25]。在1999年時，Johnson再度為這概念提出更多說明，他指出，發展型國家的政策並非意圖取代市場功能（這也不可能），而是想要改變（或者說引導）廠商與消費者等私部門行動者的行為，以達到國家既定的發展目標[26]。也就是說，Johnson是東亞發展型國家「理論」的先驅，他賦予國家在追求經濟發展中相當重要的任務，雖然他並不承認政府是經濟發展成功唯一的因素，不過，這或許已經被過度強調了。但是，後來的學者似乎直接排除國家／政府以外的重要角色，不願再花心思去找尋其他可能導致「成功」的因素。當然，這點未必應該全歸罪於Johnson這位該「理論」的先驅者。

25　Chalmers A. Johnson, *MITI and the Japanese Miracle: The Growth of Industrial Policy, 1925-1975*, (Stanford, Calif.: Stanford University Press, 1982); Johnson, *Japan: Who Governs? The Rise of the Developmental State*, (New York: W.W. Norton, 1995).

26　Chalmers A. Johnson, "The Developmental State: Odyssey of a Concept," in Meredith Woo-Cumings ed. *The Developmental State*, (Ithaca and London: Cornell University Press, 1999), pp. 32-60.

發展型國家「理論」後來普遍爲學者所相信，並進一步加以運用。繼Johnson之後，許多學者採用他的分析方法，試圖解釋1980年代東亞新興工業國家（地區），像是台灣、南韓、香港、和新加坡令人驚豔的經濟發展。例如Robert Wade以Johnson的研究爲基礎，補充國家機關訂定政策的環節。Wade認爲，新古典主義經濟學者忽略東亞國家具有彈性操縱政策工具的能力，國家能選擇適當的策略性工業，透過干預市場價格，並累積這些產業的利潤，誘導資本流入，一旦這類策略性產業積蓄足夠資源，就能夠產生優良的績效，政府進而補助績效較佳者，汰弱存強。在國家與市場的關係上，Wade將之分爲「領導市場」及「追隨市場」。當政府欲推動某些生產技術而私部門不願意配合時，國家可以運用公共資源和公權力，透過成立國營事業等方式來推動，這時候由國家站在主導地位，即爲「領導市場」。「追隨市場」則是由私人企業主動建議特定產品或技術，政府採納建議並站在協助的立場給予協助。他更提出十帖藥方來提升中等所得國家的經濟成長，例如，生產補貼、限制進口、補貼外銷、規定外銷與外商比例、管制銀行金融業務等等[27]。

上述關於Johnson與Wade對於發展型國家，看似十分有理，也爲日本以及東亞經濟體的成長找到理由。不過，對此，我們感到懷疑，因爲如果眞有這樣的政府，擁有如此重要的人才庫，其他國家只要用高薪及其他條件將這些人才吸引過去，或者，只需將政體改變成「發展型國家」，將該國政府官員送至日本或四小龍國家（地區）受訓一段時間，再返國服務，不就解決世界上許多發展中國家的經濟難題了嗎？如此一來，聯合國「低度發展國家」這名詞就可以大方地刪除？但事情並非如此簡單。

現在，讓我們略爲回顧Chung-In Moon（文正仁）與Rashemi Prasad對於發展型國家的總結。Moon與Prasad認爲發展型國家的精髓是：「爲了達成（經濟成長、生產力、競爭力的提升）的目標……（一個理性的、有能力的官僚體制）獨立於政治和社會的壓力之外……保證國家介入市場的

27　Robert Wade, *Governing the Market: Economic Theory and the Role of Government in East Asian Industrialization*, (Princeton, N.J.: Princeton University Press, 1990).

成功[28]」。由上述Moon和Prasad兩人的論述得知，發展型國家所強調者為：國家在經濟發展的過程中扮演舉足輕重的角色，並且，可以這樣說，經由理念型「片面強調」的完美操作，而使其他促成經濟發展的有利因素黯然失色，原因是聚光燈只移向「國家機器」的上方（「片面強調」之意），當然，這是聚光燈之所以被稱為聚光燈的主因吧！但可想而知，國家的能力、自主性、國家與民間企業的似乎都完美無瑕地配合，成為學者分析、研究的之重點。國家機器如何運作、協調公私部門、選定策略性產業等，在發展型國家理論的辯論中，才是他們認為重要的議題。此時，國家這部機器成了分析的「唯一」因素，雖然沒有人敢於承認，即使別的地方也可能存在一些有價值的事物，但聚光燈一直照在國家機器之上，早已無人勇於將燈光挪至他處！例如，某區域、或全球地緣政治，某些廠商累積的獨特專利技術、管理技巧[29]等等。

　　在分析東亞發展型國家時，王振寰對分析國家機器的功能之運作卓有貢獻。他提出了三個特別值得留意的面向，而這個三個面向與先前所提的項目1至5頗為相似。如下：第一，在「國家能力」（state capacity）方面，除了負責吸引國際人才來到本國，提供引導產業與經濟發展的前導性機構（pilot agency），這情況頗類似台灣的（前）經濟建設委員會；除此之外，還應考慮國家的自主性（state autonomy）與國家政策的一致性。自主性指涉官僚在決策的過程中可以拒絕私人利益介入的能力；政策的一致性則指出，協調國家內部各個機構與不同行動者之間的利益，以求取政策之連貫與執行的順遂；第二，國家政策與市場兩者像是「如魚得水」的

28　Chung-In Moon and Rashemi Prasad, "Beyond the Developmental State: Networks, Politics, and Institutions, *Governance*, October, 7(4), 1994, pp. 360-386, p. 362.

29　在全球競爭日益嚴苛的情形之下，廠商學習是一重要制勝關鍵。然而，這個層次的分析不在本文的討論範圍之內。相關資料請參照，例如：周軼昆，《基於廠商學習的產業創新機制研究》，（北京：經濟科學出版社，2011）；牛繼舜，《提升組織學習能力的策略與研究方法》，（香港：經濟日報出版社，2014）；川上桃子，〈漁翁得利：台灣筆記型電腦代工廠的學習機制〉，李宗榮、林宗弘主編，《未竟的奇蹟：轉型中的台灣經濟與社會》，（台北：中央研究院社會學研究所，2017），頁467-494。

關係。一個具有「自主性」的發展型國家不可能與市場原則相左，而是與市場原則相搭配。假若國家介入太深，將使市場功能失調；私人利益過度擴張又會導致市場運作混亂。有了所謂的「一致性」之後，國家與市場能夠同時發揮，對經濟發展施加最爲有利的力道；第三，國家和私人資本之間的關係，必須能將國家—社會綜效（state-society synergy）予以充分發揮。透過特殊的制度安排，使公私部門兩者充分合作，達成Peter Evans所強調的「鑲嵌式自主」（embedded autonomy）[30]。國家利用這種方式，來動員私人資本移往政府所選擇的策略性工業投資，借重資本家的經營能力，協助政府完成其所制定的計畫，絲毫不減國家對民間社會的控制與汲取之能力[31]。

　　然而，王振寰對於東亞發展型國家（機器）的看法，可說是一種韋伯式官僚體系的超完美「理念型」。這個理念型除了不加分析比國家層次更高的國際層次，同時對於較國家層次爲低的廠商可說是漠不關心、隻字不提，也不理會各國國情之間的差異。在一個高度抽象的思維中，離開了研究者所生長、立足的土壤，以至於在思考上述三個面向之後，在現實生活中反而無法找到實際的例子來加以佐證。否則，這類能力超強的發展型國家，爲何還是難以抵抗1997的全球金融危機、或2008年的金融海嘯，乃至金融海嘯，在危機當頭時這麼地弱不禁風？國家豈非不能利用民間企業的力量，來協助政府完成經濟建設的計畫嗎？但鐵證如山，爲何大量資金流竄到獲利最豐的貨幣、股市、期貨等交易市場？此時，學者大概會說，並非「完美的」發展型國家之理念型有什麼問題，而是該國政府尚未能到達上述那般原本應該更完美的境界。從而演變成王振寰觀點下所建構出完美的發展型國家「理念型」，但這卻是個烏托邦，實際上絕不可能達到這種境地，現實生活中也找不到相對應的例證。這點，不就是理念型帶給我們

30　Peter Evans, *Embedded Autonomy: States and Industrial Transformation*, (Princeton, N.J.: Princeton University Press, 1995).

31　王振寰，〈全球化下後進國家的抉擇：以東亞的發展路徑爲例〉，台灣社會學會理事長（2001-2003）卸任演講，11月29-30日（2003），主辦單位：政治大學社會學系。

思維上的問題嗎？

　　關於王振寰所建立的超完美發展型國家之理念型，尚有其他問題，包括：第一，國家具備能力，所制定的政策有一致性。這點固然可喜可賀，但是，在國家的政府部門中，假若在五年內有一群極高效率、為國為民服務以己任的、官僚體系之成員制定出幾近完美的政策之外，在執行的過程之中、或執行完成之後，卻發現並非每一個已經排除各方利益葛藤的產業政策都能成功，而發現，原來該產業在全球市場上，基於某些原因，供應過剩；或者某幾個政府想要扶植的產業無法學會某些關鍵技術（例如汽油引擎），因為其研發能力薄弱，致使產品在市場上缺乏競爭力；另外，由於專利聯盟不夠強悍，因有侵權問題而使產品被扣在美國海關三個月，除了得支付一筆倉庫管理費用，該批產品也在快速汰換更新的全球資訊市場過時而變成乏人問津的清倉品。

　　第二，「自主性」確實是個讓人感到困惑的語詞、概念。有了所謂的「自主性」，再有一群不為私利的官僚為先決條件，政府可以制定、並執行良好的經濟、教育（高等教育或技職教育）、財稅、產業等相關政策；更重要的是，在擁有「自主性」之下，民間力量「不可能」虛耗發展中國家極為有限的資源，而必然接受國家導引到所選定的策略性產業生根茁壯。由此，國家—社會綜效可以被期待。當發展型國家有了「自主性」之後，國家之內的階級、族群衝突、勞資關係、城鄉差距與社會不安等有害於經濟發展的因素「自然地」逐步消弭，但這豈不是「理念型」這個概念工具「執簡馭繁」所施予研究者的「小惠」嗎？換言之，既然有了「自主性」，發展型國家幾乎可以不必處理國內與經濟發展相關的任何問題，無須浪費時間在解決各方因利害關係而導致的衝突。但真有這樣的政府存在嗎？這頗令人懷疑。

　　第三，吸引人才的前導性機構。在新竹科學園區剛剛成立的1980年代，台灣確實吸引不少人才回台創業，但經過三十多年之後，現在台灣不僅人才大量外流，難以與先進國家競爭，也無法與中國與印度兩大國際人才供應國競爭。相反地，只能靠引進東南亞、乃至南亞廉價的勞動力，來繼續維持相對勞力密集的產業型態，賺取微薄的利潤。這不僅阻礙產業轉

型、升級，還形成惡性循環，無法提供國際人才與本國青年足夠且能發展長才的工作機會，這更使高生產力、高競爭力的人才外流至其他國家，包括前往中國大陸或其他國家成為「台勞、台幹」。因此，前導性機構到底做了什麼，特別當今可說是以（國際）人才掛帥的知識經濟時代？當然，這還不能歸咎於發展型國家，而是當今台灣的執政當局仍舊無法達到發展型國家的境界，該「理論」之支持者應作如是觀吧？！揆諸所述，這些問題不正是「理念型」所帶來的嗎？故此，本文對這些缺陷並不感到訝異。

　　除了以上分析之外，尚有一些「疑點」值得我們討論。首先，關於發展型國家「政體」本身，簡單說，只要政府盡心竭力，努力想要成為一個發展型國家的政體，那麼，真的就像Mood與Prasad所期待的那樣，國家介入必然會帶來成功嗎[32]？我們對這種樂觀的看法感到困惑，因為這裡有幾個問題似乎難以找到滿意的答案：第一，所謂的發展型國家「理論」將整個政體視為鐵板一塊，以方便分析與操作，然而無可避免，也不容易察覺中央（政府）與地方（政府）間盤根錯節的利益糾葛[33]。所幸，之後，此問題已為發展研究領域的專家學者們所關注；第二，就分析的層次而言，發展型國家「理論」幾乎不討論國際層次的分析，也就是全球地緣政治因素，此一缺憾，筆者稍後將予以補充之；第三，從字面上的意義就可了解，發展型國家的重心只可能放在「國家」機器的運作之上，專注於國家在經濟發展中所扮演的角色。這種「理論」自始便賦予讀者一個印象，那就是：它讓人覺得，只消國家戮力發展經濟，則「成功」只是時間早晚的問題而已。若果真如此，當時間又經過二十幾年，我們應該能夠找到更多發展型國家成功的案例才是。但實際上成功的例子卻是不多。

　　雖然，筆者對發展型國家「理論」有所批評，但是，該「理論」的支持者們也確實反省先前過度地將經濟發展的成就歸因於國家／政府的能

32　Moon and Prasad, "Beyond the Developmental State".

33　謝宏仁，第九章〈發展型國家「理論」遺失的篇章：以中國山寨手機產業為例〉，《發展研究的終結：21世紀大國崛起後的世界圖像》，（台北：五南圖書，2013），頁269-295。

力、自主性，與正確選擇策略產業的超凡能力[34]，在此請容筆者再以台灣爲例。具體而言，在重新檢討二戰後國家（政府）在台灣經濟發展中所扮演的角色時，王振寰等人確已發現「只以發展型國家『理論』（雙引號爲筆者所加）來解釋是不夠的[35]」，以及承認「過去的相關文獻過於強調國家能力，幾乎把自主性與官僚的介入，等同於經濟發展的保證，忽略國際市場，廠商能力及產業類別等因素的變化[36]」（Schneider and Maxfield, 1997）。然而，筆者認爲，王振寰等人雖然在其新作提及幾個重要因素——像是「國際市場」、「廠商能力」、「產業類別」等，補充他們過去討論的不足，但是對於全球地緣政治因素仍未加以留意，這點殊爲可惜。

　　綜而言之，發展型國家「理論」主要關切者，仍非全球地緣政治，而是國家／政府之能力、自主性等，雖然，後來該「理論」的支持者確實提出幾個過去未曾注意的要素，無論是不同產業之間的結果存在差異性，廠商能力的良窳亦可能使發展型國家政策的成效不如預期，抑或國際市場波動、競爭態勢之轉變等等。若將之應用在中國，該「理論」充其量也只能讓我們看到中國政府的能力、自主性等等，然而發展型國家「理論」受限於無法處理地緣政治，也就無從看見中國「一帶一路」所倡議的地緣政治意涵，有關這個議題，本書另闢專章討論。

34　關於發展型國家「理論」的變種——其主要論點之一是國家（政府）回應市場的能力——的討論，請參照，謝宏仁，《發展研究的終結》一書，特別是該書第三章〈國家發展理論之回顧（二）〉。

35　王振寰、李宗榮、陳琮淵，〈台灣經濟發展中的國家角色〉，李宗榮、林宗弘主編，《未竟的奇蹟：轉型中的台灣經濟與社會》，（台北：中央研究院社會學研究所，2017），頁49-88，頁56。

36　Ben R. Schneider and Sylvia Maxfield, "Business, the State, and Economic Performance in Developing Countries," in Sylvia Maxfield and Ben Ross Schneider eds. *Business the State in Developing Countries*, (Ithaca, NY.: Cornell University Press, 1997), pp. 3-35.

　　另外，引號內文字引自王振寰、李宗榮、陳琮淵，〈台灣經濟發展中的國家角色〉，李宗榮、林宗弘主編，《未竟的奇蹟：轉型中的台灣經濟與社會》，（台北：中央研究院社會學研究所，2017），頁49-88，頁56。

航向「北方」之「南方」船艦

　　在本小節，我們試著暫時忘卻發展型國家的典範——台灣——在經濟發展的道路上的卓越能力。這麼做的原因是讓讀者略能感受，當研究者想要強調的，不再是國家（政府）的能力，而轉換成是當時的地緣政治因素，例如日本治理留下的資產，與二戰後的冷戰時期——也就是先前所提之項目6與項目7——美國援助東亞盟邦，對於日本、韓國、台灣的協助。以台灣為例，我們將能看得更清楚，這個戰後破敝的經濟體，除了發展型國家「理論」所強調的國家能力之外，何以能從世界經濟的邊陲位置（南方）向著半邊陲，甚至是核心（北方）的方向揚帆航行。我們先從較早的美援談起。

　　在王振寰與其同事於2017年出版新作，收錄在《未竟的奇蹟：轉型中的台灣經濟與社會》這本大作裡的〈台灣經濟發展中的國家角色〉一文，將台灣（先前）經濟奇蹟裡，政府在當中所扮演的角色總體檢一番。是故，可想而知，光就篇名本身而言，我們就可預期，其分析重點將著力於國家的角色與能力，對於地緣政治的因素，該文只淺言幾句，不是分析重點，但這豈不就是操作理念型之「片面強調」所造成的結果——弱化其他（可能是重要的）因素——或負面影響嗎？正因如此。王振寰等人如此說：「國民黨政府撤台之初，台灣因戰火摧殘而資源匱乏；1950至1960年代在美援扶持下局勢日趨穩定，政府推動政治改造並進行土地改革，以進口替代工作化策略為經濟發展奠下根基。有鑑於美援將於1965年結束，為維繫政權，在技術官僚的建議下，國民黨政府進行一系列基礎建設、推動財經及產業政策，以經濟發展鞏固統治正當性」[37]。本文認為，美援與先前日本占領台灣時所遺留下來的制度、基礎建設，可能是重要的因素，或許值得「片面強調」一下。

　　在此，為求能「片面強調」全球地緣政治因素——也就是先前所提的項目6與7——如何對台灣經濟發展產生助益，筆者在2013年出版的《發展

<hr>

37 王振寰、李宗榮、陳琮淵主編，〈台灣經濟發展中的國家角色〉，《未竟的奇蹟：轉型中的台灣經濟與社會》，（台北：中央研究院社會學研究所），頁59。

研究的終結》[38]一書所著重的地緣政治因素——簡單地說，在對峙態勢底下，大國擴張其勢力範圍，同時也扶持了（半）邊陲國家與地區，這種思路或者能幫助我們理解「發展研究」這個學術領域，特別是60年時間性的視角。對於理念型的操作可能引起的問題得到以下結論：所謂的發展型國家「理論」，究其實是「理念型」操作下之結果，不得不去除多餘的事證，以成就發展型國家「理論」的完美性。即使我們僅婉約地試圖說明全球地緣政治對於東亞——特別是日本與亞洲四小龍——經濟發展的助益，我們應該會同意以下的說法：發展型國家「理論」為了突顯「國家」在經濟發展裡頭所扮演的角色，不得不「切除」多餘的事證——特別是本節所著重的地緣政治因素[39]——，而這些事證如非直接對經濟體（如東亞四小龍）的發展有助益，至少也間接地幫助了那些發展成功的經濟體。大體而言，對發展型國家理論的質疑或挑戰，是因為該理論忽略地緣政治因素，包括美國和（前）蘇聯的冷戰、美援、日本殖民經驗、美國對東亞四小龍開放市場。

　　首先，因為冷戰的關係，美國對包括台灣的東亞四小龍開放國內市場，使得東亞新興經濟體在工業化的進程中，無須擔心產品的銷路問題，得以傾全力「增產報國」以賺取外匯，這是當今其他後進國家絕難獲得的良機，拉丁美洲的學者對此應該相當羨慕才對。學者指出，當年的東亞新興國家所採行的主要工業政策，也就是出口主義（exportism）的外望政策，這與美國在冷戰時期對盟邦開放市場，有著密不可分的關係，這可由以下證據加以說明：直到1983年時，東亞四小龍所製造的服飾仍有六成以上輸出到美國市場；鞋類製品方面，香港和新加坡幾乎不再生產，但台灣與南韓出口的數額中半數以上外銷至美國[40]。因此，不少學者指出，

38　謝宏仁，《發展研究的終結：21世紀大國崛起後的世界圖像》。

39　除了地緣政治與先前提到的廠商學習等因素，該書還提到幾個不被社會學家所青睞的，但幾乎無法分析的「幸運」——或者稱之為歷史的偶然性。請參照，謝宏仁，《發展研究的終結》一書。

40　Toshino Watanaba and C.N. Kim, "*Kankoku Keizai Hatten Ron* [A Treatise on Korean Economic Development]", (Tokyo: Keiso Shobo, 1996), p. 74.

若是當時美國並未開放市場，在冷戰時期，東亞新興經濟體所生產的商品將不知銷往何處[41]，也因此至今，台灣廠商對於銷售管道似乎仍不甚在行！不僅如此，在1970年代時，台灣的貿易至少有一半由日商控制，所以多數的代工廠只消全神貫注於製造，而毋須擔心產品的銷售問題[42]。由此觀之，實難想像還能有其他後進國家享受到相同或類似的好運？然而，可惜的是，發展型國家「理論」的支持者，似乎刻意不去強調這個地緣政治因素所造成的影響。

第二，美國的經濟、軍事援助對於亞洲四小龍助益甚大，這與戰後美國利用馬歇爾計畫協助歐洲盟邦重建相似。若無這些援助，台灣要從戰後復甦，所花的時間將是難以估計。具體而言，東亞諸經濟體在二次大戰之後處於極度破壞、百廢待舉的狀態，此時，美國的軍事與經濟的援助就曾在日本、台灣與南韓扮演過極為重要的角色。例如，在1946到1978年之間，南韓總共接受美國高達60億美元的經濟援助[43]。台灣則於1950到1964年之間，接受來自美國高達15億美元的經濟援助，軍備支援更是高達25億美元，大幅降低台灣在當時資源不足下，左支右絀的窘境[44]；另

41　Ngai-Ling Sum, "Theorizing Export-Oriented Economic Development in East Asian Newly-Industrializing Countries: A Regulationist Perspective," in Ian G. Cook et al. eds. *Dynamic Asia: Business, Trade and Economic Development in Pacific Asia*, (Singapore and Sydney: Ashgate, 1998), pp. 41-77; Henry Wai-Chung Yeung, "Competing for Transnational Corporations? The Regional Operations of Foreign Firms in Hong Kong and Singapore," in Ian G. Cook et al. eds. *Dynamic Asia: Business, Trade and Economic Development in Pacific Asia*, (Singapore and Sydney: Ashgate, 1998), pp. 78-119.

42　Ichiro Numazaki, "The Export-Oriented Industrialization of Pacific Rim Nation and Their Presence in the Global Market," in Eun Mee Kim ed. *The Four Asian Tigers: Economic Development and the Global Political Economy*, (New York and London: Academic Press, 1998), pp. 61-89.

43　Bruce Cumings, "The Origins and Development of the Northeast Asian Political Economy: Industrial Sectors, Product Cycles, and Political Consequences," in Frederic C. Deyo eds. *Beneath the Miracle: Labor Subordination in the New Asian Industrialism*, (Berkeley: University of California Press, 1989).

44　Neil H. Jacoby, U.S. Aid to Taiwan. (New York: Praeger, 1966).

外，在台灣的駐軍，也增加對台灣物資的採買，促進經濟發展。

　　在1947年，日本進口的貨物之中，總額超過三分之二由美援支付，並且戰後的新憲法嚴格限縮國防支出，使日本得以全力促進經濟發展，再加上美國大量的軍事援助，更是讓日本在韓戰與越戰中受益，大大促進日本往後的發展[45]。話雖如此，依然有學者主張不該過度強調美援對東亞經濟發展的影響，而應把重點擺在政府能否創造一個合適的環境[46]。關於這種似是而非的論點，筆者則認爲，正是因爲美援的關係，才使得一個「合適的環境」得以被日本、台灣與南韓等國家創造出豐盛的經濟發展果實。

　　第三，日本的殖民經驗也爲台灣與南韓在日後的經濟發展奠定基礎。例如，殖民政府在清朝既有的保甲制度基礎上，引進警政系統，以便利在台灣的統治[47]。除此之外，戶政、民政與郵務等基礎建設也相繼引進。當然，當時的目的是便於殖民地的管理，然而，日人戰敗之後，所留下的制度——這正是先前所討論的「新制度主義」所著重者——成爲國民黨政府經濟發展的有利工具。再以台灣這個糧倉——對工業日本而言——特別是嘉南平原爲主要的種稻區，至今仍在使用水利灌溉系統，即爲日本工程師八田與一所設計建造的烏山頭水庫[48]。不只如此，殖民政府亦爲

45　Takafusa Nakamura, *The Postwar Japanese Economy*, (Tokyo: University of Tokyo Press, 1981); Yutaka Kosai and Yoshitaro Ogino, *The Contemporary Japanese Economy*, (Armonk, N.Y.: M.E. Sharpe, 1984).

46　Anis Chowdhury and Iyanatul Islam, *The Newly Industrializing Economies of East Asia*, (London and New York: Routledge, 1993).

47　關於日本殖民政府所引進的各項制度，諸如農業、工業、財政、警察、郵政等等，請參照，涂照彥，《日本帝國主義下的台灣》，（台北：人間出版社，2008）。

48　筆者於2013年2月11日造訪位於台南烏山頭水庫之八田與一紀念館，該館乃是爲紀念日據時代之日本技師八田氏對嘉南平原眾多農民的偉大功績而設立。八田氏1886年出生於日本石川縣，1920年9月起爲日本總督府主持嘉南大圳灌溉工程的勘查、規劃、設計與監造，至1930年3月圓滿完成烏山頭水庫和輸水系統的建設。可以這麼說，若當年沒有八田氏的貢獻，日後，嘉南平原也不可能成爲台灣的米倉。但國民黨爲其統治的「正當性」，而刻意淡化（甚至完全避談）日據時期的建設爲台灣經濟發展所奠立之基石。如此具體的歷史事實，發展型國家的支持者似乎並不感到興趣，或許是因爲日本政府在台

將來引進輕、重工業預作準備，包括鋼鐵、水力發電廠、冶金、化工和運輸業等等。簡言之，日本對殖民地（和新領土）的建設目的，固然爲了實現日本帝國的霸權而努力。但不可否認，台灣（與韓國）在這樣的背景下，確實也爲日後的經濟起飛奠定基石，如此獨特的歷史背景是其他國家未曾、也不能有的經驗，因此要複製其成功經驗幾無可能[49]。

　　以上，我們已經談論不少全球地緣政治對於東亞──基本上，是以台灣爲例──經濟發展所造成的影響，或者，具體而言，是爲這些所謂的「成功」的國家（政體）──極合適於擔任發展型國家的模範生──奠定基礎，這樣的基礎是許多拉美、非洲國家所羨慕的。當然，本文並不否認一個每天想著爲人民謀福祉的政體，必定會比那些總想著中飽私囊的「菁英」更能完成經濟發展的重要任務，只是，我們豈可因爲這樣，就弱化地緣政治對經濟體的影響？此時，如果這說詞仍嫌說服力不足，那麼，或許筆者應該再舉些例子，好讓支持發展型國家「理論」的學者們改變心意，但這顯然不容易。理想上，爲了累積知識，或爲證明理念型之所以讓人著迷，大抵上是因爲「片面強調」的操作。因此，且容筆者再次「片面強調」地緣政治的台灣經濟發展的重要性吧！以下的說法，能讓人知道，台灣──這個發展型政體的範例──政府能力似乎並非特別突出，特別在經濟尚未起飛之前，或者說，其發展型政體還處於胚胎期。

　　陳玉璽分析台灣的依附型發展型時，他同時指出新舊帝國主義之不同。他認爲舊帝國主義（日本帝國）在台灣所展現出來的宰制關係，主要表現在直接改造社經結構與基礎建設，其目的乃在改造台灣，賦予補充日本經濟所需的功能；而新帝國主義（指二戰後美國）則是透過與後殖民地社會「合作」的方式來影響，甚至介入改造之過程。簡單說，日本占領台

灣留下來之所有基礎設施、制度建立等等，都難以計入國民黨政府這部「國家機器」的功績吧，而被埋沒於1944-1945年盟軍空襲台灣的殘磚敗瓦之下。

49　T.J. Pempel, "The Developmental Regime in a Changing World Economy," in Meredith Woo-Cumings ed. The Developmental State, (Ithaca and London: Cornell University Press, 1999), pp. 137-181.

灣的前15年是處於「虧損」的狀態，因為殖民者必須補助大量基本建設之
投資計畫，一直到了1920年代初，台灣才開始為日本創造「利潤」[50]。
對新帝國主義而言，戰後的美國顯然是從全球地緣政治來考量自身的利
益，這一點可從國際開發總署在1950年代初期開始影響、干預台灣看出。
1953年時，艾森豪（Dwight David Eisenhower）總統在國情咨文中說道：
「竭盡我們政府所能，鼓勵私人資本流向海外。這就必須鼓勵外國創造適
於美國投資的良好氣候，列為我們外交政策莊嚴明確的目的」[51]。在此
之後，美國資本流入台灣，其目的是為牢固台灣與美國兩者之間的經濟關
係。

　　我們或許不知道發展型國家「理論」的支持者會如何看待以下在台灣
發展的事實，但本文認為這或許值得一提，也與先前的章節所提之「新制
度主義」有些關聯。事實上，美援[52]的官員非常了解經濟發展的前提，
是制度的改革，是故，其國際開發總署在台灣設立的「農村復興聯合委員
會」（簡稱農復會），希冀經由農村變革成功，進而達到發展工業之目
的。例如，1949至1953年間，農復會不只提供諮詢，同時也監督著台灣
的土地改革，該委員會建議國民黨用公司股票與土地債券來貼補地主的損
失。後來，農復會為了讓農業生產力提高，而引進新技術，使農業部門餘
剩的勞動力能轉移到工業部門。先前負責台灣農業發展的前日本殖民政
府，也執行類似的政策，兩者均扮演緩和農村改革與都市化所帶來的不
安，不致因為過於快速的變革而使得農村解體。除此之外，對於過度注重
公營企業政策的改變，與鼓勵私部門的發展等，國際開發總署亦對國民黨
施加壓力，促使（迫使）推行連串的改革，尤其是投資領域與貿易替代等

---

50 陳玉璽，《台灣的依附型發展：依附型發展及其社會政治後果：台灣個案研究》，三版
　（修訂版），（台北：人間出版社，1995），頁68。

51 前揭書。

52 在討論美援的文獻中，大都談論與經濟發展有關的「重大」議題，但事實上，美援與台
　灣社會大眾極其相關，而這些大抵不被重視。美援相關政策、措施，與執行等，人民的
　日常生活如何受其影響，請參照，劉志偉，《美援的烏事並不如煙》，（台北：大雁文
　化，2012）。該書蒐集了不少美援時代的珍貴照片。

的行政改革[53]。以上例證清楚說明，台灣的經濟發展特別受到地緣政治的影響，換句話說，1980、1990年代完成了經濟「奇蹟」的台灣，有一大部分的原因應歸於在大國之間的對抗。這局面有些類似2010年代中國「一帶一路」倡議之下，沿線的國家可能獲得經濟發展的機會。回過頭來看，簡言之，如同學者陳玉璽所指出，台灣經驗告訴我們，「邊緣（邊陲）經濟的國際整合不單由經濟因素決定，而且由……地緣政治環境決定」[54]。換句話說，台灣的經濟發展，非僅發展型國家「理論」所能解釋。

綜上所述，在發展型國家「理念型」的操作底下，研究者難窺事實的全貌，反而只能看到其支持者所欲強調的國家（政府）能力，其他因素──特別是本章所強調的地緣政治因素──就只能將之「弱化」。然而，這些刻意不被重視的因素，為何較不重要呢？筆者相信發展型國家「理論」的支持者不願意（甚至沒有能力）告訴我們。筆者無意（也無此能力）證明地緣政治因素在經濟發展上比國家能力更重要，然而，從理念型的操作──可說是最著名的「片面強調」──來看，應該有些重要因素從來不為發展型國家「理論」所重視。

該回到威權時代嗎？！

或許為人也該再坦白一點，發展型國家「理論」最有效的時刻是威權時代，這個詞或可稱為獨裁體制吧！只要是美國不太喜歡的政體（政權），與美國站在同一邊的台灣、南韓，通常就用「威權」。或者，在發展研究領域內，就叫做官僚威權（BA, bureaucratic-authoritarian）政體；至於美國的假想敵中國或俄羅斯，其政體就稱為「獨裁」。在此本文要提出的是，可能不是二次政黨輪替之後的台灣大多數的民眾所能接受的，但還是值得一提。

身為發展型國家「理論」的支持者，不可能不知道威權政體比起

53　陳玉璽，《台灣的依附型發展》，頁70、71。

54　前揭書，頁69。

「民主」的國家或政治實體，效率奇高、政令必行。所以，在〈台灣經濟發展中的國家角色〉一文中，王振寰等人告訴我們：「值得注意的是，發展型國家往往與威權體制共構，形成專斷的政治領導、財經官僚行政，以及透過軍人維持秩序的三位一體體制」（Onis, 1991）[55]。看起來，這是台灣在1980年代，解除戒嚴之前的情形；之後，台灣逐漸步入民主化的過程。至今，這種與威權政體「共構」的發展型國家所面臨的難題是，其能力似乎大不如前。是故，王振寰等人喟然而言：「……藉由歷史回顧所觀察節的一個明顯特徵，即是國家能力的弱化，以及引導經濟發展的角色日趨邊緣，越來越難妥善回應日益尖銳的社會矛盾；面對日新月異的全球化競爭，也難以設定經濟追趕的進程」[56]。本文認為，這段話道出台灣逐漸民主化之後，政府能力逐漸弱化。

　　當然，自1980年代至今，發展型國家「理論」滋養了不少學者的身心靈。可想而知，其支持者照理會不忍該「理論」逐漸凋零。面對發展型國家的能力弱化，心裡勢必產生不捨。於是，王振寰等人發出冀望之聲：「最後，雖然過去的發展型國家類型逐漸消失退位，但是**國家**在經濟走向所扮演的角色，**仍然不可或缺**」[57]。

　　無可否認的是，不只是在「經濟走向」而已，無論我們談的是國際政治、外交，抑或是滅貧、痲疹防疫，或是老人日間照護等議題，國家在許多面向仍將扮演重要角色。但在這裡，筆者覺得：並非發展型國家完全無效，而是**理念型**的「**片面強調**」讓人誤以為，只要有發展型國家（政體），就能保證經濟發展的成功。簡單說，雖然理念型能幫助我們「化繁為簡」，可惜經常只能「執簡」，卻無法「馭繁」。

　　面對民主化所導致的發展型國家能力之弱化，難道我們為追求行政效率的極高、治安的改善，而緬懷於威權體制？為了經濟發展，重現發展型

55　Ziya Onis, "The Logic of the Developmental State," *Comparative Politics*, Vol. 24, No. 1, (1991), pp. 109-126，引自，王振寰、李宗榮、陳琮淵，〈台灣經濟發展中的國家角色〉，頁55-56。

56　王振寰、李宗榮、陳琮淵，〈台灣經濟發展中的國家角色〉，頁76。

57　王振寰、李宗榮、陳琮淵，〈台灣經濟發展中的國家角色〉，頁76、78-79。

國家的卓越能力，就回頭羨慕戒嚴時期的各種榮景？眞要這樣嗎？

結語

　　自1950年代起，也就是二戰結束不久，過去許多位於非洲、南亞，以及東南亞的殖民地，由於因爲歐洲諸列強——英國、法國、荷蘭、德國等，在戰後已無力控制，而紛紛宣告獨立。不久後，以（前）蘇聯爲首的共產主義陣營，和以美國爲首的民主陣營，展開爲期數十年的冷戰，全世界可謂以這兩國爲主軸的國際秩序。一開始，兩陣營爲求擴大各自的影響力，在全球各地竭力拉攏盟友。正因如此，起源於美國的現代化理論，就成爲所謂「自由」世界的意識型態。或許我們可以將這點看做社會科學領域發展研究的濫觴。之後，依賴理論於1960年代獨領風騷，世界經濟體系理論風行於1970年代，接著則爲發展型國家「理論」（或更正確地說是「理念型」）在1980年代爲多數學者所認可。概略地說，這是發展研究過去數十年來「發展」之脈絡。

　　在這幾個理論當中，地緣政治因素並不那麼受重視。除了世界經濟體系理論之外，其他的理論對地緣政治或者著墨無多，甚至知之甚少。然而，筆者認爲中國「一帶一路」倡議的提出與推行，日後或將成爲「發展研究」（或「國家發展理論」）的活頭泉水，特別是對於理解「霸權」這個概念，並對「西方知識體系」提出挑戰上頭。縱使「一帶一路」目前仍處在萌芽階段，其潛力也不容忽視。如果我們從60年的視角來看，發展研究的學者所經常關注者，乃是一個經濟體如何從世界體系的邊陲爬升至半邊陲，或者能從半邊陲進入核心地區。然而，這種分類方式並非沒有爭議，但世界體系理論向來將中國視爲半邊陲國家。不過，與絕大多數的發展中國家不同，在地緣政治上，幾乎找不到任何一個經濟體（或國家）能像中國這樣（或許還可以加上印度這個巨人），足以撼動世界經濟、乃至全球政局，這也是發展國家「理論」需要加以補充之處。

　　中國這個足以挑戰美國全球霸主的發展中國家，似乎無可避免地，將會讓我們看到「發展研究」風雲再起之模樣。

第七章
熊彼得在北京，尋找另類創新的可能

本書在第二章〈不只亞丹・斯密在北京，費爾南・布勞岱爾也在這座城市裡〉討論了Giovanni Arrighi生前最後一本專書——2007年的《亞丹・斯密在北京》（*Adam Smith in Beijing*）[1]的論點。在那裡也論及Arrighi先前1994年的大作*The Long Twentieth Century: Money, Power, and the Origins of Our Times*一書[2]。在閱讀這兩本大作時，筆者發現一個令人狐疑之處，那就是：Arrighi在1994年的*The Long Twentieth Century*這本書中，不少地方提及經濟學大師熊彼得（Joseph A. Schumpeter）的創新理論，但在2007年的《亞丹・斯密在北京》一書的論述裡，卻只剩下中國巨大市場而已。透過專業化使市場不斷擴大，經濟得以成長，此時，創新似乎不再必要了。本書在第二章業已說明，不只亞丹・斯密在北京而已，連布勞岱爾也在那裡，並以「壟斷」的特性來說明資本主義存在的事實。在本章，我們將看到熊彼得曾在北京見到過亞丹・斯密，以此說明創新——特別是科技創新，能夠提升生產力——活動也同樣發生在北京。不過，除此之外，本章亦將探討中國在發展上可能遭遇的阻礙。首先，我們先看看學者如何看待東亞地區長期之發展。

日本學者杉原薰（Kaoru Sugihara）以長時間的觀點來檢視東亞經濟發展路徑，他試圖了解爲何東亞占全球GDP（gross domestic product，國內生產毛額）的比例在1500年與1820年之間增加，但在1820年到1945年

1　Arrighi, *Adam Smith in Beijing*.該書之中譯本，請參考路愛國、黃平，許安結之譯作，譯名爲《亞當・斯密在北京：21世紀的譜系》，（北京：社會科學文獻出版社，2009）

2　Giovanni Arrighi, *The Long Twentieth Century: Money, Power, and the Origins of Our Times*, (London and New York: Verso, 1994).

間則減少，並且在20世紀的後半快速成長[3]。杉原薰引用Angus Maddison
的資料[4]，發現以下的現象情況：第一，在1500年與1820年之間，全球人
均GDP僅微幅增加，然而，在1820之後，無論是人口數量，或是全球人均
GDP都明顯成長。他認爲「一個最合理的解釋是，英格蘭的工業革命，是
人類歷史上的重大分水嶺，宣告了現代世界體系（modern world system）
自19世紀起，從歐洲興起並向（歐洲以）外擴張且深化，逐漸涵蓋全球的
過程」[5]。乍看之下，這種說法看似中立，然而筆者認爲，杉原薰應該不
清楚鴉片戰爭發生的眞正原因？否則，他應該對販賣非法商品的英格蘭嚴
加指責才是。

　　第二，杉原薰繼續說道：「19世紀後半葉之後的大部分時間裡，東
亞經濟成長是建立在土生土長的（indigenous）勞力密集工業化之結果，
而非西方科技的引進[6]」。雖然他所談論的是東亞，而非專指中國，但這
個論點間接地駁斥費正清（John K. Fairbank）所建議，以1842年爲所謂的
「傳統」與「現代」中國的歷史分界點，而引入西方科技正是費正清認爲
「現代」中國開始的主要原因。這個議題，我們已在第四章〈「自由」貿
易與不「貿易」的自由〉詳細討論過，在此不再贅述；第三，杉原薰所切
割出的三個分期分別是1500-1820年、1820-1945年、1945迄今，與本書所
言600年、160年，60年時間性的重疊性不可謂不高。雖然，筆者認爲杉原
薰選擇以1500年爲其研究之起始點，不免讓人懷疑這與歐洲地理大發現的
時間相近，似乎也透露出他同意華勒斯坦的資本主義世界經濟起源於歐洲

3　Kaoru Sugihara, "The East Asian Path of Economic Development: A Long-Term Perspective,"
　　inGiovanni Arrighi, Takeshi Hamashita, and Mark Selden, eds., *The Resurgence of East Asia:
　　500, 150 and 50 Year Perspectives*, (London and New York, 2003), pp. 78-123.

4　Angus Maddison, *Monitoring the World Economy*, 1820-1992, (Paris: Development Centre,
　　OECD, 1995), p. 19 for the data for 1500; Angus Maddison, *Chinese Economic Performance
　　in the Long Run*, (Paris: Development Centre, OECD, 1998), for the data for 1820 and 1995,
　　cited in Sugihara, "The East Asian Path of Economic Development: A Long-Term Perspective,"
　　inArrighi, Hamashita, and Selden, eds., *The Resurgence of East Asia*, p. 78.

5　Sugihara, "The East Asian Path of Economic Development," p. 78.

6　Sugihara, "The East Asian Path of Economic Development: A Long-Term Perspective," p. 79.

開始向外擴張（或侵略）之時。故此，如果說杉原薰切實了解明朝中國曾經稱霸於印度洋這個歷史事實，恐怕相信的人不會太多。還好，本書已對此缺遺加以補充。

第四，本章將介紹杉原薰的概念——融合（fusion），這應能幫助讀者理解工業化的過程。事實上，本書對研究者經常、且常不經意就使用的二分法屢加批評，在經濟發展這個議題上，特別當我們探討18世紀末英格蘭的工業革命之後的世界，學者們（包括筆者亦是如此）經常以西方的「有」（工業革命）相對於東方的「無」。或者更具體地說，相對於西方（英格蘭）的工業（industrial）革命，東方（中國）則是勤勉（industrious）革命，藉以企圖理解西興東衰的過程，特別是在19世紀中葉（或更早）東方社會的逐漸衰蔽。然而，本文認為，這種二分法——工業革命／勤勉革命——操作下的兩種不同革命，在現實生活中，卻是難以遽然劃分，因為，工業革命可目為機械動力逐漸取代風力、水力、獸力，乃至人力的過程。在這個過程中，勞力密集的勤勉「革命」仍會繼續存在。換言之，這兩種「革命」乃是相對照之後的概念——前者所指的是技術、資本相對密集；後者則指勞力相對密集。讓我們再回想一下先前討論過的生產力提升的問題，其實，工業革命也好，勤勉革命也好，都有方法可以提高生產力，前者可以透過技術的提升與資本的投入，後者亦可以通過資本的投入來訓練人員等等。換言之，只要是投入生產要素——無論是人身條件也好（人才的培養、訓練，或使用外國人才）或是環境條件也好，都可以提高生產力，並非只能透過工業革命（技術升級）而已。稍後，本章將介紹經濟學家熊彼得主要的「創新」方式，這也是提高生產力的方式。

開門見山地說，工業革命也好，勤勉革命也好，這兩種革命未必足以使西方（英國）興起，東方（中國）衰弱；短期之內，勤勉革命就能夠演進為工業革命並持續發展，且占據領導地位。況且，這二種革命是相對的概念，也因此或許杉原薰的「融合」（fusion）概念可以說得更加清楚。分析的時間點或許不同，但她解釋20世紀後半葉，日本在邁向發展重工業與化學工業的過程中，引進西方的相關技術，但同時也保留東亞這個區域

制度的特色，以求充分利用（或開拓、搾取（exploit））大量人力資源。當然，日本所生產的大宗消費品——例如小型車、傳眞機等——已不僅是爲東亞地區而生產。杉原薰認爲，這並非英國的工業革命與後來的西方技術領先所促成的結果，而是運用西方技術與東亞人力資源，揉合二者之後所產生的結果[7]。簡言之，即使日本1868年開始明治維新之後，經由工業化的過程快速累積國力，但直到20世紀中葉時，在發展其重工業與化學工業時，除了引進西方技術之外，仍然保留著東亞地區勞力密集（勤勉革命）的特色。

　　換言之，工業革命與勤勉革命二者在經濟發展中「經常」（即使並非「總是」）「融合」伴隨著發展效用。有了這種看法——具體而言，兩者革命融合的概念——可以幫助我們更清楚看到中國爲何走到今日這個局面，一個所謂的「半邊陲」國家卻足以與「核心」國家爭得全球霸權的龍頭寶座。中國眞的只靠勤勉革命這一招，在數十年改革開放之後，就能成爲全球第二大經濟體？中國的發展眞如經濟體系理論支持者所堅持者：爭奪世界霸權是核心國家的事，與中國這個半邊陲（「社會主義」）國家毫無相關？

　　本章結構安排如下，首先探討二分法下的工業革命／勤勉革命是如何被用來說明西方（英國）與東方（中國）以不同的路徑來發展。前者主要是指走資本密集、技術密集的工業化道路；後者則指勞力密集的工業化過程。然而，這樣的分類眞能讓我們看出東西方長期的發展路徑嗎？第二，探討中國揮汗如雨的勤勉革命之相關議題，並指出世界體系「半邊陲」國家與「依賴」二者的關係、21世紀的勤勉革命、熊彼得在北京與亞丹・斯密的談話內容，與小米「領先用戶創新」等；第三，本文以「熊彼得在北京」作爲隱喻，提出數據來證明中國所做的努力，但這是否算爲另類創新？或應稱爲「中國特色的創新」呢？這點仍待討論；第四，在知識經濟時代，人才爲最重要資源，亦爲創新所必需者，然而，中國知名大學畢業生紛紛遠赴美國深造，並且，數所全球百大名校的設立其實與鴉片貿易有

7　Sugihara, "The East Asian Path of Economic Development" p. 115-116.

關，本文認爲，有必要將這段歷史再次攤在陽光之下。19世紀中葉時，種植茶葉的人才被聘僱到印度去幫英國人種茶，這與今日中國的人才到美國跨國公司幫忙申請專利，有幾分相似；第五，略談世界體系的「半邊陲」國家與全球霸權之關係；最後，總結本章的發現，並回答熊彼得在北京尋求另類創新的結果。

工業革命vs.勤勉革命

理解西方（英格蘭）與東方（中國）發展的路徑，工業革命／勤勉革命這樣的二分方式或許不是最好的方法，然而，不少知名學者對此情有獨鍾，並想藉此來證明西方才有的資本主義，並經常與工業革命的英格蘭加以連結，在東方則不可能找到。

本書在第二章〈不只亞丹・斯密在北京，費爾南・布勞岱爾也在這座城市裡〉討論Giovanni Arrighi生前最後一本專書，也就是《亞丹・斯密在北京》一書之主要論點。簡單重述，Arrighi認爲中國過去數百年以來，雖然曾經有過經濟繁榮的景象，但只發生過所謂的勤勉革命（Industrious Revolution）──這概念相對於英格蘭所發生的工業革命（Industrial Revolution）──與資本主義無甚關聯。換句話說，Arrighi認爲只有工業革命發生的地方，才可能產生資本主義；中國只有勤勉革命，所以資本主義無從在中國的土地上生根。簡言之，中國經濟發展的動力並非來自資本主義，而是其他。他認爲這是「斯密（成長）動力」（Smithian dynamic），也就是勤勉革命，他看不到中國──（具體而言，是明清時期）──有其他的力量在推動其經濟發展。換句話說，對他而言，中國這個巨大經濟體，的確因爲分工與專業化，市場規模不斷地擴大，造成經濟繁勞的景象，這正是所謂的斯密（成長）動力。另外，爲了「證明」中國不像英國一般，並未存在資本主義，Arrighi選擇與黃宗智（Philip C.C. Huang）站在同一陣線，特別是贊成黃宗智內捲化（involution）的概念，即使在數百年來經濟最繁榮的江南地區（長江三角洲）從未出現資本主義。這一招堪稱高明。

　　Arrighi與黃宗智兩位大師級人物，他們一致認為中國沒有發生過工業革命，因此，想要大幅度地提升技術可說是難如登天。對他們而言，即使明清中國——特別是江南一帶——集結大量資金，投入各種生產要素（例如：土地、勞動力；其他資源，像是育種、肥料的使用等等），想盡辦法試圖脫離停滯的狀態都不可能。換句話說，Arrighi與黃宗智都相信，就算是明清中國的核心地區江南，也同樣陷入所謂「高水平均衡的陷阱」。對黃宗智而言，他相信這種窘境一直持續，甚至長達600年之久。Arrighi為了證明只有亞丹·斯密在北京，所以，選擇與黃宗智立場一致，相信「傳統」中國數百年來一直處於停滯之中，在生產力上幾乎沒有向前邁進，除了總生產力在某些時間曾經有所提升之外[8]。

　　簡單說，Arrighi為了讓其大作《亞丹·斯密在北京》更有說服力，似乎不得不突顯所謂的斯密式成長動力，對他而言，中國後來必定落入一個不再向前走的困境，此時黃宗智的論述恰巧成為他最好的證詞。在此，或許我們應該稍微回頭看看第二章的一小段話，來了解Arrighi同意黃宗智論點的理由。黃宗智說：「在歐洲與美國的經驗裡，前現代與現代農業之變遷總是同時伴隨著總產出的絕對值與每單位勞動力產出二者的擴張。因此，似乎有必要區別伴隨著產出的『成長』（growth）與勞動生產力提高的『發展』（development），這種區分對弄清中國為何衰弱，而英格蘭為何崛起有其重要性，因為，在中國大陸經改之前的600年，農業產出增加了，足夠養活快速增加的人口，但這主要是因為集約化（intensification）所造成」，也就是他所堅持的「成長」，但他卻沒看見類似於在英格蘭，勞動生產力的提升，這就是黃宗智所謂內捲化

8　關於Arrighi與黃宗智論點的詳細分析，請讀者回顧一下本書第二章〈不只亞丹·斯密在北京，費爾南·布勞岱爾也在這座城市裡〉的討論，該章重點放在Arrighi——世界經濟體系理論的重要人物——為了強調資本主義不曾存在「傳統」中國，竟忘記了世界經濟體系的「精神導師」布勞岱爾所強調的資本主義「壟斷」（Monopoly）特性。本章主要批評Arrighi過去亦曾是熊彼得派的支持者，卻沒有發現熊彼得的身影常常出現在北京這個城市的某個角落，特別是熊彼得所最喜歡的王府井，筆者試想，應該是那兒有家賣烤鴨的小店吸引著他吧？！

（involution）的過程[9]。不過，在第二章我們引用李伯重[10]的論點，即使工業革命並未發生在江南，黃宗智所謂「內捲化」同樣也沒有發生在江南，這點相信Arrighi應該會感遺憾才是。生產力的提升，或者增加的邊際生產力（每單位的勞動產出的擴張）——這是黃宗智主要的關切點——可以有不同的方法，而非黃宗智所認定，只有工業技術的提升一途。稍後分析，我們會再加以解釋。

可是，如果我們暫不考慮邊際生產力的提升是否足以成為資本主義出現的指標，世界經濟體系創始人華勒斯坦的老師費爾南・布勞岱爾曾解釋資本主義的特性，或許能使我們可以更清楚的解析資本主義。回顧第二章標題之後半，為何費爾南・布勞岱爾也在北京這座城市裡呢？筆者相信讀者還記得該章所欲突顯的主題是：布勞岱爾堅信「壟斷」這個特性，只能在資本主義[11]裡被看見。中國商人——特別是先前所提到的徽商、晉商，與陝商——資本雄厚，動輒數十萬兩，甚至更多，壟斷某些行業，特別是利潤龐大的鹽業，與茶業等，使其他商人不得其門而入。筆者所要強調的是：當學者們論及東、西方之比較時——具體的說，是西盛東衰——普遍接受的觀點是：東方欠缺西方所有的資本主義。然而，這種簡單地二分法思維，說穿了就是西方（英格蘭）／東方（清中國）；在場／缺場；有（資本主義）／無（資本主義），其實是讓不少學者為之瘋狂、乃至著迷。於是，學者為求快速解決問題或其他不可知的原因，放棄了（東、西

9　Philip C.C. Huang, *The Peasant Family and Rural Development in the Yangzi Delta, 1350-1988*, (Stanford, CA.: Stanford University Press), p. 12, cited in *Adam Smith in Beijing*, p. 25, note 26.

10　李伯重，《發展與制約》。李伯重分析的時間與主要區域是1368-1850年之間的江南，基本上，是鴉片戰爭前的明清江南。也就是說，在黃宗智的分析中，19世紀以前的長江三角洲，與李伯重是重疊的，但李伯重並未分析鴉片戰爭之後的江南。

11　布勞岱爾的資本主義三層結構之說，值得我們再訪。首先，最底層是由大眾的日常生活（daily life）所構成，中間一層是市場經濟（market economy），最上層則是資本主義（capitalism），其特性即是壟斷（monopoly）。換個方式說，若是我們可以觀察到「壟斷」的現象，那麼，我們就看到資本主義（的運作）了，相信布勞岱爾不會反對這樣的說法。

方）歷史比較分析最重要的事：不斷與歷史事實進行對話。如此一來，學者的思維未受（二分法）之益，反先受其害。在欠缺能力或不願意的情況下，不少學者在進行歷史事實考證之前，就將西方的「有」建立在東方的「無」之上，然後，再去找一些「適合的」證據來解釋西方（英國）為何能，而東方（中國）為何不能。

　　這類的分析方式，很明顯地是西方哲學二分法思維下的產物，這正是本書所欲打破者。簡言之，在先前的分析中，可以確定的是，不只亞丹‧斯密在北京，布勞岱爾的確也在這座古城裡，只是他所在之地，Arrighi未曾去過，也不曾熟悉。不過，或許可以達成研究目的，Arrighi與黃宗智二位大師級人物咸認為所謂的「傳統」中國——即使是自南宋以來最進步繁榮的江南地區，特別是明清時期——其生產力就處於停滯不前了。基本上，這樣的論點間接呼應了西方社會自15世紀地理大發現之後就處於領先（東方，特別是中國）的地位。換句話說，自華勒斯坦的「現代」世界體系於15世紀（或稱長16世紀）誕生之時，西方社會的發展就一路領先其他非西方（所謂的「傳統」的）世界。然而，這樣的全球發展趨勢——西盛東衰，或者說英格蘭崛起，而明清中國衰落——不就是西方知識體系所欲告訴我們的、乃至強加於我們的嗎？可是，如果我們回想一下先前在〈「自由」貿易與不「貿易」的自由〉一章所說過的，直到1840年代，當時的工業國家英格蘭似乎沒有太多的工業產品能拿來賣給清朝最繁榮的珠江三角洲，以及後來的長江三角洲，銷路最好的反而是非法的鴉片。若我們在回想一下在〈馬克思在倫敦，霧裡看清中國〉一章裡，1850年代的馬克思也曾譴責英國王室、商人們只顧賺錢卻避談道德的可恥行徑，而難以計數的中國知識分子，竟然忘記責備泱泱大不列顛，對他們而言，應該責備的卻總是沒能打勝仗的受害者清廷。

揮汗如雨的勤勉革命？！

　　本節將討論以下幾個子題：第一，檢視「半邊陲」（也包括「邊陲」）國家如何對「核心」國家或地區產生「依賴」；第二，探討21世紀

的「勤勉革命」，並批評黃宗智對勞動這項生產要素情有獨鍾，事實上，土地、人力，與使有用於生產的資本等等的投入，都能提高每單位的產量或收益；第三，介紹熊彼得與亞丹‧斯密在北京的會面，與二者對辯之後的妥協──即「具中國特色的創新」，也是標題所言的「另類創新」；第四，介紹小米手機的「領先用戶（狂熱粉絲）創新」，這種創新方式可視為小米成功法寶（之一）。本節以這些子題來說明中國不只有勤勉革命，億萬中國人民不總是揮汗如雨地工作著。

「半邊陲」與「依賴」

在此我們探討「半邊陲」與「依賴」之間的關係，比起「半邊陲」與「霸權」二者間的關係，應該較為「自然」一些。

先前，我們談到世界經濟體系理論的幾個概念，應用在歷史事實所產生的問題。簡單說，中國這個（「社會主義」）「半邊陲」國家，在地緣政治中竟足以與美國霸權相抗衡。自二戰之後（也就是60年時間性視角下），構成發展研究的幾個重要理論中，應該可說只有世界經濟體系理論將地緣政治當作是分析重點。然而，即使如此，該理論同樣難以解決它遇到中國這個特殊例子時所遭遇的困境。不過，我們不一定非得在這個時候，重新建構一個新的理論不可，畢竟，知識充其量也只是一個逐步累積的過程。雖然，「霸權」這個概念確實讓人質疑世界體系理論，不過，中國這個「半邊陲」國家，確實也顯現其身為半邊陲國家的共同特色，那就是：對於核心國家不同的「依賴」（dependence）類型。筆者在2013年曾經討論過拉丁美洲著名依賴理論[12]學者Theotonio Dos Santos對不同類型的依賴，並且加上了20世紀中期出現的知識經濟時代之新形式的依賴類型，在此，略述四種類型。

12　世界經濟體系理論承襲不少依賴理論學者的概念，其顯著者，像是「核心」、「邊陲」等，相對隱晦者，像是「不平等的交換」，「依賴」與「發展」無法並行等。是故，依賴理論與世界體系理論確有其相似之處。其相異點，請參照謝宏仁，《發展研究的終結：21世紀大國崛起後的世界圖像》，（台北：五南圖書公司，2013）。

　　Dos Santos討論依賴的歷史形式，並將依賴分成三種類型，分別是：殖民式的依賴（colonial dependence）、金融—工業的依賴（financial-industrial dependence）、技術—工業的依賴（technological-industrial dependence）。在這三個類型之外，筆者認為，在21世紀的知識經濟時代中，除了後兩種形式的依賴之外，還必須加上第四種依賴的歷史形式，也就是知識的依賴（knowledge dependence），並且這也是知識經濟時代中最主要的依賴形式，這是一種能讓已開發國家得以持續保護智慧財產權的方式，繼續掌握「宰制」發展中國家的力量。在此，回想一下第四章所談到的19世紀的清朝中國，為了保護製茶產業的領先，小心翼翼地保護製茶相關技術，並且禁止製茶工人為外國製茶的相關措施，只是，茶樹、茶種子最後仍為Robert Fortune這位茶葉大盜所偷，製茶專業人士最後仍被誘至海外為英國製茶[13]。最後，不是在自由貿易意識型態底下，而是以關稅保護，英國殖民地印度茶業開始打敗中國茶葉。到了19世紀末的時候，至少在價格上，中國茶再也無法與印度生產的茶葉匹敵。不過，暫且先回到Dos Santos在四十年前所做的分類吧！

　　Dos Santos做了以下之分類，茲分別敘述：

(1) 殖民式的依賴。該形式的依賴以商業、金融資本結合宗主國政府的力量，經由獨占（壟斷）貿易控制殖民地的土地、礦產與人力。在此必須強調：有別於傳統經濟，在知識經濟時代，知識乃是累積資本最重要的工具。在傳統經濟時代聚積財富，人口、土地（包含礦產）、還有資本。所以，在殖民式依賴時期，宗主國實際上掌控了所有的生產工具（生產資料）；

(2) 金融—工業的依賴。在19世紀隨著帝國主義的擴張而逐漸成形，其特徵為：核心國家大量投資在殖民地，以生產並供應核心國家所需要的原料與低階加工之農產品；

(3) 技術—工業的依賴。這種依賴形式在二次大戰之後出現，其特徵是跨國公司到發展中國家投資，同時提供產品，來滿足當地市場之需

13　Robert Fortune，敖雪崗譯，《兩訪中國茶鄉》，（南京：江蘇人民出版社，2016）。

求[14]。

　　以上三種依賴類型的後兩者，在知識經濟時代中並非不存在，而是重要性降低，這意謂即便21世紀，Dos Santos所看到的數種依賴形式仍然是核心國家宰制落後國家的方式，只是不再如此重要，他從歷史視野中觀察依賴形式的變化，使發展研究的學者能留意到，在不同時期「宰制」與「依賴」以不同的樣貌出現，二戰之後技術—工業之依賴成為主要形態。然而，筆者認為，在21世紀初知識經濟當道，知識的依賴將會是主要的型態，這主要表現在各國研究經費總數與占GDP的比重，專利的申請數、核准數，指標性期刊（Science Citation Index, Social Science Citation Index等等），專利權稅與授權金（Royalties and License Fees）的總金額等[15]。

　　除此之外，早在幾十年前，Dos Santos就已注意到「科技壟斷」（technological monopoly，或作「技術獨占」）將為世界的中心—都會國家所掌握。換句話說，核心國家將保持優勢並將之加以擴大，這麼一來，將使低度開發國家更難以跟上先進國家的腳步。以中國為例，我們將會在統計數據中看到中國在核心技術上——此反應在高附加價值（high value-added）商品所占的比例——仍然顯現出在技術與知識兩者的依賴。換句話說，如果中國生產商品的附加價值（value-added）普遍不高，那麼，某種商品的核心技術，或者某些關鍵零組件就必須從已開發國家的跨國公司購得，當然，對於發展中（或者稱「半邊陲」）國家而言，總是向掌握關鍵技術者購買最重要的零件，無疑是件難堪卻又不得不做的事。這種「依賴」對半邊陲國家的確是件痛苦的事，然而，科學技術的提升並非一蹴可幾。

　　當然，技術與知識二者經常是緊密地連結著的，欲清楚地區分之，並非容易，應該也無此必要才是。

14　Theotonio Dos Santos, "The Structure of Dependence," *American Economic Review*, Vol. 60, No. 2, (May, 1970), pp. 231-236，引自謝宏仁，《發展研究的終結》，頁56-57。

15　請參照謝宏仁，《發展研究的終結》一書，特別是第6章〈新經濟時代與知識落差〉，頁159-198；第8章〈知識在依賴理論中的興起：印度與台灣的經驗〉，頁239-268。

21世紀的「勤勉革命」

　　在前面第二章〈不只亞丹・斯密在北京，費爾南・布勞岱爾也在這座城市裡〉曾經討論所謂「工業革命」與「勤勉革命」。事實上，筆者認為，所謂的（英國的）「工業革命」與（中國的）「勤勉革命」，仍是二分法的影響下，所造成的誤解——一種對於東、西方發展路徑的誤解。其結果是，不少學者，像第二章討論的Giovanni Arrighi，杉原薰（Kaoru Sugihara）與黃宗智（Philip C.C. Huang）等，都認為長達數百年以來，也就是明初至清末這段期間，中國的邊際生產力——每增加一單位的生產要素（factors of production）所增加的產量或收益——從未提升，這是一條與西歐國家（例如，英格蘭）截然有別的發展路徑。然而，我們提到過，生產要素指的是所有用於生產商品或勞務的資源，像是土地、勞動（黃宗智對這要素情有獨鍾），還有用於生產的資本等等。我們也可以這麼看待生產要素：它是進行物質生產與提供勞務所必需的一切要素，包括人身條件與生產物質條件。可想而知，在知識經濟時代，專業人才是相當重要的，可以這麼說，「可能的」生產要素若要成為「現實的」生產要素，就必須用某種（某些）方式結合起來，稍後，我們提到的山寨機產業的「創新」，就是利用某種方式加以組合，這說明未必需要在技術上獲得（長足的）進步，才得以提升邊際生產力。

　　筆者認為，我們應該能夠理解，中國的發展路徑絕非一句「勤勉革命」所能涵蓋。在第二章時，我們業已證明中國的過去（「傳統」中國）用「勤勉革命」來描寫並不合適，現今的中國也同樣不合適。不過，本節選擇繼續使用「勤勉革命」來描繪中國的發展路徑，其實，這只是相對於西方（英國）的「工業革命」，來說明後者的創新成分較高，其商品的附加價值（value-added）較高，這是相對於中國的創新能力、與產品的附加價值較低而已。這種「二分法」——「工業革命」vs.「勤勉革命」，其目的並非說明西方（英格蘭）所有，而東方（中國）所無的；這乃是程度上的差異，而非「有」或「無」的問題。簡言之，當我們分析東、西方社會的發展路徑時，必須盡可能避免落入本書極力反對二分法的陷阱中，免

得墜落其中且不克自拔。

熊彼得在北京會見亞丹・斯密

事實上，Arrighi在2007年完成其最後一本著作*Adam Smith in Beijing: Lineages of the Twenty-First Century*[16]之前，熊彼得曾經在北京會見過亞丹・斯密好幾次，並且在雙方的會談中，他們辯論的僵局似乎有破解的可能。在那年的某一天，他們再度相見於北京紫禁城那裡的星巴克[17]，在那裡東、西方文化相遇，醒目的白綠色星巴克商標，在充滿古典中國風味的古建築群中，一再地出現在瓷器、書法作品和山水畫裡。當遊客在有五千年歷史的「中華文化」境地風味的咖啡店裡坐著聊天、喝飲料、消費「美國（大眾）文化」。與此同時，中國社會科學院知識產權中心主任鄭成思不期然地坐在隔壁桌，細細品嚐他的那杯美式咖啡。

亞丹・斯密與熊彼得兩人的對辯，主戰場在於所謂的中國或西方的經濟發展模式。根據Arrighi解釋，熊彼得將經濟發展分為兩種方式：(1)亞丹・斯密派（Smithian）的成長；和(2)熊彼得派（Schumpeterian）或馬克思派（Marxian）的成長（Arrighi, 2007）。亞丹・斯密派的成長被界定為「刻苦的（industrious，奮進的）改革」，亦即勞力密集相關產業的發展與「非資本主義市場為基礎的發展」。這或可被想像為中國發展「自然的」（natural）途徑。與此相反，「非自然的」（unnatural）途徑則是熊彼得派的成長，其特色為「工業（industrial）改革」，表現在資本密集、能源密集與「資本主義」的發展路數上。伴隨這種發展方式，是以鄰為壑、榨取他人資源。Arrighi認為，中國的經濟發展「大抵上……與亞丹・斯密派的成長相仿，刻苦的改革、非資本主義市場為基礎的發展」[18]。上述這種說法，在第二章裡頭已花費不少篇幅，證明他認為中國的發展

16　Arrighi, *Adam Smith in Beijing*.

17　這裡，我們用文學中的「魔幻寫實主義」手法，讓亡者復活，使他對現實表達看法，但此「現實」業已流動化、某種程度的荒誕化，或者，也具有諷喻社會之意味。

18　Arrighi, *Adam Smith in Beijing*, p. 41.

路徑大抵是勞力密集的，與非資本主義式的說法，難以通過歷史事實的檢驗，特別是非資本主義式的發展路徑，與馬克思只重視生產面相似，Arrighi並未看到中國經濟發展的流通面，富商巨賈們壟斷長程貿易，在特定商品上──茶、鹽等等。至於「勤勉革命」的特點，令人聯想到勞力密集的「大規模」生產，這種工業化──相對於資本密集、技術密集，與能源密集「工業革命」而言──所生產出來的商品，其附加價值通常較低。就此特點而言，Arrighi的說法是正確的，稍後我們將看到相關統計數據。不過，我們還得先看看熊彼得與亞丹・斯密這兩位大師級人物在中國經濟發展的議題之上，是如何破解其僵局的。

　　在幾輪激烈的論戰之後，最終兩人達成協議，也就是允許熊彼得派的創新與亞丹・斯密派成長的方式並存，且相連結於中國廣袤的市場之中。以擁有全世界最多人口自誇的中國，如今在全球可說擁有最具動能的市場。亞丹・斯密相信，除非中國將市場潛能完全開發，不然，這種刻苦的成長不會觸頂，這也正是Arrighi所指的非資本主義市場經濟。當大量外國資金源源不斷地流入中國，的確能保持經濟發展不停歇。近來山寨機（或稱山寨手機）產業的成功，以廣東省深圳爲生產的大本營，先前，在幾乎沒有技術升級的條件下，2010年時，山寨機在中國的國內市占率居然達到約三分之一，不可不謂驚人[19]。本文認爲，熊彼得的「創新」與邊際生產力的提升有關；與此同時，亞丹・斯密所說刻苦的成長，也就是所謂的「勤勉革命」，在中國這個巨大的市場可說是發揮得淋漓盡致。換句話說，Arrighi同意黃宗智所言，中國1970年代末經改之後，邊際生產力的提升可與「勤勉革命」同時發生在中國。生產要素大致上包括了人身條件與生產物質條件，新的組合得以與潛藏的生產要素變成現實的生產要素，進而促進邊際生產力的提升。創新得以提高邊際生產力，那麼，科技、創

---

19 劉書羽、謝宏仁，〈從山寨機產業管窺發展型國家理論之適用性〉，第一屆中國人民大學─輔仁大學教師交流研討會，9月26-29日，2010年，北京：中國人民大學。本段落主要引自謝宏仁《發展研究的終結：21世紀大國崛起後的世界國家》，第十一章〈北京共識與中國模式〉，頁327-359。

新，與生產力又有什麼關係呢？經濟與地緣政治實力日益強大的中國到底如何看待這三者的關係呢？

科技的進步是提升生產力的主引擎。中國在鴉片戰爭之後，一直處於挨打的地位，這並非輸在經濟規模，而是輸在（軍事）科技落後上。因此，1949年中共建政之後，尤其是1979年的經改以來，中國已取得「兩彈一星」、「載人航天」、「載人深潛」，與「超級計算」等重大突破。誠如前領導人鄧小平所言：「科學技術是第一生產力」，科技能力為國家強盛之必要條件[20]。中國為求實現「中國夢」，必須先具備某些條件，例如「科技創新」被視為是「提高社會生產力和綜合國力的戰略支撐」，因此，「科技創新」成為中國國家發展全局之核心；另外，「中國特色自主創新道路」也是必須走的路，如此，才可能用創新來驅動發展[21]。當然，對於中國這麼一個經濟大國，且占據全球地緣政治如此重要的位置，國家將「科技創新」放發展的中心位置，有其充分的戰略考量。

然而，熊彼得對創新的看法，並不侷限在科技的進步上頭，雖然科學技術仍然是創新的主要驅動力。接下來，本文將先說明熊彼得所理解創新究竟為何物；其次，藉由檢視中國山寨機產業、國產大型客機C919兩種產業的運作方式，其中確實有創新之舉，也有日後可能遭遇的問題；再其次，強調亞丹·斯密燭照中國巨大的內需市場之重要性。對熊彼得而言，一開始，創新發生於當創新／發明者累積其特徵時，便會以五種「新組合」的方式來達致。說得精確些，發明家能經由以下途徑，以尋求

20　節錄自習近平於2013年9月30日，〈在十八屆中央政治局第九次集體學習時的講話〉，中共中央文獻室編，《習近平關於科技創新論述摘編》（三），（北京：中央文獻出版社，2016），引自，〈科技創新是提高社會生產力和綜合國力的戰略支撐〉，2016年2月27日，新華網，http://www.xinhuanet.com/politics/2016-02/27/c_128754760.htm，檢索日期：2018年5月28日。

21　節錄自習近平於2014年1月6日，〈在會見嫦娥三號任務參研參試人員代表時的講話〉，原載於2014年1月7日《人民日報》，中共中央文獻室編，《習近平關於科技創新論述摘編》（三），（北京：中央文獻出版社，2016），引自，〈科技創新是提高社會生產力和綜合國力的戰略支撐〉，2016年2月27日，新華網，http://www.xinhuanet.com/politics/2016-02/27/c_128754760.htm，檢索日期：2018年5月28日。

更爲適當或有利的方式：(1)提出新產品；(2)選擇新的生產材料；(3)開發新市場；(4)找出供應材料或半成品的方式；與(5)建構一個新穎的營利組織[22]。根據實際的發展情況，本文認爲山寨機產業至少能夠符合熊彼得派新組合觀點中的第二至四點，第五點則存有疑義。關於此點，筆者認爲可使用「具有中國特色的創新」來進行討論。

　　山寨機產業毋庸置疑地能創造出生產的新方式與提供半成品的新來源。如前所述，**聯發科**爲山寨機設計整合晶片（system-on-a-chip, SoC），並以合理的價格從事代工，從而生產廠商無需爲研發活動所苦。相反地，他們只須購入主機板、挑選所需的功能、設計外型或款式（還常常侵犯他人的智慧產權），並找尋合適的零件廠與組裝廠。這種半成品的供應一拍即合地共同組構出一種新型態的生產方式，而與熊彼得的第二和第四種特性相符。對於第三個特性——開發新市場，由於山寨機挾其低廉的價格與廣布的通路，原先就是爲著鄉村的農民與在城裡打工的農民工所生產，自然受到歡迎。當然外國品牌的公司，諸如諾基亞（Nokia）、摩托羅拉（Motorola）[23]、三星（Samsung）等，也都推出平價品。然而，打著像「NOKLA」、「Samsang」等模仿大廠牌的名稱。這類的山寨機吸引想要購買外國品牌，卻又不想花大錢的農民與農民工，來滿足擁有名牌且有相當功能之產品的欲求。經由仿冒，山寨機產業找到了新市場。

　　熊彼得的第五個特點，是值得花點功夫在勞動的功能性分工。同樣，亞丹・斯密也可能對熊彼得關於國際分工個構思有興趣。論及功能性垂直分工，例如委託製造代工（OEM）－委託設計代工（ODM）－自有品牌（OBM）的結構，這裡賦予山寨機公司布局的空間。事實就是這樣，爲品牌大廠代工實在難以標新立異。幾家台灣的OEM／ODM廠商，

22　熊彼得，《經濟發展理論：對於利潤、資本、信用、利息和景氣循環的考察》，（台
　　北：貓頭鷹出版社，2001）；根井雅弘，《熊彼得：知識經濟的創造性破壞》，（台
　　北：商周出版社，2003）。

23　手機市場的競爭可說相當激烈，諾基亞（Nokia）與摩托羅拉（Motorola）因不敵其對
　　手，可說遭到邊緣化。雖然前者曾試圖重返市場，但目前似乎未有起色。

像是組織改造前的宏碁（Acer）、BenQ、與華碩（ASUS）經由重構其管理組織，以建立其自有品牌，漸漸轉型爲專營品牌的廠商，以取得最高的邊際利潤[24]。雖然並非所有的山寨廠能生產關鍵性零組件，但只要查緝仿冒不力，山寨機還是能經由對外採購關鍵性零組件，大量生產來充斥中國市場。定睛在自有品牌、通路建立這種策略，中國成功的培養出本土的手機公司，著名的如天宇朗通，居然能不花分文在研發上頭。經由簡單介紹這家成功的自有品牌的公司，如上所述，這說出仿冒允許山寨機產業成爲「成功的」故事。和產業的成功同樣重要，熊彼得指出的五個特性中，其中四個適用，但第五個卻有些不同。

　　但何以亞丹‧斯密能同意熊彼得創新的概念呢？或許吾人會認爲，若非中國市場規模極大（暫且不提仿冒），熊彼得所言之創新便無法順利運行。其中一部分是中國的市場有致命的吸引力。在這種氛圍下，外國公司和外國政府清楚明白的是，避免與中國發生衝突，以確保他們能在這個市場中獲利，儘管必須容許商品遭受仿冒而削減獲利率。另外，由於法庭上控告山寨公司獲得的賠償實在少之又少[25]，再加上中國政府保護智慧產權不力，使得外國公司與仿冒者的法庭訴訟能免則免，這些因素使得中國製造的山寨機能風行海內外。

　　過去風行一時的山寨手機，爲中國國產品牌留下了記錄，不過，電子產品生命週期短，是故，我們還得談談當前手機的一時之選，也就是小米手機。總括而論，小米與先前的山寨之王（天宇朗通）均非核心技術的掌握者，當然，幾乎可想而知，他們的發展，並非進行大量研究之後才獲致。中國在計畫經濟時期，大部分的時間與冷戰期間重疊，是故，重工業、航太工業、與軍事工業之發展較佳。同時，因爲長期忽略民生工業、

24　謝宏仁、吳奎克（Craig D. Meer），〈超越代工困境：資訊產業之品牌OBM策略引領希望或幻影？〉，《遠東學報》，卷25，第4期，2008，頁595-608。

25　例如，2008年時，商標仿冒的總案件數是9,589件，賠償金額一共是6,160萬人民幣（合美金889萬5,000元，以2008年一美元對人民幣6.9253元計算）。請參照，謝宏仁《發展研究的終結》，頁350。

輕工業等，改革開放後的短短數十年之間，其經濟發展的表現確實可圈可
點，但若要在某種商業領域內與已開發國家競爭優勢地位，也有其困難。
所以在核心技術、關鍵零組件仍需仰賴已開發的工業國家。

　　接著，我們以2017年5月初中國國產大型客機C919在上海浦東機場試
飛成功為例，藉以說明相關技術的研究發展曠日廢時，非一蹴可幾。此架
飛機帶著「中國（商業航空）夢」起飛，準備挑戰大型民航客機的領頭羊
空中巴士（Airbus）與波音公司（Boeing），即使中國國產飛機落後了幾
年，或幾十年，對於中國這一個40年前還是全球最貧窮的國家之一，這架
C919的起飛，其象徵的意義不容忽視，這代表著一個工業大國的實力，
也展現了中國想在21世紀主導新技術的夢想。事實上，這架有158個座位
的C919早在十餘年前即已開始，但意料之外地成為最近才登場的《中國
製造2025》計畫之重頭戲，該計畫的目標是使得中國在許多高科技產品
能自給自足，不再依賴已開發國家，其中有不少還是其地緣政治的假想敵
呢！習近平前去參觀時說道：「過去有人說造不如買、買不如租，這個邏
輯要倒過來，要花更多資金來研發，製造自己的大飛機」。雖然，C919
意圖挑戰空中巴士與波音公司數十年以來的雙寡頭壟斷之局面，並且，具
體地將空中巴士320與波音737視為競爭對手，然而，C919這架飛機內部
的裝置——引擎、駕駛艙與機腹的零件等——出自於西方工業巨頭，像是
General Electric（通用電氣，或奇異電子）與Honeywell等[26]。

　　事實上，本文稍後就會說明高速鐵路（高鐵）是中國向西亞、中
亞，以及東南亞國家輸出的重要基礎建設，高鐵建設具相當程度之地緣政
治意涵，然而，事實上，高鐵的核心技術掌握在日本、法國、德國，以及
加拿大四家公司手上，中國當然會想盡辦法在高鐵技術上自給自足。避開
「依賴」的宿命，是發展中國家所努力者，是半邊陲國家往核心的方向必
須排除萬難戮力前進者，中國自不例外，因為關鍵技術若是掌握在他國手

26　Keith Bradsher，〈中國國產大發機C919首飛〉，《紐約時報中文版》，2017年5月5
　　日，https://cn.nytimes. com/china/20170505/china-airplane-boeing-airbus/zh-hant/，檢索日
　　期：2018年5月22日

上，那麼，高鐵這項重要建設到底能為中國帶來多少戰略上的好處？這相當令人懷疑。先前，我們討論的山寨機產業，其中之佼佼者天宇朗通，其中低階手機，以台灣廠商聯發科技所製晶片為主要零件，但在高階手機則轉向與美國高通（Qualcomm）合作。以上的例子，我們可以清楚地看到，明顯地，中國在改革開放以來，從勞力密集工業化過程，逐漸轉向至資本密集與技術密集產業的發展方向，然而，這段路途十分遙遠，短短的幾十年仍無法走完全程，這是中國未來必須面對的困難。不過，話雖如此，我們不能忘記熊彼得的創新，並非只有技術的提升而已，我們看看小米機是如何創新的。

小米「領先用戶（狂熱粉絲）創新」

　　先前，我們已經看到山寨機產業運用某種組合，讓「創新」得以在該產業具體實現，提升產品的附加價值，或者可以這麼說：讓人身條件與生產物質條件進行新的組合，以提高邊際生產力。那麼，先前我們在北京王井府看到很像熊彼得——那位強調「創新」的學者——的身影，現在我們終於可以篤定地說，這位仁兄就是熊彼得。接著，我們再來看看小米手機（以下簡稱小米機）如何在中階手機市場占據一席之地，當然，小米手機將其產品的主要市場放在中階市場是不難理解的，因為，小米這家公司（以下簡稱小米）目前尚難掌握手機的關鍵技術。不過，創新的領域裡，非只有技術一項而已，雖然，它相當重要，但也不是絕對。

　　小米推出新產品、開發新市場（找尋潛在消費者）、或者使用新的材料與設計，又或者再加上新的組織與運作方式，來增加商品的銷售量，無疑地，這些都可以視為創新過程的之一部分[27]。雖然硬體可說出眾，但小米的執行長與共同創辦者都來自軟體公司，該公司第一年唯一的產品是手機作業系統MIUI（英文發音為Me-You-I），為Android系統的客製版，也是Linux作業系統的修改版。用戶的要求，竟然構成小米系統功能的三

27　熊彼得，《經濟發展理論》；根井雅弘，《熊彼得：知識經濟的創造性破壞》。

分之一，或許可以這樣說，用戶是小米的共同設計者。更特別的是，小米手機並沒有所謂的殺手級功能，然而，MIUI的初期用戶卻能做到三件其他手機用戶所做不到的事：第一，硬體不須升級，就能獲得更好的操作體驗；第二，尋找專家級用戶的之同意，每週提出對MIUI的批評；第三，小米為用戶創造難以形容的特殊感受，一如蘋果、哈雷機車為客戶所帶來的感受那樣。麻省理工學院經濟學家Eric von Hippel將這種用戶參與稱為「領先用戶創新」（lead user innovation）[28]。小米將這種創新帶入手機世界，於是用戶們，特別是最懂得技術的那群狂熱粉絲，就被稱為MIUI的共同設計者。另外，數十萬其他用戶的意見回饋，則對研究與行銷都帶來莫大助益。

　　簡言之，雖然技術升級非一朝一夕，然而，創新卻可能發生在產品的設計、製造，與行銷過程的不同階段裡。以下，我們再看看中國近來在科學與技術上的進步，即使對核心技術的掌握仍有加強的空間。

熊彼得的身影在北京（王府井）

　　先前提過，根據Arrighi解釋，熊彼得將經濟發展分為兩種方式：(1)亞丹·斯密派（Smithian）的成長；和(2)熊彼得派（Schumpeterian）或馬克思派（Marxian）的成長（Arrighi, 2007）。斯密派的成長被界定為「勤勉（industrious）改革」，亦即勞力密集相關產業的發展，熊彼得派成長的特色則為「工業（industrial）改革」，表現在資本密集、能源密集。Arrighi認為，中國的經濟發展「大抵上……與亞丹·斯密派的成長相仿，刻苦的改革、非資本主義市場為基礎的發展[29]」。筆者對Arrighi這個論點感到相當懷疑，本文稍後將說明中國在資本密集、技術密集的發展路徑。

28　Clay Shirky，陳琇玲譯，《小米：智慧型手機與中國夢》，（台北：行人文化實驗室，2017），頁34、36-37、39-40。

29　Arrighi, *Adam Smith in Beijing*, p. 41.

美國國家科學委員會（National Science Board）在2018年運用OECD／WTO（經濟合作組織／世界貿易組織）的統計數據，這些資訊至少提供關於全球貿易價值更準確的數值，並且大略符合四大類別的高科技產品，包括通信、電腦、半導體，與科學測量儀器等等。這兩個聯合國附屬組織的統計資料說明了中國在以附加價值爲條件（value-added terms）套算在全球中所占的分額相對偏低，只占19%。資料顯示，即使中國是全球最大的出口者，但其分額之所以偏低，其原因是：在出口當中，有很高的比例是外國產品的零組件，這些國家包括歐盟、美國，日本，其他亞洲國家和地區[30]。可以這麼說，中國是高科技產品最大出口國，然而，因爲許多高附加價值的零件（關鍵性零組件）仍來自於已開發國家，像是歐盟、美國，與日本，以及東亞國家，所以，中國在以附加價值爲基礎的貿易數據上仍舊偏低。不過，這讓人感到意外嗎？即便如此，想必程度應該也不太高，因爲，中國自經改以來，勞力相對密集的產業發展快速，宣洩內部過剩的勞動力向城市移動；技術密集與資本密集的產業則隨著縱深發展策略的導引緩慢地深化中，是故，數據應該可以顯示出中國在創新方面的努力。

一般而言，科學與工程指標（Science and Engineering Indicators），像是研究發展經費（R&D expenditures）、科學期刊發表數量、專利申請數與核准數、科學與工程（Science and Engineering, S&E）學位等等，藉由這些數據，我們能夠得知某個經濟體的創新研發能力，我們先看看中國近來在研發經費——「致力於創新」（commitment to innovation）[31]的指標——增加的情況。21世紀開始的頭五年，也就是2000年到2005年，中國在研發經費穩定成長，至2006年已超過1,000億美元，之後以更高的成長率增加，直到2015年已經達到4,000億美元。另外，中國的研發人員

---

30 National Science Board, *Science and Engineering Indicators 2018*, (Arlington, VA.: National Science Board, 2018), p. 1.

31 National Science Board, *2018 Digest, Science and Engineering Indicators*, (Arlington, VA.: National Science Board, 2018), p. 4.

數量從2007年的29萬人，增加到了2015年的43萬6,000人[32]，研究人員的增加，讓我們也能看出21世紀中國努力的目標，本文覺得，這點應該與《中國製造2025》所展現旺盛的企圖心密切相關。在2003至2016這段期間裡，就全世界科學與工程領域所發表的期刊數量而言，美國與中國分別位居一、二名。同一段期間內，在中、高技術製造業上（包括摩托車及其零件、電子機械、機械設備、不含製藥業的化學工業，以及鐵路與其他運輸設備），中國在2011年時已超越歐盟，2014年以後，中國每年的總產值已超越1兆美元。另外，在2001到2016年之間，中國在高技術製造業上（包括航空業、製藥業、電腦與辦公室機械、半導體、通信設備，與醫療、精密，和視覺設備等），2008年左右，中國超越日本成為全球第三，約在2012年超越歐盟，而成為僅次於美國的第二位，2016年時，產值接近4,000億美元[33]。

　　就人才培養（或流失）而言，中國和印度仍是貢獻給美國高等學府第一與第二多的國家。在過去的20年裡，美國大學授予的學位至少增加50%，其中三分之一是屬於科學與工程領域（S&E）。至今，美國依然是全球最能夠吸引國際學生的國度，雖然，比例已從2000年的25%下降至2014年的19%，但仍高居世界首位[34]。無疑地，人才是趨動知識經濟最重要的動能，理想上，擁有越多人才的國度，越可能因為這些人才的努力而取得更多的專利數。美國正是這樣的國家，一個知識經濟的領頭羊。2016年時，美國專利商標局（U.S. Patent and Trademark Office, USPTO）核准略超過30萬個專利數給美國與國際發明者，在過去的十年裡頭，美國境內所獲得的專利數都超過一半，日本和歐盟則拿到其餘的大部分，近年來，南韓所獲得的美國專利數增加頗快，中國和印度則在很小的基數上，

32　《中國科技統計年鑑—2016》編輯委員會和編輯部，《中國科技統計年鑑—2016》，（北京：中國統計出版社，2016），頁66。

33　National Science Board, *2018 Digest, Science and Engineering Indicators*, p. 9. 18.

34　*Ibid.* p. 12.

有較高的成長率[35]。以上這些統計數字，或許可以幫助我們理解，中國為何要擬訂《中國製造2025》[36]這類重點發展計畫。對中國而言，能掌握核心技術是必須而且是不計成本、不論手段的。

　　雖然中國在高附加價值的出口上，還有不小的空間有待努力，並且在關鍵零組件的掌握上，仍需要漫長時間、金錢、人力，與物力的累積，不過，為了讓讀者相信，中國在「創新」上力求不落人後，或許，筆者必須提出更多證據。中國近十年來在研究上的成果，在知識經濟時代，其專利申請數可以讓我們得知梗概：專利申請數從1995年的6萬9,500餘件，增加到2005年38萬3,000餘件，一直上升2015年的近263萬9,000餘件[37]。可見，中國企業在保護其知識產業所做的努力，大略讓我們知道中國正往高新技術的一端移動。在高技術產業的企業家數，從2000年的9,700餘家，增加到2005年的1萬7,500餘，2010年的28,000餘，一直到2015年的29,600餘家。在高技術產品出口方面，從1990年的26億8,600萬美元，上升到1995年的100億9,100萬，2005年的2,182億5,300萬美元，到了2015年的6,552億9,700萬美元[38]。以上的數據道出中國近年在研究發展、高技術領域的投入的基本情況，短短幾十年的開革開放，這樣的成績，令人刮目相看、印象深刻。

35　*Ibid.* p. 10.

36　2015年時，中國國務院提出「中國製造二○二五計畫」，要求其製造業能實現「深刻轉變」，以達到所謂「三步走」的規劃，也就是：「二五年邁入製造強國行列；三五年達到國際製造強國陣營中等水平；四九年，進入製造強國前列」。美國商務部則於2018年4月16日對中國中興通信公司（ZTE）宣布制裁令，七年內禁止美國所有公司與中興公司交易，而中興是中國「僅次於華為的頭牌」之一。川普政府的意圖是希望顯示美國能「在現階段迫使中國就範的強大能力」，讓中國放棄不公平競爭之相關政策，因為美國認為自己能在公平競爭的情況下取得勝利。簡言之，就經濟方面而論，中美高科技產業的戰爭，將嚴重影響中國經濟的升級與發展。當然，此事件的地緣政治意涵同樣不容忽視。相關訊息，請參照黎蝸藤，〈一劍封喉，川普想殺了中國高科技〉，《新新聞》，第1625期，2018年4月26日至5月2日，頁12-16，頁14-16。

37　《中國科技統計年鑑─2016》編輯委員會和編輯部，《中國科技統計年鑑─2016》，頁177。

38　前揭書，頁66、143。

　　主管中國信息產業的工業和信息化部對於通訊設備行業的看法，或許可以約略反應出中國在高技術產業的成就與困境！該部認為在「十二五」（2011-2015年）期間，通訊設備業的發展可以用「突飛猛進」四個字加以形容，規模日益擴大、產品銷售量占全球最大分額，技術水平達「世界一流」，技術不斷推陳出新，然而，工業和信息化部亦承認尚有不少問題有待解決，例如，技術瓶頸難以突破，導致該產業「對外依存度高」，不少關鍵技術，像是「芯片和元器件方面，CPU、傳感器、大容存儲芯片，甚至高分辨率的顯示器等80%以上主要依賴國外供給」[39]。從中國這個所謂的「社會主義的」半邊陲國家的發展經驗看來，其成就是有目共睹，然而，依賴——技術依賴、知識依賴——所產生的困境同樣不難在中國的經驗中看到。因此，依賴理論是否真的走到了死胡同呢？本文認為答案似乎是否定的。然而，這並非是故事的結局。過去在發展研究的領域裡，我們似乎尚未看到所謂「半邊陲」國家挑戰核心國家的例子，世界體系理論曾斬釘截鐵地告訴我們，霸權的爭奪應該是核心國家之間的遊戲才對，但21世紀初的地緣政治看起來並非如此。

魂牽夢縈的「鴉片」戰爭

　　從160年時間性的視角來看待今日中美之間的角力，無論是在知識經濟時代的人才競逐，抑或全球地緣政治的兩極、三極，乃至多極對抗，先前所提的「鴉片」戰爭或許可以視為中華民族與盎格魯撒克遜民族之間衝突的根源。不過，筆者無意讓自己陷入所謂的文明衝突的這類論述。

　　本節對先前章節的敘述稍作反省，先前我們或許（過度）苛責英國人，特別是販賣鴉片的商人們，因為，在鴉片這項「商品」鏈中，在一個重要的環節上，從大英帝國獨立出來的美國扮演著舉足輕重的角色，當然，我們有理由懷疑，是否盎格魯撒克遜民族對於鴉片這項「商品」情有

---

[39] 《2016中國信息產業年鑑》編輯委員會，《2016中國信息產業年鑑》，（北京：電子工業出版社，2016），頁134、136。

獨鍾，並且證明這種說法並非空穴來風，因爲今日的美國知名大學，當年爲何能夠設立，事實上與運送鴉片至中國獲得巨額的利潤有關。可以這麼說，在特定的時期內，英國人負責生產與製造鴉片，美國人則負責將鴉片轉運至中國，兩國商人攜手合作，在19世紀龐大的毒品買賣中，快速地累積國家財富。在人類歷史上，我們熟知的英國霸權與美國霸權之所以能夠延續，與鴉片這項有毒的「商品」絕對無法切割。雖然，原本只是一個國家——英國與其殖民地，後來分裂成爲兩國——英國與美國，然而，應該都算是盎格魯撒克遜民族吧！也應該是喜歡用盡一切方法爲國家累積財富的民族吧！也同樣可以算是英國王室的子民吧！

　　時間拉回今日，身處一個知識密集，所謂「知識經濟」的時代，這個以學歷掛帥、用知識趨動全球經濟的21世紀，實在頗難讓人想到會與鴉片有什麼相關。這的確得花點時間加以解釋。相信大多數讀者都聽過，人才是知識經濟最重要的資源，當然，我們並不否認土地、資本，與勞動力——所謂「傳統經濟」最重要的生產要素，即便在知識經濟時代仍有其重要性。只是在此新經濟時代，人才已成爲各國競爭之利器。換句話說，越能吸引到全球之人才者，越能在知識經濟時代取得致勝先機，那麼，哪裡又是培養專業人才的搖籃呢？是尋常百姓都知道的大學，特別是全球知名大學。即使沒有證據（當然，一個好的研究者應該主動提出證據），我們也都聽說過，中國和印度兩個國家是人才外流（至已開發國家，諸如美國、英國、德國、法國、加拿大、日本、荷蘭、澳洲，與紐西蘭等，尤其是美國）最爲嚴重的國家。甚至可以這麼說，中國的北京大學、清華大學是美國知名大學博士班的訓練基地[40]。這些人才，自美國名校畢業之後，第一志願——在筆者的臆測下——絕非回國貢獻自己所學，而是想方設法地留在這個能夠讓人追求夢想的土地，這對有才能的青年學子是何等重要，至於回國這件事則可以日後再說。

　　相信讀者們一定都聽過「大學是知識的搖籃」之類的話，在全球傳

40　筆者深信，印度的例子同樣重要，但本文副標題與中國「一帶一路」有關，是故，在此仍以中國爲主要討論對象。

媒的大力宣傳——特別是榮登全球百大名校——之下，美國知名大學成為世界各國莘莘學子競相進入追求更高學歷的目的地，特別是中國知識分子們，自年輕人就熟讀「鴉片」戰爭，並且一生都不會忘記這段國恥的有志青年，卻不知道英國人原來是為茶葉而戰，而爭相進入耶魯大學（Yale University）、哥倫比亞大學（Columbia University）、普林斯頓大學（Princeton University）等大學與其他機構，像是波士頓圖書館（Boston's Athenaeum）、醫療院所、研究機構，甚至是鐵路建設，其實都與鴉片貿易有關。

可以這麼說，美國人從鴉片「貿易」中所獲得的利潤，被拿來資助知名大學與其他機構。直至今日，這些知名大學成為培養中國留學生成為高階人才（並讓他們能夠順遂美國夢）的搖籃，但我們很難想像這些知名學府與鴉片買賣有如此深刻的關係。就算中國留學生曉得這些真相，相信他們也會很快就忘記，因為他們在美國還有更重要的夢想要去實現。如果知識經濟最重要的就是人才，而培養人才的重要基地非這些知名大學莫屬，那麼，本節便說明買賣鴉片的美國商人們與知名大學二者間有著何等密切關係。對美國政府而言，或許將這樣的關係繼續隱藏會比較好些。

無論現在（或稱當代）還是過去，在歐洲或美洲，無論國名為英國或美國，都是英國王室的子民們，即使在1770年代中期，英屬北美13個殖民地反抗英國的經濟政策，而與英國打了一場國獨立戰爭（American War of Independence）（或稱美國革命戰爭，American Revolutionary War）。但無論如何，血濃於水吧！2003年美、英聯軍攻打伊拉克，推翻了薩達姆·海珊政權，卻壓根兒沒發現任何大規模毀滅性武器，這讓人聯想到先前馬克思在倫敦時所提及，英國在1850年代與法國聯手攻打北京時，所用的藉口——未允許英國船艦航行於內河——同樣令人一頭霧水。可以理解的是：想開槍的人，一定會給予中槍的人一個「合理的」說法，縱使這個理由連開槍的人自己都不太願意相信。不過，有著血緣關係的人也可能因為經濟利益分配不均而開打，但也可能因著共同的經濟利益而一起打別人，像是2003至2011年這場攻打伊拉克的戰爭就是。更有可能的作法則是：無須打仗，但可以共享利潤，比方說，由一方生產，由另一方來運送

鴉片——這項中國人最「喜歡」的「商品」——而使得雙方都獲得可觀的
經濟利益。特別是在1830年代英國政府廢除東印度公司壟斷貿易的特權之
前，英國商人不得運送鴉片時，美國商船倒是因為運送鴉片獲得可觀的利
潤。可以這麼說，英國人也好，美國人也好，都為了獲得運賣鴉片的龐大
利益，而暫時忘卻在1850年代中期以前，鴉片在清朝中國是非法商品。這
不得不讓人聯想到英、美為了共同的利益而入侵伊拉克，卻沒交代世人，
他們到底發現了什麼毀滅性武器，甚至連化學武器也沒找到，倒是處死了
薩達姆・海珊。但暫且讓我們回到美國商人與鴉片買賣二者之間的緊密關
係，重加釐清吧！

　　第32任美國總統小羅斯福（Franklin Delano Roosevelt, 1882-1945，部
分美國人通常以其姓名縮寫FDR稱之），是美國1920至1930年代經濟危機
和第二次世界大戰的核心人物之一。從1933年至1945年間，連續擔任四屆
美國總統，且是唯一連任超過兩屆的美國總統。

　　以下是一段羅斯福總統與美國一位重要的鴉片商人Warren Delano雙
方之間關係的描述，茲敘述如下：

　　　富蘭克林・德拉諾・羅斯福（Franklin Delano Roosevelt）的
　　（外）祖父Warren Delano是旅行到「舊中國」（Old China）的第一
　　批美國人之一。中國正是Delano靠著非法鴉片買賣賺取他龐大財富的
　　地方。身為美國的領事，Delano目擊了美國第一次入侵中國。羅斯福
　　總統正是從Delano這條血脈繼承了對大海的熱愛、王侯時運，以及如
　　何與中國打交道的自信心[41]。

其實，在後來回憶時，羅斯福也承認了他與外祖父Delano的親密血緣，還
勝過與羅斯福家族的關係，他說：「我的活力並非承繼自羅斯福家族的血

---

[41] James Bradley, *The China Mirage: The Hidden History of American Disaster in Asia*, (New York: Little, Brown and Company, 2015), p. 5.

脈，而是來自德拉諾家族（Delano）[42]」。

只是，也許日後還能弄得清楚些，但20世紀杪，我們仍然不清楚羅斯福對他外祖父的認識有多深，亦即沃倫‧德拉諾（Warren Delano）的財富與鴉片有關。然而，在20世紀結束之前，羅斯福總統的傳記撰寫者Geoffrey Ward倒是回絕Delano家族的要求，盡可能地陳述Delano牽涉到鴉片這項買賣[43]。

> 不少美國東岸的商人們運用其資源，將人蔘、南太平洋的海豹皮、以及夏威夷的檀香運到廣州。然而，美國的商賈遇到和英國商人同樣的問題，那就是：不久之後，這個新興國家因為對於中國茶的渴望，而出現貿易逆差。美國人發現土耳其可以提供鴉片，並且，英國商人被禁止運送它（因為東印度公司壟斷了鴉片貿易），於是美國人壟斷了土耳其與中國之間的鴉片貿易。很快地，這些東岸家族——由波士頓的Perkins家族領導——扒走了大部分的財富。一位美國的鴉片商人估計，土耳其—中國的鴉片貿易的利潤大約是37.5%……位於康乃狄克州（Connecticut）的米德爾敦（Middletown）的Samuel Russel（塞繆爾‧羅素），Russel & Company（旗昌洋行），很快地成了（從土耳其運至中國）最大的鴉片轉運商[44]。

這裡，我們得留意旗昌洋行的創立人Russel這位先生了，因為這個人「慧眼識英雄」，他看見了Delano的長才，

---

42 Christine M. Totten, "Remembering Sara Delano Roosevelt on Her 150th Anniversary," Rendezvous, Winter, (2005), p. 2, cited in Bradley, *The China Mirage*. p. 5.

43 Karl E. Meyer, "The Opium War's Secret History," *New York Times*, June 28, 1997, available, http://www.nytimes.com/1997/06/28/opinion/the-opium-war-s-secret-history.html, retrieved 2018.03.05.

44 James Bradley, *The China Mirage: The Hidden History of American Disaster in Asia*, (New York: Little, Brown and Company, 2015), p. 18-19.

Warren Delano（沃倫・德拉諾）的出身與教育使得他成爲少數幸運兒之一，他得到了Samuel Russell（塞繆爾・羅素）關愛的眼神。當時24歲的Delano，在1833年時，從麻薩諸塞州（Massachusetts）的新貝德福德（New Bedford）出發，他第一次與Russell見面是在澳門，一個葡萄牙人占領的飛地（enclave），那裡有些美國商人居住，並等待秋冬的貿易季節，在此時，中國同意讓他們踏入領土[45]。

上述這段話讓我們看見Russel這位商人的銳利眼光，精準地看出Delano敏捷的商業頭腦，日後，這位被Russel提拔的人，也的確在商業經營上，表現得可圈可點，無論其所經營的產品合法與否。

像是Delano這樣的鴉片商人爲美國經濟革命提供了希望的種子，Delano將他（因鴉片買賣所獲得）的財富投資於許多企業：紐約海濱物業（New York waterfront property）、鐵路、田納西與馬里蘭的銅礦，與位於賓州以Delano命名的小鎮所產的銅礦。柏金斯家族（the Perkins）——第一位將土耳其鴉片轉販至中國的商人——建造了波士頓圖書館（Boston's Athenaeum）、麻州綜合醫院（the Massachusetts General Hospital），與柏金斯盲人機構（the Perkins Institution for the Blind）等。美國第一條鐵道——昆西花崗岩鐵路（the Quincy Granite Railway）——正是被建造用來搬運柏金斯採石場的石材到碉堡山紀念碑（Bunker Hill Monument）的鐵路[46]。

看起來，Delano的確有其經營理念，並且看起來，可以說是當今爲人稱道

45　James Bradley, *The China Mirage: The Hidden History of American Disaster in Asia*, (New York: Little, Brown and Company, 2015), p. 19.

46　James Bradley, *The China Mirage: The Hidden History of American Disaster in Asia*, (New York: Little, Brown and Company, 2015), p. 29.

的社會企業之先行者，他利用賣鴉片所賺來的錢，回饋給社會，無論是在硬體的建設上，或是軟體的提升。不過，其他與鴉片有關的事蹟，或者也值得一提。我們再看看有哪些？

　　美國商人從鴉片買賣所賺來的錢，資助東岸許多重要的機構。約翰・柏金斯・邱辛（John Perkins Cushing，波士頓海商）維持著與浩官（Howqua，也就是伍秉鑑，1769-1863年，怡和行行主，廣州十三行之一。2007年被亞洲華爾街日報評為，一千年來世界前五十首富，六位是華人，浩官是其一）的高利潤關係，以財務支持了美國創立最大的紡織重鎮，也就是麻薩諸塞州的洛厄爾市[47]（Lowell, Massachusetts）。

　　無論是Delano本人或是Perkins自己與其家族，都與非法商品鴉片難以切割。相反地，或許我們還可以毫不誇大地宣稱，如果沒有載運鴉片這門生意，美國應該沒有足夠的資金設立大學，這些至今仍是全球頂尖學子想要躋身的名校。以下關於幾個知名大學——耶魯大學、哥倫比亞大學，與普林斯頓大學——的過去，或許值得我們瞧一瞧。

　　美國東岸最好的大學，欠了鴉片暴利一大筆人情。大部分耶魯大學的土地來自於Russel家族。這個家族也負擔耶魯大學成立頭蓋骨與骨骼基金會（Skull and Bones Society）的費用……。哥倫比亞大學最醒目的建築物Low紀念圖書館（Low Memorial Library），該館是為了紀念Abiel Abbot Low，此人在1830年代在中國與Delano共事。而John Cleve Green是Delano所效力之旗昌洋行（Russell & Company）的前經理人，此人是普林斯頓大學最主要的單一捐贈者，給予該校三棟建築物財務支持[48]。

47　Bradley, *The China Mirage*, p. 29.

48　Bradley, *The China Mirage*, p. 29-30.

以上描述，清楚告訴我們，耶魯大學、哥倫比亞大學，以及普林斯頓大學三所世界頂尖學府的財務來源，部分來自於鴉片暴利，只是，「在彬彬有禮的東岸社區裡，一直以來，美國人在中國販毒的事實都被淡化處理，指責的手指大都指向英國人」[49]。本文相信，當今中國的本科生——從小接受鴉片戰爭是中國頭號國恥，並且憧憬著有朝一日能澈底洗刷國恥的高級知識分子們——在某日午後小憩片刻之後，知道自己取得美國的入學許可，而且是夢寐以求，是上述三所高等學府其中之一，其飛黃騰達的生涯似已完成布局，得以進入所謂的上層階級，可以擺脫先前貧困的窘境了，殊不知日後這些中國本科生所將拿到的博士文憑，上頭竟然飄著鴉片的氣味，與中國國恥有著如此緊密的關係，這樣的歷史事實將讓中國留學生情何以堪？然而，這或許應該只是筆者的多慮吧！在人們實現理想的過程中，多愁善感的年輕時代總是特別容易遺忘。

所謂的「鴉片」（茶葉）戰爭之圖像，是中國知識分子揮之不去的鬼魅，三不五時地浮現在腦海中。160年前的這場戰爭，人們的確花費很多時間試圖理解它發生的原因，其實，那個時間東、西方交流已有一段時間，只不過，工業革命後的英國——或許，當時尚不足以稱之爲所謂的「工業國」（industrialized）——所生產的工廠製品，事實上並不爲中國最爲富裕的地區，像是珠江三角洲與長江三角洲的居民所喜愛。也因此，英格蘭爲了阻止因爲購買中國茶葉而導致白銀持續外流的窘境，終於找到一項中國消費者所喜愛的「商品」——鴉片，唯一的問題是：鴉片是非法的。英國王室很清楚這點，但無法放棄販賣這非法商品所帶來的龐大利潤，既然「有錢能使鬼推磨」，於是英國人編出一整套謊言，向全世界說明其所推行的「自由」貿易是其致勝關鍵，中國人不僅信以爲眞，而且，幾乎不曾指責英國人，更別提那些後來變成美國人的英國商人。簡單說，一想到鴉片戰爭，中國知識分子指責的對象幾乎都是腐敗的清廷與打不了勝仗的清兵，不然就是被當成代罪羔羊的廣州十三行，那一套顢頇腐朽的貿易代理制度，再不然，就是如馬克思所言，清中國像是個躺在棺木裡千

---

49 Bradley, *The China Mirage*, p. 30.

年的木乃伊，只能等待著英國的大炮來振聾發聵，而且，一呼吸到新鮮空氣，因為太過乾燥，它的軀體反而碎裂了。

人才是知識經濟時代最重要的資源，相信不會有太多人反對這種說法。我們經常使用研究經費占國內生產總值（GDP, Gross Domestic Product）來反映一國或一地區經濟體的創新能力。政府每年所提撥的預算，或者一企業體每年使用多少研發經費固然與其競爭力有關，然而，研發經費亦須找到合適的人進行前瞻性（或發展關鍵性技術）的研究，以期能在未來的競爭中取得致勝先機。人才是發展中國家經濟起飛的重要關鍵，人才外流卻也是發展中國家經濟起飛之後最大的隱憂，因為這些國家通常在經濟起飛之後才能培養大量人才，然而，這些被培養的人才們一旦知道自己的國家外頭有更好的地方──無論在薪資上、福利上、生活環境上，以及所有父母都關心的子女教育等等，就紛紛向外謀求發展。當然，我們也不能忘記（在所謂「先進」國家工作產生的）虛榮心，亦是人才得以讚美自己的奇妙感覺──之後，人才們早已忘卻當年母國（祖國）是如何用心栽培他們。那麼，中國名校所訓練出來的人才，經過多少年的努力才申請到美國名校的獎學金，這一切看似理所當然，似乎都可被描寫成年輕人寒窗苦讀之後，最終獲得成功的精采時刻。

飛越了大半個地球，努力追求全新生活的中國知識分子們，希望放下其內心的羈絆──魂牽夢縈的「鴉片」戰爭──最終在某種商品暴利所支助的某大學圖書館裡苦讀，在這商品暴利所支助的某棟建築物裡日復一日進行實驗，想像著自己未來的美麗人生，但一日他將會發現繚繞空中的煙霧，所呈現的圖像，竟然出現老祖先，躺臥在床鋪上，吸食這商品──鴉片的氣味。

半邊陲國家與霸權

從160年時間性的視角告訴我們，東、西方的發展，約在19世紀中葉時交會。剛剛我們看完「鴉片」貿易所獲得的利潤，一部分拿來支助設立如今知名的學府。從1850年代起，清中國從世界體系的「核心」逐步淪落

至「半邊陲」。而60年時間性的視角，則讓我們看到東亞各地的復興，日本、台灣、南韓、香港，新加坡，與稍後改革開放後的中國。經過數十年的努力，中國在2010年代開始，從「半邊陲」崛起，逐步邁向「核心」，而與美國爭奪21世紀的全球霸主地位，當然，中共執政當局盡可能地撇清這樣的指控，僅以「和平崛起」一語帶過。

「半邊陲」（semiperiphery）與「霸權」（hegemony）是世界經濟體系理論（The Modern World-System Theory）的兩個重要概念，前者不同於依賴理論，將世界分爲少數的核心（core）國家與大多數的邊陲（periphery）國家，後者則爲華勒斯坦的歐洲中心主義下所產生的概念，他雖有其理解世界經濟運作之貢獻，但仍有問題，本文稍後再行討論。但在此我們先行討論一個有關「社會主義」中國——特別是在其計畫經濟時期——的觀點。

世界體系理論的創始者華勒斯坦（Immanuel Wallerstein）還有一個獨特的觀點，是關於所謂「社會主義」半邊陲國家（"socialist" semiperipheral states）。華勒斯坦認爲，過去（前）蘇聯和中國的「國有制」（state ownership）並非「社會主義」（socialism），充其量只是過去重商主義之變體而已，是半邊陲國家嘗試在資本主義世界的經濟體系裡向上流動到核心位置所使用的制度，所運用的權宜之計而已。筆者認爲，如果我們暫不追究所謂華勒斯坦的資本主義世界經濟（The Capitalist World-Economy）是否眞起源於歐洲這個論點，這種看法尙稱合理。亦即：縱使華氏從歐洲的角度來看待全球經濟以何種方式運作，國家又如何經營、累積財富，然而，資本主義到底是否「選擇」最先在歐洲出現？這一論點不無爭議。相似的論點，我們不只在華氏的論述中清楚地發現，先前所討論過的西方學者，像是Giovanni Arrighi、馬克思、韋伯，與美國最具影響力的費正清等人，華裔知名且至今仍深具影響力的學者黃宗智與趙穗生等人，均認爲資本主義不可能出現在東方（中國），這個長久以來被視爲「傳統的」、「停滯的」，同時可能是「倒退的」國度。不過，讓我們先撇下這個議題吧！

華勒斯坦認爲，（前）蘇聯與中國仍在單一的資本主義世界體系內

以國有制的方式進行工業化，並藉此與「自由世界」的美國互別苗頭，角
逐爭全球霸權地位，這也是何以華勒斯坦認定它並非是社會主義國家的原
因。筆者覺得，華氏這種看法的獨特性在於，一反傳統上以公有制或國
家、集體所有制來作為是否為社會主義國家的判準，華勒斯坦從資本累積
與國際地緣政治中全球霸權之競逐這兩個標準，來看待（前）蘇聯與中國
這兩個號稱「社會主義」的國家，並將他們視為資本主義世界經濟體系內
的「半邊陲國家」。雖然華勒斯坦在這裡留下一個方法學上令人難以理解
的問題，那就是——一方面他主張以世界經濟體系（the capitalist world-
economy）為一分析單位；另一方面，在實際的運用上，他經常透過個別
的「國家」（state）來理解世界體系的邏輯，尤其在競逐全球霸權這個議
題之上。然而，瑕不掩瑜，倘若在這裡可以如此陳述的話，筆者認為，中
國——這個吸引世人目光的金磚國家——號稱「社會主義」的半邊陲國
家[50]的表現，再一次讓人質疑世界經濟體系理論，因為半邊陲國家在世
界經濟體系之中（當然也在華勒斯坦的理論裡），其能力無法與核心國家
爭奪霸權。這似乎道出，雖然世界體系理論的框架看似精巧，卻未必能夠
合理地解釋歷史事實。中國這個所謂的「社會主義」半邊陲國家，在改革
開放後的短短數十年內，就在地緣政治上有重回東亞朝貢貿易體系的中心
之勢，同時又能與美國逐鹿全球霸權，這已讓60年時間性視角的發展研究
（這是學術界相對熟悉的觀察角度），普遍認為自20世紀中葉二戰之後才
興起現代化理論（1950年代）、依賴理論（1960年代）、世界體系理論
（1970年代），與後來加入的發展型國家理論（1980年代）四大理論所組
合而成，有必要重新檢視合理性。

　　換個方式說，在世界體系理論之中，在中國崛起之前，「半邊

50　Immanuel Wallerstein, *The Politics of the Capitalist World-Economy,* (Cambridge: Cambridge
University, 1984); Immanuel Wallerstein, Wallerstein, "World-System Analysis," in Anthony
Giddens and Jonathan H. Turner eds. *Social Theory Today,* (Stanford: Stanford University
Press, 1987), pp. 309-324. 本段社會主義半邊陲國家之論證，改寫自謝宏仁，《發展研究
的終結：21世紀大國崛起後的世界圖像》，（台北：五南圖書公司，2013），頁71。

陲」、「霸權」（hegemony），與「地緣政治」（geopolitics）等概念看起來是世界體系理論既不同於、同時也是優於依賴理論與現代化理論之處。然而，介於「邊陲」與「核心」之間的區域——也就是半邊陲——原來應該努力地累積國家財富，盡力往更高的核心區域邁進的中間地帶。這個地帶裡包含著中國，這個巨大國度在1949年到1979年之間（此期間在很大的程度裡與冷戰時期重疊）被置於世界體系裡的中間地帶，因爲中央計畫經濟體制累積財富的效能遠不及「自由的」資本主義國家。華勒斯坦以歐洲向外擴張之後，也就是大航海時代，或稱地理大發現時代，成爲他「資本主義的」（capitalist）世界經濟體系的歷史分期點。若以600年觀點視之，當時，西方世界向外擴張，華勒斯坦所稱的，起源於1450年代的「長16世紀」（the long sixteenth century），這裡他加入他的（海上）霸權觀，也就是16世紀的西班牙霸權，但華氏霸權觀至少有兩個問題，第一，在長16世紀之後的100年，也就是1550年代左右，東方（中國）與西方（葡、西）的接觸仍不是太多。

　　具體而言，先前我們所討論（在西方知識體系下）「消失的」印度洋霸權，也就是15世紀初的大明帝國，雖稱霸於該區域，但與西方「國家」並未有太多接觸，特別是在軍事對峙這方面。葡萄牙人於1514年首次到達中國，1557年占領澳門，將之變成東亞貿易之據點。華氏所說的16世紀西班牙霸權在東方時，也只是在1570年代初占領了馬尼拉（與菲律賓諸島）而已，無論是16世紀歐洲相對較強的葡萄牙或是西班牙，在東方都只是占領了少數（即使相當重要）的貿易據點而已。可以這麼說，以600年時間性（與空間性）的視角觀之，15世紀初，大明帝國稱霸於印度洋，與西方「列強」的關係似乎不大，因爲東方（以中國爲例）與西方（以葡萄牙、西班牙爲例），在空間上，雙方能夠接觸的區域相對有限。而16世紀時，華氏所言之西班牙霸權，與東方（中國）的關係似乎不是很密切。然而，這樣的論點亦有疑義。

　　第二，16世紀西班牙的霸權，其實是明朝中國在手工業技術領先的全盛時期，西班牙這樣的霸權能不心虛嗎？如果說，1570年代初期，西班牙占領了馬尼拉之後，與明朝的接觸不深，這種說法，適用在西班牙與中

國的老百姓之間，然而，西班牙與中國東南沿海——特別是福建省（福建省在明清時期包括台灣地區）——的商人關係則相當密切。如前所述，西班牙殖民者軍隊之所需、各種補給，以及運回美洲販賣的昂貴手工業產品（主要是來自中國絲製品）。明、清中國絲綢產品的輸出，與西班牙人帶來的美洲白銀進行交換，自1570年代延續至1820年代，長達250年，主因是中國在絲綢工作領先全球，包括西班牙本土的絲綢工業。於是，因為中國絲綢在海外市場極具吸引力，是故，西班牙人只能繼續輸入中國絲綢製品，並以美洲白銀給付之。在此情形之下，讓人難以理解的是：西班牙的海權時代，其最遠之「邊界」應該劃在何處？是呂宋島？如果是的話，那麼，16世紀中葉或末葉時的明朝中國又應該置於西班牙海權時代的什麼位置呢？當時的西班牙人可是被明朝中國高附加價值的產品深深地吸引著。

　　回到我們先前所質疑的論點，中國這個世界經濟體系內的半邊陲國家，在改革開放短短的40年之間，竟然已能與美國分庭抗禮，成為全球霸權的下一個候選人，這難道不是告訴我們，即使世界經濟體系理論是唯一可能對地緣政治因素進行合理分析者，然而，在面對中國這個所謂的「半邊陲」國家，卻有能耐挑戰美國這個全球「霸權」，這個事實使得原本頗具說服力的「半邊陲」與「霸權」二概念成為過往雲煙，因為我們正目睹著一個「半邊陲」國家——僅僅座落於世界體系裡的一個中間位置——竟然在改革開放後40年就有實力挑戰強而有力的美國霸權。這樣的事實，讓我們有充分的理由質疑世界經濟體系是否已走到理論的死胡同了呢？又或者，中國的「崛起」，事實上只是其復興——恢復其原來在世界中，或者更準切地說，東亞朝貢貿易體系的核心位置——計畫之一部呢？在此，筆者提出另一個可能性，一個華勒斯坦及其他所謂的中國「專家」所看不到的可能性，那就是：**數十年，甚至百年以來，中國，特別鴉片戰爭前的「傳統中國」之國力並非如西方知識體系所描繪地那般衰弱**，是故，這個國家能很快的「重建」其過去的輝煌。當然，中國這樣的「成就」並非沒有代價，像是嚴重的環境破壞，與幾乎無法解決的巨大貧富懸殊問題，特

別是在北京這個城市裡[51]。

　　簡言之，當年華勒斯坦信心滿滿地告訴我們，中國是個「半邊陲」社會主義國家，一個理應再花費數十年、甚至百年的時間追趕，才能與核心國家相匹敵，如今卻擁有足夠的實力與美國角逐全球霸權，這終究還是出了世界體系理論的創始者華勒斯坦的意料之外。

結語

　　在先前的章節中，我們提到有人在北京王府井看到熊彼得的身影，聽說，他特別喜歡全聚德烤鴨，不過，看到的人說，夜深了，視線不佳，不能確定是不是他本人。在這裡，我們很確定熊彼得確實到過北京，並且與亞丹・斯密碰過幾次面，也為某些問題爭論過。

　　明、清以降，中國人口約占世界總人口數的五分之一到四分之一，勞動力可謂充足，雖然未必一定導致什麼特定結果，但人口數量頗多，倒也容易讓人聯想到勞力密集的生產方式，無論我們談的是農業也好，或是手工業也好。不過，我們好像也不能僅因為人口眾多，就認為數百年來，中國人民大抵從事勞力密集的工作。學者更進一步推論出，數百年來，每單位投入的生產，並未使收益增加。然而，事實上，讓邊際生產力提高的方式並非只能從勞動力這個要素著手，其他還有些人身條件與環境條件同樣可能讓每單位的投入──資本也好、土地也好，或人才的培養也好──所產生的收益提高。因此，本文認為，二分法下的（西方或英格蘭）工業革命／（東方或清中國）勤勉革命之對照，難以讓真相顯現。究其實這兩種「革命」，它們並非種類的不同，應該只是程度的差異而已。

　　熊彼得在北京，意謂著中國並不缺乏創新，只是，其創新的方式大體上並非是技術的革新，而是一種「具中國特色的創新」，這種創新曾在山寨手機產業被有效運用，也獲得相當不錯的成績。不過，這種創新與科

51　Patrick Saint-Paul，陳文瑤譯，《低端人口：中國，是地下這幫鼠族撐起來的》，（新北市：聯經出版社，2018）。

學技術的關係相對較小，這是當前中國所必須面對的困境，也應該是半邊陲國家的共同處境吧！在半邊陲與依賴關係的論述上，半邊陲國家仍需依賴核心國家才能獲得相關技術，如此一來，半邊陲國家將不易脫離受宰制的命運。中國自19世紀中葉開始即漸淪落爲（次）殖民地，對此應該頗有同感才是。倘若這樣，那麼，中國的創新是否可以稱爲「另類」創新呢？本文抱持懷疑的態度，因爲看來，這類的「創新」似乎是一種不得不的選擇。

在21世紀這個新經濟時代，也就是知識密集時代，各國都在尋求人才爲其貢獻，發展中國家需求最殷、也是最努力培養的人才，偏偏都喜歡在已開發國家討生活，說是爲子女謀求更好的教育環境，中國也遇到同樣的問題，或許還更嚴重！中國最傑出大學的本科畢業生們，似乎有不少人擁抱著美國夢，而紛紛申請進入百大名校——像是耶魯大學、哥倫比亞大學，與普林斯頓大學等——並取得最高文憑，然後再想盡辦法留在這個可以讓人築夢的地方。出國前，可能有一部分有志青年，雖然我們不知道確實的數據，但這些希望在學成之後，爲祖國盡一份心力，還心想爲鴉片戰爭所受的恥辱爭回一點顏面，但他們萬萬沒想到，自己努力求學的名校裡，有幾棟建築物的資金來源竟然是當年賣鴉片給中國人所賺來的錢，還好，在耶大、哥大，與普大的學生們大都不知道這件事，否則眞不知道該如何面對因爲吸食鴉片而仙逝的前朝子民？

本章我們討論世界經濟體系理論的重要概念，特別是半邊陲國家與全球霸權的關係。該理論的支持者應該沒有想到，當年的中國是個半邊陲（社會主義）國家，扮演著世界體系穩定的角色——因爲是核心與邊陲之間的緩衝區——卻在改革開放之後，迅速累積財富與實力，進一步挑戰美國這個世界霸權。中國這個所謂的半邊陲（「社會主義」）國家與霸權之間的關係，確實讓不少世界經濟體系理論家感到爲難。

不過，600年前的（明朝）中國可是個不折不扣的核心國家，也是東亞朝貢貿易體系的主人翁……。

第八章

600年後的「一帶一路」：
再返強權羽翼下的發展模式

簡單地說，經濟的發展，可能伴隨著政治、社會，與文化等面向出現。自二戰之後所累積的知識，也就是本書所言60年時間性視角下的「發展研究」（Development Studies），這幾個理論的走向，似乎想告訴我們，國家（政體、政府）才是推動一個經濟體獲得高成長率的主要功臣，這也是發展型國家「理論」長期以來想要說服我們的。不過，本章將證明，現今少數發展得相對較佳的經濟體，其實是在強權[1]羽翼的保護下，亦即在地緣政治因素之外，還得再加上些許「幸運」的成分，才得以攫取經濟成長的果實。

具體說來，1950年代興起的現代化理論，所談的是西化（美國化），因為這是當時第三世界走向經濟起飛，乃至繁榮的不二法門，他們經由貶抑非西方國家的「傳統」，以突顯西方價值如何有利於帶領社會走向進步。1960年代的依賴理論，強調歷史結構的研究取向，照理說來，應該會得到較合理的解釋，不過，由於大多數理論家為拉丁美洲學者，那裡歷經數百年的殖民歷史，讓他們似乎變得較為悲觀，導致他們認定，在「依賴」之下就不可能有「發展」，可說是陰鬱的說法。雖然，主觀上筆者同情依賴理論，特別時值知識經濟的21世紀，事實上依賴的現象可說是有過之而無不及[2]。然而，二戰之後復甦的核心國家日本展現出強勁的成

1　本章的副標題，不使用「霸權」而使用「強權」稱之，主因是前者是地緣政治中唯一的主導全球者，而後者同時間可能並存。目前，中國大陸政經實力正在快速成長，有朝一日，或許會取代美國而成為世界霸權，但目前，仍舊只是強權中的一個，即便已足以挑戰美國的全球霸權地位。

[2] Vincent H. Shie, Chao-Hua Chen, and Chia-Yi Chuang, "The 21st-Century World Economy in

長力道，與後繼之新興經濟體台灣與南韓，以及最近中國，在這些例子中都可以發現「依賴」的現象仍然存在[3]，然而，有些國家（或經濟體）的確發展得較佳，但「依賴」仍舊難免，這或許是「依賴」理論之所以選用此名稱的原因吧？！不過，依賴理論倒是給筆者留下一個難解的問題，那就是：雖然該理論強調歷史結構的研究取向[4]，然而，卻可以得到一個普遍性的結果，此即只要有「依賴」就不可能「發展」。若這點為真，任何國家（經濟體）都是一個特殊分析單元，即使個案之間存在著些相似性，但相似性卻無足輕重。但這裡留下一個難以說清楚的問題：現今能挑戰全球霸權美國者，似乎無法出現了？但歷史好像又不是如此演進。

　　本章結構安排如下：第一，討論中國「一帶一路」的經濟基礎，簡單地說，經濟力若不足以支撐，則相關子計畫將淪為空談，是故，在這小節提供中國在經改40年間所累積的能力之相關數據，將分析重點放在批評筆者2013年出版的專書裡所提出之建議，具體言之，該書並未注意到中國已經從外資吸收國逐漸成為資金的輸出國[5]；第二，討論中國「一帶一路」的地緣政治學，包括：世界體系的問題、人民幣與美元與阿拉伯世界、600年前與600年後的一帶一路。並指出問題關鍵在「半邊陲」（國家）這概念與全球霸權在世界經濟體系理論裡本該是不相關，因為核心國家之間才會爭奪霸權，但中國這個「半邊陲」國家卻能在21世紀與美國

---

the Wake of the Rise of the BRICS: The Chinese Miracle Reconsidered," *Asia-Pacific World*, Vol. 6, No, 1. January, (2015), pp. 76-89.

3　1997與2008年金融危機之後，南韓在科技自主方面的努力的確難以忽視。本文認為，機會應該不是太大，但我們也不能排除以下的可能性，那就是：數十年之後，南韓這個經濟體能夠同時解決社會巨大不安，並得以真正離開「依賴」的困境。請參照，張夏成，金福花譯，《憤怒韓國》，（新北：光現出版，2016）。

4　筆者認為，此研究途徑頗為合理，應不致產生重大問題才是。請參照，謝宏仁，《發展研究的終結：21世紀大國崛起後的世界圖像》，（台北：五南圖書公司，2013），第四章，〈朝向一個歷史結構的研究途徑（一）〉，第五章，〈朝向一個歷史結構的研究途徑（二）〉，（台北：五南圖書公司，2013），頁91-156。

5　謝宏仁，《發展研究的終結：21世紀大國崛起後的世界圖像》，（台北：五南圖書公司，2013）。

爭霸。正因爲該理論仍有難以解釋現實之困境，因此分析特定的國際關係裡的地緣政治因素更顯重要，高鐵的地緣政治將突顯出地緣政治因素的重要性；第三，討論高鐵的地緣政治學，當中廣袤國境的（交通）基礎建設、高鐵與歐亞大陸整合，與全球「對沖」（hedge）戰略的運用；第四，提出證據，來說明二戰之後，社會（科）學界才出現的「發展研究」（Development Studies）領域，經過數十年的知識累積，學者努力追求新的框架，來解釋一國的經濟發展，但從過去的60年來看，我們所看到的卻是，共產主義與發展研究二者之間的緊密關係，2010年代中國「一帶一路」似乎在昭告天下，發展研究似乎將我們帶回強權羽翼下的發展模式，與1950年代的理論相似，都和共產主義有關。這正是過去60年時間性視角所捨棄的部分。

　　具體而言，本節再爲先前所言全球地緣政治的重要性，提供更多具體的例證。爲了強調本文所提議之「強權羽翼下的發展模式」，首先說明二戰之後的馬歇爾計畫（歐洲復興計畫），其次是韓戰之後的亞洲復興計畫，接著強調1950年代時共產主義（的遏制）與發展研究（的興起）之間的連結，其目的有二：其一爲強調（或許是理念型操作的「片面強調」）全球地緣政治因素如何影響發展研究，其二是間接地批評發展型國家「理論」將重心置於政體效能之不當。

　　應該這麼說，本章以60年時間性視角，觀察人類史上相當重要的復興計畫。在此計畫實施不久，60年時間性的發展研究旋即逐漸開展，依序爲1950年代的現代化理論、1960年代的依賴理論、1970年代的世界體系理論，以及1980年代的發展型國家「理論」。不過，奇怪的是，馬歇爾計畫這個在全球地緣政治上理應占據重要地位者，在發展研究領域裡卻好像未曾被重視過，直到1970年代世界體系出現之後，才開始強調地緣政治的巨大影響。但很可惜，1980年代的發展型國家「理念型」又偏離歷史史實，而一味地（片面）強調國家綜效的重要性。當然，我們能夠接受，一個較有效率的政體必然比一個貪污腐敗的還要有發展的前景。爲達致分析目的，本小節再分爲幾個子題，包括歐洲復興計畫、亞洲復興計畫、共產主義與發展研究的巧妙關聯，與發展型國家的終結。最後，總結本章的發

現。

　　以下，我們先看看中國「一帶一路」倡議的經濟基礎。

中國「一帶一路」的經濟基礎

　　我們應該不容易找出一個（或幾個）判準，來決定中國是否已完全具備推動「一帶一路」倡議的條件。不過，至少從中國對外投資金額、行業類別、國家、區域，甚至是地緣政治上可能產生的戰略價值等方面，或許我們能間接地看出大略的景況。換句話說，以下我們將使用間接證據，例如學者的專書、政府的統計資料等，來驗證中國在1979年的經改之後，究竟累積多少實力。在進入正題之前，我們來看既有文獻到底寫了些什麼？或者，有那些缺失值得我們再思？以下，我們先看看近幾年來學者的專書，由於篇幅限制，我們只能從中略知一二，然而，管窺概梗應該不成問題才是。以下，我們來看幾本光是標題就夠厲害的著作。

　　首先，在Martin Jacques所著《當中國統治世界》一書中，重點爲強調中國是文明國家，在不遠的將來，當中國人重現文化優越感時，其文化輻射的力量再次展開，會是一股重整世界秩序的力量。具體而言，Jacques認爲中國人所理解的合理秩序是「和而不同、尊卑有序，大事小以仁，小事大以智」的體系，並且，歷史上朝貢體系也將以現代形式重現於東亞經濟圈。筆者認爲，Jacques對中國人世界秩序的看法似乎過度樂觀，不過，他提到中國對全球經濟影響爲何如此重大，其原因在於，與美國、日本、巴西，與印度不甚相同，中國經濟的特色之一，乃是高度依賴外貿，占GDP的四分之三，遠大於美、日、巴、印四者約三成左右的比例[6]。換句話說，在經改之後，中國與世界經濟的連結遠超過我們的想像，其重要性絕不可能過度強調。另外，Deborah Brautigam的專著《紅色大布局：中國錢進非洲的眞相》顛覆常人的看法，那就是：中國在非洲的

6　Martin Jacques，李隆生、張逸安譯，《當中國統治世界》，（台北：聯經出版社，2010），頁14、201。

經營，決不只是個著眼於短期考量的捐贈者而已。Brautigam試著說明，在非洲各國獨立之後，中國工程隊人員一直都沒離開過，只是中國人不像其他（西方）的捐贈者那樣，總喜歡高舉看板、敲鑼打鼓地宣揚自己的存在，並且，「非洲之所以被納入中國的『走出去』戰略，並非僅僅是因為自然資源，還是因為其在貿易、建築和工業領域的機會：商機」[7]。簡言之，該書作者提醒我們，中國人以長遠的眼光在經營非洲，且頗具成效，然而多數的西方媒體與政治人物卻只想藉由批評中國，試圖填補帝國光環業已褪色失落的空虛情緒。

　　接著，我們再看看中國經濟實力在改革開放之後的數十年內，業已增強到什麼樣的程度。Dambisa Moyo在專著《當中國買下全世界》中為我們勾勒出一個粗略的圖像，類似剛剛所討論Brautigam的論點，Moyo提醒我們，過去我們以為中國只在非洲（與南美洲）等落後地區蒐購天然資源，但事實上，中國對資源的布局早已遍布世界各個角落了。例如，2007年時，為開採銅礦，中國鋁業公司花費30億美元購買祕魯的托洛莫丘山；2008年，中國遠洋運輸公司以43億歐元購買希臘世界第三大客運港——比雷埃夫斯港當中的兩座貨櫃碼頭35年的經營權；2009年時，中國取得俄羅斯石油公司供油20年的權利，因為融資250億美元給這家公司；2010年，中國為了在巴西興建煉鋼廠、電訊設施，以及其近海的油源探勘等等，而投資200億美元；2011年時，中國已經成為世界最大之美國國債持有者。從以上的數據看來，我們應該不再覺得Moyo以《當中國買下全世界》為其書名有何誇大之處[8]。不過，除了這些例證之外，或許我們也應該留意中國近來在確保糧食這項民生必需品的供應所做的努力。接著來討論一本預計得花點篇幅批評的專書。

　　無論從事哪個行業，總是有一些語不驚人死不休的人，他們或許受

7　Deborah Brautigam，沈曉雷、高明秀譯，《紅色大布局：中國錢進非洲的真相》，（新北：八旗文化、遠足文化，2013），頁395。

8　Dambisa Moyo，黃中憲譯，《當中國買下全世界：全球資源布局戰的最大贏家，如何掌控世界商品的供需網路》，（台北：野人文化，2013）。

到歡迎，但更可能明處暗處受到指責，主要原因可能是，大家比較習慣安穩地過日子，不願意生活有太多波瀾。輔仁大學社會學系的謝宏仁，應該就是喜歡在他人平靜的日常生活裡加上一些「意外」的人。2013年，謝宏仁撰寫了他學術生涯的第一本專著，光看書名《發展研究的終結：21世紀大國崛起後的世界圖像》[9]就夠嚇人；另外，這本近600頁的大部頭，要在書裡找到些許的特色應該不算太難，禮貌上，在批評這本帶著「囂張」[10]書名的著作之前，在此還是先舉出三個寫得還算可以的地方。首先，該書審視發展研究的三大理論，也就是1950年代的現代化理論、1960年代的依賴理論，與1970年代之世界（經濟）體系理論，並提出了後二者（依賴理論與世界體系理論）在1980年代時所產生的聚合現象，此為台灣以及兩岸對岸學術界未發現者。

其次，在知識經濟時代，該書以專利申請數、核准數等指標，來檢視發展中國家與地區（台灣、南韓、中國，與印度）在這個新時代研發實力的表現，並與已開發國家（美國與日本等）進行比較，發現這些發展中國家（地區）在走向資本密集、技術密集的過程中，確實持續進步，然而與核心國家之間的科技鴻溝與知識鴻溝卻日益擴大，甚至可說是達到難以弭平的程度。可以這麼說，這是半邊陲國家（經濟體）發展的宿命，那就

9　謝宏仁，《發展研究的終結》。

10　筆者在2018年5月5日參加台灣歐盟研究協會所舉辦的馬克思誕生二百週年紀念研討會，並撰文〈倫敦霧裡看清中國〉。當時，評論人是來自台灣東海岸某大學知名教授，該教授在會議中「指責」，明指他在學術界多年，尚未見過像筆者如此「囂張」之人。然而，筆者所撰文章旨在說明馬克思於1850年代時對清（朝）中國的誤解與不理解，並將其錯誤歸咎於倫敦的大霧，因為當天是馬克思這位學術巨擘的200歲生日，理應說些良善的、祝福的話。是故，文中應無任何該教授所指斥之「囂張」論點，況且，該教授並未具體道出他認為的「囂張」論點究竟為何，自是無從提出任何具體建議。筆者僅覺得，當日身著短褲，且看似有點醉意（或許他終日沉浸在佳著書香內中的極品醇酯），此位長年於東海岸某大學裡樹木樹人的學術先進，可說給後生小輩體會何為「下馬威」之最佳示範。不僅於此，這位在台灣頗具知名的學者，在評論時仍不忘提醒（或「威嚇」），日後在申請升等時可能遭遇無情打擊（純粹是因為太過「囂張」？！）。筆者深覺，這位頗有威名的教授能持此「保護」後進者之心態，真是令人難以忘懷。當然，這種「善意」提醒或許不是空穴來風，只是不知道與筆者該文有何相干？

是：看起來「發展」了，卻又「依賴」著核心經濟體；第三，該書花費不少篇幅討論世界體系半邊陲國家（區域）——亦即體系的中間地帶，扮演著穩定體系角色者。這態勢在2000年代初期似乎開始鬆動。具體而言，位於中間階層的廣大群體，陸續往邊陲掉落，使得中間階層人數減少，看似「穩定」的中間階層不再穩定，這種研究議題與分析結果，在學術界（特別是華人圈）實不多見。以上，基於某種學術倫理，在此對該書至少先致敬一番。

　　接著，該書中的缺點，舉其盈盈大者數處，例如：該書過度偏重知識產業，似乎擁有專利申請數、核准數較多的國家（經濟體）在全球競爭中就占有優勢位置，但這些專利亦有品質高下之分，某些專利被引用的次數較多，某些則相當少，這是該書較少注意者。另外，在談到發展型「理論」應正名爲「理念型」時，對於「理念型」的討論似嫌不足，而應予改進[11]。再者，該書作者認爲金磚五國（BRICKS）——巴西（Brazil）、俄羅斯（Russia）、印度（India）、中國（China），以及後來加入的南非（South Africa）經濟持續成長，不斷吸引外資進入其國內，那麼，全球絕大部分的外資均爲這五個大國所吸引，其餘的發展中國家，則普遍缺乏資金可加以運用，僅能分配剩餘的少數。倘若如此，這些「其餘」的國家（經濟體）將失去發展的機會。不過，這個說法至少有二者值得商榷。在1990年代時，金磚國家經濟成長的態勢爲眾所矚目的焦點，當時普遍看好這些巨型經濟體日後成爲帶動全球經濟成長的引擎。這樣樂觀的看法或者有臆測的成分。然而，至今爲止，似乎只有印度與中國（特別是後者在2010年代中期提出「一帶一路」的大計畫）相對符合先前的預期，或者可以這樣說，這兩個經濟體的總體表現上相對較佳。然而，這究竟還不是最核心的問題，關鍵在於，中國早已不是純粹的外資吸收國，而逐漸轉型爲對外投資的能手，今日，中國對外投資總額已高居世界第二，這是《發展

---

11 關於發展型國家「理論」與名爲「理念型」的討論，請詳參，謝宏仁，《社會學囧很大：看大師韋伯如何誤導人類思維》，第三章，〈發展型國家「理念型」〉，（台北：五南圖書公司，2015），頁103-152。

研究的終結》一書中完全忽略掉的。或許應該如此說，這是該書最大的敗筆。

　　既然這本書忽略如此重要的因素，那麼，我們來看中國2016年對外直接投資的概況。根據中國商務部、中國國家統計局與中國國家外匯管理局聯合編纂之《2016年度中國對外直接投資統計公報》（以下簡稱《公報》）的重要內容。首先，與2015年相同，就對外投資流量而言，中國都是世界第二把交椅，2016年時，中國對外投資流量占全球比例已高達13.5%；其次，在投資流量方面，亦創下1,962億美元之歷史新高。截至2016年年底，中國2萬4,400家境內投資者，在中國以外的190個國家（或地區）所設立的對外直接投資企業家數已達3萬7,200家，其投資累計淨額已達1兆3,574億美元，位居世界第六；再次，2016年中國投資美國的金額大幅成長，總金額接近170億美元，較前一年（2015年）成長112%，對歐盟投資亦成長不少，2016年投資總金額近100億美元，與前一年（2015年）相比，成長82%，這些數據不可謂不高，投資流向則主要經過香港、美國、開曼群島，與英屬維京群島，總金額共計1,570億美元，當然，有一部分的金額是流經所謂的「避稅」天堂，或許這是資本主義偉大的發明（之一）；此外，在非金融類的對外投資方面，有八成以上的投資是來自地方企業，前三大為上海、廣東，和天津，投資金額上，地方企業對外非金融類的投資存量已達5,240億美元[12]。

　　此外，本文還覺得可以談談該《公報》上的對外投資的涵蓋範圍、併購，以及對東道國的稅收與就業貢獻等。就投資範圍而言，可以說是跨足國民經濟的各行各業。中國對外直接投資範圍非常廣泛，包括租賃與商業服務、製造業、信息（資訊）傳輸／軟件（軟體）和信息（資訊）服務業。與前一年相比，成長率分別是81%、45%，與74%，這五類產業的投

12　中國商務部、中國國家統計局、中國國家外匯管理局，《2016年度中國對外直接投資統
　　計公報》，（北京：中國商務部對外投資和經濟合作司，2017），「走出去」公共服
　　務平台（MOFCOM），http://fec.mofcom. gov.cn/article/tjsj/tjgb/201709/20170902653690.
　　shtml，檢索日期：2018年6月9日。

資存量更是超過了千億美元。看起來，在2010年代，中國想投資什麼，似乎都是勢在必得。再談談「併購」這樣的商業行為，可能帶來不少好處，像是產生規模經濟、提升主導市場的能力、資源配置的優化，提高資源利用率，與多元化減低成本的能力等等，中國企業對這點也展現高度興趣，2016年更是歷史之最，是年中國企業對外投資併購案共達到765個，涵蓋74個國家或地區，實際交易金額合計1,353億美元，其中64%是直接投資，計865億美元。這些數字道出，中國正透過併購案來增加企業競爭力。最後，我們再探討《公報》裡對地主國的稅收與就業產生的貢獻。簡單說，2016年中國在所在國所繳納的各種稅金達300億美元，該年年底中國企業在海外僱用人數達134萬3,000人，較去年增加了11萬8,000人，對中國和其投資地主國而言，這可說是雙贏的局面[13]。

　　綜上所述，筆者在2013撰寫的《發展研究的終結》一書中，還未看出中國從最大的外資吸收國，搖身一變成為全球數一數二的投資國，無論在對外投資的存量、所涵蓋的行業，為了競爭力而全球所進行的併購案等等，在在顯示中國經濟實力早已不可同日而語，其實行「一帶一路」倡儀上百個（或更多）子項目的能力已不容質疑。

中國「一帶一路」之地緣政治學

　　為補充國家發展理論相對欠缺的部分，本文在此嘗試解釋「一帶一路」的地緣政治學。首先，討論世界體系仍待解決的問題，即使在國家發展理論之中，世界體系對地緣政治因素的討論是相對較多的；第二，介紹美元在全球市場獨有的優勢，以及人民幣如何前來踢館，因為這因素或者還比許多「一帶一路」的硬體建設更重要；第三，嘗試連結600年前與600年後的「一帶一路」，並說明兩者的異同。

13　前揭書。

世界體系待解決的問題

在此，本文稍微回顧1970年代的世界經濟體系理論。華勒斯坦的世界體系與依賴理論有些相似，特別是核心與邊陲這兩個概念，其相異之處在於世界體系多了「半邊陲」，中國正好歸類在這個區域，此時，造成半邊陲與（全球）霸權「意外地」被連結在一起，特別在21世紀初期，具體而言，是2010年代，中國開始倡儀「一帶一路」之後。

雖然世界體系理論，對於像中國這樣的半邊陲國家與全球霸權（hegemony）之間的關係，似乎無法告訴我們太多，然而，在國家發展理論演進數十年之後，在遭逢批評之後，也都各做若干修正。然而，讓人不解的是其中的「地緣政治」因素。除了世界體系理論之外，其他理論——包括起源於1950年代的現代化理論、1960年代的依賴理論，與1980年代的發展型國家「理論」等——都幾乎避談地緣政治議題[14]，是故，中國「一帶一路」到底會產生怎樣的地緣政治意涵，若想要理解它，國家發展理論（或稱發展研究）似乎顯得力不從心，因爲在國家發展理論之中，唯一關切地緣政治因素者，實際上只有世界體系理論而已，但這也絕不表示該理論已足以帶領我們走向康莊大道，能一窺中國「一帶一路」倡議所隱含的政治意涵。總而言之，在國家發展理論之中，可以說只剩下世界體系理論有能力處理地緣政治，不過，這還得先解決以下的兩個亟待解決的問題。

向來世界體系理論強調「長時間」與「大範圍」研究的重要性。那麼，且讓我們先檢視明朝這個核心「國家」如何挑戰華勒斯坦的歐洲中心主義觀點。在全球地緣政治中，世界體系支持者認爲，核心國家在區域或全球地緣政治上扮演極爲重要的角色。反觀發展中國家，除了經濟面向引

---

14 然而，如此苛責依賴理論或許並不公平，因爲，其支持者像是Fernando H. Cardoso與 Enzo Faletto確實在其 *Dependency and Development in Latin America*,（Berkeley: University of California Press, 1979）），一書中提出歷史結構的研究取向，理應花費更多心力來探究地緣政治因素，然而，似乎不是如此。筆者認爲（古典）依賴理論學者堅持「依賴」不可能與「發展」並存這個論點，其實正是這理論一個主要的矛盾點，因爲，這種高度抽象的論點恰巧有違歷史結構之研究取向，實乃可惜。

人注目外，能在地緣政治上發揮影響力者屈指可數，或者可說幾乎沒有。世界經濟體系理論的創立者華勒斯坦告訴我們，在世界體系之內，核心、半邊陲、與邊陲國家（或地區）各自扮演著其角色。並且，他主張（資本主義）世界體系誕生於「長16世紀」，1450年前後，他認為體系的發展與霸權（hegemony）的興衰有關。然而華勒斯坦只談論了海上霸權，大體上，這乃肇因他將西方的「大航海」（或稱「地理大發現」）時代視為唯一可能的霸權出現的時代。在他眼中，在歷史裡中國絕不可能成為霸權，因為中國並未像西方列強般地縱橫於洋海之上。但為什麼「霸權」只能是海上霸權呢？因為西班牙人在1571年橫越太平洋，抵達呂宋島，將太平洋的東、西兩岸連結起來，的確，西班牙人在「全球化」的進程上貢獻不小，但當時明朝是提供最重要的商品——絲綢（與瓷器）——給西班牙人，才使得這條太平洋航線成為延續250年的海上絲綢之路，亦即從15世紀末開始，明朝是全球高階製造業的中心，但為何在產業上相對落後的西班牙成了華勒斯坦世界體系的第一個霸權呢？華勒斯坦似乎不願意回答，或者他也無力回答。

　　明朝中國的核心位置似乎容易解釋些，但當代中國——具中國特色的社會主義國家，也是世界體系理論所界定的半邊陲國家——其在地緣政治上所扮演的角色，相對而言，較難理解。蓋因在世界體系理論的基本思維中，半邊陲國家似乎不曾在體系內扮演過重要角色。但中國不同，在地緣政治中的重要位置可說只被低估，而不可能高估。簡單來說，從1970年代末、1980年代初的經濟改革以來，歷經近40年「摸著石頭過河」的實驗之後，其成就舉世共睹，如今中國已成為世界中許多第三世界國家羨慕的對象，從過去全球最大的外資引進者，搖身一變成為最大的投資國之一了。從事後見解來看，中國已為其全球僅見——不只是罕見——巨大發展計畫「一帶一路」倡議的推動者做好準備。因此，中國將不只是所謂的「半邊陲」國家，僅止於和核心國家平起平坐而已，在發展研究（國家發展理論）相關的學術領域，也將使過去的現代化理論、依賴理論、世界體系理論，或者再加上發展型國家「理論」失效，因為這些理論難以解釋近四十年來發生的巨變，充其量，比起其他幾個理論，世界體系理論所受的影響

程度較小。或者可以如此說，「理論」嘗試讓研究者解釋某種「普遍」之現象、規則，或類型，然而中國「一帶一路」的倡議，似乎已讓國家發展理論陷入空前的危機。

世界體系遭遇的第二個問題是「歐洲中心主義」。或者，這點較不那麼滲入我們之價值判斷。亦即：以歐洲本身的經驗、或觀點來「解釋」世界歷史。其中一個較為引人注目的是「向海vs.向陸」的論辯。如前所述，過去我們看待世界史，總被（西方知識體系）訓練成，唯獨向海（外）擴張，才能被稱作「開拓」（全球市場）。一個明顯的例證：明朝的疆域只有其後繼者清朝的一半左右。具體而言，新疆與西藏地區成為大清帝國之領土，至今兩地區的衝突繼續存在著。窮本究源，這與過去大清帝國「向陸」擴張不無關係。當然，對滿清而言——不若西方殖民者以攫取經濟利益為考量——西北地區之邊防安全或許才是主要考量。[15]然而，在西方知識體系之下，清朝的擴張反而顯得無關緊要。絕大多數學者不曾注意到清朝的「西進」（MarchingWest）[16]歐亞大陸所產生的影響，特別在與西方的地理大發現互相比較之時。換句話說，多數學者在西方知識體系的「薰陶」之下，對於西方向海外擴張之舉給予正面的、開放的，與積極的態度；而對中國向內陸擴張則給予負面的、封閉的，與消極的，甚至是不聞不問、鄙夷的態度。如此一來，許多重要歷史事實就被忽視掉。本文認為，持歐洲中心主義的世界體系對於這樣的結果不能說沒有責任。

以上兩點，世界體系理論應該加以解決，如果其支持者仍欲使用其觀點與研究取向來了解中國「一帶一路」到底產生了哪些地緣政治意涵？這點就顯得相當必要。

---

15 羅威廉（William T. Rowe），《中國最後的帝國——大清王朝》（*China's Last Empire: The Great Qing*），（台北：台大出版中心，2016）。

16 Peter C. Perdue, *China Marches West: The Qing Conquest of Central Eurasia*, (Cambridge, Mass.: The Belknap Press of Harvard University Press, 2005).

人民幣動搖美元優勢

俗話說：「天下沒有白吃的午餐」。相信這句話鼓舞過不少人去經營自己精彩的人生。簡單地說，人不可能平白無故地獲致成功，相信多數人能接受這句諺語，即使除了努力工作之外，有時還再加上一點點「幸運」吧。但這諺語，應該不適合使用在「國家」上頭。

歷史──對於每個個體而言──從來都不是公平的。當明朝民間的織工努力地生產高品質的絲綢時，西班牙人帶著他們在美洲發掘的白銀前來。那時，中國人對白銀可說是趨之若鶩，西班牙人則知道中國江南（長江三角洲）生產的絲綢品質極高，在太平洋的東岸銷路奇佳，兩者一拍即合。於是，自1570年代開始，這條橫越太平洋的「海上絲路」（Maritime Silk Road），也就是所謂的白銀─絲綢貿易延續了250年，一直到1820年代初期才停止。在這兩百多年之中，西班牙人攜帶白銀到中國，換取中國最高階的產品，銷往美洲、歐洲，累積了龐大的財富[17]。對於明、清中國耗費許多資源、勞動力所生產的絲綢，與西班牙人帶來的白銀交換。但西班牙人到底做了什麼？似乎不是太多，只是將地表的、地下的白銀挖出來，運到呂宋島與來自福建的商人交換絲綢而已（當然，當時航海有其風險。而挖出白銀如此耗費體力的工作，當然不是西班人自己挖掘，而是由奴隸們開採。當然，我們不一定只能如此看待這件與「全球化」關係密切的事件，但如果我們用這樣的角度來看待白銀─絲綢貿易的話，那麼，相較於中國勞工的辛勞，西班牙人似乎獲得一筆橫財。單就成本來考量的話，西班牙人所付出的，實在不是太多。

時光飛逝，轉眼間，從1970年代末之後，直到21世紀初，經濟改革之後，中國工人焚膏繼晷，為全球市場──特別是全球最大的消費市場的美國──生產商品，而成為世界工廠，一如他們的祖先，雖然，先祖一直為世界生產高階產品，但與現在的情況有點不同。既然從古至今，中國人都在為世界生產商品，可以說，雖對世界貢獻不小，卻還被指責不喜歡

---

[17] Arturo Giraldez, *The Age of Trade: the Manila Galleons and the Dawn of the Global Economy*, (New York: Rowman and Littlefield, 2015).

與外國人貿易。那麼，如今，美國人到底做了什麼，才能得到中國生產
的商品呢？答案是：印出美鈔。這看起來比起挖掘白銀簡單許多，事實
也是如此。這樣的結果來自二戰之後的布雷頓森林體系（Bretton Woods
System, 1944-1973），該會議建立幾個標準，包括了各國不得隨意放任貨
幣貶值，以釘住匯率，方便累積資本，藉以幫助第三世界國家在戰後重建
經濟；除此之外，各國領袖們也決議由羅斯福總統來領導同盟國成立國際
貨幣基金（International Monetary Fund, IMF）與世界銀行（World Bank,
WB）。並且，因為世界黃金產量無法滿足國際金融體系不斷增長所需之
貨幣流通量，這兩個機構也提出黃金與美元的固定匯率[18]。在這兩個機
構的協助之下，全球金融重要政策與舉措唯美國馬首是瞻，於是美國在二
戰後成為全球獨一的金融霸權，而這是大英帝國所未曾擁有的。

　　事實上，更重要的是，自1971年8月15日起，美國政府宣布美元與黃
金脫鉤，美元的數量不再受限於美國擁有多少黃金，也就是美國能隨意印
製任意數量的美鈔。然而，故事並未結束。美國在1973年10月時強迫石
油輸出國組織（OPEC, Organization of the Petroleum Exporting Countries）
僅能以美金購買石油，而美國用保護沙烏地阿拉伯皇室繼承權的穩定作為
交換條件[19]。此後，美國獲得控制全球貨幣供給的特權。換句話說，只
有美國能夠決定美元在世界市場的流通數量，中國知名軍事理論家喬良指
出：「美國在二戰後沒有把一個國家納入版圖，但它用美元把你納入它設
計的全球金融體系之中，美國可以不占領一個國家的領土，但它用美元來
占領你的市場，左右你的國家經濟命脈，讓所有國家為美元而生產，所有
的產品、所有的資產價值最後都是通過美元來表達……這是一種金融殖
民，是一種比歷史上所有殖民帝國更高明的殖民主義」[20]。

18　不過，自1971年起，黃金與美元脫鉤，美元的優勢得以再度提升。喬良，《帝國之弧：
　　拋物線兩端的美國與中國》，（北京：長江文藝出版社，2015）。

19　喬良，《帝國之弧》。

20　喬良，〈全球視野下的大戰略構想〉，劉偉主編，《改變世界經濟地理的一帶一路》，
　　（上海：上海交通大學出版社，2015），頁51-65，頁58。

　　爲了保持其「商業第一」的外交策略，中國經常將「不干涉他國內政」掛在嘴邊。然而，本文認爲，爲了挑戰美國在全球金融霸主的地位，繼續保持這種「不干涉」的策略似乎難以在阿拉伯世界執行。Sun Degand 與Yahia H. Zoubir樂觀地認爲中國將會繼續維持「商業第一」的策略，他們認爲，就中國對阿拉伯國家的政策而言，他們並未發現任何證據證實該策略有改變的跡象。亦即中國仍以擴大並保護其商業利益掛帥，並且刻意避開敏感政治議題，仍然會是北京對中東與北非的政策[21]。本文對此種「商業第一」策略，並不抱持過分樂觀的態度，原因有二：第一，自1993年開始，中國已變成了石油淨進口國，這使得中國必須盡可能儲備更多的美元以購買石油，在人民幣尚無法成爲國際通貨籃的主要貨幣以前，美元仍將保持在國際上的優勢地位；第二，過去，大西洋的「三角貿易」連結了歐洲、非洲，與美洲。今日，「新三角貿易」則連結了消費國（西歐與北美的已開發國家）、製造國（包括中國、東亞開發中國家），與資源國（主要位於中東）。大體上，製造國進口原物料生產商品，再將成品出口到消費國與資源國，消費國則提供資金、技術，與服務給製造國與資源國。之後，製造國與資源國的貿易順差、外匯存底則大量地轉移到消費國（特別是美國），三種不同的經濟體——消費國、製造國，與資源國——在國際分工上扮演的角色十分清楚易懂[22]。對於製造國與資源國而言，新三角貿易似乎從來就未曾公平過，因爲這些國家被更嚴重卻更加祕密地剝削著，消費國，特別是美國，經由資本帳上的虛擬財務資產，來掩蓋其貿易赤字，藉此讓美金從海外回流，以交換外國的實體商品。簡言之，新三角貿易——石油、美元，與「中國製造」——並不公平，對於連結中國與中東的「現代絲綢之路」而言，是一個「結構性困境」[23]。可以預見的是，這問題是中國所必須面對的。從這個角度來看，中國欲堅持其「商

---

[21] Degang Sun and Yahia H. Zoubir, "China's Economic Diplomacy towards the Arab Countries," *Journal of Contemporary China*, Vol. 24, Issue. 95, March, 2015, pp. 903-921, p. 904.

[22] 鄒磊，《中國「一帶一路」戰略的政治經濟學》，（上海：上海人民出版社，2015）。

[23] 前揭書，頁82、89。

業第一」的策略決非易事，因爲地緣政治的問題幾無可能用商業策略來解決。

　　雖然外交詞令經常虛應故事，但中國的學者與官員很清楚知道，全球地緣政治如何深切影響中國與美國之間的關係，是故，中國欲使人民幣擁有更好的能見度與流通性的努力似乎不曾停止過。爲解決新三角貿易的結構性問題，事實上，中國著實費力不少，例如，2014年7月成立的金磚銀行，同年12月成立的絲路基金，與2015年12月的亞洲基礎設施投資銀行（亞投行）等，這些努力都是中國「一帶一路」倡議計畫的重要組成部分，其目的在挑戰美國的霸權，特別在全球金融領域上[24]。

　　不少學者觀察到人民幣對抗美元的地緣政治意涵。例如，張燕生與黃益平認爲「金磚國家銀行和亞投行輸出的最主要還不是資本，而是經濟發展的理念和新的國際經濟秩序。我們可以想想爲什麼中國和其他發展中國家要建立這些新的國際組織？起因是全球金融危機之後，大家發現原來由美國主導建立的「布雷頓森林體系」有不少缺陷，更重要的是它不能合理地反映最近以來，發展中國家在世界經濟中的作用日益增大的事實⋯⋯說得客氣一點，金磚銀行和亞投行是對現行國際經濟秩序的補充，說得不客氣一點，它們就是發展中國家對以美國爲首的發達國家創立的國際經濟秩序的挑戰」[25]。本文認爲，說得頂直一點，是中國試圖挑戰美國（金融）霸權。不過，600年後的今天正在上演全球霸權之爭，600年前又是怎麼一回事呢？

「一帶一路」：600年前與600年後

　　明朝於600年前所進行的「一帶一路」戰略，與當今的「一帶一路」最大的不同在於，明朝中國與當時的歐洲（西方）世界接觸甚少，今日的中國向全球推銷其「一帶一路」，其地緣政治的考量在於挑戰（西方）美

24　趙磊，《一帶一路：中國的文明型崛起》，（北京：中信出版集團，2015），頁128。
25　張燕生、黃益平，〈「一帶一路」戰略下對外投資新格局〉，（北京：中信出版集團，2015），頁122-140，頁135。

國的霸權。我們應該看看16世紀前的印度洋發生了什麼事，在所謂的葡萄牙「海上霸權」的「控制」之下。

　　15世紀中葉，歐洲尚未完全脫離中世紀，一段堪稱略微「黑暗」的時期，此時，海上霸權葡萄牙爲歐洲所謂的「大航海」時代揭開了序幕，15、16世紀可以說是葡萄牙的全盛時期，不過，1580年至1640年間，葡萄牙爲西班牙所併。印度洋長久以來是歐洲、亞洲、非洲（與澳洲）之海上交通的要道，也是各國貿易、宗教與文化交流的樞紐，如今亦是中國推動「一帶一路」的重要所有。15世紀初，鄭和所帶領的艦隊巡弋於印度洋，雖然貿易的確存在，但未必是鄭和出航的主要目的，16世紀時，葡萄牙人成爲印度洋貿易體系的新成員，很快地他們了解到各地商人在其所在的商業網絡早已存在許久，無法直接與之競爭，於是乎，他們改變作法，從印度洋沿岸葡萄牙軍隊駐守的據點——例如，莫三比克島、第烏，與麻六甲（馬六甲）等等——開始徵收港口稅，用武力壓制他們認爲具有威脅性的競爭對手（葡萄牙人以「異教徒」、「海盜」稱之）。然而，葡萄牙人除了連結了大西洋與印度洋之外，並未對既存的貿易網絡與當地人民的生活造成太大衝擊，16世紀時，除了果亞之外，因爲葡萄牙傳教士而改信基督教者不多，而神聖羅馬帝國（Holy Roman Church）在信仰東正教的衣索比亞傳播其基督教教義，結果是澈底失敗。葡萄牙從果亞向陸地的南北方向進攻並征服之，但在其他區域，葡萄牙人對陸地的掌控相當有限[26]。

　　可以這麼說，從600年時間性的視角，讓我們得知，大明帝國海上霸權早於葡萄牙，後者在陸地上的動員能力亦不高。如果我們可以說15世紀時，葡萄牙爲歐洲的「大航海」時代揭開序幕，那麼，我們當然也能宣稱，在更早以前，明朝海軍上將鄭和開啓了亞洲的「大航海」時代，連結了中國東南沿海、南海、東南亞海域，以及一大片印度洋，只是基於某些原因，這個時代較早結束而已。不過，600年前的明朝中國倒是個不折不

26　Edward A. Alpers，楊明凱譯，《一帶一路：帶你走入印度洋的歷史》，（台北：五南圖書公司，2017），頁144-145。

扣的核心「國家」呢！先前，本書在第一章就先已回顧大明帝國永樂朝推動的「一帶一路」，這可以視為2010年代中國承繼「一帶一路」的遺舊。在此，我們做個簡略的重述，以便重拾記憶。

簡單地說，在「一帶」上，永樂皇帝不只親征韃靼與瓦剌，在軍事上對鄰邦產生一定的震懾，雖然本文並不認為皇帝「好大喜功」是件好事。在外交上，永樂皇帝亦派遣陳誠出使中亞17國，與這些國家建立良好友善的關係，當然，拜訪這些國家時，陳誠與使節們亦不能免俗地會帶點伴手禮，像是絲綢、瓷器，或是茶葉等等，相信這些禮物對中亞國家的統治者頗具吸引力才是。而在「一路」上，永樂皇帝派遣鄭和下西洋7次，第一次出航即剷除阻礙馬六甲海峽的華僑陳祖義，打通海峽之後，讓西洋國家能夠遣使中國，進行朝貢商貿的活動。600年前的「一帶一路」彷彿經過時光機，又出現在現在的世界歷史上，只是本文懷疑，在過去數十年，甚至百年以來，西方的知識體系似乎不太願意讓非西方學者知道太多歷史事實，當然，本文並非主張非西方學者們要對此「無知」負擔任何責任。簡言之，本文認為中國在2015年開始向全世界推銷其「一帶一路」互利雙贏的龐大計畫，事實上，600年前早就發生過，只是，在西方知識體系底下，我們既看不到明朝政府清晰的地緣政治觀，也看不到明代中國的「一帶一路」，當然更無法瞧見600年前與600年後這兩個大戰略之間的異同了。

緊接著，我們討論近期較夯的議題，這不僅是學術界，也是媒體、產業界等所關心的高速鐵路（high speed railways，簡稱高鐵）在歐亞大陸及其他區域的建設，內中所隱藏的地緣政治意涵。

高鐵的地緣政治學

歷經40年的經改，中國累積可觀的財富，並且自2010年代中期以後，向全世界推銷其「一帶一路」倡議，除了可以增加中國在中亞、西亞、東南亞、南亞、阿拉伯世界，與印度洋周邊國家的貿易往來，更能藉由推銷中國自豪的基礎建設這類的合作計畫，佐以強大的金融支持，來加

強中國與沿線國家全面合作，有助於中國在地緣政治上與美國相抗衡，削弱美國在亞洲與其他地區的影響力。然而，這些沿線國家通常是基礎建設相對薄弱，也因此中國在交通等基礎建設正好有其相對的優勢。

交通（工具）與地緣政治之間的關係可說十分密切，中國亟欲將國內的高鐵路網延伸到國境外，並且，在「一帶一路」的倡儀下，基礎建設亦成爲中國政府用來吸引沿線國家加入其龐大計畫的某個子項目。除了傳統的高速公路、鐵路之外，高速鐵路這種新技術交通工具的規劃與興建，是中國近年來頗感自豪的項目。幫助中國周邊國家興建高鐵，除了平時可以增加與該國政府的良性互動，在戰略上也可以快速運送人員與裝備，完成戰力投射等等。因此，學者遂提到高鐵的興建足以產生地緣政治的影響力，本節即專注於這樣一個議題。

本節分爲以下小節，第一，簡述中國在改革開放前、後，交通基礎建設之大略情況；第二，我們將談談歐亞大陸經濟整合——自地理大發現即被歐洲海上霸權長期忽略的中國大陸——這塊「一帶一路」倡議將賦予地緣政治重要性的廣大土地。中國爲何想藉由興建（高速）鐵路，使歐亞大陸經濟整合，達成其21世紀戰略的大目標；第三，討論高鐵建設可能產生的全球「對沖」態勢，這是本節標題「高鐵的地緣政治觀」的主要論點所在。

廣袤國境的（交通）基礎建設

若想要將一個大國裡的所有大、中、小型城市，集鎮、鄉里與村落，用不同的交通路網加以連結，這件事本身就不是太容易。然而，中國卻對自身基礎建設能力有著充足的信心，在不少國際場合裡，一有機會就推銷其（高速）鐵路、港口、橋梁、公路等建設之規劃與建設能力。在探討中國基礎建設的長足進步以前，我們先談談基礎建設與地緣政治二者間的關係。

雖然本節標題與高鐵有關，但未必只有速度飛快的交通工具才可能具有地緣政治意涵。事實上，高速公路、飛機（與機場）、船舶航線、偏遠

但位處戰略地置的公路、海峽、峽谷通道、湖泊、河川、港口、島嶼、群山之間的制高點等，都可能具備不容輕忽的地緣政治意涵。然而，可以這麼說，交通建設是發展經濟，改善人民生計，同時，也是衛戍國家安全的根本。中國提出「一帶一路」途中沿線國家，當中不少的基礎建設乏善可陳，經濟發展無可期待，人民的日常生活難以提升。換句話說，基礎建設的改善是經濟發展的必要條件，而中國興建與改善基礎建設的能力，在過去數十年裡，是中國政府引以為傲的項目。

　　我們先來看中國鐵路營業里程數的演變：從1949年的2萬1,800公里，逐步增加到1980年的5萬3,300萬公里，2000年6萬8,700公里，2010年9萬1,200公里，2013年超過10萬公里，到了2015年時，全國營運里程已達12萬1,000公里。公路里程總長度從1949時略高於8萬公里，到了1980年時已增加了10倍，已近89萬公里，2000年時，近168萬公里，2010年已達400萬公里以上，到了2015年時，全國公路總長度加總之後為458萬公里左右。其增加的總長度與速度均相當驚人。在航空運輸方面，定期航班航線里程 —— 無論是人員或是貨物，同樣也是快速且顯著地增長，1950年時，全國總長度僅1萬1,400公里，1980年時還不到20萬公里的總長度，蓋因這段時期實施中央計畫經濟，人員與貨物的流動均由共黨統籌，不易任意移動，然而經改之後，定期航班航線的里程迅速增加，在1990年時全國已超過50萬公里，2000年已達150萬公里以上，2010年時，總長度大約是276萬餘公里，2015年已超過530萬公里的總長度。換句話說，無論是定期的客運或貨運航班，中國以驚人的速度在增建交通基礎建設，提高使用頻率，這點頗令人印象深刻。支撐這些不斷增長的數字是輸油（氣）管道之理程總數，1960年時，全國不到200公里，2000年時的2萬4,700公里，2010年則是7萬8,500公里，到了2015年管道總長度已達10萬8,700公里[27]。無怪乎在2015年時，中國石油化工集團公司與中國石油天然氣集

27　中華人民共和國國家發展和改革委員會，《中國交通年鑑》（2016），（北京：《中國交通年鑑》社，2016），頁982-983。

團公司分居世界500強之第二位與第四位[28]。以上這些驚人的數據，可說
讓人瞠目結舌，許多發展中國家皆有望塵莫及之感。

高鐵與歐亞大陸的經濟整合

　　高速鐵路可以說是當今陸地上速度最快的交通工具，中國在高鐵建
設的表現尤其突出。據中國新華社報導，鄭州與徐州之間的「鄭徐高鐵」
已在2016年9月10日正式通車，這條新路線的通車，標誌著中國高鐵網總
長度已經突破2萬公里。據2016年《中長期鐵路網規劃》，預計至2025年
時，高鐵總長度將會達4萬5,000公里，較2015年增加一倍。另外，中國鐵
路「走出去」項目遍及歐洲、亞洲、美洲，與非洲等各大洲，例如，莫斯
科至喀山、雅加達至萬隆高鐵，但受挫的例子也不少，像2016年泰國取消
與中國合資興建境內高鐵，改為由泰國獨資，但仍向中方採購高鐵系統與
必要物資[29]，印度也有意轉向求助於日本。接下來，或許我們再多談點
中國高鐵「挫敗」的例子，看看這些案例是否會影響大局？

　　馬來西亞總理馬哈蒂爾（Mahathir Mohamad）在2018年5月29日表
示，為減輕政府債務，將取消建造新隆高鐵計畫，該計畫原本欲連接吉隆
坡與新加坡的大型項目，預計在2026年完成，耗費170億美金。停建新隆
高鐵計畫後，能減少馬來西亞國家債務的五分之一。根據中央社報導，一
開始新隆高鐵決定由中國承建，因為中國動用在馬來西亞的影響力，若計
畫取消，中國前期投入的千萬美元都將付諸流水[30]。部分人士認為，馬
哈蒂爾取消新隆高鐵計畫，是中國「一帶一路」倡議的失敗，然而，我們

28　《中國經濟貿易年鑑》編委會，《中國經濟貿易年鑑》（2016）（北京：中國經濟貿易
　　年鑑社，2016），頁759。

29　〈鄭徐高鐵正式開通中國高鐵網總長度破2萬公里〉，2016年9月10日，香港01，http://
　　www.hk01.com/%E4%B8%AD%E5%9C%8B/42424/%E9%...，檢索日期，2018年6月4
　　日。

30　葉宣、雨涵，〈馬來西亞叫停新隆高隆，中國白忙了〉，路透社、中央社，
　　2018.05.29，https://www.msn.com/zh-tw/news/world/%E9%A6%AC%E4%BE%86%E8%...，
　　檢索日期：2018年5月30日

應該如此地看待這一項目的「失敗」嗎？縱然如此，但中國（公司）在馬來西亞或許還有更重要、更大的項目正在興建。但在此之前，或許我們應該先略加了解高鐵建設對於中國「一帶一路」的戰略意義。高柏等人在近期所撰的專書，其中有幾個看法，也許值得在這裡討論。也能從中大略得知，為何這些「挫敗」的例子，對中國21世紀的影響似乎不如想像的那麼大。

　　高柏等人在2017年的《高鐵與中國21世紀大戰略》[31]一書中，對地緣政治的敘述有其助益，本文在此略加敘述。首先，高柏認為，自冷戰以降，中國在地緣政治上受限於美國與盟邦的圍堵，換句話說，中國「向東」（sailing East）推進的企圖，一直受制於美國的太平洋戰略，而難以取得優勢位置。是故，推動歐亞大陸經濟整合實有其必要，其原因是：根據戰略需要，中國可將注意力與著力點在歐亞大陸與環太平洋之間來回移動，如此，當中國必須與一方（例如環太平洋）某（些）有關國家減少、甚至切斷經濟聯繫時，就能與另外一方（例如歐亞大陸，即「向西」（marching westwards）或者「向陸」（moving landwards）增加聯繫，而從中獲取利益，同時減少整體損失。

　　其次，高柏建議利用高鐵作為基礎，進行歐亞大陸經濟整合，這種規劃有特別的意義。自2008年的全球金融危機以來，已開發國家經濟成長趨緩，中國若繼續出口至這些國家，難免引起相當大的反彈。此時，若推動歐亞大陸經濟整合，無疑為中國開闢第二戰場，不僅為中國產品找到新的銷路，同時也能將中亞、西亞國家納入中國所主導新的經濟整合模式裡面，在此之下，中國不僅能為全球經濟創造嶄新且龐大的需求，同時也在全球化的過程中注入一股新的力量。另外，高柏還提到另一個重要論點，即：推動歐亞經濟整合，同時可為中國內需轉型贏得緩衝時間，換句話說，中國可以不必完全轉向內需市場，同時也不會使疲憊的西方市場感到更多壓力。可以這麼說，歐亞經濟整合，將形成新的經濟圈，為中國提供外部需求，增加能源的來源，並提供一個新市場，在在減緩中國經濟向內

31　高柏等著，《高鐵與中國21世紀大戰略》，（北京：社會科學文獻出版社，2012）。

需轉型所必須面對的壓力[32]。

　　再其次，高柏認爲高鐵即將爲21世紀的中國帶來所謂的「陸權戰略」（也就是先前討論的「向海／向陸」二分之「向陸」），雖然，在600年前的明朝業已發生，無論基於軍事上或者外交上的考量，但我們先看高柏的說法，他認爲交通工具的改變可能促使全球地緣政治基本格局改變，例如，以蒸汽機輪船爲主要動力的技術就曾經將人類世界從所謂的「陸權時代」變爲「海權時代」[33]。高柏認爲這樣的技術讓大數額的國際貿易得以實現，雖然筆者認爲同樣的技術，使英國皇家海軍在軍事技術上領先成爲可能，進一步讓西方國家建立一套對自己有利的國際政經制度，並反過來鞏固自身利益，直到今日，我們依然活在其影響下。高柏續言，如果中國高鐵技術進步到足以改變人們空間與距離的觀念，陸權時代的「回歸」[34]就有實現的可能。具體而言，他認爲高鐵可以讓歐亞大陸的能源、人口、資本、技術等，這些大國所必備的生產要素，能夠快速流通，進而改變相關國家在世界經濟中的地位。而國家地位的改變，進一步改變國際政經樣貌。這也是當年西方崛起的政治經濟學裡頭的邏輯[35]。然而本文認爲，這純粹是從經濟面向加以考量，高柏似乎對西方國家如何在19世紀中葉（也就是160年時間性）取得優勢的原因不甚了解。

　　高柏認定：如果中國回歸到陸權時代，那麼，中國的大西部可與中亞相連，與中東的距離就拉近不少，在那裡有中國需求殷切的石油與天然氣，以及各種戰略與經濟發展所必需之稀土礦物。若中國推動歐亞大陸經濟整合，那麼，以目前中國所具備的優勢，將會從整合的過程與結果受益。這種向「陸權」的回歸，可以紓解中國在（太平洋）「海權」發展上所面臨的壓力與種種阻礙[36]。而這個「對沖」的態勢，也是本文接著要

32　高柏，〈序言〉，高柏等著，《高鐵與中國21世紀大戰略》，頁1-19，頁9-10。

33　前揭書，頁10。

34　前揭書，頁10。

35　前揭書，頁10-11。

36　高柏，〈序言〉，高柏等著，《高鐵與中國21世紀大戰略》，頁1-19，頁10-12。

談的。

全球對沖態勢

本節最後一部分，討論「對沖」這個概念。這概念與中國高鐵建設的能力——工期短、成本低、融資快速等優越條件，可說息息相關。學者認為高鐵建設將為中國建立起全球戰略格局下的「對沖」態勢。在金融領域裡，「對沖」（hedge）代表兩頭下注的意思，這是為了避免產生不利局面，而採取的防範措施。高柏認為，環太平洋經濟整合（即「跨太平夥伴協定」，The Trans-Pacific Partnership Agreement, TPP）正標誌著海權時代的發展方向，而中國推動以高鐵為基礎的歐亞大陸經濟整合，則會帶來一個陸權的時代[37]。

筆者認為，前日川普政府宣布退出TPP，在先前的600年時間性視角的分析中，我們已經談到15世紀起的海權時代，其實是西方偏頗的知識體系所強調者。歷史事實告訴我們，早於歐洲所謂的「大航海」時代的15世紀中葉，早在1400年代，大明帝國就已運用所謂的「對沖」戰略，來面對當時的國際局勢。在「向海」部分，主要目標是派鄭和下西洋，以疏通被滿者伯夷盤據的馬六甲海峽；在「向陸」部分，除了運用軍事武力，也派遣大使與中亞國家維持良好關係，來因應使鄭和出航時期，國防空虛，導致西北邊疆失守。我們把目光拉回高柏的高鐵地緣政治的主要論點。他極力建議，在東邊，若環太平洋國家的某些政策與作為不利於中國，中國就「向陸」（權）發展，致力歐亞大陸之經濟整合；在西邊，若歐亞大陸國家的作為不利於中國，那麼，中國就「向海」（權）發展，致力於環太平洋經濟整合。當然，中國如果在兩邊都能維持良好關係，那麼，兩個方向就應該得以同時發展[38]。換句話說，中國應該善用其地理位置的獨特性，建立起一個與環太平洋經濟整合的「對沖」，如此一來，中國就能夠在國際政治的大格局中，進占十分有利的戰略位置。

---

37 前揭書，頁13。

38 前揭書，頁14。

　　本書先前談到，明成祖永樂派遣陳誠與其他使節出訪中亞國家，派遣鄭和經海路前往西洋，當時，永樂皇帝顯然是雙邊下注，並且同時運用明朝所能掌握之軍事、政治外交，與經濟力量，那時明朝國力達到巔峰，與西洋諸國維持穩定的國際關係超過一個世紀。然而在西方知識體系之下，東方（中國）的地緣政治的優勢地位長期以來遭到埋沒，而亟待被挖掘，這包括「對沖」戰略的運用，在明朝中國的歷史，當然也在世界史之中。

　　在蘇聯解體之前，中國無法經過中亞與歐洲連結，也不可能存在所謂的「一帶」的戰略構思，即使有，也只是個幻想罷了。然而在1989年之後，中亞情勢丕變，「一帶」（與「一路」）戰略有了實現的可能。中國這個號稱「社會主義初階」的國度，開始摩拳擦掌，擬訂規模宏大，或許可暫稱為「中國的馬歇爾計畫」，來「幫助」沿線國家進行當地普遍缺乏的基礎建設。這讓人回想起二戰之後美國在歐洲實行的馬歇爾計畫。當時，美國人對於遏制共產主義的擴張可說用盡洪荒之力，而現在中國國力的擴張也可能讓美國人感到擔憂。簡言之，60年之前與60年之後，都是「共產主義」的擴張所造成，歷史上，竟然會出現如此巧合的事。

返回強權下的發展模式

　　本節強調（「片面強調」）二戰之後（此時也是發展研究的第一個理論之現代化理論興起），全球地緣政治因素對個別國家發展的影響。再分幾個小點，包括馬歇爾計畫（歐洲復興計畫）、亞洲復興計畫、共產主義與發展研究的巧妙關聯，與發展型國家的終結如此「悲觀」的結論等。本節欲說明在過去的歲月中，我們花費不少時間在理解為何某些國家發展，另一些國家則沒有發展。特別是1980年代崛起的發展型國家「理論」，將一國（或經濟體）的成長歸因於國家或政府的效能。然而，從二戰之後，我們看到經濟（與社會）發展成功的國家（地區）——諸如戰後復甦的西歐國家、希臘、土耳其，以及日本、台灣（當時的「自由中國」），與南韓等，似乎都不僅只是在強而有力的政府之政策選定與執行上所獲致的成果，而是全球地緣政治因素的影響下，美國為達致其終極目標——遏制

（前）蘇聯共產主義的擴張，進而占據全球霸權地位，全力支持其盟邦所導致的結果。如果我們再透過操作理念型的「片面強調」，那麼，全球地緣政治因素對相關國家發展所發揮的作用將難以計量，也同時間接地反駁過去發展型國家「理論」過度強調國家能力，其實這種論點乃是缺乏說服力的。

馬歇爾計畫（歐洲復興計畫）

　　馬歇爾計畫（The Marshall Plan），官方名稱為歐洲復興計畫（European Recovery Program），對歐洲國家戰後政經發展影響頗巨，計畫提出當時，歐洲國家正處於戰後疲蔽破敗之中，西方各國只剩下美國仍能維持其超級強國的地位。換句話說，二戰之後，美國憑藉堅強的經濟實力，協助歐洲盟邦恢復因戰爭而幾近崩潰的經濟體系。美國之所以如此行，其中一個更重要的因素是為了與當時的蘇聯相抗衡，力求阻止共產主義勢力在歐洲擴張。該計畫在1947年7月啟動，持續運作四個財政年度，當馬歇爾計畫即將結束之際，除了德國之外，西歐國家大抵上恢復到戰前的水準。在接下來的時間裡，整個西歐地區重加整頓，歷經了經濟高速成長的20年[39]。換句話說，戰後不久，西歐的經濟活動迅速地回復到戰前的水準，並且持續成長好一段時間，這與馬歇爾計畫不無關係。雖然，馬歇爾計畫未必是西歐復甦最重要的原因，但沒有該計畫，西歐能否在如此短的時間內復原，可就是個問題了。

　　這裡，讓我們先稍微回顧1950年代興起的現代化理論。該理論的起源或許可以視為國家發展理論（發展研究）的叉路，原因是：西歐國家經濟（與社會）的發展，有一部分必須透過地緣政治因素加以解釋，並且與防堵共產主義的擴張有關，然而我們所看到的現代化理論，卻一口咬定西方（具體而言，是美國化）才是發展的硬道理。換句話說，打從一開始，我們就拋棄理該是重點的地緣政治因素，也拋棄了西歐國家在發展研究可

39　Michael J. Hogan, *The Marshall Plan: America, Britain, and the Reconstruction of Western Europe, 1947-1952*, (Cambridge: Cambridge University Press, 1987).

能成爲研究個案的可能性。現代化理論起源於戰後的美國本土，根據筆者的「後見之明」，當時，西歐那些原本屬於「核心」國家正處於戰後頹敗蕭條，百廢待舉的窘境，與此相對，未受到戰火波及破壞的美國本土則因爲戰時成爲歐洲盟邦軍需品與各項補給的生產基地，戰後又爲歐洲的重建提供各項所需的工業產品與原料，在經濟與社會發展指標可說是各國學習的榜樣，於是，美國價值成爲全球發展中國家競相學習的對象[40]。不過，西歐經濟的復甦與成長跟美國的價值倒是無關，而與美國的援助有關，特別是與美國不喜歡共產主義有關。

當然，我們不能將馬歇爾計畫視爲是美國的一片善心，事實上，美國戰後長期的繁榮也需要靠輸出其商品的市場，而在馬歇爾計畫所提供的援助當中，其中的一大部分正是用來購買美國所生產的工業品或者原料。馬歇爾計畫倡導者之一的喬治・凱南（George Kennan）[41]，對他而言，該計畫正是他的新理論，其核心內容是：對蘇聯採取遏制政策。不過，我們要記得，冷戰在馬歇爾計畫開始實施時仍未開始，那時美國與蘇聯戰時同盟的關係尙未結束。但爲何會有這種遏制蘇聯的政策呢？因爲美國政府中有許多人士對於蘇聯的懷疑情緒與日俱增[42]，筆者認爲，這似乎與二次大戰期間，同盟國的三巨頭——美國總統羅斯福（Franklin Delano Roosevelt, 1882-1945）、英國首相邱吉爾（Sir Winston Churchill, 1874-1965），與蘇聯共產黨總書記史達林（Joseph Stalin, 1879-1953）——在德黑蘭（Tehran）的會議不無關聯。無論該會議所討論的議題爲何，美、英、俄三方的力量強弱已出現變化。在美英聯盟之中，英國的實力較弱，反觀蘇聯，則擁有330個師可以作戰。從某個角度來看，史達林對西方國家占有不小優勢[43]。這可能導致，日後美國政府裡出現越來越多懷疑蘇

---

40 謝宏仁，《發展研究的終結》，第二章，〈國家發展理論之回顧（一）〉，頁15-50。

41 在本書中，除了華文世界熟悉的中文譯名——像是羅斯福總統、邱吉爾，與史達林——之外，原則上，吾人使用原文姓名，例如George Kennan這位馬歇爾計畫的起草者。

42 John Lewis Gaddis, *We Know Now: Rethinking Cold War History*, (Gloucestershire: Clarendon Press, 1997).

43 Debi Unger, Irwin Unger and Stanley Hirshson，王祖寧譯，《喬治・馬歇爾傳記》，（香

聯的聲音的原因，因爲在美蘇冷戰期間，美國沿著歐亞「邊緣地帶」劃設所謂的「遏制線」。具體而言，陸地的邊緣地帶有著一國向外擴張阻力最小之優勢，此地帶是陸權與海權國家的接觸地帶，是爭奪最爲激烈的區域。一旦誰統治了歐亞大陸，誰就能統治全世界，這種地緣政治理論對於起草馬歇爾計畫的喬治・凱南影響不小[44]。

可想而知，遏制政策的登場是需要（而且，也只能由）美國向其盟邦提供援助，以達到遏制蘇聯擴張勢力的效果，當然，其終極目標是使得美國，相較於其對手蘇聯，在全球地緣政治中持續占據優勢位置。

在馬歇爾計畫開始之前，美國就已開始投入大量資金，從事歐洲的重建工作。據估計在1945年到1947年之間，美國已投入約90億美元。其中，最重要的要屬「杜魯門主義」，因爲它賦予冷戰「理論基礎」。美國總統杜魯門（Harry S. Truman, 1884-1972）在1947年3月12日向國會發表總統咨文演說，他主張建立一國際組織聯合國，目的是爲確保世界各國今後將不被奴役，杜魯門說：「我們要實現這個目標，就必須願意幫助自由的各國人民擺脫極權體制的控制，保障他們的自由制度和國家完整」。他在演說中公開呼籲美國人民對當時共產主義勢力發展如火如荼的希臘與土耳其提供軍事與經濟等必要援助，藉此來抵擋「共產主義的顛覆」[45]。杜魯門主義希冀藉以大幅抑制共產主義勢力在希臘和土耳其擴張——這是歐亞大陸的「邊緣地帶」，也是美國對蘇聯的「遏制線」所在位置。可以說，美國在這個陸權與海權國家的交界處獲得勝利，馬歇爾計畫在此算是成功[46]。

在馬歇爾計畫開始的1947年，有一件事或許值得一提，那就是：該

港：恒慶德出版社，2014），頁226。

44　謝華，《冷戰時期美國對第三世界國家經濟外交研究》，（北京：人民出版社，2013），頁81。

45　王篤若，〈德國之聲：冷戰─改變世界的「杜魯門主義」〉，阿波羅新聞網，2007年3月13日，http://tw.aboluowang.com/2007/0313/33900.html，檢索日期：2018年6月12日。

46　Tony Judt, "Introduction," in Martin Schain ed. *The Marshall Plan: Fifty Years After*, (New York: Palgrave, 2001), pp. 1-12, p. 4.

年美國首度成為石油的淨輸入國，在杜魯門任期結束之屆，美國每天進口一百萬桶原油，占石油總消費量的13%，在1952年時，波利委員會（總統物資政策委員會）就已提出以下看法：美國未來的國家安全與長期經濟繁榮仰賴所獲得的國外原料。那麼，阿拉伯地區豐富的石油資源就成了美國處心積慮想要攫取之物。1950年代，美國對外投資快速增加，美國私人海外投資從1945年的147億美元，上升到1950年的190億，再直線上升到1955年的291億美元。在美國國務院的協助下，波斯灣石油資源很大的分額被美國石油公司取得，蘇聯則完全被除在外，美國也至少部分取代英國在阿拉伯世界的地位[47]。

　　1950年代興起的現代化理論支持者，對前述馬歇爾計畫當然沒有解釋的能力。是故，至今仍舊讓人難以理解的似乎是：在二戰之後，西歐的復甦與經濟成長，竟然與圍堵共產主義有關，竟然只是害怕共產主義崛起，這隻紅色巨獸將步步進逼，威脅所謂的（以美國為首的）「自由世界」。

亞洲復興計畫

　　與馬歇爾計畫相似，在1950年代初期韓戰之後，美國在亞洲第一島鏈國家（地區）──日本、南韓、台灣等地，實施亞洲版的復興計畫，這正是本書所欲強調（或者稱之「片面強調」）使得東亞經濟體得以發展的重要因素。二戰之後，相較於歐洲來說，美國對亞洲，特別是日本並不同情。不過，1949年中共建政之後，次年爆發韓戰，再加上美國的鼓動與宣傳，也許加上部分國家固有的反共態度，亞洲出現一股「反對中國的逆流」。對美國而言，「遏制中國」等同於在亞洲「遏制（了）蘇聯」與「共產主義的擴張」[48]。另外，從1949年年底到1950年年初，美國對於冷戰的戰略是：歐洲與地中海地區仍是戰略重心，那時美國對於中國仍抱持著觀望的態度。不過，在1950年4月的NSC-68（國家安全委員會第68

47　謝華，《冷戰時期美國對第三世界國家經濟外交研究》，頁89-90。

48　謝華，《冷戰時期美國對第三世界國家經濟外交研究》，頁195。

號）文件，顯示美國對遏制政策的態度已經改變。該文件的基本想法是：
在冷戰中，就重要性而言，美國的安全利益已經沒有主要、次要的區分，
以蘇聯的「共產主義陣營」通過武裝取得的勝利，都是對「自由的」美國
與其盟邦的挑戰，美國均必須予以回擊[49]。

　　1950年6月25日，十幾萬北韓的軍隊越過了北緯38度線進犯南韓，美
國的參戰正是該文件起了重要作用之實際例子。對美國而言，如果南朝
鮮半島落入共黨控制的地區，那麼，東亞其他地方也可能如此，這是美
國所不能忍受的。當時，金日成誤判局勢，認為北韓進攻南韓只是一場內
戰而已，美國不會出兵。換句話說，北韓與蘇聯都認為有機可乘，於是在
蘇聯的同意之下，金日成發動併吞南韓的戰爭，不過，美國並非如其想
像地置身事外，任由共產主義不斷擴張。由於美國介入，使韓戰變成冷
戰時期西方「民主國家」與蘇聯領導的共產主義「專制國家」之間的一
場鏖戰[50]。韓戰歷時三年餘，雙方在巨大的損失之後，以劃分南北韓邊
界的北緯38度線為界，但交戰兩方並未簽訂和平協議，2018年6月12日美
國總統川普與北韓領導人在新加坡的首次會面，也未談及正式之停戰協
議[51]。可以這麼說，韓戰迄今仍未「正式」結束，但影響東亞地區的地
緣政治甚大，這可以看成是美國在NSC-68文件宣示之後的具體結果，不
僅影響二戰後日本、南韓，與台灣地區發展，更使之成為日後發展研究領
域的重要案例，特別是1980年代的發展型國家「理論」。然而，筆者認
為，即使一個強而有力的政府，確實遠比腐敗的為佳，但也不應該過度強
調政府能力，而造成失真。

　　筆者在2013年的著作中，為了（片面）「強調」地緣政治對於台灣
的正面影響，當時曾提出了無新意的說法：倘若沒有美援，台灣能否在二

49　謝華，《冷戰時期美國對第三世界國家經濟外交研究》，頁85。

50　陳寧寧、劉德海，《韓國研究導論》，（台北：中國文化大學出版部，2001）。

51　張詠晴、陳淨詒，〈解讀川金會：川普、金正恩正面交鋒，誰贏了？〉，天下雜誌（網
　　路版），2018年6月12日，https://www.cw.com.tw/article/article.action?id=5090465，檢索
　　日期，2018年6月14日。

戰之後，經過數十年的努力，就從世界體系的邊陲爬升到半邊陲，而成爲1980年代、1990年代中期以前發展研究的模範生，就頗令人懷疑[52]。筆者在本書中仍持相同的立場，認爲地緣政治因素相當重要，特別是遏制蘇聯共產主義的擴張，無論在歐洲、亞洲，或其他地區，在一國（經濟體）所扮演的角色。在過去的發展研究領域裡，這因素被「淡化」處理，尤其是1980年代發展型國家「理論」登場時，鎂光燈的焦點都轉到強而有力的政體（政府）之上，相形之下，其他因素就不被重視。不過，以下的數據，或許可以讓讀者再次重溫聚光燈下的地緣政治因素的重要性吧！簡單說，台灣與南韓均「受惠」於共產主義的擴散，「受惠」於美國當時對於共產主義對其產生的巨大威脅感，而進行援助、「投資」，加以防範。當然，從霸權之間的競逐來看，美國與蘇聯的關係，應該會比這種簡化的說法複雜不少才是。

　　1950年代，南韓是美國外援的最大受惠國，在1956年左右，南韓大致上已經完成了戰後經濟重建的工作。在韓戰爆發一直到了1965年間，美國援助占南韓獲得外援的90%以上，其中，1958年以前的援助都屬無償經濟援助，1950到1960年之間，南韓獲得各類型援助資金總數達21.5億美元，另外在軍事援助上，1953到1960年南韓共獲得了12.4億美元的援助[53]。台灣得到的美援，與南韓相當相似，例如，1951到1961年之間，來自美國的援助大都是在所謂的「防務援助」名義下進行的，這麼說，是以援助來鞏固現任政府，藉以達到遏制「共產主義擴張」，特別是阻止中國大陸政權達成其戰略目標。是故，當美國援助台灣時，前期以軍事援助爲主，後期則著重在經濟發展上頭，1951到1965年間，台灣從美國得到的經濟援助總計達14.89億美元。於1951到1954這四個會計年度，美國國會核准對台灣經濟援助總額達到4億美元，占同期援助遠東之總額的60%。在稍後的1955年會計年度，台灣獲得美國遠東地區軍事援助總額5.836億

52　謝宏仁，《發展研究的終結》，頁82-87，154、206、276。

53　劉洪豐，《美國對韓國援助政策研究》，（上海：華東師範大學博士論文，2004），頁117、120，引自謝華，《冷戰時期美國對第三世界國家經濟外交研究》，頁198。

美元當中的2.7億美元，占了46%，台灣亦獲得軍民兩用物資6,000萬美元
當中的2,500萬，占42%；另外，遠東防衛援助共計8,000萬美元，台灣
分配到6,200萬，比例高達78%[54]。以上，南韓與台灣都被美國列入亞洲
「反共盟國」之中，獲得的各項援助金額與比例都相當高。我們若要理解
二者在發展研究的領域裡，為何能夠成為第三世界國家的發展「典範」
呢？美國的遏制共產主義政策是否為台灣與南韓的重要助力呢？筆者對此
抱持肯定的答案。

「共產主義」與「發展研究」的巧妙聯結

在此，筆者想要簡單地聯結共產主義（之遏制）與發展研究這個學
術領域二者，這是個非常巧妙的連結，看起來渾然天成，毫無人為斧鑿。
先從在馬歇爾計畫下得以重建的歐洲國家談起。二戰甫結束時，美國人並
非太同情日本，那時援助日本重建的可能性不高，並且一開頭，美國將歐
洲與地中海視為其戰略核心位置。不過，韓戰爆發之前，中國大陸的大部
分已被中共占據，美國對於共產主義的遏制，無論發生在何處，都已無首
要或次要之分。是故，當韓戰爆發之後，為阻卻共產主義繼續擴張，美國
旋即展開其在亞洲的復興計畫，不只決定出兵參加韓戰，即使韓戰武力衝
突結束後，美國更是積極地對南韓、日本與台灣進行各類型支援的計畫，
使得東亞的地區的日本、南韓、台灣在美援的協助（或者稱「亞洲的復興
計畫」）之下，得以在戰火蹂躪的灰燼中以飛快的速度復甦並成長。學者
好奇於東亞的日本與當時的新興經濟體（特別是台灣與南韓）經濟發展之
成因，希望能為其他後進國家提供學習的課程。後來，日本這個成功的例
子遂成為發展型國家的先驅者，南韓（後來又歷經1997年與2008年金融危
機）與台灣成為發展型國家「理論」的代言人。一切的一切，看起來是如
此理所當然，但大多數人忘記，二戰之後，共產主義（的遏制）才是西歐

54　趙洪磊，《美國對台灣的經濟援助及其運用》，（石家莊：河北師範大學碩士論文，
　　2005），頁6、10，引自謝華，《冷戰時期美國對第三世界國家經濟外交研究》，頁
　　199。

與東亞國家經濟發展的基石，這聽起來很弔詭，但不無道理。只是向來學者們在心態上對共產主義抱持著負面觀感，對於造成貧富差距日益擴大的資本主義反而持正面態度。不難想像，筆者的說法，大概難以在學術殿堂裡受到多人的支持。不過，說實話，筆者倒是看見「共產主義」與「發展研究」之間的親密關係。

回顧60年時間性帶給我們的觀點，1950年代，西歐經濟逐漸復甦，此時，在美國亦興起所謂的「現代化理論」，一般而言，這也是發展理論學者所公認的「發展研究」的起源，不過，在本書中筆者加上600年與160年的時間性，並提出不同的見解，在此視角之下，西方知識體系對東、西方追求（經濟）「發展」、或者所謂的「現代性」的過程中，長期以來對東方之誤解。而如果我們所認識的西方，是透過與「東方」相較之後才認識的「西方」，那麼，整個「發展研究」就有必要重新再理解了，否則，「發展研究」若是如華勒斯坦所言，是在研究資本主義世界經濟體系本身的發展，那麼，只從60年時間性的視角將無法讓我們改變過去偏頗的觀察角度。

無論是1950年代美國所主導的馬歇爾計畫，或者是2010年代中國所主導的「一帶一路」（或稱「中國的馬歇爾計畫」），二者都與共產主義有關，也都與霸權有關。不過，兩者間的差異或許也值得注意，例如，（西方）美國／（東方）中國，民主／極權，（資本主義式的）市場經濟／（中央集權式的）計畫經濟。以上的對照，可說是二分法下的產品，我們仍舊習慣賦予前者（西方、美國、民主，與市場經濟）優勢地位，且給予正向的肯定；反之，東方、中國、獨裁（極權）、集體經濟則給予負面意涵。我們常會聽到一種說法，民主國家之間不會透過戰爭來解決紛爭，乍聽起來，這好像是一種文明的表現[55]。本文在這裡想提出一個新

55　不過，民主國家——例如美國與英國——倒是會出兵攻打所謂的「極權」國家，例如伊拉克，英美宣稱這種國家實在危險，擁有不少「毀滅性」武器。出了兵，也把人家的領導人拉下台、處決，卻根本找不到美國總統或英國首相所說的毀滅性武器。不過，久而久之，大家後來也就忘記這件事。如果還記得什麼的話，應該就是：民主國家之間是不

的看法，那就是：獨裁，或極權（甚或「威權」這個詞只用來形容與美國關係較好者，像是新加坡）國家之間也不會打仗，因為中國的「一帶一路」追求的是互利雙贏，所以，即使「一帶」所經過的中亞、西亞國家，有很大部分的國家是安全風險較高者——原因之一是其政局穩定性較差。

　　中國《「一帶一路」沿線國家安全風險評估》編委會，曾為中國「一帶一路」沿線國家進行評估，並以圖表標示顏色，來區別風險高低。原則上，顏色越深，安全風險越高，以下，本文列出風險程度中級（含）以上的顏色及意義，包括，「極高」（深紅色），「極高－」（紅色），「高＋」（深橙色），「高」（橙色），「高－」（淺橙色），以及「中＋」（深黃色），「中」（黃色）等。其中，中亞五國有三個是中級以上，吉爾吉斯（中＋）、哈薩克（中）、塔吉克（中）；西亞方面，葉門（極高）、沙烏地（沙特）阿拉伯（中＋）、伊拉克（極高）、土耳其（中＋）、埃及（中）、敘利亞（極高）、黎巴嫩（高－）；另外，烏克蘭（高），與俄羅斯（中－）[56]。看起來，沿線不少國家隱藏的風險相對較高，就算中國「一帶一路」倡議的戰略目標是「實現能源進口多元化，切實維護國家能源安全」，不過，中東地區仍會是中國進口的重要來源，因此與沿線國家合作，有助於達成這個戰略目標。2009年，中國與俄羅斯簽署了「貸款換石油」的合作計畫，中國獲得所需能源，俄羅斯則獲得應付國際金融危機的資金；另外，中國與哈薩克之間的原油管道，對於中國能源進口多元化有貢獻，是故，中國必須與哈薩克這個中級風險程度的國家維持良好而穩定的關係[57]。這樣說來，有了「互利互贏」的看法之後，所謂的「極權」國家間，不也不打仗了嗎？重點或許不在於政體是否為民主，而在於利益的分配是否為雙方所接受。

　　簡言之，一帶一路沿線國家，其中不少安全風險是在中級以上，這

打仗的。這聽起來像是愛好和平的呢！

56　《「一帶一路」沿線國家安全風險評估》編委會，《「一帶一路」沿線國家安全風險評估》，（北京：中國發展出版社，2015）。

57　鄒磊，《中國「一帶一路」戰略的政治經濟學》，（上海：上海人民出版社，2015）。

類難以預測的政體，恐怕非發展型國家「理論」所推崇者。那麼，不知道該「理論」支持者日後將如何解釋沿線國家經濟發展之原因？難道還是有效率（但極權）的政體？還是受惠於中國地緣政治的考量，而獲得「地主國」優惠的幫助，使其基礎建設完善，近來發展起來？沿線國家（日後）的發展，是否與中國這樣（至少號稱是）共產主義國家有關？二次戰後，歐洲復興計畫，與後來的亞洲復興計畫（援助對象包括日本、台灣、南韓，與東南亞國家等），主要原因不也是為了遏制共產主義的擴張？或許我們已經習慣大紀元式的歷史故事，各種疑難問題都得找出因果關係來。然而，歷史有時候還真沒什麼道理可言！回顧一下「發展研究」的歷史，或可略見端倪。

結語

　　600年時間性的視角，為我們打開了一扇窗，向著窗外看去，我們欣賞到不同於從「西方」這扇窗子向外所看見景象。

　　所謂的「大航海」時代──也就是自1450年代開始，或者說華勒斯坦指出從「長16世紀」開始的世界體系，那時歐洲開始「向海」擴張。之後，有點莫名其妙，我們被教導，這個世界的「現代性」從此時起才被「已開化的」（civilized）歐洲列強帶到「未開化」（uncivilized）的「其他」（others）地方。至今，我們仍然不清楚中國所稱的「夷」、「野蠻人」（barbarians）聽起來是否比「未開化」更粗鄙些，不過可以確定的是：我們從西方人為全世界所開的窗子望出去，我們只能看到西方人想讓我們看到的景象。在這樣的時空組合下，我們忘記了在15世紀初，明朝中國的海軍艦隊巡航於印度洋，並在此穩定著當時的國際秩序。不過，筆者無意為某種時空下的強大武力歌功頌德，而是從深埋於社會（科）學在西方知識體系之下的歷史遺蹟裡挖掘出長期以來被掩蓋起來的事物。

　　600年前，明朝中國的「一帶一路」執行起來所費不貲，後來，據說不繼續在東南亞與印度洋海域「執勤」的原因之一正是經費之不足。600年後，所謂「現代」中國執行「一帶一路」的經濟基礎亦值得留意。從中

國的亞洲基礎建設投資銀行之創設，中國用相對於歐洲的「工業革命」，中國的「勤勉革命」累積不少國家財富，這是其經濟基礎，雖然光是經濟基礎可能難以挑戰美國，進而挑戰西方，乃至引以為傲（但卻偏頗）的知識體系。自經改以來，中國被視為全球最大外資接收國，然而不知不覺地，中國早已「悄悄地」變身為世界上最重要的投資國之一，無論如何強調它堅實的經濟實力也不算過分。在先前分析中，本文已經提出不少數據，來證明中國的經濟實力，這正是「一帶一路」的經濟基礎，一如往昔，600年前如斯，現在亦復如此。

本書在先前章節中提及，海峽航路為一國之生命線，平時透過海運互通有無，戰時，輜重運輸可能攸關一國的生死存亡。本章將重點擺在世界經濟體系至今仍未解決的問題，特別是「半邊陲」與「霸權」的關係；另外，今日的美國霸權不只建立其強大的軍事力量上，事實上，美金與原油之間的特殊關係，迫使世界各國只能透過儲備美金來購買石油，這是過去歷史所不曾遇見，也是我們所容易忽略者，必須予以正視。當然，中國領導階層不可能不知道如果要挑戰美國，其先決條件是：必須先使美元與石油二者脫鉤。其方法似乎只有一個，那就是讓人民幣逐漸升格為國際貿易的指標通貨，就像美元一樣。因此，看來，中國所作所為大抵與美國極為相似，但又不能公開承認。另外，我們也對高鐵的地緣政治學進行分析，其主要論點是透過高鐵路網的建立，使歐亞大陸得以整合，但這裡不只是中國與中亞、西亞國家再度因為經濟合作與地緣政治因素而緊密結合，在社會（科）學領域裡，更是挑戰過去「向海」的正向價值觀，長期以來中國的「向陸」被目為「封閉」、「停滯」，或「內向」的「保守」性格，這應該予以駁斥。

二次大戰之後，發展研究理論次第提出，起初這個研究領域就已忽視戰後西歐國家如何復興，好像這個區域的國家早就是已開發國家、工業國家、核心國家，或者稱為富有國家。殊不知若非美國的援助，再加上美國為防堵蘇聯共產主義的擴張，危害到獨霸全球之偉業，才大力經援戰後重建，不然西歐國家不知得花上多久的時間才得以復原，而能繼續在世界經濟、地緣政治中站上優勢位置。

　　韓戰之後的亞洲，不也同樣因為共產主義的擴張，美國認為有必要加以遏制，才讓日本、台灣，與南韓在韓戰之後得到巨額美援嗎？不過，這些促進經濟發展的地緣政治因素長期以來不被賦予重要性，特別是1980年代興起的發展型國家「理論」之後。但我們又如何能夠忽視馬歇爾計畫框架下的歐洲復興計畫、亞洲復興計畫，和共產主義與發展研究領域之間的複雜關係呢？簡言之，筆者在本章提供實際例證，藉由「片面強調」全球地緣政治因素的重要性，因此，早已沒有太多空間賦予發展型國家「理論」更多的重要性，而這不正是理念型所導致的問題嗎？

　　最後，本章使用〈600年後的一帶一路〉這個標題，旨在強調21世紀初期，中國所倡議的「一帶一路」其實在600年前就曾實行過，明朝永樂皇帝擁有清晰的地緣政治觀，巧妙地運用「對沖」戰略，提高國際地位，這與當今習近平總書記所運用的戰略無甚差異。讀者或許對此會感到驚訝，然而，這不正說明在西方知識體系的思維底下，許多重要的事件長期以來被學者所忽略嗎？

結　論
發展研究之風雲再起

　　在寫作的過程中，筆者經常思考，讀者若想讀完一本專書，應該需要有過人的毅力才行。特別是在這個網路時代，凡事講求快速，簡短，也因此各種懶人包，圖文書才會紛紛出籠。所以，在洋洋灑灑寫了八章之後，筆者原先只想寫些抒情的小品代替結論，如此多少能達到標新立異、與眾不同的效果。然而，歷史總有些偶然性，不見得都能找到明顯的因果關係，人生也是，各種大小意外之事，三不五時地突然出現在日常生活裡，此時似乎只得改變計畫，來因應變化。在撰寫結論的幾天前，筆者偶然瞧見一本名爲《徐徐道來：中國人應當認識的英國》[1]的書籍，這打亂筆者原初的想法，如此看來，寫點小品來結束是不可能了，謝某似乎還得按照學術界慣常的作法，引用些學術專作，讓讀者對於偏頗的西方知識體系加深印象才行。雖事與願違，但請各位看倌耐心地聽筆者徐徐道來……。

徐徐道來

　　回想本書第四章〈「自由」貿易與不「貿易」的自由〉，旨在說明，1840年代時，英格蘭如何憑藉著船堅炮利迫使清中國接受自1720年代即以禁止的非法鴉片「貿易」，即使清廷三令五申，英國商人仍然執意販賣，因爲在當時，「工業革命」之後的數十年，英國仍然沒有太多商品能夠吸引中國最富庶的長江三角洲（與珠江三角洲）的人民購買。並且，因爲中國製茶工藝的領先，英國人大量消費中國茶葉而導致白銀外流。因此，英格蘭唯一阻止白銀外流的辦法就是販毒，之後，再由茶葉大盜

1　徐永泰，《徐徐道來：中國人應該認識的英國》，（台北：美商EHGBooks微出版公司，2014）。

Robert Fortune兩度「造訪」中國，偷走茶樹、種子，與製茶技術，在印度種植[2]。再後來，則是用機器生產，加上關稅的保護，同時對中國製茶業課徵高額關稅，使得印度茶輸英的總量完全超過中國茶。這是產業競爭與智慧財產權（知識產業）保護的問題，而非英格蘭有什麼獨特的歷史人文背景、優越的典章制度，才使盎格魯撒克遜人在近代的世界史上發揮巨大的影響力。

　　先前，我們將譴責的力道全部投注在西方知識體系的三大柱石上頭。乍看之下似乎有理，但事實上，非西方（或具體而言，中國）的知識分子批判精神頗弱，反而間接地贊同西方學者所爭論者，這件事也不應該被輕描淡寫，正因為中國知識分子悶不吭聲，特別是對鴉片戰爭（及之後的屈辱）的失利不敢揭其瘡疤，加以正視。誠如徐永泰所言：「中國人對這一段中國近代史的態度……不想去再細細地看，因為太傷痛，太難過，不看可以不必觸動曾經被灼燙的民族疤痕……（或者）想看看過去的創傷，是否能夠學到一些經驗，不再犯過去的錯誤」[3]。筆者同意《徐徐道來：中國人應當認識的英國》作者徐永泰所說的第一段，1840年代以後的歷史，的確是中國知識分子心裡的痛處，就因為太難過了，所以真相永遠都藏在廣州十三行的某個倉庫裡，沒人敢去挖掘。然而，第二段明白顯示出，徐永泰並不清楚英格蘭發動鴉片戰爭的真正原因，事實上，正因為清朝時期中國的製茶工業領先全球，英國買了太多中國茶葉，大量白銀外流至中國，英國王室給予東印度公司壟斷茶葉與鴉片的權利，才千方百計地利用鴉片貿易，好讓白銀回流至王室的口袋裡。那麼，為何清廷應該從過去的「錯誤」中學到經驗呢？

　　問題來了，我們可以猜得到像徐永泰這樣的學者應該不少。我們已經談過不少位大師級人物，連大師都不甚了解的中國，徐永泰這位牛津大學經濟史博士也可能還沒弄清楚鴉片戰爭的來龍去脈，就已經拿到博士學

2　Sarah Rose，呂奕欣譯，《植物獵人的茶盜之旅：改變中英帝國財富版圖的茶葉貿易
　　史》，（台北：麥田出版，2014）。

3　徐永泰，《徐徐道來》，頁10、11。

位，這與當年筆者並沒有兩樣。然而，（台灣）文化部竟然在2015年將《徐徐道來：中國人應該認識的英國》一書列爲適合高中生閱讀的優良作品[4]，聽聞這個消息，眞令筆者無言。對於英國的種種，特別是在人類歷史上引以爲傲的典章制度、歷史文物等等，徐永泰先生想要「徐徐道來」，筆者則是越寫越緊張，爲了高中生被灌輸遭到扭曲的世界觀而緊張。更大的問題是，文化部（或者再加上教育部，特別是歷史課綱審查小組）的官員甚至還覺得自己爲年輕人選擇「優良」讀物而沾沾自喜！先前，我們不是才讚美過馬克思，其慧眼洞視了英國人的虛僞，王室成員、政府官員高舉著「自由貿易」之大纛，來強迫清中國進行非法的鴉片買賣嗎？不過，我們得花點時間來看幾個徐永泰博士要我們瞭解英國之所以爲英國而值得起立鼓掌的原因。

　　首先，徐博士對於英國的民主憲政可謂情有獨鍾，他說：「英國的憲政革命發生在1650年左右……中國認識和實踐民主，比英國晚了約260年」；第二，英格蘭最熱衷於殖民主義的「維多利亞女王（1837-1901年）的六十多年裡，中國因鎖國而處於政治、經濟最疲弱的時代……」[5]；第三，徐博士比較了17世紀印度與清朝政府對英國人極其不同的態度，他認爲這正是中國在鴉片戰爭之後走向衰弱的主要原因。徐永泰說：「在17世紀英國人剛進印度的時候，當時印度的統治者……Mughal Emperor Nuruddin Salim Jahangir（1605-1627年）儒弱無能，對英國人諂媚勢利，給予英國人優渥的投資條件，只要英國人開口，無不答應」[6]。反觀中國的情況，當「英國商人來到中國，不被中國的皇帝尊重，反而被隔離在千里之外，與印度的領袖迥然不同，待遇天地之別，與中國的衝突難免不發生」[7]。以上，我們選擇徐永泰博士這三個論點，與

4　〈狂賀《中國人應當認識的英國：徐徐道來》榮獲高中優質讀物推薦〉，2015年8月3日，udn網路城邦，http://blog.udn.com/eastolga/27071014，檢索日期：2018年7月4日。

5　徐永泰，《徐徐道來》，頁70。

6　前揭書，頁130。

7　前揭書，頁131-132。

之對話。

　　針對徐博士大力讚揚英國民主憲政的成就，筆者只想說，一般咸認為自1648年的權利法案制定之後，英國王室好像就開始放權讓利，讓每個守法的英國子女們都受到保障。但這樣的說法如果不是過分誇大，那麼就是他認為所有的美好事物，打從起頭就在英格蘭等待人去發掘了。事實上，英國開放男性普選是在1918年，全民普選則在1928年[8]，在歐洲，這年分均不算太早，亦不算太晚，此即相較於歐洲已開發國家，英國王室並不是特別尊重人民的基本政治權利。其次，對於維多利亞時代的評論，徐博士認為，英國是怎樣地開放（「向海」），而中國反其道而行，走的是故步自封的一條「向陸」方向。然而，這並非事實。廣州一口通商，並未限制合法商品進口之數量，只要外商能銷售其產品給行商的話，無論數量多少，均予接受，然而，英格蘭商人賣的卻是非法商品。但這本「優良讀物」反倒責備清朝政府，認為他們禁止毒品交易，而應受到譴責。況且，在大航海時代，英國王室的財富，三分之一是來自海上掠奪、三分之一來自奴隸貿易，最後的三分之一來自東印度公司的利潤[9]。而最後的三分之一，大部來自鴉片所產生的利潤。最後，關於印度統治者與清朝皇帝的比較，更是讓人不知如何加以應對。1660年代，清朝將台灣納入版圖之後，海禁即告解除，並未禁止外商前來中國商貿。況且，印度的統治者如果完全同意英國人的要求，那麼，不是更容易為英國所控制？實際的情形不也正是如此嗎？

　　總言而之，《徐徐道來：中國人應當認識的英國》這本書，至少存在著以上三個似是而非之論點[10]，文化部竟然將此視為「優良讀物」，進而推薦給全台灣的高中生，真是匪夷所思。難道這還不夠令筆者緊張嗎？

8　梁柏力，《被誤解的中國：看明清時代和今天》，（九龍：花千樹出版，2011），頁213。

9　竹田いさみ，《盜罪、商人、探險家、英雄？——大航海時代的英國海盜》，（台北：台灣東版，2012）。

10　限於篇幅，筆者只選擇上述三個論點加以討論，但不表示這些論點是該書最嚴重的錯誤。

徐徐不是緩慢的意思嗎？這怎能叫人不急躁呢？在此之下，年輕人的世界觀與歷史觀怎還有導正的機會？

　　但回頭樂觀一點，假若還有機會。本文利用最後的一點時間，再稍微回顧不同時間性的發展研究。

再述600年、160年，與60年時間性的發展研究

　　如果我們將「發展」（development）視為是以某種方式進入所謂的現代（modern）資本主義經濟體系之中，進入西方（或全球）學者普遍接受的以西方大航海（或稱地理大發現）為起點，然後逐漸地涵蓋到全世界各個角落的過程，每個地區在體系裡面位居不同的位置——核心（core）、半邊陲（semi-periphery），與邊陲（periphery），並扮演不同的角色，以不同的能力與速度積累財富[11]。那麼，或許，我們可以對世界上不同區域的發展進行長時間、大範圍的思考，換言之，普遍認為源自於二戰後1950年代的發展研究，或許可以將研究期間往前推至大航海時代，甚至更早，像是600年前的15世紀初葉，明朝鄭和下西洋之舉，其實是為了疏通馬六甲海峽。當今，國際關係、地緣政治學者所言的「馬六甲困境」其實早在數百年前就發生過，該海峽是攸關明帝國朝貢貿易順遂與否的重要海上航道，也是西洋諸國從中國獲得高階工藝品、中國取得西洋諸國農、特產品的重要通路。今日則為中國獲得石油之主要通道，其重要性不言可喻。

　　或許，我們該再次檢視，60年時間性的發展研究過去所未曾帶給我們的。換句話說，再花點時間以600年與160年時間性來檢視東方與西方，或者是東亞與西歐（與其他區域），或者是清中國與英格蘭的社經發展。本文旨在說明，若只用60年時間性視角來觀察發展研究的話，可能有些缺憾，因為，雖然我們將時間推回「過去」，但仍不夠遠，以至於看不清世

11　Immanuel Wallerstein, The Capitalist World-Economy: Essays, (Cambridge and New York: Cambridge University Press, 1979); Wallerstein, *Historical Capitalism*, (London: Verso, 1983).

界歷史發展的長流，換句話說，若再加上600年與160年時間性視角的話，相信發展研究能讓我們對歷史發展看得更爲清晰。我們利用這最後的機會，再看看西方知識體系的三大柱石到底有多堅固，西方知識體系對社會（科）學影響力有多巨大。

600年時間性的視角

　　600年後，某個宜人的秋季裡，學者們對本書上所討論的議題，應該早有比較明確的答案，不過，讓我們把握住最後的機會，再多說一點。

　　回顧600年時間性這個時間片斷（片段），華勒斯坦的世界經濟體系理論告訴我們，資本主義從西歐展開並涵蓋全球，在過程裡中國沒有機會產生資本主義，他認爲這個古老而巨大的國度只能等待歐洲列強來叩門踢館，帶領進入（或併入）世界體系之中。於是乎，「全球」霸權只能從西方（的擴張）開始。至於明朝在15世紀初稱霸於印度洋這類事蹟，則難以呈現在歐洲中心主義觀點下，也就不足爲奇。我們不禁要問：15世紀（或華氏所稱之「長16世紀」）時，東、西方的接觸似乎不甚頻繁，那麼，爲何歐洲的海上霸權足以被稱爲「全球」霸權？另外，對華氏而言，歐洲的興起主因乃是首先出現在西方的資本主義，東方（中國）的衰弱，原因正好相反，那就是：沒有資本主義。

　　不過，認爲資本主義不可能出現在東方（中國）者，並非只有華勒斯坦，社會學大師級人物馬克思、韋伯[12]等人也抱持同樣看法。即使這些學者所關切者不盡相同，但中國沒有資本主義，卻是這些學者們共同的信念。這裡，筆者想起一本（過去）頗具重要性的專著，這本書的結論，值得略爲回顧。馬克思主義人類學者Hill Gates研究中國千年來的成長動力，他使用小額（無足輕重的）資本主義（petty capitalism）來指稱中國

12　事實上，華裔知名且極具影響力的學者，像是黃宗智、趙穗生等，雖然研究議題有異，
　　也抱持相似的看法。對於黃宗智與趙穗生的批評，請分別參照謝宏仁，第一章，〈美洲
　　白銀的奇幻漂流〉，第四章，〈鴉片的政治經濟學〉，《顛覆你的歷史觀：連歷史老師
　　也不知道的史實》，（台北：五南圖書，2017），頁39-97，頁173-216。

的經濟活動，該書有價值的論點不少，但本文只就其中兩處進行討論，

　　其一，Gates認為「最古老的，且可能是（對中國文化）最具影響力的資本主義，並非在19、20世紀由歐洲與日本人所帶來，而是16到18世紀華人在南洋與外國商人接觸就開始了」；其二，Gates花了很多時間討論生產模式（mode of production），並且堅持中國的小額資本主義是矛盾的，在中國小額資本主義裡，「賣」是為了「買」，而不是為了掙取利潤，所以無法朝向真正的「資本主義」過渡[13]。關於第一個問題，筆者認為，Gates認為在16到18世紀期間，華人在南洋與外國人接觸，資本主義的運作模式「傳授」給華人，當然，這比起費正清以1842年為分期的時間點早了不少。然而，Gates在*China's Motor*全書中隻字未提1570年代起直至1820年代止，明清商人將高階產品絲綢運至呂宋島，再由西班牙人轉運至中、南美洲，時間長達250年，這就是中國手工業領先的證據，實在費解為何Gates告訴我們是外國商人在南洋地區率先影響華人？至於第二個問題，Gates這位馬克思主義者，其實也如同與馬克思本人，只重視生產面，而忽視消費面。在先前章節中，筆者已經找到歷史事實，來證明中國的富商巨賈如何在長程貿易上壟斷茶、鹽等產業，其中，徽商、晉商、陝商不乏擁有數十萬兩、乃至百萬兩巨資的「企業家」（資本家），絕非Gates所謂的「小額」（petty）資本主義。

　　在此我們看到Gates受到二分法──（西方，英國）大規模生產vs.（東方，中國）小農經濟；資本主義vs.自給自足（或「小額資本主義」[14]）──所影響，於是在這個框架下，中國的經濟發展只能在「沒有資本主義」的條件下被書寫。因此，我們看到又一作者落入二分法的窠臼之中，這不禁令人懷疑，歷史社會學家經常掛在嘴邊的說法是：概念、

---

[13] Hill Gates, *China's Motor: A Thousand Years of Petty Capitalism*, (Ithaca: Cornell University Press, 1996), p. 8, 20.

[14] 一方面Gates在「petty capitalism」一詞中已經使用「capitalism」這個字，同時又認為中國的小額資本主義其實並非真正的資本主義，其間似不無矛盾之處。或許，這就是Gates的問題所在。

理念型、理論與分析架構要經常與歷史事實對話，但我們在西方知識體系下所學習到，卻是學者們總在挑選合適的，拋棄不合適的史實，Gates如此，但大師如馬克思、韋伯、費正清、與華勒斯坦不也如此嗎？這多少令人感到遺憾！

160年時間性的視角

　　每個人對過去所謂的「重要事件」看法不一，即使是相同事件，同樣也會有不同的看法存在，是故，對於同一事件的不同解釋，可能影響到對「過去」的想法或信念，也就會對「未來」產生不同的景象，世界觀也會因此不同。

　　台灣海峽兩岸的華人應該很清楚，19世紀中葉發生過鴉片戰爭，也幾乎都認為這場戰爭就是衝著鴉片而來，因為林則徐銷毀了鴉片菸，造成英國商人損失慘重，但其實，鴉片戰爭是為了茶葉，毒品鴉片菸被沒收了，損失最慘重者也非英國商人，而是清朝中國的未來[15]。

　　李伯重比較晚期帝制中國的江南——也就是長江三角洲，明、清中國最富庶的區域，與歐洲（特別是英格蘭）的發展，他認為：

> 從商品結構方面來看……江南工農業生產發展所需的煤、鐵等物質，就不能通過這個市場大量而廉價地獲得。尤其是在海外市場方面，江南產品出口的大量貿易盈餘，並未能換回江南工農業發展最需要的物資。其所換回的，主要是白銀以及鴉片……後者（鴉片）……嚴重地危害了江南經濟的發展。道光時包世臣已指出：「即以蘇州一城計之，吃鴉片者不下十數萬人。鴉片之價，較銀四

15　筆者認為，1851年到1864年的太平天國可能要負擔更大的責任，對清朝的未來而言。明清江南賦稅甲天下，上繳北京達五分之一到四分之一全國稅收之總合。太平天國卻將這個區域破壞殆盡，使得清朝元氣大傷。當然，一個朝代的衰亡，應該是某些原因的綜合，我們也不能將之歸因於一特定因素。關於太平天國的議題，請參照，Jonathan D. Spence（史景遷），朱慶葆等譯，《太平天國》，（台北：時報文化，2016）。

倍。換算每人每日至少需銀一錢，則蘇城每日即費銀萬兩餘，每歲即費銀三四百萬兩。……買食鴉片，則其銀皆歸外夷。……近來銀價日高，市銀日少，究厥漏卮，實由於此。」也就是說，江南人民創造的大量物質財富，沒有換回本地經濟發展的必需物質，而是毒品。這種市場的缺陷，顯然是江南工農業發展的重大影響[16]。

原本是最繁榮的江南地區，卻因爲吸毒者眾——僅蘇州一城吸毒者竟超過十萬，而無法累積資本，再投資於所必須的項目，如此一來對19世紀中葉的江南、乃至整個中國經濟發展造成嚴重影響。今日，我們會基於人權的考量，而責備菲律賓總統杜特蒂（Rodrigo RoaDuterte, 1945-）掃毒的鐵腕措施，然而，若是考量菲國的經濟發展，先使盡全力掃蕩毒品卻可能是菲律賓經濟發展的唯一方法。

　　無論鴉片戰爭造成多大的負面影響，海峽兩岸的學子們都未曾被告知過，因爲掌握權力的人——具體而言，制定課綱的官員們——根本不知道鴉片戰爭的眞正起因，是英國爲了解決茶葉貿易所導致的大量入超。簡言之，160年時間性的觀點讓我們知道，這個「瞬間」在人類歷史上是（最）大的轉折點，筆者對此則持不同看法，有不同解釋。在我們腦海中所呈現出不同的「過去」，就時間性而言，關係到「未來」的圖像，而與世界觀、歷史觀的建立緊密連結起來。

　　在這裡，我們看到西方（英格蘭）的興起（無論其所用的方法有多麼不道德），與東方（清中國）的逐漸頹圮。

60年時間性的視角

　　我們還得談談60年時間性這個「瞬間」，在這一小段時間裡，所發生的事件、可能性、與可能性的組合。先前，我們提到亞洲復興計畫（或馬歇爾計畫的亞洲版），無論是日本、南韓，與台灣，在韓戰爆發之後，

16　《安吳四種》，卷二十六《齊民四街》，卷二〈農二〉，引自李伯重，《發展與制約：明清江南生產力研究》，（台北：聯經出版社，2002），頁400。

美國為阻止蘇聯為首的共產主義東擴，而決定參戰，當時的北朝鮮誤判局勢，認為美國只可能將韓戰視為朝鮮半島的一場內戰而已。之後，日本、南韓，與台灣均接受美國大量軍事與經濟的援助。筆者認為，可以這麼說，1950年代以來的幾個發展成功案例，都與共產主義的擴張（或遏制）有關。那麼，60年之後的2010年代中國的一帶一路還是與共產主義有所關聯，蓋因（號稱）共產中國正主導著這個可能是人類歷史上最龐大的發展計畫。雖然學者可能不太喜歡研究「巧合」或「偶爾性」這類議題，但或許真是巧合，60年前與60年後，發展研究中，過去成功與將來可能成功的案例都與共產主義脫離不了關係。我們先得用一兩個2010年代的例子來說服讀者。

　　本文在此只談談中國與印度的死對頭巴基斯坦的合作項目瓜達爾港（Gwadar），再加上中國在土庫曼的投資案，從這兩者試圖窺見端倪，即使現在就要看出中國大量投資的國家之總體經濟效益，的確還有些困難。瓜達爾港距波斯灣的何莫茲（Hormuz）海峽只有400公里，而全球有三分之二的石油都必須經過這裡才以運出，這意味著在進入印度洋之前，也得經過瓜達爾港附近。另外，瓜達爾港也是中國從中東、非洲，以及歐洲購買的商品與能源的中轉站，從這個港口向東北方向即可連接到新疆的喀什，在這二地間修建油氣管道，使其成為另一條重要的戰略能源通道，如此，石油與天然氣就可以不經馬六甲海峽，而直接輸入，這讓中國減輕不少壓力，若再加上高速公路、鐵路與光纜等，則可以連成「中巴經濟走廊」，經濟效益是可以預見的。2013年，中國終於取得瓜達爾港的經營權，「未來將投資450億美元的巨資從瓜達爾港修建油氣管道、高速公路、高速鐵路、光纜等，齊頭並進，橫越3,000公里，一直修到喀什」[17]。當然，美國可能不樂見這事情能夠順利進行。

　　以下的事，換成俄羅斯不樂見了：土庫曼是中亞地區富產天然資源的大國之一，該國原本是俄羅斯天然氣大亨，也就是「俄羅斯天然氣工業公司」（Gazprom，簡稱：俄氣公司）的根據地，然而中國在2009年時，

17　宋鴻兵，《鴻觀》，（廣州：廣東人民出版社，2016），頁167、170。

從土庫曼經過烏茲別克、哈薩克，進入新疆，出口到中國的天然氣已超過俄羅斯，使該國政府開始高度依賴對中國的出口。這麼說，在中亞地區，俄羅斯雖然仍保有一定的經濟影響力，然而，中國對該地區施加的力道更大，「除了天然氣輸送管、它已經興建發電廠、煉油廠和傳送線，對俄羅斯構成不利影響……（再加上）因為中方資金取得容易、興建速度又快。中國石油集團正在取道吉爾吉斯，替土庫曼天然氣興建另一條管路，帶動區域內欠缺能源地方發達」[18]。明顯地，中國為這些「看得上」的國家──通常是能源大國或是地緣政治的要衝，帶來發展的機會，而與該國是否努力發展經濟未必有直接的關係。附帶一提，一帶一路沿線國家共有數十個，中國正在執行的項目可能高達數百個，上述的故事只是其中之二，例證雖少，但應該足以讓我們略見與「共產」中國合作確實可以得到發展的機會。

　　綜合言之，600年與160年「時間性」的視角，讓我們看到發展研究能夠從區域的角度，來觀察東、西方這兩大區域的興衰，與日後可能變化的方向。即使我們並不打算預測未來，然而，「過去」、「現在」、與「未來」──即時間性，乃是不可分割的整體，那麼，「未來」就必定存在研究者的心中，如此無所謂是否進行預測的問題。另外，發展研究看似探究個別國家發展，但60年「時間性」的視角將告訴我們發展研究並非發展型國家「理論」所能解釋者，而是在大國（例如美國、中國等）羽翼保護下，或者援助下才可能發展，60年前如此，現在的「一帶一路」亦復如此。看起來，發展與否還得由霸權（或霸權的挑戰者）來決定吧！

　　這裡或許要邁入漫長寫作的尾聲，且讓筆者想出幾段看起來像是結論的詞句吧！

18　Tom Miller，林添貴譯，《中國的亞洲夢：一帶一路全面解讀》，（台北：時報出版，2017），頁71-72。

發展研究之風雲再起

　　600年前，明帝國永樂皇帝派遣鄭和下西洋，疏通了受阻的馬六甲海峽，帶回西洋諸國的使節們與該國對明朝「尊敬」的貢物，明帝國也厚賜禮物，禮尚往來間，維持明帝國在印度洋的霸權地位。但在地緣政治因素的考量裡，軍事力量絕非唯一，外交、政治策略的運用也同樣是達成目的之必要手段，故此永樂皇帝派出陳誠出使，與中亞國家建立友好的「國際」關係。在這裡，我們看到600年前的一帶一路帶領明帝國在東亞、東南亞，以及印度洋區域登上霸主寶座。

　　歷史緩慢地走著……走著……

　　19世紀中葉，洋人的槍矛在廣州城外光輝閃爍，揮舞砍劈，錚錚作響，炮聲此起彼落，巨聲「敲碎」了一個寧靜的夜晚，「巨變」也就從這個時候開始。奇怪的是，原來在某些地方為了點芝麻小事而爭得死去活來的洋人，當他們來到清中國時，卻合作無間，虛情假意地要將洋人才有的「現代性」帶進中國，將生機注入這個古老的、動彈不得的、千年未變的龐然大物之軀體裡。自那時起，軀體裡的億萬子民們，內心的撕裂傷至今未曾完全復原，結痂的部分也因為瘡疤過大，每當不小心碰觸時，仍隱隱作痛。一連串乍看下屈辱事件的組合，向來都被「船堅炮利」四個字所概括，有人（應該說有權力的人）不讓我們再次翻開紗布再看一次傷口，不讓我們知道這些刀槍創傷到底是怎麼來的。

　　歷史緩慢地走著……走著……

　　60年前，原本只想打些比較好對付的非西方國家的西方列強們（或許還得加上相當西化的日本吧！），並且，在清中國的北方也曾合作過一段時光的八個國家，自己也打了起來，從戰後歐洲破敗的情況看來，列強們的武器確實先進，也難怪在將「現代性」帶至非西方國家時所向披靡。後來，遠處的新興霸權，不知為了什麼，非常畏懼共產主義，千方奇計地要圍堵它，只要一發現共產主義有可能擴張的地帶，霸權的援助就會跟著到來，無論是在西歐的英、法、德，還是東亞的日、台、韓，這些國家好像都發展起來了，特別是後面三者，好像有人總是說，它們（都）是靠自

己努力得來的，正所謂「天下沒有白吃的午餐」！60年之後，東邊還是被防堵著，同樣是爲了防止共產主義的擴張，但此時，共產主義向西邊走了，無論是「向海」或「向陸」。

歷史緩慢地走著……走著……

再往前一步吧！歷史總是這樣告訴我們。於是，我們被迫頭也不回地走向未來，似乎也只有在記憶中才能回到過去。但記憶是可以更改的，因爲握有權力的人幫我們決定了應該被記憶的事件，而什麼事件又應該被遺忘。

歷史（依舊）緩慢地走著……走著……

「共產主義」也是……。

附　錄
走出薪資停滯的窘境

當我們發現自己掉落陷阱[1]之中，四周黑暗無光，心知自己被困住了，奮力地抓住幾個旁邊突出的石塊往上爬，腳下鬆動的石頭與手中的汗水讓自己再度滑落到坑底，剛剛碰撞過坑壁還歪斜著的腦袋，看似懊惱著剛剛失足的模樣，此時，絕望的重量再次壓在內心的最底層，就連呼吸這件事都快失去使用價值。

上面這段話，筆者想說的是：台灣20餘年來薪資並未大幅成長之窘境，然而，聽起來卻又像是年輕人的心聲。打從他們出生的那一刻，家中出現歡聲開始，台灣的薪資水平就停滯了。換句話說，1990年代中期出生的孩子們，日復一日，從嬰兒、兒童、青少年、青年，一直到成年，薪資似乎不曾（有感地）成長過，但聽說，物價倒是成長不少[2]。可想而知，到2020年代時，他們已經是三十（多）歲的人了，生活應該不會沒有壓力，因為他們的薪水不高，物價則不低。當他們回想自己小時候相對富裕

1　附錄原先想以「中等收入的陷阱」為標，該陷阱發生在一國經濟高速成長之後，達到中等收入水平之後便長期處於停滯狀態，肇因於這經濟體的勞動力成本逐年上升，其價格競爭力日益下降，難以與低工資的經濟體競爭，再加上短時間內難以與核心國家在高端科技相抗衡，而落入窘境。並且，其「解決辦法」似乎是所謂的「標準答案」——諸如引進新技術、開發新市場、擴大內需，增加出口等，如果一切順利，似乎無須停滯太久。當然，筆者會說出這樣的話，充分暴露出吾人並非經濟學專家。
　在國際上，人口超過2,000萬，而能夠逃離此陷阱者並不多。在過去台灣與南韓經常被視為成功發展的例子。然而，事實上，台灣的薪資水平已經停滯20年，是故，將標題改訂為〈走出薪資停滯的窘境〉，或許可以提供讀者不同的思維。

2　筆者將此附錄的寫作形式設定為個人心情之抒發，與嚴謹的學術文章有所不同，並且，筆者仍在向台灣學界的資深教授學習當中，所以，請讀者先暫時放下嚴格的審查標準，試著聽聽筆者的心聲。在此，就不提供各項數據或參考指標，敬請讀者見諒。或許讀者發現，此附錄與本書標題並無直接之關聯，撰寫此文，只是因為生活在這塊土地上數十載，或許可以藉此提供些微的貢獻吧！

的日子，應該有不少人怨嘆自己會不會是看不到未來的那群人當中的一個吧？

那麼，如何讓停滯的薪資開始成長呢？我們最常聽到的「標準答案」是產業升級。對此，筆者有不同的看法。

產業升級不是萬靈丹

產業升級不是靠科技的提升嗎？看起來如此，但實際上，優化人民的人文素養才是。本文分以下幾點加以說明，第一，先講述「歹教擱驚死」、「夭鬼擱貪俗」這兩句俚語；第二，人們總是相信，科學技術水準的提升自然能導致產業升級這樣的好結果，但事實上，人文素養之優化才是，特別是從提升附加價值這樣的角度來觀察；第三，選擇適合台灣住民的規訓方法，普遍上，多數台灣住民自恃著濃厚的人情味，凡事以和為貴，這並非不好，但要能夠搭配更守法的生活習慣；第四，本文提出產業升級應該做的五件事，其中亦有政府可以配合推廣之處。

俚語故事：「歹教擱驚死」、「夭鬼擱貪俗」

我們先到俚語教室裡聽一段小故事。

筆者的一位資深同事在退休之後，留在系上擔任兼職教授。這位同事年輕時留學日本，茶餘飯後閒聊時，話題包羅萬象。某日，談到了日本殖民者對於台灣人的印象，據這位同事說，老一輩的日本人（特別是警務人員）對台灣人的看法可以用「歹教擱驚死」這短句來形容，意思是：一方面台灣人真是難以教導（「歹教」），例如，教導他們如何遵守政府定下的種種規矩；另一方面，他們又非常怕死（「驚死」），例如，喜歡偷偷地違反規定（這似乎是本能），然而又害怕遭到處罰。雖然說，這可能是人性共通點，不只是台灣人如此而已，但或許台灣人稍微嚴重了些吧？！

也許是華人文化的習慣，既有「上聯」就必須找出「下聯」，二者必須同時存在，否則就無法解明「上聯」的意思。那段時間裡，總覺得只有「歹教擱驚死」這個上聯挺奇怪的。某天搭高鐵時，突然間下聯「夭鬼

擱貪俗」浮上腦海，再唸幾次「歹教擱驚死、夭鬼擱貪俗」[3]，覺得頗符合台灣人的個性。雖然，讀者大略已知筆者並不喜歡文化面向的解釋，因爲過於空泛，難以找到具體事證。不過，當找到下聯時，倒是頗受其吸引，可見文化面向的解釋還是有市場存在，相信的人應該不少才對，以至於我們經常聽到在批評台灣人是怎樣的不好時，我們總是不加思索地全盤接受。例如，「歹教擱驚死、夭鬼擱貪俗」，聽起來不無道理，但好像也找不到證據來說服人。然而，筆者還請讀者們先行原諒，因爲這畢竟是附錄，並非正文之一部，請容許暫不提證據。當然，這一聽就能知道是藉口，不是什麼合理的原因，還請讀者們暫不計較。那麼，什麼是「夭鬼擱貪俗」呢？筆者覺得，這與產業升級有關，而產業升級不就是台灣薪資水平停滯20年之後，大夥兒經常掛在嘴邊的四個字嗎？

　　爲何說「夭鬼擱貪俗」與產業升級有關呢？原因倒不難懂。原因是這樣：如果有一群人，他們不只是喜歡吃免費的食物，只要知道某地方供應這樣的食物，他們會一同前往，正所謂「呷好康逗相報」；若是需要花錢買東西的時候，就一定要買到便宜貨不可。當然，便宜貨的品質不可能太好，但這不是他們考量的重點，因爲他們只在乎：東西要夠便宜才行。有一天這群人當中，終於有人發現到自己所生產出來的東西開始賣不出去，因爲市面上早就有類似的商品，價格還更便宜。這時，他們高喊著要「產業升級」，唯有如此才能在市場上打敗競爭者，占據一席之地。但這可能嗎？這群人不是早已習慣便宜、但品質不高的商品嗎？要同樣的一群人來進行產業升級，這豈不是緣木求魚嗎？好像是！若本文的說法正確，或者還有一點道理的話，那麼，所謂的「產業升級」最重要的可能就不只是技術進步而已了，除此之外，人的素質也要跟著提升，怎麼說呢？

3　在日本人治理台灣初期，民政長官後藤新平採取生物學策略成爲管理的方針，對台灣的近代化卓有貢獻。他對台灣人的名言就是「貪生怕死、貪小便宜、愛面子」，如今想想頗爲玩味。

人文素養與科技學習

　　學習科技新知只是生產活動中一個必要的過程。市場上，總有許多追求利潤者，特別是高毛利的產品，相對會吸引更多投資者進入，爲了逐利，或者更簡單說，只爲能不被其他競爭者所淘汰，廠商必須擁有一定的研發能力，維持技術的領先，如此才能在市場上獲得致勝先機。

　　產品（或服務）升級可以看成是產品附加價值的例子，可以視爲生產者、發明者將其人文素養體現在產品之上。換言之，總體來說，人民的素養若是一直停留在原地──比方說，二、三十年前──而不進步，或者，即使進步一些，也是緩進三步，那麼，產品（或服務）要升級的機會應該不多才是。在此，我們所談的是產品（或服務）的最後階段。如果，換成談論最常聽到的「產業升級」的話，那麼，可以這麼說：在某產業的不同階段，其材料的應用與製程的提升──這與管理知識的累積有關──是提高產品與勞務附加價值的關鍵。如此看來，台灣最需要的「產業升級」與人民整體素質息息相關，並非只仰賴科技的進步。而如果要提升全體人民的素質，那麼，守法精神若不加強，富有人情味的一群人──那群可用「歹教攏驚死、夭鬼攏貪俗」來形容的人，在生活中，總是看到許許多多的人以違規（不被舉發）而自得其樂，那麼，還眞不知如何從這群人的工作中看其附加價值的提升，即使有，相信應該也不會太多。我們來談一個小故事，看看是否可以有方法來加以改善。

　　座落於台東市中華路的豐源國小，新校舍於2012年3月落成啓用，號稱是全台灣唯一的藍白歐式建築，不禁讓人想到希臘這個遠方國度。豐源國小同時擁有農村的休閒風，與浪漫的海洋風情，堪稱是台灣最美的小學。拜網路之賜，該小學迅速成了熱門景點，一日之內吸引了高達2,000、3,000人進入校園。然而，這也是災難的開始，似乎只要大量台灣人群聚一起，整個畫面就會逐漸變得讓人不舒服。據校長吳秀金的說法，開放校園已經許多年，學生們心中的不滿逐漸溢於言表，因爲打掃是爲了觀光客，並且是極沉重的負擔。不僅如此，師生的財物亦遭破壞。這豈不是先人所言的「歹教」嗎？有免費的景點，「貪俗」的觀光客於是蜂擁

而至，並且幾乎找不到任何可行的管理方式。最後，逼得全校師長於今（2018）年4月下旬開會討論，一致決定不再對外開放，稍後學校對外公告「即日起不開放校園，希望社會各界讓學校成爲教育、爲莘莘學子承擔重要責任的地方」[4]。不過，大家是否會因此躬身自省？對此，筆者眞感到極度悲觀，因爲他們應該會很快找到下一個熱門景點，然後繼續破壞摧殘，然後再痛罵政府推廣觀光不力。

　　再舉個生活上的例子亦無妨。我們經常以台灣人富有人情味而自豪，其實，除了「人情味」之外，「異味」也存在於社會（或建築物）的角落。2018年5月20日是蔡英文總統就職兩週年的日子，當天，她在網路上回答民眾的問題，其中一個問題是：陸客減少台灣該怎麼辦？蔡總統在當天晚間公共電視七點新聞回答道：「要開發優質客源」。聽起來，這頗有道理，也是政府應該做的，筆者深感贊同。然而，這只是開發新的客源的部分，但發展觀光業，不能只專注開發新的、優質客源而已，簡單說，政府似乎擬好答案，但問錯了問題。所謂的「開發優質客源」，意思是，要解決中國大陸來台觀光人數減少的問題，可以想辦法開拓已開發國家的客源，這聽起來似有道理，但其實是似是而非的。觀光產業發展的有效指標非僅觀察每年來台觀光人數的多寡，而是，前來台灣旅遊之後，願意再回來，或願意介紹親友、乃至「招團」赴台觀光者到底有多少？如果來過的人，在其滯台的期間，旅遊經驗感到不愉快，這些人就無法爲台灣再帶來更多觀光人潮。那天上午八時左右，筆者與家人在台南新營休息站停留片刻，小六的兒子想上廁所，當時尚有兩間沒人使用。他看了第一間廁所，有點失望，再看了第二間，看起來更失望了。後來，他選擇第一間使用。據他表示，兩間都髒亂，但第一間比較沒那麼嚇人。他的表情訴說著這是相當不愉快的經驗，但這是偶發事件嗎？台灣的公共廁所通常是相當乾淨的嗎？恐怕不是。也就是說台灣絕不只有人情味而已，在許許多多的公共廁所裡，都不難聞到異味。人民素養不好，不願尊重下一位使用公共

4　李先鳳，〈難忍屢遭遊客破壞全台最美豐源國小謝絕參觀〉，中央通訊社，2018.04.25，http://https://tw.news.yahoo.com/%E9%9B%A3%E5%BF....，檢索日期：2018年4月25日。

設施的權利，這樣如何能開發優質客源呢？

「歹教擱驚死、歹鬼擱貪俗」的心態讓（台灣）人民素質獲得普遍提升成為不可能的任務。守法精神若不加強，整個島嶼上——可能除了狹小的台北市之外——看起來毫無秩序可言，充其量只能吸引觀光客來一次，會再回頭光顧的人不多，會推薦給親朋好友的應該不會太多。另外，除了被師長要求的小學生之外，台灣住民閱讀習慣不普遍，一年唸不到兩本課外書，出版業早已開始了多角化經營，幾乎忘了自己的本業。不閱讀，人文素質不可能提升，如果再加上台灣人太喜歡滑手機，除了增加葉黃素的銷售量之外，幾乎毫無益處。在這種心態下，產業升級即使不是完全沒有機會，也會變得相當困難。那麼，我們僅存的少數機會又在那裡呢？其實是有的，但可能會被批評者扣上「警察國家」的帽子，而難以執行。筆者的淺見是：規訓的方法要改變。

筆者認為，這是台灣人民素質的問題，不是觀光客來源的問題，如果不從提升人民的素質開始做起，而是不斷自欺，認為大家的素質已大幅提升，而無需改進，那麼我們將很難理解，台灣社會為何看起來總是亂糟糟的，除了大台北捷運的良好秩序可能是全台唯一的例外。與產業升級類似，人民的素質應該放在首位，而非只是注重技術的升級而已，過去直到如今，我們可能弄錯了順序。

改變規訓的方法

人文素養的提升是長時間的工作，快不得，急不了。不過，規訓方法的改變，或許可以幫點小忙。因為相信讀者已經更多了解台灣住民一些，或者能找到好辦法吧！

無須再只以「道德」來約束民眾，我們不應該再欺騙自己，認為只要好好規勸，就足以讓人守法、服從秩序，或者說學會尊重別人，這既不太可能，而且浪費社會成本，特別是教育成本。如果用效果論之，我們花費許多時間與資源，嘗試使人尊重其他人使用公共財的權利，例如：公園、交通秩序、圖書館、文化中心等，或者在某些公私場合學習排隊守秩序，

對不少台灣人而言，學會耐心排隊有其困難，有時，甚至還覺得可恥的，因此「走後門」、插隊就變成習以為常。由於「貪俗」性格使然，能貪一點是一點，無法「貪」成功，好像沒有賺頭，就是吃虧。這心態到底是怎樣養成的，筆者倒感到十分好奇。總之，整體而言，台灣人並不太守法，或者說，這個社會對於守法者並未提供「獎勵」的機制，也就是說，守法者通常產生一種守法即吃虧的心態，會吵的有糖吃，不守法者得到更多，生活更加「便利」，如此，令守法者不願意因守法而處處吃虧。

其實，如果治理方法正確的話，台灣人（應該）還是能守法的，也會將守法的觀念內化，看看大台北地區民眾搭乘捷運即可略知一二。經過多年的法治教育，大多數的人是搭捷運時「樂於」守法，並試著「尊重」他人的權利。簡言之，適當的罰則（應該說以「可預見的」處罰）是必要的，如果我們早知道有一群「歹教」卻又「驚死」的人們在那兒的話，「棍子或蘿蔔」[5]的策略看來至今依然適用。不先普遍提升人的素養，單靠少數人的創意，要等到產業（包括觀光業）升級那日的來到，似乎遙遙無期。綜上所述，筆者深感，適當的處罰是有必要的，特別是：治理並提升台灣住民。

以下五件事，也許是年輕人可以嘗試努力完成，也是政府可以費點心力者。但這得從長規劃，非一朝一夕可以達致。這五件事，與產業升級有關，因為如果可以透過政府與民間合作，共同努力的話，那麼，整體上台灣人民的素質要提升。換句話說，若能將這五件事做到相當程度的話，所造就的人才將是產業升級的生力軍，若這樣的年輕人越多，台灣薪資停滯的情況將越可能得以解決。

五件事促進產業升級

人即使不是產業升級最重要者，也是相當重要的要素。也就是說，如果人的素養不夠，即使科學技術能力日益增加，亦不易設計出高附加價值

5　在日本治理台灣時，便是運用「鞭與飴」（棒子與蘿蔔）的策略，使台灣住民逐漸願意順服執政者的命令。一面獎勵，並嚴加處罰，如此社會秩序逐漸安定。

的商品或者提供更有價值的勞務。是故，年輕人應該計較的倒不是起薪是
25K，是28K，還是32K？因為三者對於一個大學應屆畢業生，甚至是已
擁有碩博士學位者，其實都不算高薪。筆者認為，台灣的年輕人應該努力
於五件事，並藉由妥善利用時間，忘卻低薪這件事，5年、10年之後，薪
水自然會大幅提高，無須與企業主為了每個月3,000、5,000元的加薪問題
而浪費唇舌。那麼，到底是哪五件事會有產業升級有關？政府又可以從事
其中的哪些呢？以下的五件事，是筆者在上課時經常提醒學生應該放在心
上的事，它們是：(1)運動、(2)閱讀、(3)思考、(4)海外長住（遊、學）計
畫、(5)堅持當下認為對的事。而且，順序很重要，運動一定要排在第一
位。

　　全球競爭近年來越來越激烈，給年輕人不小的壓力，而運動是減輕壓
力最好的方法。由於壓力是讓人生病的主因，越早養成運動的習慣，可以
為我們過度妥善的全民健康「保險」省下部分支出，一舉兩得，這有點像
是要老人多參加一些適合的活動，藉運動活動筋骨來減輕壓力一般。閱讀
與思考是為了提高人文素養所建議的，當然，或許有人會認為音樂與繪畫
（特別是前者）可以得到更好的效果，對此，筆者並不反對，但也要提醒
讀者，台灣的音樂教育經常訓練出有很好技巧的彈奏者，但無法用自己的
想法來詮釋一首樂曲，主因就在於所謂的「音樂人」缺乏人文素養。海外
長住計畫，不只適合年輕人，也適合早年的歸國學人，現在是資深教授的
前輩們，因為這件事會讓台灣的島民知道世界有多大，台灣應該是站在哪
個位置，只是，島上資深的學者好像也忘了自己曾經也有著寬廣的視野。
鼓勵年輕人出國[6]，最終希望他們能回到台灣。海外遊學，可以增加對外

6　筆者在2018年5月24日邀請楊儒門先生到本人教授之「專業倫理」課堂上，講述台灣之
　　土地倫理。在上課前，楊儒門在演講以先，到辦公室（羅耀拉大樓SL302室）與筆者聊
　　些議題。他也提到出國這件事，但他認為應該從認識台灣開始，台灣有1,200公里的海
　　岸線，年輕人可以用10天環島，然後，再加上幾天的離島行程，接著再出國（例如：先
　　從鄰近的中國、新加坡、香港開始）。
　　另外，他也提到台灣社會應該鼓勵年輕人，而非打擊。他以創業這件事為例，認為首先
　　政府可以試著提供1,000元的辦公室，租金便宜，減輕青年創業者的負擔。政府還得加

頭世界的見聞。最後，堅持做當下認爲是對的事，當然，這種堅持通常必須忍受孤獨，但許多專業能力的養成必須如此，不經一番寒徹骨，焉得梅花撲鼻香？

接著，我們談談古訓「不患寡而患不均」這個想法。

不患寡而患不均？！

一直以來，人們總認爲中國大陸（與印度）是全球人才外流最嚴重者，其實，台灣可能才是世界上人才外流比例最高的地方，當然，筆者絕無意暗示留在台灣討生活的不是人才。人才外流爲何與此小節的標題「不患寡而患不均」有關呢？且請聽筆者娓娓道來。但我們還得先知道「不患寡而患不均」代表儒家思想怎樣的想法。

知識分子在華人圈裡（無論這圈子有多大）總是被教導著社會的理想圖像，例如「良好的」社會階級排列應該是「士、農、工、商」。商人總在逐利，道德感可能相較薄弱，所以居於末位，以免破壞這幅美好的畫面，雖然，事實未必如此。另外一幅美麗的圖像，應該莫過於「不患寡而患不均」。它是由兩個畫面所組成，各占大約一半，畫面右側有一群人，看他們所用的器物，身上所穿的衣服，看起來大家都很窮，因爲根本找不到富人，所以，沒有人是眞窮，反倒都當起顏回「一簞食、一瓢飲，居陋巷，不改其樂」；左側則以對比的顏色來突顯差異，少數幾位看起來相當富裕的人似乎在高談闊論，但大多數看起來相較矮小的人們，似乎在憂愁著什麼？是下一餐嗎？也許吧。向來，華人知識圈裡對於右側的畫面給予較高的評價，左側則是統治者與其官員、知識分子應該極力避免者。具體而言，一個理想的、良善的社會，貧富差距不可以過大，如果一定要在

上一點空間，在這裡，讓人才很容易被發掘。其他軟體也應該由政府提供，像是最重要的創業夥伴。關於「表達」這件事，楊儒門則將之分爲（創業）夥伴的自我表達，與社會的表達（包括國內、外資源的整合，例如基金、企業合作，與政府各單位資源的協調與運用等等）。筆者認爲，這是相當寶貴的意見。

「寡」與「不均」二者擇一的話，統治者寧可選擇塑造一個大家在生活上都欠缺一點的社會，也不能讓貧富差距大到無法收拾。乍聽起來，「寡」的社會，有點像是在說1949至1979年計畫經濟時期，而「不均」的社會則較像是經改之後30、40年的今日中國呢！不過，說實話，筆者心裡所想的是台灣這個社會。

　　我們經常聽到年輕人到國外打工，好像可以存到第一桶金，如果這位「打工仔」都不外出花錢的話，再加上儘量加班（通常是較為操勞的工作）來賺取加班費的話。我們的（名目）所得太低，比起台灣人最喜歡拿來比較的南韓，其薪資是我們的幾倍！不過，國際上好像不太喜歡比較（實質）所得，有一天筆者看電視新聞時聽到這樣的消息：根據2017年國際貨幣基金會（International Monetary Fund，簡稱IMF）的調查，台灣的實質所得其實比南韓還高，結果，南韓的年輕人相當憤怒，對於自己的政府讓財團拿走了絕大部分的利潤，國家財富集中在那幾個大財閥手中，讓南韓的青年看不到未來，結果，反倒我們還在羨慕別人。為什麼？因為我們的名目所得低，但物價也低。所以，不只是「打工仔」，各行各業的人才都被挖角了，因為對方願意提供更高的薪水，這年頭，誰不會被高薪所誘？所以，台灣的執政當局應該要解決人才外流的困境，就不能再有「不患寡而患不均」這樣的思維，無論這樣的思維到底是否為「傳統」的。簡言之，台灣人應該擁有兩倍的（名目）所得，這是「高薪」，同時必須習慣讓有錢人越來越有錢，如此才能阻止人才外流。當然，提高名目所得會產生其他的副作用，像是擴大的貧富差距，但試問，哪一種藥物沒有副作用呢？

　　過去台灣或許可以稱為戮力推行避免「不均」社會的典範。在所謂的「亞洲四小龍」時代，台灣曾被譽為經濟奇蹟，最近則感傷地被稱為「未竟的奇蹟」[7]，走過從世界體系的「邊陲」到「半邊陲」這條相當難走的道路。不過，近年來人才外流的情形可說相當明顯，特別是2018年2月28日，

7　李宗榮、林宗弘主編，《未竟的奇蹟：轉型中的台灣經濟與社會》，（台北：中央研究院社會學研究所，2017）。

中國大陸的「惠台31項措施」推出之後，這情形相信會越來越嚴重。不過，不容否認，要畫一條線來決定某人到底是人才與否，很容易得罪人。雖然有不少人認為中共對台灣並不友善，但是這措施一登場，高達四成民眾已經知悉這個吸引台灣人才的政策，也有四成以上的民眾想去到大陸試試身手，其中，以18至29歲者的意願最高，在這群年輕人之中，更有六成考慮惠台措拖的增加而赴大陸求發展。為何如此？筆者認為，原因之一是：自1990年代中期開始，台灣開始薪資停滯的階段，至今尚無明顯改善的方法。年輕人起薪太低，如果選擇留在台灣，前景並不讓人期待[8]。

　　起薪太低的問題（或許）只要提高茶葉蛋的價格就可以解決了。當然，茶葉蛋的價格提高，貧富差距也將會跟著擴大，這也是筆者在一開始即建議，台灣人民也許應該開始學習如何在一個「不均」的社會生活下去。當然，這樣的建議可能導致讀者（特別是年輕人）產生不滿的情緒，然而，茶葉蛋的價格若提高2倍的話，人才外流的情況可望獲得紓解。為何如此？簡單地說，問題出在台灣這個小島上，茶葉蛋賣得太便宜了，大多數的商家只賣新台幣10元（或者更少，只賣8元），其實，如果茶葉蛋一個賣15元，甚至20元的話，那麼台灣或許就可以解決一半人才外流的問題。具體而言，台灣人應該愛面子一點，將名目所得提高一倍，該怎麼做？發行兩倍的貨幣供給額，幣值就貶值一半，原本領25K的新鮮人，一出校門工作就領到50K，名目所得馬上增加一倍，如此的話，起薪也會高

8　彭杏珠，〈惠台31牽動兩岸關係七成民眾憂心人才外流〉，《遠見雜誌》，第382期，（4月，2018），頁96-101。事實上，台灣在高等教育產業，台灣也遭遇人才外流的問題，這問題堪稱嚴重。根據《遠見雜誌》在福建與湖北高教現場的調查，研究發現台灣博士在對岸可以說是「遍地開花」，目前流傳一種說法，在惠台31項措施以前，赴大陸教書的台灣博士生已超過1,000人，近來則有這樣的訊息流出，大陸高教聯合面試台灣高教人才，準備大舉招募台灣博士到對岸發展。
　　另外，2017年大陸放寬台生學測達到均標就可以申請大陸當地的大學，這吸引台灣學生及家長的注意，畢竟國際上承認中國大陸的學歷。無論是高等教育人才或青年學子，台灣人才正在出走之中，執政當局不應輕忽。請詳見，李建興，〈封面故事：獨家直擊惠台31震撼兩岸高教現場〉，〈夾縫求生：1,000個台師變陸師〉，《遠見雜誌》，第382期，（4月，2018），頁190-216。

很多（當然通貨貶值，進口貨物也會跟著漲價。工資─物價輪流增加的老問題也是一個頭疼的議題）。與世界各國相較，台灣的薪水將不比其他國家低多少，年輕人──特別是不太想學習英文的那群──就無須遠赴澳洲打工，在台灣就足以領到差不多的薪水，人才外流的情形可望稍減。只是，這麼一來，貧富差距將擴大，因為原本領100K的人，其名目所得將變成200K，使得原本的差距只有75K，會擴大成150K，差距變大了。可想而知，中低收入者，往後的日子更難過。但這或許可以解決（部分）人才外流的問題，當然，把這樣的想法，寫在附錄裡，或許遭致的批評會少一點，至少筆者是如此地希望。

　　接著，我們還有一個問題要再稍加說明，那就是：如果「貧富差距」難以避免的話，或許台灣住民應該具備更大的氣度來接納「貧富差距」這個事實吧！其實，無須社會學家的背書，每個人都能從日常生活中看見端倪，那就是：有錢人累積財富的速度好像比一般人工作收入增加的速度更快。那麼，長期下來，有錢人不是會變得更有錢？沒錢的人日子將會過得更苦，除非是天生樂觀者，不然苦悶度日也不是件容易的事。一般人知道上述說法應該沒錯，但卻苦無資料得以驗證，所幸Thomas Piketty分析工業革命以來全球財富的分配，提供系統性的解釋。簡言之，Piketty為我們找到實驗資料來解釋貧富差距日益擴大的現象[9]。也就是說，姑且不論人們是否喜歡看到貧富差距過大（或擴大）的現象，在資本主義社會裡，這個現象是無可避免的，這個說法讓我們想到馬克思本人與他的後繼者，像是華勒斯坦等等，不能不說馬克思（及其追隨者）對資本主義的批判確有其獨到之處。

9　所幸Thomas Piketty蒐集超過20個國家，長達200年來的數據，以此分析工業革命以來的全球財富分配，並提供系統性的解釋。簡言之，Piketty為我們找到實驗資料，來解釋貧富差距日益擴大的現象，請參照，Piketty，《二十一世紀資本論》，（新北：衛城出版社，2014）。然而，他所提供的「解決」辦法，筆者則持保留意見，他認為，各國政府可以透過積極地稅制改革，將財富過度集中的趨勢減緩。筆者則認為，有機會避稅者，通常是富人，而且，當政府需要外國資金進入時，富者經常也會利用各種管道規避稅賦，簡言之，Piketty所提的辦法，似乎過於理想化。

　　以前，我們總是被教導，統治者應該抱持「不患寡而患不均」的心態來治理。當然，最好的或許是「不患寡不患不均」吧！可是，當今在台灣——薪資停滯20年的島上——何妨對「貧富差距」抱持更寬容的態度，容許差距更大一些呢？筆者覺得，雖然秉持著學術良心要想建議大家容忍更大的貧富差距，然而，日後所受到的批評或許會像是潮水般地湧來。

　　言歸正傳，提高茶葉蛋的價格其實只解決一半的問題（也就是名目所得的提高），那麼另一半（實質所得的提高）又該如何解決呢？答案是：產業升級。那麼，看來，我們似乎又繞回原點（也就是大家常常掛在嘴邊的四個字「產業升級」）了。

「傳統」產業背負「現代性」

　　「現代性」不一定要由西方人帶給東方（或非西方）人。在知識經濟時代，「現代性」也不一定必須由高科技產業、資訊產業，或者電子業的商品才能承載，它也可能指某種製程由某一階段過渡到另一個階段，例如第四代手機，第五代無線網路等等。「現代性」也能用來代表某種商品裡所附加的價值，像是環保、綠能、自行車（腳踏車），或其他商品所蘊涵的意義。

　　發展研究本身，是否也像先前所提，是各國在追求「現代性」的過程呢？當然，這種觀點是套用「傳統」與「現代」二分法的分析方式，在研究者的思維世界裡，其實這似乎是很自然的。二分法本身並沒有錯，錯的是，「傳統」經常被冠上一些負面形容詞——像是落後的、停滯的，與不理性的，藉以呈現欲加以鄙棄的態度；相對的，「現代」則總是冠上正向的形容詞——諸如進步的、向前的，與理性的，來突顯想殷切達致的願望與驅力。

　　然而，筆者在此想提出一個新的、不同於二分法的思維，照理來說，「傳統」產業也能背負著「現代性」，並在產業競爭中找到利基點。不過，高科技才足以代表「現代性」這種說詞應該先加以摒除才是。高新技術的提升，是一件急不得的工作，換句話說，科學與技術的提升還得靠

時間的堆砌，人民的人文素養更是如此。所以，這二者應該可以同時進行才是。這裡，筆者想談的是「傳統」自行車產業，也可以很「現代」得以承載「現代性」，而這正是發展研究領域裡，一國（經濟體）所追求的標竿。事實上，這個看法，筆者在《發展研究的終結：21世紀大國崛起後的世界圖像》[10]一書中已經談過，然而一如預期，並未產生太多迴響，正所謂書海茫茫，沒幾個人注意到早在數年前筆者已提過這樣的建議。

　　簡單說，台灣人有個品牌夢，但好像一直未完成，原因是我們的品牌夢原來只限高科技產業，我們一直想要讓台灣成為這個世界的科技島，所以，目前看起來，好像一直只能做代工，但筆者認為這其實沒什麼不好，因為代工毛利雖低些，但較少有人願意花大筆錢跟台灣競爭低毛利的工作，所以，台灣似乎「壟斷」全球大半的代工產業。事實上，先前筆者說過，不少人忘記全世界最好的腳踏車就是台灣所生產的，而且揚名全球。但為何在2018年3月時舉辦的「2018國際自由車環台公路大賽」引起不了太多人的注意呢？在前一本書中，筆者業已提過，品牌與國家形象有關，而自行車又是台灣唯一的全球品牌，應該用這個已建立的品牌，花錢招待國際媒體到台灣來，好好地將台灣這個「美麗」的島嶼介紹給全世界。相信讀者應該還記得先前新加坡政府花點小錢，招待金正恩，替他付清豪華飯店的食宿費用，讓川金會能在新加坡舉行，全球的媒體無不聚焦此處，這不是向全世界推銷這個國家嗎？而台灣總是學不了這些事。雖然人民可能還有點創意，但政府官員所關心的是要如何安穩地待到退休，而不用賣命抗爭那隨時會縮水的月退俸。當然，這可能還是制度的問題吧！因為現有的制度根本無法激勵人，越多的保護產生越強的惰性。

　　除了產業升級之外，或許我們能利用台灣的優勢找到新的產業與新的市場。台灣住民在世界的華人圈之中，到底有什麼特別之處呢？有的。台灣是全世界華人社會中，社會風氣最開放、政治安排最民主、人民也最

---

10 請參照，謝宏仁，《發展研究的終結》之第七章，〈台灣的發展經濟與困境——們論台灣自有品牌策略〉，頁199-237。筆者感謝當年碩士生謝依君對在撰寫該章時的辛勞，特別是各項相關資料的蒐集，在此致最深謝意。

能夠接受嶄新事物。以下這個產業的前瞻性並不算過分，因為在全球華人中，或許只有台灣這裡能夠接受，此即「死亡產業」，或可稱之為「安樂死產業」，或者更委婉地說，是「人性尊嚴產業」。

尋找新興市場 —— 死亡產業

假使有一天安樂死（產業）合法了，筆者希望那時能立刻創辦第一家這樣的公司，或至少可以成為這類公司的第一位消費者，獲得一點折扣，算是小小的福利吧！

即將立法成為全球華人社會裡同性婚姻合法化的台灣，是相當尊重人權的地方，比起不少「已開發」國家更為前衛。所以，如果要在華人這樣極度重視「身體髮膚受之父母，不敢毀傷」孝道的社群裡找出一個適合進行安樂死的地方，那麼，筆者覺得非台灣莫屬。從產業的觀點來看，這個新興產業，未來若能成真的話，相信可以創造數以萬計的工作機會，為地方開拓財源，一部分也能繳稅給中央，來增加老人長期照顧的能力。簡單說，讓有意尊嚴死的人可以合理付費之後安詳而有尊嚴地死去，讓需要長照的人可以在得到補助之後減輕負擔，滿足而愉悅地活著。此外，還能促成台灣區域發展均衡——假設專區就設在前省政府的所在地南投縣的中興新村——不再獨厚北台灣，如此一舉數得。不止如此，更（可能）能夠服務全世界想在藥石罔效，無力回春之時，想決定尊嚴自主離開這個世界的人，並以不同標準收費，例如以2037年（這一年的7月，台北的高溫平均39.5度[11]）物價水準來算，來自核心國家（或地區）者，收費最高，全額為30萬美元，因為過去這些國家在全球各地區搜刮太多資源；來自半邊陲國家者，收費20萬美元；來自邊陲國家者，因為過去被拿走太多資源，導致發展不易，多數人生活困苦，除了生活還過得去者，收費10萬美元[12]。但是，低收入者可以向聯合國（某機構）或未來的某國際組織申

11　謝宏仁，《顛覆你的歷史觀》，頁358。

12　此時，也就是2037年，在全球市場上，人民幣對抗美元應該有了點成就吧！可能在歐亞大陸或其他區域，人民幣已成為國際貿易的主要媒介之一。總費用換算成人民幣的話，

請補助，台灣的執政者（爲了參與國際事務）相信也會願意提供家屬免費住宿，和在台灣（至少）兩週的生活補貼，與後續的觀光旅遊，來看看過去被稱爲福爾摩沙的寶地。

　　這個想法，其實早已存在筆者的腦海中，包括日後是否有權利決定何時離開人間。筆者或許有幸將這個權利從「上帝」（或是「老天爺」）的手中拿過來，還是未定之數？然而，前知名主播傅達仁花了300萬，而且還得「客死異鄉」，這聽來讓人難過，爲什麼我們不自己來賺這樣的錢呢？不過傅達仁生前所說過的一句話，也許可以（至少部分地）解決宗教上的問題，他說：「死的日子和天數掌握在上帝，但死的方法有人權和選擇權，我可以選擇安樂死，30秒睡著、3分鐘停止心跳」。在世的時候，傅達仁多次想在台灣推動安樂死的相關立法工作，並數次請命，但未有結果。後來發往瑞士尋求協助。或許在生前最後時刻，他做了正確的決定[13]。筆者認爲，傅達仁先生著實有幸能坦然離開這個世界，也希望自己日後往生的前幾天，幾個星期，或幾個月前，無須再遠赴他鄉，希望那時台灣的安樂死立法已相當完備，最好已經能夠爲亞洲的華人、全球的華人，或他各色人種來服務。當然，安樂死涉及道德、宗教、法律、哲學、人權，與價值觀的討論，範圍廣泛，不易得到共識，亦有學者提出「三通」——也就是「觀念開通」、「資訊流通」、「理念溝通」，這是頗具建設性的看法[14]。然而，筆者就產業觀點視之，這「安樂死產業」或「人性尊嚴產業」或許在台灣將來可以拿來討論的。

　　以上的觀點、看法，只是筆者抒發己見而已，不值得爲了反對這些論點而影響到心情、甚至憤怒或喪志。就學術討論而言，筆者歡迎各界先進對本書內文進行批評。

大約分別是180萬、120萬，與60萬，大約是這樣的總數。而來自低度開發國家的消費者甚至可以申請全額補助，至少，吾人是這樣地期盼著。

13　曾凱敏，〈嘆台灣沒安樂死傅達仁：花300萬客死他鄉〉，TVBS官網，2018年6月4日，http://news.tvbs.com.tw/entertainment/931687，檢索日期：2018年6月23日。

14　劉宜君，〈以「三通」面對「善終」議題〉，Yahoo論壇，2018年6月5日，http://www.bbc.com/zhongwen/trad/chinese-news-4442274，檢索日期，2018年6月23日。

國家圖書館出版品預行編目資料

發展研究之風雲再起：中國一帶一路對西方
及其知識體系的挑戰／謝宏仁著. －－二版.
－－臺北市：五南，2018.09
　面；　公分
ISBN 978-957-11-9958-0（平裝）
1.國際經濟　2.國家發展
552.1　　　　　　　　　107016177

1PX5

發展研究之風雲再起：
中國一帶一路對西方及其知識
體系的挑戰

作　　　者 ― 謝宏仁(397.5)

發 行 人 ― 楊榮川

總 經 理 ― 楊士清

副總編輯 ― 劉靜芬

責任編輯 ― 高丞嫻、黃麗玟

封面設計 ― P.Design視覺企劃、姚孝慈

出 版 者 ― 五南圖書出版股份有限公司

地　　　址：106台北市大安區和平東路二段339號4樓

電　　　話：(02)2705-5066　　傳　　真：(02)2706-6100

網　　　址：http://www.wunan.com.tw

電子郵件：wunan@wunan.com.tw

劃撥帳號：01068953

戶　　　名：五南圖書出版股份有限公司

法律顧問　林勝安律師事務所　林勝安律師

出版日期　2013年5月初版一刷
　　　　　2018年9月二版一刷

定　　　價　新臺幣420元